나의 첫 경영어 수업

지은이 **유정식**

경영 컨설턴트이자 인사 및 전략 전문 컨설팅 회사인 인퓨처컨설팅 대표이다. 포항공과대학교(포스텍) 산업경영공학과를 졸업하고 연세대학교에서 경영학 석사 학위를 받았다. 기아자동차에서 사회생활을 시작했으며 LG CNS를 거쳐 글로벌 컨설팅 회사인 아서앤더슨과 왓슨와이어트에서 전략과 인사 전문 컨설턴트로 경력을 쌓았다. 인퓨처컨설팅을 설립한 이후에는 시나리오 플래닝, HR 전략, 경영 전략, 문제 해결력 등을 주제로 국내 유수 기업과 공공기관을 대상으로 컨설팅과 교육을 진행하고 있다. 지은 책으로《착각하는 CEO》《전략가의 시나리오》《빌 게이츠는 왜 과학책을 읽을까》《당신들은 늘 착각 속에 산다》등이 있으며, 옮긴 책으로《최고의 팀은 왜 기본에 충실한가》《하이 아웃풋 매니지먼트》《피터 드러커의 최고의 질문》《에어비앤비 스토리》《디맨드》《창작의 블랙홀을 건너는 크리에이터를 위한 안내서》등이 있다.

나의 첫 경영어 수업

2020년 6월 30일 초판 1쇄 발행 | 2022년 1월 20일 초판 2쇄 발행

지은이 유정식
펴낸곳 부키(주) | 펴낸이 박윤우
등록일 2012년 9월 27일 | 등록번호 제312-2012-000045호
주소 03785 서울 서대문구 신촌로3길 15 산성빌딩 6층
전화 02-325-0846 | 팩스 02-3141-4066
홈페이지 www.bookie.co.kr | 이메일 webmaster@bookie.co.kr
제작대행 올인피앤비 bobys1@nate.com
ISBN 978-89-6051-795-0 03320

책값은 뒤표지에 있습니다.
잘못된 책은 구입하신 서점에서 바꿔 드립니다.

도서의 국립중앙도서관 출판예정도서목록(CIP)은 서지정보유통지원시스템 홈페이지(http://seoji.nl.go.kr)와 국가자료공동목록시스템(http://www.nl.go.kr/kolisnet)에서 이용하실 수 있습니다. (CIP제어번호: CIP2020022324)

나의 첫

경영어 수업

유정식 지음

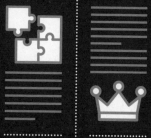
신입에서 CEO까지,
일의 개념과 기본을 세워 주는
실전 경영 코칭 23강

부·키

언어의 한계가
당신 인생의 한계다

"자동차란 무엇입니까?"

대학교 3학년 2학기 때였다. 어느 자동차 회사에서 산학 장학생을 선발하기 위해 학교로 찾아와 나를 포함한 몇몇 지원자들과 일대일 면접을 진행했다. 면접관은 왜 산학 장학생을 지원하게 됐냐는 상투적인 질문 대신 이 질문으로 처음부터 나를 당황케 했다. 요식 행위에 가깝다고 해서 가벼운 마음으로 임한 면접이었는데 이렇게 근본적이면서 어쩌면 철학적이기까지 한 질문이 나올 줄은 전혀 예상하지 못했다. 나는 꽤나 얼버무렸다. 한참 생각한 끝에 이렇게 답했던 것으로 기억한다.

"엔진을 통해 동력을 얻어 스스로 움직이는 이동 수단이 자동차라고 생각합니다."

면접관은 즉각 되물었다.

"스스로 움직이는 이동 수단이라고요? 아, '자동차自動車'라는 한자어 뜻을 풀이한 것이군요. 그런데 진짜로 자동차가 스스로 움직이나요? 스스로 움직이면 운전자는 왜 필요하죠?"

"운전자가 제어하지 않으면 엉뚱한 곳으로 가거나 사고를 일으키기 때문입니다."

"자동차를 스스로 움직이는 이동 수단이라고 정의하려면 운전자가 없어도 '가고자 하는 곳으로 안전하게 움직인다'라는 조건이 전제돼야 할 텐데요, 운전자가 없으면 가고자 하는 곳을 알 수 없고 안전하게 움직일 수도 없습니다. 그러면 자동차를 스스로 움직이는 이동 수단이라고 정의할 수 없죠. 안 그런가요?"

'이런 게 말로만 듣던 압박 면접인가?' 순발력을 발휘해 면접관의 공격을 막아야 했건만 머릿속이 하얘진 나는 대답을 떠올리지 못한 채 바보처럼 "그렇군요"라고 면접관의 말에 동조하고 말았다. 면접관의 표정은 자동차 회사의 장학생이 되려면 적어도 자동차의 정의가 무엇인지 정도는 알아야 하는 게 아닌가, 하며 실망하는 듯 보였다. 하지만 진짜로 요식 행위에 불과했는지 다행히 나는 산학 장학생에 뽑혀서 학비 걱정 없이 대학을 끝마칠 수 있었다.

"자동차가 뭐라고 생각해?"

졸업 후 산학 장학생으로 선발해 준 회사에 입사해 팀에 배속된 첫날 첫 회식 때, 팀장은 내게 술을 따라 주며 툭 던지듯 물었다. 농으로 던진 질문이 아니라는 듯 눈빛이 아주 진지했다. '아, 또 물어보네. 이 회사는 이런 질문을 하는 게 문화인가 봐.' 술에 취해 어떻게 대답했는지 기억이 잘 나지 않지만 꽤나 횡설수설했던 것만은 분명했다. 팀장은 "자동차 회사에 다니는 사람이 자동차란 말도 정의하지 못하면 곤란하지"라고 핀잔하며 내게 연거푸 벌주를 따랐다.

두 번의 창피 덕에 나는 자동차란 "원동기(엔진)의 동력을 사용해 바퀴를 돌려 도로를 달림으로써 사람이나 화물을 운반하는 이동 수단"이라는 일반적 정의를 확실하게 암기할 수 있었고, 선배들이 신입을 골려 주려고 자동차의 정의를 물을 때마다 그 자리에서 바로 맞받아칠 수 있었다. 그때부터 나는 무언가를 새로 접하거나 배우면 용어의 정의부터 찾아보았다. 그리고 "정의를 알지 못하면 아무리 배우고 경험해도 알지 못하는 것과 같다"라는 신조를 다지곤 했다. 나중에 경영 컨설팅사에 입사할 때 '경영'과 '컨설팅'의 정의와 그 이유를 미리 준비했던 것이 인터뷰 합격에 큰 도움이 되기도 했다.

사람들이 일상적으로 사용하지만 정의를 잘 알지 못하는 용어가 허다하다. 자신이 몸담은 비즈니스와 자기 업무의 핵심 용어인데 '그걸 꼭 정의해야 하나?'라며 필요성조차 느끼지 못하는 경우도 꽤 많다. 멀리 찾을 것 없다. 인사 팀이라면 인사, 기획 팀이라면 기획, 고객 만족 팀이라면 고객 만족이라는 단어의 정의를 지금 말해 보라. 장담컨대 바로 대답할 수 있는 사람은 열에 두셋이나 될까? 아마 이런 질문을 처음 받아 본 사람도 많을 것이다.

아니, 이보다 더 근본적인 질문을 받아 보거나 스스로 던져 본 적 있는가? '경영management', 이를 한 문장으로 정의하라고 하면 어떻게 답하겠는가? "조직을 관리하고 운영하는 것"이라고 답한다면 그것은 경영이란 단어를 조금 풀어 쓴 것이지 절대 정의는 아니다. 무엇을 위해 경영을 하는지, 어떤 행위가 경영의 활동인지를 명확하게 설명하지 않기 때문이다. 경영이란 "목적을 설정하고 그것을 달성하기 위해 행하는 모든 활동의 총합"을 일컫는다. 목적이 없다면 경영이 아니고, 목적만 있고 별다른 행위를 하지 않으면 그 또한 경영이 아니다(여기에서 '목적objective'은 '목표goal'를 포괄하는 개념이다).

경영이 이런 정의를 지니기 때문에 경영은 영리 기업이나 비영리 단체에만 쓸 수 있는 단어는 아니다. 자신의 성장 목적과 목표에 도달하기 위해 자기계발에 열중하고 경력 경로를 탐색하는 것을 '자기경영'이라 말할 수 있고, 가족의 행복과 건강이라는 목적을 달성하기 위해 가족 구성원 모두가 헌신하고 희생하는 활동을 '가정경영'이라 부를 수 있다. 국가경영, 지역경영, 팀경영 등 목적의 주체가 나름의 목적을 설정하고 나름의 목적 달성 활동을 실천하면 그 무엇이든 '경영'이다. 단 목적과 목적 달성 활동이 윤리적이냐, 효율적 혹은 효과적이냐의 문제는 경영 자체와는 다른 차원의 질문이다. 윤리적이지 않아도, 비효율적 혹은 비효과적이라 해도 경영은 경영이다.

내가 용어의 정의를 중요하게 여기는 것은 단순히 그 용어와 관련된 분야에서 먹고살려면 그 정도는 알아야 한다는 의무감 때문이 아니다. "언어의 한계가 내가 사는 세상의 한계를 규정한다"라는 철학자 루트비히 비트겐슈타인Ludwig Wittgenstein의 말처럼, 정의가 사고와 행동의 방향을 지배하는 중요한 요소이기 때문이다. 영화 제목 '빠삐용papillon'의 뜻을 '나비'로 알고 있는 사람들은 흔히 '나방'을 뜻하는 프랑스어가 따로 있을 거라 믿는다(빠삐용은 나비와 나방을 모두 일컫는다). 또한 성공을 금전적 잣대로 정의하는 사람과 대중에게 미치는 영향력으로 정의하는 사람의 행동은 확연하게 다르기 마련이다.

몇 년 전 어느 자동차 회사 임원들을 대상으로 한 특강에서 나는 신입 사원 때의 경험을 들려주고 나서 자동차의 정의를 물었다. 자동차 업계에서 잔뼈가 굵은 임원들 역시 내 질문에 당황하긴 마찬가지였다. 그들의 대답은 여러 가지로 달랐다. "엔진으로 바퀴를 움직이는 운송 수단"이라는 전통적 정의를 말하는 사람이 있는가 하면 "사람과 화물을 안전하게 이동시키는 수단"이라면서 안전에 초점을 맞추는 임원도 있었다. 어떤 이는 독특하게 "이동하는 동안에도 집에 있을 때와 동일한 즐거움과 안락함을 느끼는 공간"이라고 말하면서 자동차를 생활 공간의 연장으로 인식했다.

가만히 살펴보니 전사 관점이 아니라 각자의 소속 부서가 자기네 입장에 기초해 설정한 개념을 자동차의 정의로 생각하는 경향이 짙었다. 그런 모습을 보며 나는 사람들은 일반적으로 각자 자기 입장에서 정의하고 자기 정의대로 행동하기 쉽다는 점을 깨달았다. 그리고 '부분 최적화Suboptimization'라는 고질적인 병폐는 바로 전사적으로 통일되지 않은 용어 정의에서 비롯되지 않을까란 통찰과, 통일된 정의를 구성원에게 확실히 인식시킬 수 있다면 모든 구성원이 미션과 비전을 향해 올바르게 나아가도록 할 수 있지 않을까란 아이디어 또한 얻을 수 있었다. 이것이 이 책을 쓰게 된 결정적 계기였다.

이 책에서 나는 미션, 전략, 혁신, 고객 가치, 팀, 조직 문화, 인사, 평가, 생산성 등 조직에서 매우 자주 사용함에도 불구하고 많은 이들이 그 뜻을 제대로 알지 못할 법한 용어의 정의를 제시하고 그 이유를 설명한다. 차례를 살펴보면 하루에도 여러 번 언급하는 상투적인 용어들을 볼 수 있을 것이다. 요즘 널리 회자되는 4차 산업혁명, AI(인공 지능), 빅데이터, 디지털 트랜스포메이션Digital Transformation 같은 '섹시한' 주제가 아니라서 어쩌면 고리타분하게 느껴질지 모르겠다.

하지만 나는 시쳇말로 '있어빌리티'가 있는 분야에 열을 올리며 어려운 용어를 남발하는 리더들을 볼 때마다 "미션이란 무엇인가" "전략이란 무엇인가" 등과 같은 근본적 질문을 고민한 적이 얼마나 되는지 의심이 든다. 그런 트렌디한 주제들이 과거에 한창 유행했다가 이제는 거의 잊히고 만 BSC_{Balanced Scorecard}(균형성과지표), 지식 경영_{Knowledge Management}, 6시그마 등의 전철을 밟을지 누가 알겠는가? 현재 팀을 이끌고 있는 팀장, 크고 작은 조직의 리더를 꿈꾸는 이, 핵심 인재로 성장하고 싶은 직원 모두에게 이 책은 유행에 휩쓸리지 않는 경영의 근본 개념을 늘 일깨우고 상기시키는 도구가 될 것이다. 경영의 본질을 재정립하고 조직을 추스르려는 CEO에게도 좋은 길잡이가 될 것이다.

그렇다고 해서 용어 사전만 펼치면 바로 나올 법한 학술적이고 현학적인 정의를 나열하지는 않았다. 20년 넘는 컨설팅 경험을 바탕으로 무엇이 용어의 핵심 의미가 되어야 하는지와 왜 그렇게 생각하는지를 이야기로 풀어 가는 방식을 취했다. 《나의 첫 경영어 수업》이라는 제목에 걸맞게 이 책에는 나와 수강자 간의 토론을 대화체로 표현한 대목이 자주 등장한다. 독자 여러분도 이 토론에 동참해 자신의 의견을 생각하며 읽어 가면 좋을 것이다.

이 책에 나오는 경영어의 정의는 대부분 한 문장 이내다. 그 이유는 긴 정의를 축약해 최종적으로 남는 것이 필수적으로 알아야 하는 의미이고 반드시 따라야 하는 행동 방향이라고 생각하기 때문이다. 또한 "짧아야 암기할 수 있고 암기하지 못하면 모르는 것이나 마찬가지다"라는 또 다른 나의 신조 때문이기도 하다.

이런 이유로 혹자는 이 책에서 제시하는 정의가 자기 생각과 다르다고 말할지 모른다. 아니면 전통적이고 교과서적인 개념과 다르다며 문제를 제기할 수 있다. 나는 이런 '이견'을 환영한다. 용어의 정의는 고정적이지 않다. 각자 처한 환경에 따라 다를 수 있고 또 그래야 한다. 전사적으로 통일만 되어 있다면(즉 부서별로 용어를 제각기 다르게 인식하지 않는다면), 하나의 용어에 대한 각기 다른 정의는 각 기업이 추구하는 가치와 목표를 대내외에 차별적으로 표현하고 구현한다는 점에서 오히려 권장할 만한 일이다.

또한 용어의 정의에는 시대 변화가 반영되어야 한다. "스스로 움직이는 차"라는 자동차의 정의는 과거에는 상당히 과장된 의미였지만, 이제는 그렇게 정의하는 것이 무리가 없을 만큼 무인 운행과 자율 주행이 일상화되었다. 기업은 "이익을 추구하는 조직"이라는 오랜 정의는 고객의 중요성이 떠오르자 "고객 혹은 팬fan을 창조하는 조직"으로, 기업의 사회적 책임을 강조하는 시대 흐름 속에서 "미션을 추구하는 조직"으로 대체되지 않았는가? 한번 정해진 정의를 고수하는 것이 중요한 게 아니라 시대 변화에 맞게 정의를 갱신하고 이를 구성원 모두가 동일하게 인식하는 것이 중요하다는 점을 기억하기 바란다.

2차 세계대전 등을 소재로 한 전쟁 영화를 보면 부대원이 작전에 임하기 직전, 긴장이 한껏 고조된 상태에서 각자의 시계를 하나로 맞추는 장면이 자주 등장한다. 서로가 약속된 시간에 약속된 공격을 수행하지 않으면 아무리 뛰어난 화기를 보유하고 훌륭한 작전을 수립했더라도 승리를 장담할 수 없다. 시계 맞추기가 전투

직전에 해야 할 기본 중의 기본이듯,《나의 첫 경영어 수업》을 통해 서로가 다르게 알고 있는 용어의 정의를 맞추는 것이야말로 경쟁이라는 소리 없는 전쟁에 나서기 전 해야 할 기본 중의 기본이 아닐까?

이제 그 교실의 문을 열어 보자.

2020년 초여름
유정식

차례

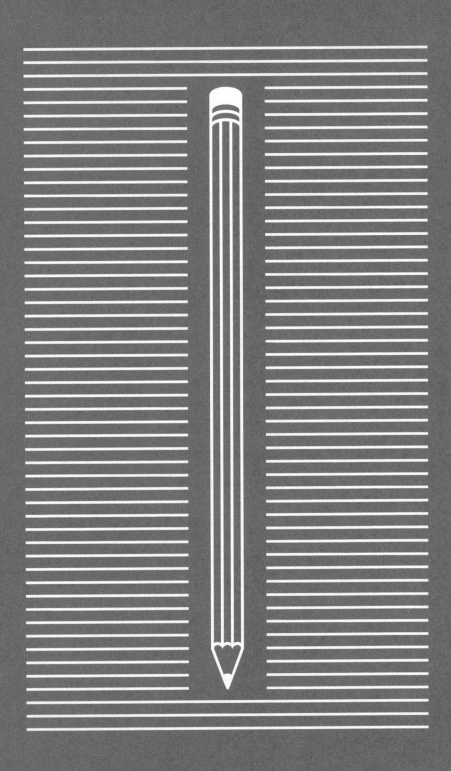

1부
경영 수업

미션
Mission

◆

구성원에게 영감을 주는 조직의 존재 이유 혹은 존재 목적.
키워드는 영감이다.
영감을 주지 못하면 미션이 아니다.

"여러분 회사의 미션은 무엇입니까?"

지금껏 나는 이 질문에 바로 대답하는 사람을 거의 보지 못했다. 대부분은 멋쩍은 웃음을 지으며 모르겠다고 답하거나 우리 회사에 미션이란 게 있었나 하는 표정을 짓는다. 누구나 열람할 수 있는 홈페이지에 미션 선언문이 나와 있기 때문에 적어도 몇 명은 답하리라 기대하지만 예상은 늘 빗나갔다. 이 질문을 던지고 5초 안에 대답이 나오지 않으면 나는 홈페이지에 미션 선언문이 게시돼 있든 아니든 "여러분 회사의 미션은 없군요"라고 단언한다. 알지 못하면 없는 것이나 마찬가지니까.

왜 직원들은 회사의 미션을 알지 못하는 것일까? 여러 이유가 있을 것이다. 의외로 가장 흔한 이유는 홈페이지에 올릴 용도로 미션 선언문을 급조했기 때문이다. CEO가 전략 팀에 지시를 내리면 전략 팀을 중심으로 회의가 소집되거나 1박 2일짜리 워크숍이 추진되고 그 자리에서 뚝딱 서너 줄짜리 미션 선언문이 완성된다. 직원들에게 "우리의 미션은 이것이다"라며 열심히 공지하고 설명회도 열지만, 직원들은 자신들의 의견을 물어보지도 않은 채 결정된 미션에 심드렁할 수밖에 없다. "홈페이지에 한 줄 올리려고 만든 거 잖아." "쥐도 새도 모르게 언제 만들었지? 전혀 몰랐네."

직원들에게 미션이 어려운 이유

미션 선언문에 '좋은 말'이 죄다 들어가 있는 것도 직원들이 미션을 떠올리지 못하는 이유 중 하나다. '글로벌' '세계 최고' '도전' '열정' '창조' '혁신' '고객 만족' 등은 미션 선언문의 단골 문구다. 그래서 이게 우리의 미션인지, 아니면 경쟁사의 것인지, 그것도 아니면 완전히 다른 업종에 속한 기업의 것인지 알 길 없는 미션 선언문이 너무나 많다.

아래의 미션 선언문이 어떤 업종에 속한 기업의 것일지 짐작해 보기 바란다.

- 질적으로 충실한 회사: 고객의 사랑을 받는 창조형 회사
- 5대 고객 감동 실천
- 인류의 생명과 건강에 기여

짐작이 되는가? 이 미션 선언문을 여러 사람에게 보여 주고 어떤 회사의 것일지 맞혀 보라고 질문을 던지니 대다수가 병원이나 제약 회사 혹은 생명과학 회사일 것 같다고 대답했다. 어떤 이는 상상력이 풍부한지 보험 회사라고 답하기도 했다. 아마 '인류의 생명과 건강에 기여'라는 마지막 문구 때문에 그렇게 연상한 듯하다. 그러나 이 미션 선언문은 스낵류를 주로 생산하는 모 제과 회사의 것이다. 물론 과자도 식품이니 인류의 생명과 건강에 어느 정도 영향을 끼칠 테고 그런 면에서 볼 때 이 미션 선언문이 적합하다고 주장할 수 있겠다. 그러나 과자를 만드는 기업에서 인류의 생명과 건강이라는 거창한 포부라니, 어느 누가 이걸 제과 회사의 것이라고 짐작하겠는가? 어느 업종에서든 사용할 법한 두 문구인 '질적으로 충실한 회사' '5대 고객 감동 실천' 때문에 더욱 그렇지 아니한가?

한국을 대표하는 기업이라고 해서 이 제과 회사의 상황보다 나을 것은 없다. 아래를 보고 어떤 회사의 미션인지 짐작하여 연결해 보라. 좋은 말은 죄다 들어간 탓에 추측이 쉽지 않을 것이다(답은 이 장의 마지막에 실어 두었다).

㉠ 포스코　　　　㉡ KT　　　　㉢ 삼성전자

Ⓐ 국민의 편익을 도모하는 최고의 국민 기업

Ⓑ 인간의 삶을 풍요롭게 하고 사회적 책임을 다하는, 지속 가능한 미래에 공헌하는 혁신적 기술, 제품, 디자인을 통해 미래 사회에 대한 영감 고취

Ⓒ 더불어 함께 발전하는 기업 시민

워낙 간명해서 미션의 정의를 모르는 사람은 거의 없을 것이다. 알다시피 미션은 "조직이 존재하는 이유" "존재하는 목적"을 일컫는다. 기업이 생겨나면서부터 망할 때까지 항상 추구하는 최종 목표가 바로 미션이다. 미션과 쌍을 이루는 경영 이념 중 하나가 비전Vision인데, 비전은 "중장기적으로 조직이 도달하거나 성취하려는 위상"을 의미한다. 조직이 존속하는 한 언제나 유효한 지향점이 미션이라면, 비전은 필요에 따라 언제든지 바뀔 수 있는 중장기 목표라고 말할 수 있다.

미션이 만들어지는 시점과 방식은 기업마다 다를 수 있다. 창업자가 창업과 동시에 미션을 선언할 수도 있고, 기업이 안정 궤도에 오르면 구성원들의 공감대를 기초로 미션이 나중에 형성되는 경우도 있으며, 최고 의사 결정자의 갑작스러운 주도로 어느 순간 공식화되어 선포되기도 한다.

하지만 시점이 언제든, 그 방식이 어떻든 미션의 대상은 반드시 고객을 향해야 한다. 쉽게 말해 '이렇게 저렇게 함으로써 고객에게 이런저런 가치를 주겠다'라는 식의 의미가 담겨야 한다. 앞에서 소개한 제과 회사의 미션에서 '질적으로 충실한 회사' 문구가 가리키는 대상은 누구일까? 과자를 소비하는 고객인가, 아니면 경영진이나 주주인가? 나에게 이 문구는 매출과 시장 점유율 확대와 같은 양적 성장보다 내실을 다지는 경영을 하겠다는 소리로 들린다. 또한 그 옆에 달린 '고객의 사랑을 받는 창조형 회사'라는 부연 설명은 질적 경영을 추구하는 것이 고객의 사랑을 이끌어 내는 방법이라는 의미로 해석된다. 그런데 내실 경영을 실현하고 창조형 회사라는 입지에 오르는 것에 고객은 과연 관심이나 가질까? 고객은 맛있고 질 좋은 과자를 즐길 수 있기를 기대하지, 제과 회사가 회사 경영을 어떻게 하든 창조형 회사가 되어 무엇을 어떻게 창조하든 관심이 없다. '질적으로 충실한 회사'가 되겠다는 문구는 고객이라는 대상을 전혀 고려하지 않은 자기 충족적인 바람을 담고 있다. 그렇기에 미션 달성을 위한 하나의 방법이나 경영 방침으로 의미가 있을 뿐 그 자체가 미션일 수는 없다.

미션은 쉽거나 영감을 주거나

"미션은 티셔츠를 입는 것만큼이나 쉬워야 한다"라고 피터 드러커는 말했다.[1] 어떻게 입어야 하는지 알려 주지 않아도 착용할 수 있는 티셔츠처럼 쉽고 단순해야 구성원들이 기억할 수 있고 언제나 미션을 염두에 두고 행동할 수 있다는 뜻이다. 그런데 여기에서 '쉽다'는 말은 말 그대로 누구나 알기 쉬운 단어를 사용한다는 것만은 아니다. 미션이 구성원들에게 쉽게 느껴지려면 "영감Inspiration"을 줘야 한다.

그렇다면 영감을 준다는 말의 의미는 무엇일까? 이 질문에 많은 사람은 이렇게 답한다. "가슴이 두근두근하게 만드는 감동을 주고 무언가 달성하고자 하는 열정을 샘솟게 만드는 것, 그것이 영감을 주는 미션 아닐까요?"

틀린 말은 아니다. '국민의 편익을 도모하는 최고의 국민 기업' 같은 진부한 미션 선언문이 넘쳐 나는 현실에서 아무도 미션에 관심을 주지 않으니 영감을 그런 의미로 생각하는 것도 당연하다. 그러나 진부함을 떨쳐 낸다 해도 미션이 구성원들에게 감동과 열정을 불어넣기란 쉽지 않은 일이다. 사실 내가 좋은 미션의 사례로 자주 언급하는 구글의 미션 또한 감동스러움이나 열정적임과는 거리가 멀다.

"전 세계의 정보를 조직화함으로써 누구나 접근하여 사용하도록 한다."

그러나 구글의 미션은 충분한 영감을 선사한다. 왜냐하면 '영감을 준다'라는 말의 진짜 의미는 "행동의 기준과 방향을 명확히 제시한다"는 뜻이기 때문이다. 사업상 여러 의사 결정을 내릴 때 미션 선언문을 보면 무엇을 해야 하고 무엇을 하지 말아야 하는지 가늠할 수 있어야 우리는 그 미션이 영감을 준다고 말할 수 있다. 알다시피 구글은 비정형적이고 파편화된 정보를 집중적으로 조직화하여 사용자들에게 공짜 혹은 공짜나 다름없이 제공하는 서비스에 집중한다. 이 미션에 해당되는 일이라면 비록 직접적인 매출로 이어지지 않는다 해도 윤리적으로 문제가 되지 않는 선에서 무엇이든 행동으로 옮긴다. 전 세계의 위성 사진을 누구나 공짜로 열람할 수 있는 '구글 어스Google Earth' 서비스가 대표적이다.

최근에 구글은 인공 지능 기반의 얼굴 인식 기술을 미국 정부에 납품하지 않기로 결정했다. 납품을 포기한 이유는 이 사업이 창업 모토인 "악해지지 말자Don't be Evil"뿐 아니라 자기네 미션에 부합하지 않기 때문인 것으로 짐작된다.[2] 얼굴 인식 기술을 정부에 납품함으로써 정부가 이 기술을 독점 사용하게 되면 이는 '누구나 접근하여 사용하도록 한다'는 미션에 위배되고, 만일 정부가 그 정보를 오남용하면 시민의 자유를 훼손할 가능성이 높다고 판단한 것이다.

영감을 주는 미션의 또 다른 사례를 들어 보자. 미국걸스카우트연맹은 모금 활동의 일환으로 한 가지 아이디어를 생각해 냈다. 여자아이들이 그룹을 이루어 가정을 방문해 기부를 요청하면 모금액을 크게 확대할 수 있을 것이라고 믿은 것이다. 그러나 이 아이디어는 실행 직전까지 갔다가 폐기되었다.[3] 이 아이디어가 연맹의 미션인 "여자아이들이 세상을 좀 더 나은 곳으로 만들도록 그들의 용기와 자신감과 개성을 길러 준다"에 위배된다고 판단했기 때문이다.[4] 모금 활동이 용기와 자신감, 개성 형성에 얼마나 도움이 되겠는가? 오히려 여자아이들을 성적으로 이용한다는 문제만 불러일으키고 말 것이다.

스티브 잡스가 애플대학교Apple University를 설립하면서 내세운 미션은 "최고의 기술을 갖춘 최고의 인재를 육성한다"와 같은, 여느 연수원들이 내걸 법한 흔해 빠진 문장이 아니었다. 이 대학교의 미션은 "조직적 평범함Organization Mediocrity으로 끌려가지 않도록 저항하는 것"이다.[5] 성공 기업이 빠지기 쉬운 함정을 늘 경계하고 혁신을 가속해야 한다는 차원에서 이 얼마나 확실한 영감을 주는 미션인가?

미션이 해야 할 것과 하지 말아야 할 것을 명확히 가리켜 준다면, 토마토 가공업체 모닝스타Morning Star처럼 관리자가 없는 '언리더십Unleadership'을 구현할 수 있다.[6] 관리자(상사)가 없는 이 회사는 창업자부터 말단 사원까지 자신의 미션을 스스로 정하고, 그 미션에 따라 행동하며, 성과도 각자가 책임지는 독특한 경영 방식을 채택하고 있다. 동료들이 각자의 미션에 의견을 제시하고 미션 달성 여부를 피드백하는 긍정적인 의미의 '동료 압력Peer Pressure'을 적절하게 사용함으로써 모닝스타는 지금껏 견고하게 조직을 운영하고 있다. 창업자인 크리스 루퍼Chris Rufer는 "토마토 기술을 세계 최고로 진보시키고 모든 공장을 오염되지 않게 운영한다"라는 미션을, 마케팅 담당자는 "모든 토마토 제품 사용자들의 혀와 뇌에서 모닝스타 제품이 지워지지 않도록 각인시킨다"라는 미션을, 출하 담당자는 "믿을 수 없을 정도로 매력적이고 꼭 필요한 제품을 고객에게 믿을 수 있게 효율적으로 제공한다"라는 미션을 각각 수립하고 이에 따라 자신의 업무 수행 방향을 스스로 결정했다. 그리고 동료들은 그들의 미션 달성 여부를 피드백하고 평가했다. 이 정도까지는 아니더라도 과연 우리 회사의 미션이 구성원들의 행동 방향을 가리켜 주는지 살펴보기 바란다.

우리의 말이 행동과 성과를 규정한다

영감을 주는 미션 수립에 한 가지 팁을 준다면, 현재 미션이 있든 없든 아래 문장의 괄호를 무엇으로 채울지 고민해 보기 바란다.

우리는 (무엇을) (어떻게) 함으로써
고객이 (무엇을) (어떻게) 하도록 한다.

이 문장을 완성한다면 고객이 누구인지, 고객에게 어떤 가치를 전달할지(고객 가치), 그렇게 하기 위해 우리의 주된 활동이 무엇이어야 하는지가 명확해질 것이다. 일단 괄호를 채워 문장을 완성한 다음, 좀 더 미려한 문장으로 윤문하면 영감을 주는 미션 선언문을 작성할 수 있다.

그런데 진부하게 표현된 미션 선언문이라고 해서 영감을 전달하지 못하는 것은 아니다. 골프 용품으로 유명한 테일러메이드의 미션 선언문은 "세계에서 최고의 성능을 발휘하는 골프 브랜드가 된다To be the best performance golf brand in the world."이다.[7] 어떤가? 'golf'라는 단어를 다른 말로 바꾸면 어느 산업, 어느 회사에서나 쓸 수 있는 미션이 아닌가?

그러나 "단어는 행동을 규정하고, 행동은 성과를 규정한다"라고 말하는 이 회사의 CEO 데이비드 아벨레스David Abeles는 미션 선언문을 이루는 각 단어의 의미를 구체적으로 설명하는 방법을 통해 직원들에게 영감을 전달했다.[8] 그는 'Best(최고)'가 '경쟁자들은 하지 못했던 것을 이루어 내는 데 무조건적으로 헌신하는 것'이라고 하면서, 누구도 시도하지 못했던 최초의 메탈 우드 드라이버를 40년 전에 출시했던 일을 예로 들었다. 이어서 그는 'Performance(성능)'는 '객관적인 테스트와 정량적인 데이터로 증명된 성능'을 의미하고, 'Golf(골프)'는 '한눈팔지 않고 오로지 골프라는 게임에만 집중한다'는 뜻이며, 'World(세계)'는 '비록 본사는 미국 캘리포니아에 있지만 세계 어디에서든 동일하게 사업을 전개한다'는 의미라고 말했다.

CEO가 직접 단어의 의미를 구체적으로 설명함으로써 사업과 행동의 방향을 충분히 제시했기에 테일러메이드의 미션은 영감을 주는 미션이라 할 만하다. 지금 당신 회사의 미션이 판에 박힌 진부한 문장으로 이루어져 있다면, 미션을 새로 수립하기보다는 테일러메이드처럼 단어 하나하나의 의미를 구체화시키고 그것을 직원들에게 충분히 설명하기를 바란다.

정말로 중요한 메시지라면 인내심을 가지고 꾸준히 설명하고 알려야 한다. 아마존이 투자자를 위해 매년 발간하는 연례 보고서를 보면 반복적으로 등장하는 3페이지 분량의 글이 있다.[9] 바로 1997년에 주주들에게 보냈던 첫 번째 편지다.[10] 왜 이 글은 20년이 넘도록 계속해서 연례 보고서에 게재될까? 그것은 아마존의 창업자이자 CEO인 제프 베조스가 아마존의 미션을 확실히 설정하고 선포한 해가 1997년이었고, 그때의 기억과 성과를 기억하고 정진하자는 의미가 아닐까 싶다. 이 편지에서 베조스는 "우리는 고객에게 끊임없이 집중할 것이다"라고 말하며 장기적으로 '계속하여 continue to~' 무엇을 어떻게 하겠다는 9가지의 장대한 포부를 밝혔다. 그리고 이를 20년 넘도록 강조하고 있다.

이렇게 조직의 존재 목적인 미션이 명확한 기업들의 성과는 매년 시장 평균보다 5~7퍼센트가량 웃돌고 이익률과 성장률 또한 높다. 물론 뉴욕대학교 경영대학원 교수 클로딘 가튼버그Claudine Gartenberg는 구성원들(특히 중간 관리자들)에게 미션의 의미를 분명하게 이해시키고 조직 전체에 미션을 달성하기 위한 전략을 구체적으로 제시해야 이런 효과가 발생한다고 충고한다.[11] 리더의 의무는 미션 설정 자체로 끝나지 않고, 베조스처럼 그것을 구성원이 이해할 수 있는 언어로 설명하고 구체적 실천 방법을 '지속적으로' 제시하는 것이다.

"측정해야 관리할 수 있다"는 말이 있듯이 미션이 올바른 방식으로 잘 달성되고 있는지를 점검하려면 그 수준을 측정하는 지표가 반드시 필요하다. 그 지표를 '결과Result'라고 부른다. 여기에서 결과는 단순한 KPI(핵심성과지표)가 아니라 미션을 추구하는 과정 속에서 "고객의 삶을 얼마나 변화시켰는가"를 측정하는 지표라고 정의된다. 스웨덴의 상용차 기업인 볼보그룹의 미션 선언문은 다음과 같다.[12]

"운송 솔루션을 통해 번영을 추구한다."

이 문장에서 '번영을 추구한다'가 고객의 삶을 변화시키는 부분인데, 볼보는 이를 어떤 결과 지표로 측정하고자 할까? 볼보는 "운송이 빈곤(가난, 부족함)을 이겨 내는 데 도움을 준다"라고 보고 자신들의 상용차가 판매되어 활약하는 지역 사회가 어떻게 기근에서 벗어나는지, 얼마나 빠르게 성장하고 부유해지는지, 얼마나 삶의 질이 향상되는지 등을 측정하고자 한다. 물론 자신들의 힘만으로 그런 결과 지표들을 높이기는 어렵지만, 고객의 삶 변화에 나름의 기여를 하겠다는 의지가 담겨 있는 것이다.

불변의 미션이란 없다

그런데 미션은 한번 정해지면 절대로 바뀌어서는 안 될까? 많은 사람이 비전은 언제든 새로운 것으로 재설정할 수 있다고 여기지만, 기업의 존재 목적인 미션은 절대로 변해서는 안 될 북극성과 같은 이념이라고 주장한다. 하지만 나는 그런 주장에 반대한다. 미션은 변할 수 있고 또 변해야 한다. 고객은 변하고 고객 가치 역시 변하기 때문이다. 미션은 고객을 향해 어떤 가치를 어떻게 추구할 것인가를 설정한 선언문이기에, 고객과 고객 가치가 변하면 그에 따라 유연하게 바뀌는 게 옳다(물론 너무 자주 바뀌면 곤란하다. 변경할 만한 충분한 이유가 있을 때 바꿔야 한다).

전기 자동차 업체 테슬라의 원래 미션 선언문은 다음과 같았다.

"세계가 지속 가능한 '운송 수단'으로 전환되는 속도를 높인다."

이랬던 미션 선언문이 2016년 7월에 다음과 같이 딱 한 단어만 바뀌었다.[13]

"세계가 지속 가능한 '에너지'로 전환되는 속도를 높인다."

바뀐 건 한 단어뿐이지만 많은 변화가 내포된 선언문이다. 전기 자동차 업체로서 자신들의 사업 범위를 국한시키지 않고 화석 연료에 의존하는 인류의 생활 방식을 지속 가능한 에너지로 전환시키는 사업에 사운을 걸겠다는 의지가 엿보이는 변화가 아닌가? 지구 환경 보존에 기여하고자 하는 고객의 열렬한 니즈, 즉 고객 가치를 인지했기 때문으로 짐작된다. 그래서일까? 테슬라는 미션 선언문 변경과 비슷한 시기에 태양광 업체인 솔라시티SolarCity를 인수함으로써 태양광 설비 설치 및 관리 비즈니스에 힘을 쏟고 있다.

정리해 보자. 미션은 "조직의 존재 이유 혹은 존재 목적"이다. 아니, 이것만으로는 부족하다. 여기에 "구성원에게 영감을 준다"라는 전제 조건이 반드시 붙어야 한다. 영감은 행동의 방향을 명확하게 해 준다는 뜻이고 그래야 직원들이 미션을 '쉽게' 기억하고 행동할 수 있다. 또한 그 행동의 방향은 어디까지나 고객을 향하고 있어야 한다. 그렇기에 미션 선언문은 변경될 수 있음을 기억하자.

앞에서 예로 든 제과 회사의 미션을 나라면 이렇게 정하고 싶다. "즐겁고 새로운 맛을 소개하고 경험하게 한다." 어떤가? 적어도 "인류의 생명과 건강에 기여한다"보다는 영감을 주지 않는가?

답 ㉠-ⓒ, ㉡-Ⓐ, ㉢-Ⓑ

기업의 목적
Purpose of a Corporation

"기업의 목적은 무엇입니까?" 내가 물으면 거의 자동적으로, 그리고 공통적으로 이런 대답이 나온다.

"이윤 창출입니다." 이렇게 고등학교 경제 교과서에 나오는 '정답'을 지금까지 그대로 기억하고 있는 걸 보면 우리나라 주입식 교육이 얼마나 '강력한지' 새삼 놀란다. 나는 되묻는다.

"이윤이 왜 중요하죠? 왜 기업은 이윤을 창출해야 하나요?"

"당연히 이윤을 남겨야 투자를 할 수 있고, 투자를 해야 성장할 수 있으니까요."

"네. 그러면 왜 성장을 해야 하나요? 꼭 성장을 해야 합니까? 기업이 성장을 하지 않고 퇴보하면 안 되는 법이라도 있나요?" 내가 이렇게 교육생을 코너로 몰면 그만해 달라는 표정으로 말한다.

"퇴보하면 사장님한테 혼나니까요. 성장을 전제로 계획을 수립하라고 하시니까 별 수 없죠."

이런 대화를 꺼내는 이유가 '기업의 목적이 이윤 창출이어서는 절대 안 된다'라는 이야기를 하고 싶어서라고 오해하지 않기를 바란다. 물론 이윤은 그 자체로 중요하다. 이윤을 잘 사용하기만 하면 기업을 둘러싼 여러 이해관계자들의 복리가 증진될 수 있으니 말이다. 문제는 기업의 목적이 이윤 창출이라고 기계적으로 인식하고 있으면, 그 이윤이 어디로부터 나오는지 간과하기 쉽고, 이윤 창출을 위해서라면 수단과 방법을 가리지 않아도 된다는 맹목에 매몰될 수 있다는 점이다.

기업의 목적은 고객 창조

당연한 말이지만 이윤은 고객으로부터 나온다. "고객이 왜 중요한가?"라는 질문에 누구든 주저하지 않고 "우리에게 돈을 주기 때문이다"라고 답하지 않는가? 그렇기에 기업의 목적은 이윤 창출이기 전에 돈을 내어 주는 "고객을 창조하는 것"이어야 한다. 여기에 덧붙인다면, 제품(앞으로 이 책에서 제품이라고 하면 서비스를 포함하는 것으로 이해하기 바란다)을 매개체로 이윤의 출처인 "고객의 행복을 증진시키는 것"이어야 한다. 나는 고객의 행복 증진 없이 혹은 고객에게 불행을 안겨 주고 이윤을 챙기는 행위는 고객의 돈을 강탈하는 것이나 다름없다고 생각한다. 이런 의미에서 이윤은 고객이 제품을 통해 얻는 '행복 가치'(이를 '고객 가치'라고 말해도 좋다)와 등가가 되는 것이 바람직하다. 그리고 미션 선언문은 그러한 전제하에 수립되어야 한다.

그렇다면 왜 고객이 중요한가? 우리에게 돈을 주는 존재이기에 중요하다는 생각은 이제 너무 고리타분한, 굴뚝 산업식 개념이지 않은가? 고객을 창조하는 일은 고객을 그저 거래 상대가 아닌, 우리의 가치 사슬에 밀접하게 연결되어 활동하는 '파트너'로 격상시키는 것에서 출발한다. 그들을 우리의 파트너로 만들면 경쟁사로 이탈할 우려 없이 우리에게 보다 많은 기여를 하도록 만들 수 있으니 그보다 더 확고하게 경쟁 우위를 다지는 방법이 있을까? 베스트셀러 작가이자 컨설턴트인 마크 머피Mark A. Murphy는 "혼란스러울 정도로 급변하는 환경 속에서 고객과의 파트너십보다 더 견고하고 안정적인 힘은 없다"라고 말했다.[14]

고객은 파트너다

이렇게 '고객 파트너십Customer Partnership'을 성공시킨 대표적인 기업들 중 하나가 나이키다. 이 회사는 달리기를 좋아하는 고객들을 파트너로 참여시킨 덕에 고객들이 신발이나 운동복뿐 아니라 스포츠 시계, MP3 플레이어, 심박 측정기 등을 필요로 한다는 사실을 발견했다. 소니는 그런 기기를 적기에 제공함으로써 불과 몇 년 만에 매출을 4억 달러 이상 신장시켰다. BMW그룹은 VIAVirtual Innovation Agency라는 웹사이트를 만들어 고객들과 외부 혁신가들이 미래의 자동차 기술, 디자인 등에 관한 아이디어를 제안하도록 유도하고 있다.[15]

파트너로서 고객이 중요한 이유는 신제품이 나오면 적극적으로 사용해 주고, 사용하면서 좋은 아이디어를 기꺼이 제공하며, 굳이 시키지 않아도 SNS 등을 통해 우리 제품을 널리 알려 우리 회사가 들여야 할 여러 비용을 꽤나 줄여 주기 때문이다. 이보다 더 중요한 까닭은 우리와 기꺼이 협업하고자 하고, 우리를 다른 고객들에게 소개해 주며, 협업의 파트너로서 자신들의 데이터를 거의 무상으로 공유하기 때문이다.[16]

파트너로서 고객이 중요한 이유들을 뒤집어 보면, 경쟁사와 대비하여 우리의 고객 기반이 얼마나 견고한지 평가할 수 있는 기준이 된다. 단순히 시장 점유율을 높이는 것이 아니라, 튼튼한 고객 기반을 구축하는 것이 진정한 의미로 고객을 창조하는 것이다. 이것이 기업의 목적이며, 이윤은 그다음에 저절로 창출된다.

책을 마무리하던 중에 〈美 주요 기업 CEO 181명 '사회적 책임' 선언〉이라는 제목의 기사가 나왔다.[17] 아마존의 제프 베조스, 애플의 팀 쿡, 보잉의 데니스 뮬런버그Dennis A. Muilenburg 등 181명의 최고경영자들이 이윤 창출과 주주 이익 실현을 뛰어넘어 사회적 책무를 강조하는 내용이 담긴 '기업의 목적Purpose of a Corporation'에 서명했다는 소식이다. 고객에게 가치를 전달하고, 직원에게 투자하며, 협력 업체들을 공정하게 대하고, 지역 사회에 공헌하며, 주주의 장기적 가치 창출에 기여하겠다는 것이 선언서의 골자다.[18] 비록 구체적인 행동 계획이 없다는 비판을 받고 있지만 기업이 복무해야 할 대상을 주주Shareholder에서 이해관계자Stakeholder 전체로 확대했다는 점에서 매우 고무적인 일이 아닐 수 없다. 기업의 목적은 이윤 창출이라고 굳게 믿는 이들에게 시사하는 바가 크다.

전략
Strategy

무엇과 싸우는가

◆

적을 이기기 위한 방법.
여기에서 키워드는 '이기기'도 아니고 '방법'도 아니다.
바로 '적'이다.

"이번 교육 과정이 경영 전략 방법론이니 적어도 전략이란 말의 정의를 먼저 알고 넘어가야 하지 않을까요? 아마 여러분은 적어도 하루에 한 번 이상 전략이란 말을 사용할 겁니다. 굉장히 자주 쓰는 단어이니까 그 정의를 잘 아시겠죠? 전략을 한마디로 정의하면 무엇입니까?"

참석자들 대부분이 기업에서 최소 5년 이상 근무한 숙련된 직원이고 거의 매일 전략이란 말을 입에 붙이고 사는지라 이 질문에 쉽게 답할 줄 알았다. 하지만 큰 오산이었다. 이런 질문은 처음 접한다는 듯 다들 눈을 동그랗게 뜨며 멋쩍게 웃거나 애써 내 눈을 피한다. 나는 한 직원을 콕 집어 재차 묻는다.

"전략의 정의가 무엇입니까?"

그 직원은 주뼛주뼛하다가 "목표를 달성하기 위한 방법"이라고 어렵사리 대답한다. 나는 또 질문을 던진다.

"그렇다면 그 정의에서 목표란 말의 의미는 무엇인가요?" 직원은 당황한 표정으로 머뭇거리다 이렇게 답한다.

"목표란 성과 아닌가요?" 여기에서 난 또다시 심술궂게 묻는다.

"그래요? 그러면 과연 성과는 무엇을 뜻하는 건가요?"

이제 짜증을 숨기지 않는 직원은 "모르겠는데요"라며 톡 잘라 말하고는 다른 직원들을 돌아보며 나의 시선을 피한다. '왜 나에게만 이래?'라는 듯이.

전략을 한마디로 정의하지 못하면서 여러 가지 '섹시한' 전략 수립 방법론을 배운들 무슨 의미가 있을까? 나는 이쯤에서 교육생 놀리기를 멈추고 힌트를 주기로 한다. "전략이란 말은 기업 경영에 많이 사용하는 용어가 되었는데요. 원래는 어디에서 쓰던 말이었나요?"

"전쟁에서 쓰던 말이죠." 몇몇 교육생이 답한다.

"네, 맞습니다. 전쟁이죠. 군사학이나 병법에서 쓰는 용어입니다. 그렇다면 전략의 정의는 무엇일까요?" 이런 힌트를 주면 교육생들은 대번에 이렇게 답한다.

"전쟁이나 전투에서 이기기 위한 방법을 말합니다."

"그렇죠. 그런데 전쟁은 누구랑 합니까? 우리끼리 하는 건 아니잖아요?" 교육생들은 몰라서 하는 질문이냐는 듯 곧바로 대답한다.

"당연히 적이랑 전쟁을 하죠."

"맞습니다. 적과 전쟁을 치르죠. 적을 이기는 것이 바로 전쟁의 목표고요. 그러면 마지막으로 물을게요. 전략의 정의가 무엇입니까?" 교육생들은 이제야 알겠다는 표정을 짓는다.

"적을 이기기 위한 방법인가요?"

"네, 정확합니다."

목표나 성과 달성이 아닌
적을 이기기 위한 방법

전략은 원래 '전쟁의 기술'을 가리키는 군사학 용어지만 요즘에는 기업들이 더 많이 사용한다. 내 경험으로 볼 때 기업 조직에서 사업 전략, 마케팅 전략, 영업 전략 등과 같이 전략이라는 단어가 한 번 이상 언급되지 않고 넘어가는 날은 없다. 1960년대 이전에는 기업들이 전략이란 말을 쓴 적은 거의 없었다. 1970년대가 되어 경쟁사와의 각축을 '전쟁'으로 묘사하면서 '전략은 기업의 과제'라는 이미지가 생겨났다. 이런 시각은 하버드대학교 경영학 교수 마이클 포터Michael E. Porter가 경영학 분야에서 고전의 반열에 오른《경쟁론On Competition》을 펴내면서 더욱 굳어졌다. 조직 내에서 너무 자주 사용하기 때문에 오히려 한 번도 정의를 생각해 볼 기회가 없었던 대표적인 경영어가 바로 전략이 아닐까?

전략을 뜻하는 영어 단어 'Strategy'의 어원은 '사기를 높이기 위한 건강한 정신'을 의미하는 그리스어 'strategemata'에서 왔다.[19] 로마의 원로원 의원이자 군인이었던 프론티누스Sextus Julius Frontinus

는 "미래에 대한 통찰, 아군의 유리한 점, 계획과 결단 등과 관련해서 사령관이 성취하는 모든 것을 가리킨다"라고 말했다. 경영학 교과서에서 전략은 "목적과 방법 사이에 일정한 균형을 유지하는 것" 혹은 "목표를 달성하는 데 필요한 자원과 수단을 파악하는 것"이라는 말로 정의되지만 왠지 쉽게 와닿지 않는다.

춘추 전국 시대가 낳은 위대한 병법서 《손자병법》을 쓴 손자는 전략의 의미를 실용적으로 설명한다. 그는 '가능하면 싸우지 않고 이기는 방법이 백전백승보다 더 낫다' '적이 다른 세력과 연합하는 것을 막아라'는 말을 함으로써 전략의 핵심은 '어찌됐든 적을 이기는 것'에 있음을 분명히 밝힌다. 손자는 전쟁에서 이기려면 선견지명이 있어야 하고 적의 작전 계획과 특징, 장수들의 성격 등과 관련한 정보에 달통할수록 선견지명이 나올 수 있다고 말한다. 《손자병법》의 유명한 문구 '지피지기 백전불태知彼知己百戰不殆'는 훌륭한 전략의 기반이 '적의 정보를 잘 안다'에 있음을 한마디로 표현한 것이다.

그렇다. 전략의 의미는 그 유래된 뜻 그대로다. "적을 이기기 위한 방법." 여기에서 가장 중요한 키워드는 바로 "적"이다. 목표나 성과가 아니다. 기업이 전략이란 용어를 가져다 쓰면서 비전, 목표, 성과 등이 전략 실행의 결과물이 되어 버렸기에 전략에서 가장 중요한 키워드가 '적'임을 망각한 것은 아닐까? 세련된 목표 관리 시스템을 통해 목표나 성과, 혹은 KPI를 설정하여 그것을 달성하기 위한 여러 방안을 수립했다 하더라도 목표나 성과가 적을 이기는 것과 '직접적으로' 연결되지 않고 그저 '우리가 좀 더 잘해야 한다'는 식이라면 그 방안들은 절대 전략이 아니다.

여기서 '직접적'이라는 말에 주목하자. "어떤 식으로든 적을 이기는 데 기여하지 않느냐? 그러니 전략이다"라고 어물쩍 넘어가지 말아야 한다는 뜻이다. 적과 대립한 전장에서 바로 써먹을 수 있는 방법이 아니라면, 그건 전략이 아니라 전략의 세부 실천 방안 중 하나일 뿐이다. 또한 적을 이기기 위한 방법으로 전략을 세밀하게 수립하고 철저히 실행했는데 애석하게도 결과적으로 적을 이기지 못했다면 과정이야 좋았든 나빴든 전략의 실패라고 간주해야 한다. 과정이 '멋있는' 전략은 승리를 담보하지 않는다. 이처럼 전략과 적은 떼려야 뗄 수 없는 관계다.

기업의 적은 안팎 모두에 있다

그렇다면 기업의 적은 누구인가? 대번에 떠오르는 상대는 경쟁사일 것이다. 영토나 자원을 놓고 적국과 전쟁을 치르듯, 고객이라는 파이를 놓고 경쟁사와 싸우기 때문이다. 또한 매출이나 시장 점유율, 혹은 고객 만족 차원에서 경쟁사를 제압해야 하기 때문이다. 그러나 고객 역시 우리가 싸워 이겨 내야 할 적이다. 고객은 언제나 선택을 한다. 언제든 우리 제품을 버리고 경쟁사 제품을 선택할 수 있다. 그들을 우리 '영토'에서 벗어나지 못하게 만들고 우리 제품을 '사랑'하도록 하려면 어떤 의미에서 그들의 선택권을 우리가 '빼앗아' 와야 한다. 그러므로 고객은 경쟁사와 더불어 우리의 '주적'으로 봐야 한다(물론 고객은 경쟁사와는 다른 의미의 적이다). 특정 산업의 경우, 정부도 적이 된다. 제품 개발과 판매 등에 대해 정부의 규제가 미치는 영향이 강한 기간산업 혹은 공기업은 입법이나 행정 조치에 따라 성과가 좌우되곤 한다. 제도의 방향을 우리 쪽에 유리하게, 경쟁사에는 최대한 불리하게 설정하려면 정부를 우리의 '포로'로 만들어야 한다. 특히 철강, 담배, 금융, 정유, 자동차 등의 산업에서 정부는 그 누구보다 강력한 적이다.

그런데 싸워 이겨야 할 적을 산업 내에서만 찾는다면 좋은 전략이 아니다. 지하철에 그렇게나 많이 쌓이던 무가지(무료 신문)는 스마트폰 때문에 사라졌고, TV 방송국들은 유튜브에 시청자를 빼앗겼으며, 대형 할인 마트들은 온라인 몰과 배달 업체들 때문에 실적 부진에 허덕인다.[20] 적은 더 이상 울타리 안에만 존재하지 않는다. 사우스웨스트항공의 창업자 허브 켈러허Herb Kelleher는 자기네의 경쟁자(적)가 다른 항공사라고 보지 않았다.[21] 그는 버스, 자가용 승용차, 열차와 같은 다른 운송 수단을 적으로 간주하고 항공사와의 경쟁이 아니라 완전히 새로운 시장을 창조하고자 했다. 그는 다른 항공사들이 그저 '승객을 비행기에 태워 이동시킨다'라는 관점으로 사업을 규정할 때 "우리는 서비스 기업이다"라는 관점을 갖도록 직원들을 독려했다. 타 항공사들이 항공기 가동률Utilization 에 집중할 때 사우스웨스트항공은 고객에게 얼마나 즐거운 여행 경험을 선사하느냐에 초점을 맞췄다. 적을 항공 업계로 한정 짓지 않았기 때문이다.

테슬라의 CEO 일론 머스크가 "모델 S는 자동차가 아니다. 바퀴가 달린 정교한 컴퓨터다"라고 한 것 역시 자신들의 적은 타 자동차 업체들이 아니라 정보 통신 분야의 소프트웨어 및 하드웨어 업체들이라고 규정한 것이었다.[22] 그래서 그는 새로 출시된 소프트웨어를 다운로드한다는 관점으로 자동차를 바라봤다. 세계 자동차 생산 1위 기업인 폭스바겐이 전기 자동차를 "에너지원으로 배터리를 사용하는 자동차"라고 정의한 것과 사뭇 다른 시각이다.

전략적으로 사고한다는 것의 의미

우리가 싸워 이겨야 할 대상이 적이다. 그리고 적을 이기기 위한 방법이 바로 전략이다. 전략을 수립할 때 항상 그리고 제일 먼저 염두에 둬야 할 대상은 적이다. 그렇다면 '전략적 사고Strategic Thinking'란 무엇인가?

"전략의 정의는 적을 이기는 방법이라고 했습니다. 그러면 전략적 사고란 말은 또 어떻게 정의할 수 있을까요?"

"전략적으로 사고하는 거요."

이 문장에 새로 들어간 문구는 '으로'라는 조사밖에는 없는데, 국내 유수의 대기업 직원들이 이렇게 하나 마나 한 대답을 하는 걸 여러 번 목격했다. 전략적 사고가 평가 지표 중 하나로 설정된 직무의 직원들(그리고 팀장들) 역시 나을 것 없었다.

전략적 사고는 창의적 사고나 분석적 사고, 비판적 사고 등과는 사실 아무런 관련이 없다. "적을 이기기 위한 방법을 항상 염두에 두고 생각을 펼쳐 가는 것"이 전략적 사고다. 구체적으로 말해, '나에게(우리에게) 적은 누구인가?' '그 적은 어떠한 불확실성을 우리에게 던져 주는가?' '적의 취약점은 무엇인가?' '그 취약점을 무엇으로 공략할까?' 등의 질문을 스스로에게 던지고 답하며 수정해 가는 사고방식이 전략적 사고다.

전략적 사고로 무장된 직원이라면 보고서 하나를 쓰더라도 싸워서 이겨야 할 적이 누구인지를 먼저 생각할 줄 안다. 물론 보고서에서 다루는 적은 경쟁사나 고객과 같은 외부의 적이지만, 본인이 일차적으로 이겨 내야 하는 적은 내부의 적인 상사일 것이다. 상사를 내 편으로 만들지 못하면 아무리 보고서 작성에 많은 시간을 쏟았더라도 사장되고 말 테니 말이다. 상사를 적으로 간주한다는 것을 이상하게 혹은 불손하게 생각하지 말기 바란다. '상사의 암묵적 요구 사항은 무엇인가?' '상사는 무엇을 중점적으로 살펴보는가?' '상사의 이견에 어떻게 대처할 것인가?' 등을 스스로에게 묻고 답하면서 보고서를 작성해 가야만 상사를 나의 '사람'으로 포섭하고 나아가 외부의 적을 물리치는 기회를 잡을 수 있다.

적이 누구인지 규정하고 적이 우리에게 줄 불확실성을 간파하는 데 집중할 수 있는, 작지만 강력한 팁 하나를 소개한다. 전략 수립 과정에서 가장 많이 쓰이는 유용한 도구가 'SWOT' 분석인데, SWOT라는 단어 자체가 오해를 일으킨다는 점에 주의해야 한다. 철자의 순서가 강점Strength, 약점Weakness, 기회Opportunity, 위협Threat 이기 때문에 부지불식간에 적이 발생시키는 불확실성(기회, 위협)보다는 내부 조건이나 상황(강점, 약점)을 우선시하기 쉽다. 적을 고려하기 전에 우리의 강점과 약점을 파악하는 것이 무슨 의미가 있을까? 그렇게 해서 파악된 강점과 약점이 진정한 것이라고 확신할 수 있을까? 베스트셀러 《90일 안에 장악하라The First 90 Days: Critical

Strategies for New Leaders at All Levels》의 저자이자 하버드대학교 경영대학원 교수였던 마이클 왓킨스Michael Watkins는 이런 혼동을 막으려면 SWOT('스윗'이라고 발음함)을 TOWS('토스'라고 발음함)로 바꾸라고 조언한다.[23] 이런 작은 넛지Nudge를 통해 적을 먼저 인식하고 분석해야 한다. 그런 후에 우리의 약점을 보완하여 위협을 최소화하고 강점을 활용해 기회를 최대한 활용할 방법을 '올바르게' 수립할 수 있다.

동양에 손자가 있다면 서양에는 마키아벨리가 있다. 그는 우리보다 잠재적으로 더욱 강한 적의 힘을 어떻게 극복할 수 있는가 하는 문제에서 손자의 생각과 궤를 같이한다. 그는 저서 《전술론》에서 최대한 모든 전투력을 총동원해야 한다고 역설했는데, 적보다 더 많은 정보를 가지려면 속임수와 첩자의 활용이 중요하다고 주장했다. 가능하면 싸우지 않고 이겨야 한다는 말도 손자의 관점과 일치한다. 하지만 그가 손자와 다른 점은 외부의 적보다는 '내부의 잠재적인 적'에 더 많은 관심을 보였다는 것이다. 그는 전략의 성공을 위해서는 일단 조직 내의 여러 이해관계자를 설득하고 내 편으로 만드는 것이 무엇보다 중요함을 간파했다. 그의 대표 저서 《군주론》은 내부의 적에 대한 전략서라고 해도 과언이 아니다.

계획과 전략은 다르다

그런데 많은 이가 '계획Plan'과 전략을 동일한 의미로 간주한다. 하지만 이 두 단어를 분명하게 구분하기 바란다. 전략은 의사 결정의 프레임워크Framework, 즉 "환경의 변화에 대처하기 위한 기본 지침" 을 일컫는다. 반면 계획은 "어떤 목적을 달성하기 위한 절차를 상세히 제안하는 과정"으로 누가, 무엇을, 어디에서, 언제, 어떻게 수행하는가를 아웃풋으로 산출한다. 순서를 따진다면 전략이 먼저 설정되고 그다음에 계획 수립이 뒤따른다.

보통 확신을 가진 상태로 한 단계에서 다음 단계로 나아가고 모든 일이 순조롭게 이루어질 때 '계획대로'란 말을 쓴다. 하지만 모든 계획이 그러한가? 생각지도 못했던 돌발 변수가 나타나기 마련이지 않은가? 바람이 적 쪽으로 부는 것을 보고 화공을 펼쳤더니 갑작스럽게 비가 내리거나 바람의 방향이 바뀌면 어떻게 해야 하는가? 우리가 이겨 내야 할 적들(적국, 날씨 등)이 우리에게 어떤 불확실성을 줄 것인지를 미리 예상하고 그에 대한 대비책을 구체적으로 마련해 놓는 것 또한 전략이다.

복잡하고 정교한 전략 방법론을 쓴들 적을 규정하지 않고 돌격한다면 '이 산이 아닌가 봐' 신드롬에서 헤어나지 못하고 직원들은 그런 형편없는 전략가를 보필하느라 번아웃Burnout될 것이다. 훌륭한 전략가는 전략을 수립하기 전에 '적'이 누구인지를 가장 먼저 규명한다. 경쟁사일 수도 있고 정부일 수도 있으며 고객일 수도 있고 때로는 승인권을 틀어쥐고 있거나 자신을 늘 견제하고 공격하는 내부의 적일 수도 있다. 늘 적을 주시하라. 이것이 전략의 핵심이다.

학습
Learning

몇 년 전에 나는 피터 센게Peter Senge의 저서《학습하는 조직The Fifth Discipline: The Art & Practice of The Learning Organization》을 감수한 적이 있다.[24] 그 책이 출간되고 몇 개월 후에 어느 기업으로부터 강의 의뢰가 들어왔는데, 담당자는 자기네들이 직원들 중심으로 학습 조직을 운영할 계획이라면서 그 전에 책의 내용을 배우고 싶다는 뜻을 전했다. 나는 담당자에게 물었다.

"학습 조직이라 하면 어떤 걸 의미하나요?"

"네, 직원들이 일주일이나 격주로 한 번씩 만나 자신들이 정한 주제에 대해 돌아가며 발표하고 공유하는, 일종의 동아리를 말합니다. 각 학습 조직에서 어느 정도 지식이 축적되면 그걸 전사로 확산시키고 현업에 반영하고 싶거든요. 관련된 책을 살펴보다가 선생님이 감수하신 책이 있어서 연락을 드린 겁니다."

"그렇군요. 말씀하신 학습 조직은 지식 경영Knowledge Management에서 말하는 CoPCommunity of Practice(학습 동아리)를 가리키는 것 같은데요. 죄송하지만《학습하는 조직》은 CoP 활동에 관한 책이 아닙니다."

학습은 지식 동아리나 독서 모임 활동이 아니다

짐작건대 담당자는 영어 원제가 '5번째 규율'이라는 건 알아차리지 못하고 한글 제목만 보고 연락한 듯했다. 그럴 만도 했다. 그 사람뿐 아니라 몇몇이 나에게 지식 경영 관련 책이냐고 물을 정도로 제목이 혼동을 불러일으키는 건 사실이었으니까. 그렇지 않다고 대답하면, 제목을 잘못 붙인 것 같다는 반응을 보였다.

하지만 한글 제목은 잘못이 없다. 그 책의 초판이 2000년 무렵 국내에 처음 번역 출판될 때는 제목이 《제5경영》이었다. 동료 컨설턴트가 좋은 책이라며 소개할 때 나는 퉁명스레 말했다. "책 제목이 왜 이래?" 기존의 경영 방식을 반성하고 새 길을 제시한다는 의미로 '제2의 경영'은 있을 법했지만 '제5경영'이라니! 나에겐 '적국에 있으면서 외부 세력과 연동해 간첩 활동을 수행하는 집단'인 '제5열'을 연상시키는 제목이라서 별로 읽고 싶지 않았다.

컨설팅에 활용하기 위해 어쩔 수 없이 읽었던 나는 페이지를 넘길수록 내용에 매료되지 않을 수 없었다. 천천히 살펴보니 '제5경영'이란 모호한 단어는 시스템 사고System Thinking를 비롯해 학습 조직이 준수해야 할 5가지 규율을 가리켰다. 책에서 센게는 학습 조직이란 "스스로의 미래 창조 능력을 끊임없이 키우고 확장시키는 조직"이라고 말했다. 그리고 학습은 지식 동아리나 독서 모임의 활동이 아니라 "시스템 사고를 비롯한 새롭고 개방적인 사고방식을 채택하고 진정으로 원하는 결과를 만들어 내기 위한 방법을 부단히 추구하는 것"이라고 정의했다. 또한 "세상을 이해하고 행동하는 방식에 영향을 미치는 가정, 일반화, 심상, 이미지 등을 정신 모델Mental Model이라고 하는데, 학습이란 '구성원들이 공유하는 정신 모델을 바꾸는 과정'이기도 하다"라고 설명한다. 그러니 '학습하는 조직'이란 한글 제목이 엉뚱하게 붙은 것은 아니다.

생존을 위한 끊임없는 노력

나는 센게의 정의를 짧게 줄이면 "학습은 끊임없는 생존 노력"이라고 본다. 환경을 지속적으로 관찰하여 시스템 사고를 기반으로 어떤 변화가 일어나는지 냉철하게 파악하고 그 변화 속에서 어떻게 행동하고 어떻게 바뀌어야 높은 성과를 창출할 수 있는지를 끊임없이 묻고 답하며 실천하는 과정이 학습이다. 그리고 이를 실천하는 조직이 학습 조직이다.

MIT의 수석 연구원인 진 로스Jeanne Ross 역시 비슷한 견해를 제시한다. 그녀는 "실패 자체가 자동적으로 미래의 성공에 기여하지 않는다"라고 말하면서 실패를 권장하는 '유행'을 비판한다.[25] 또한 로스는 실패란 기존의 가설이 틀렸다는 것을 의미하기 때문에 이에 굴하지 않고 다시금 새로운 가설을 수립하고 시도하는 조직이야말로 학습 조직으로 변모할 수 있다고 조언한다.

어떤 기업이 학습 조직인지 아닌지를 파악할 수 있는, 리트머스 시험지 같은 판단 기준이 있다. 현재의 위치에만 충실하면 된다는 조직, 실패의 원인을 늘 외부에서 찾는 조직, 단기적인 사안에만 반응하는 조직, 환경의 변화를 감지하지 못하는 조직, 희생양 찾기로 문제를 해결하려는 조직, 사내 정치에 의해 의사 결정이 좌우되는 조직, 경영의 실패를 직원들의 정신 상태 불량이라며 탓하는 조직, 신념이 사실을 대체한 조직, 과거의 성공 기억을 고집하는 조직 등이다. 이 중에서 4~5개 이상 해당된다면 애석하게도 당신의 조직은 학습 조직이라 말하기 어렵다.

실패를 반복하는 조직, 실패를 잊지 않는 조직

조직이 제대로 학습하지 않을 때 발생하는 가장 큰 불행 중 하나는 비슷한 실패를 반복한다는 점이다. 1986년 1월 28일, 우주왕복선 챌린저호는 발사 후 73초 만에 공중에서 폭발했다. 직접적인 원인은 로켓 부스터 내에서 연료 누출을 막아 주는 고무 오링이 추운 날씨 때문에 갈라져서 제 기능을 하지 못했기 때문이었다. 이 실패는 2003년 2월 1일에 지구로 귀환하던 컬럼비아호의 폭발로 재현되고 말았다. 초기에는 테러로 추정되었으나 왼쪽 날개의 노후가 폭발의 원인이었던 것으로 밝혀졌다. 챌린저호 폭발 사고 후 우주왕복선의 안전에 만전을 기했던 미국항공우주국NASA은 왜 17년 만에 비슷한 실패를 반복했을까? 분명 과거의 실패로부터 교훈을 얻었을 텐데 왜 다시 심각한 실패에 빠진 걸까?

텍사스주립대학교의 연구원 패멀라 하운즈차일드Pamela R. Haunschild 등은 우리 인간이 시간이 지날수록 실패를 망각하기 때문이라고 지적한다.[26] 하운즈차일드는 1997년부터 2004년까지 미국식품의약국FDA에 신약 승인을 의뢰한 제약 회사 146곳의 데이터를 분석하여 이런 결론에 이르렀다.

신약이 FDA의 승인을 거쳐 시장에 출시된 후 심각한 부작용이 발생하면 모든 물량을 수거하여 폐기해야 한다. 일례로 바이엘은 1997년에 혈압 강하제 바이콜Baycol을 출시했지만 근육 세포를 파괴하고 신장 기능에 문제를 일으키는 부작용이 확인되어 2001년 철수할 수밖에 없었다. 한 번 이런 일을 겪으면 제약 업체는 제품 출시 전에 임상 실험을 강화하고 과학자들에게 제품에 관한 연구를 더 많이 의뢰하면서 안전에 만전을 기한다.

문제는 시간이 지나면서 그때의 기억을 잊어버리고 실적 경쟁에 매몰되기 시작한다는 점이다. 그래서 '부작용 발생-제품 폐기-실적과 이미지 추락'이라는 비슷한 패턴이 반복되고 만다. 결국 망각이 문제다. 실패의 원인을 알아내는 것은 조금만 노력하면 어떤 조직이든 할 수 있다. 그리고 그런 원인을 해소하고 만전을 기하는 일은 제법 경영을 괜찮게 하는 조직이라면 충분히 할 수 있다. 그러나 실패의 기억이 점차 사라지면 비슷한 실수를 반복할 수 있다는 점을 깨닫고 이를 늘 경계하며 지속적으로 일깨우는 일은 오직 학습하는 조직만이 할 수 있다. 어찌 보면 학습 조직은 실패를 망각하지 않는 조직이라 할 수 있다.

학습은 끊임없는 생존 노력이다. 생명체가 생명을 유지하고 재생산하려는, 눈에 보이지 않는 투쟁과 같은 것이 학습이다. 앞서 살펴본 전략의 의미와 크게 다르지 않다. 그러니 2~3시간짜리 학습 동아리 운영법 강의로는 어불성설이 아니겠는가?

차별화
Differentiation
자기만의 가치 맵 그리기

◆

무조건 경쟁자와
다른 물에서 노는 것.
경쟁자보다 더 잘하는 것이 아니다.

"기업이 치열한 경쟁에서 이기거나 적어도 살아남으려면 어떻게
해야 합니까?" 이런 질문을 던지면 여러 답변이 나오는데, 가장 빈
번하게 등장하는 대답은 이것이 아닌가 싶다.

"차별화를 해야 합니다."

이처럼 차별화 전략을 경쟁사라는 '적'을 무찌르기 위한 가장
강력한 수단이라 여긴다면 그 뜻을 분명히 알고 있어야 하지 않을
까? 그래서 나는 자동적으로 되묻는다. "차별화란 무엇을 의미합
니까?"

역시 대답을 쉽게 하지 못한다. 한참을 기다려 얻어 낸 대답은
대부분 이런 식이다. "경쟁사보다 더 잘하는 것입니다."

나는 다시 물을 수밖에 없다. "경쟁사보다 더 잘하면 이 치열해지는 경쟁 상황에서 살아남고 우위를 차지할 수 있다는 뜻이군요?"

"당연히 그렇죠."

"알겠습니다. 그러면 좀 더 구체적으로 질문해 보겠습니다. 기업들이 '가격 차별화'란 말을 관용적으로 많이 사용하는데요. 이 말의 뜻은 무엇입니까?"

잠깐 생각하고 나더니 답한다. "경쟁사보다 낮은 가격으로 제품을 출시하고 판매하는 것이죠."

"네. 그런데 우리 회사가 가격을 낮춰 출시한 것을 보고 경쟁사가 우리를 이기기 위해 더 낮은 가격으로 판매하면 어떻게 해야 하나요? 어떻게 해야 다시 경쟁사를 누를 수 있을까요?"

"그거야 뭐, 여력이 있는지 살펴보고……." 이런 질문은 예상치 못했는지 어물쩍 답변을 흐린다.

"다시 가격을 내려서 대응한다는 말씀인가요?"

"그렇습니다."

"진흙탕 싸움 혹은 '치킨 게임'이 되겠군요. 이익을 포기하면서까지 서로가 가격을 인하하지 않으면 경쟁에서 이기지 못하니까 말입니다. 그렇다면 이런 게 과연 차별화일까요? 우리가 가격을 내리면 경쟁사가 곧바로 쫓아오고, 달아나면 다시 따라오는 식이 되면 차별화의 지속 시간이 너무 짧은데 말입니다. 잘 아시겠지만 경쟁사가 즉각적으로 복제할 수 있는 차별화는 차별화가 아닙니다. 복제하는 데 상당한 시간과 노력이 들어야 차별화에 성공했다고 말할 수 있겠죠."

나는 청중의 표정을 살피며 말을 이어 간다.

"게다가 가격을 낮추면 고객은 우리 제품에 오히려 덜 만족하게 됩니다. 싼 가격에 동일한 효용을 얻는다고 해서, 즉 '가성비'가 좋다고 해서 늘 유리한 것은 아닙니다."

관건은 얼마가 아니라 어디서 놀 것인가

행동경제학자 바바 시브Baba Shiv는 카페인이 다량 함유되어 있는 '트윈랩 울트라 퓨얼Twinlab Ultra Fuel'이란 원기 회복 음료를 운동을 마치고 나오는 학생들에게 판매했다.[27] 시브는 한 그룹의 학생들에게는 음료를 정가대로 판 반면, 다른 그룹의 학생들에게는 반값으로 할인해 판매했다. 그런 다음 설문지를 돌려서 음료를 마신 후에 피로가 얼마나 줄어들었다고 생각하는지 물었다. 결과는 예상 외였다. 가격만 다를 뿐 동일한 음료를 마셨음에도 불구하고 정가로 구입한 학생들이 반값에 마신 학생들보다 피곤함을 덜 느낀다고 답했다. 가격이 낮을수록 가치도 낮게 인식한다는 의미였다.

시브는 '소비 아드레날린 러시Sobe Adrenaline Rush'라는 원기 회복 음료로 추가 실험을 실시했다. 시브는 이 음료가 정신 활동을 촉진시키는 데 효과가 크다고 소개하고 첫째 그룹에게는 정가인 1.89달러에 팔고, 둘째 그룹에게는 할인가인 0.89달러에 팔았다. 참가자들은 뒤섞인 철자를 보고 옳은 단어를 맞히는 문제 15개를 30분 안에 풀어야 했는데, 음료를 정가로 구입한 참가자들은 15개 중에서 평균 9.7개를 맞힌 반면 할인가로 마신 참가자들은 6.75개만 맞혔다. 상대적으로 싼 가격이 오히려 '싼 게 비지떡'이라는 인식을 만들어 낸 것이다. 이 실험은 경쟁사보다 낮은 가격으로 판매하는 것이 곧바로 경쟁력을 창출할 수 없을 뿐 아니라 진정한 차별화의 방법도 아님을 일러 준다.

이쯤 설명한 뒤 나는 청중을 둘러보며 질문한다.

"그런데요. 가격 차별화의 방법이 꼭 '가격 인하'여야 하나요? 가격을 경쟁사보다 높게 책정하는 것도 외려 가격 차별화이지 않을까요?"

"가격을 높여 버리면 어떤 고객이 우리 제품을 사겠습니까? 당연히 경쟁사 제품을 구매하겠죠."

누군가 용기 있게 도전을 걸어온다. 나는 기꺼이 도전을 받아들인다.

"맞는 말씀입니다. 고객은 분명히 경쟁사 제품을 선택하고자 할 겁니다. 하지만 차별화의 지속 시간이라는 측면에서 살펴보죠. 우리가 가격을 높이면 경쟁사 역시 즉각 가격을 올리면서 우리를 따라오려고 할까요? 물론 그럴 경우도 있지만, 경쟁사는 가격 측면에서 우리를 압도하기 위해 현재의 가격을 유지하거나 더 낮출 가능성도 있습니다. 그래서 우리가 감행한 '가격 인상 조치'는 '가격 인하 조치'보다 지속 시간이 상대적으로 더 길어지겠죠. 이렇게 되면 그때부터 우리랑 그들은 서로 '다른 물'에서 놀기 시작합니다."

그가 반론을 제기한다. "하지만 우리 제품이나 경쟁사 제품이나 별반 다를 게 없는데 우리가 가격을 올리면 고객이 우리 것을 사려고 할까요?"

"역시 옳은 말씀입니다. 당연히 고객은 경쟁사를 선택하겠죠. 그런데요, 제가 가격 인상이 오히려 가격 차별화에 가깝다는 말씀을 드린 이유가 있습니다. 우리가 가격을 경쟁사보다 높게 책정하는 전략은 경쟁사가 고객에게 제시하지 못하는 가치를 새롭게 창출Create하거나 압도적인 수준으로 끌어올린다Raise는 것을 전제로 하고 있습니다. 그래야 높은 가격에도 불구하고 고객이 우리를 찾지 않겠습니까? 높은 가격에 상응하는 훨씬 소중한 가치를 제공해야 고객은 우리 제품을 계속해서 구매할 겁니다."

다시 그가 이견을 말한다. "새로운 가치를 창출하거나 압도적인 수준으로 가치를 끌어올리려면 그만큼 해야 할 일도 많아지고 비용도 크게 들지 않을까요? 물론 가격 인상분으로 그걸 어느 정도 벌충할 수 있겠지만 그럼에도 상당한 부담이 될 것 같습니다."

"계속해서 좋은 말씀을 해 주시니 감사드립니다. 네, 맞습니다. 그렇기 때문에 고객이 필요로 하지 않거나 우리가 중요하다고 생각하지 않는 가치를 완전히 없애거나Eliminate 아주 낮은 수준으로 끌어내리는Reduce 작업이 '동시에' 진행되어야 합니다. 우리가 가진 돈, 인력, 기술 등 한정된 자원을 가지고 차별화를 하려면 고객에게 제공할 가치에서 선택과 집중이 필요한 셈이죠. '가치 맵Value Map'을 다시 그려야 합니다.

자, 그러면 어떻게 될까요? 가격을 인상하는 역발상적인 조치를 통해 경쟁사와는 완전히 다른 물에서 놀게 됩니다. 다른 물에서 논다는 것은 고객 가치 제공 수준으로 경쟁사 제품과 우리 제품의 그래프를 그리면 완전히 다른 패턴을 갖는다는 뜻입니다. '무조건 경쟁자와 다른 물에서 노는 것', 이것이 바로 차별화의 진정한 의미입니다. 지금까지 가격을 예로 들었는데요. 품질이든 성능이든 경쟁사보다 좀 더 잘하는 수준으로 설정하거나 개선하는 것은 차별화가 아닙니다. 그 개선의 정도가 압도적인 수준 혹은 적어도 향후 3~5년 동안 따라오지 못할 수준이 아니라면 차별화가 아니죠."

아이팟과 '타다'의 가치 차별화 전략

여기서 과거 MP3 플레이어 시장의 사례를 소개한다. 오래된 사례지만 다들 아는 이야기라서 차별화의 개념을 더 쉽게 이해할 수 있기 때문이다. 2000년대 초까지만 해도 MP3 플레이어는 IT 기기의 총아라 칭할 만했다. 꽤 괜찮은 음질의 음악을 거의 공짜로 즐길 수 있었기 때문에 CD 플레이어와 CD를 역사의 뒤안길로 물러나게 만들었고 깜찍한 디자인과 사이즈, 휴대의 간편성으로 젊은이들의 폭발적인 인기를 얻어 디지털 기기 중 휴대폰 다음으로 많은 보유율을 기록하기도 했다.

이러한 MP3 플레이어 시장의 폭발적 확대의 중심에는 국내 기업 레인콤이 있었다. 레인콤이 판매하던 MP3 플레이어 '아이리버'는 2002년에 40퍼센트라는 경이로운 수준의 세계 시장 점유율을 기록했다. 하지만 지금은 역사 속의 유물이 되어 버렸다(요즘 10대들이 아이리버라는 이름을 알기나 할까?). 아이리버에 어떤 일이 벌어진 걸까? 무슨 이유로 아이리버는 허망하게 무너졌을까?

일차적인 원인은 중국 등 후발 업체들이 저가 전략을 무기로 위협을 가해 오고 동시에 강력한 브랜드 파워와 유통망을 갖춘 애플이 플래시 메모리형 MP3 플레이어로 방향을 선회했기 때문이다. 당초 애플과 레인콤은 시장을 양분하며 공존했다. 애플은 HDD(하드 디스크)형 MP3 플레이어에, 레인콤 등 국내 업체는 플래시 메모리형 MP3 플레이어에 집중했던 것이다. 하지만 2005년 9월 애플이 플래시 메모리형인 아이팟 셔플과 아이팟 나노를 내놓으면서 분위기는 급변했다. 애플은 자사의 브랜드 파워뿐 아니라, 삼성전자로부터 싼 가격에 플래시 메모리를 공급받는 이점을 활용하여 기존 업체보다 낮은 가격으로 총공세를 펼쳤다. MP3 플레이어의 주 고객이 10~20대라는 점에서 아이팟의 낮은 가격은 주머니가 가벼운 젊은이들을 유혹하기에 충분했다.

그러나 아이팟이 그저 낮은 가격 덕분에 세계 MP3 플레이어 시장을 석권할 수 있었을까? 아이팟은 가격 차별화에 머물지 않고 '가치의 차별화'에 집중했다. 고객이 MP3 플레이어로부터 느끼거나 기대하는 가치를 X축에 놓고 각 제품의 가치 제공 수준을 평가하는 가치 맵(이를 블루오션Blue Ocean 전략에서는 '전략 캔버스Strategy Canvas'라고 부른다. 무엇으로 부르든 상관없다)을 그려 보면 아이팟이 상당히 다른 패턴의 가치 곡선을 나타냈다는 사실을 알 수 있다. 아이리버 등의 제품들은 고가 정책을 취하든 저가 정책을 취하든 비슷한 패턴의 가치 곡선을 보였다. 음악 재생 외에 보이스 레코딩, 동영상 재생, 게임, 인터넷 접속 등의 부가 기능을 결합한 제품임을 강조했기에 MP3 플레이어라기보다 PMP나 PDA에 가까웠다.

이와 달리 아이팟은 모양이 완전히 뒤바뀐 가치 곡선을 보였다.

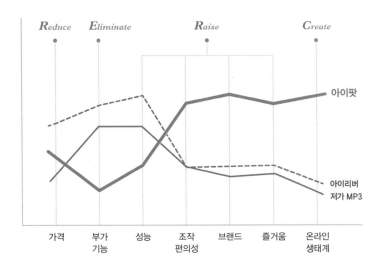

〔표1〕MP3 플레이어의 가치 맵

기본 기능인 음악 재생에 집중하고 업계에서 당연시됐던 대부분의 부가 기능들을 과감히 삭제했다Eliminate. 그리고 아이팟을 디지털 오디오 기기가 아니라 디지털 세대의 아이콘Icon으로 보았기 때문에 오디오 기기로서 하드웨어적인 성능은 보통 수준으로 낮추었다Reduce. 반면 조작의 단순성과 브랜드 아이덴티티, 디자인은 업계의 표준 이상으로 증가시켰다Raise. 흰색과 회색의 조화, 파스텔 톤의 색감은 마치 1980년대 초에 매킨토시 화면을 처음 봤을 때의 감동을 되살렸다.

아이팟이 도달했던 차별화의 정수는 업계가 아직 한 번도 제공하지 못했던 것을 새로 창조했다Create는 데 있다. 애플은 아이팟을 '문화 아이콘'으로 포지셔닝함으로써 기존 업체들이 '음악 감상의 즐거움'에 주력하는 동안 '소유의 즐거움'을 제공하는 제품으로

차별화: 자기만의 가치 맵 그리기

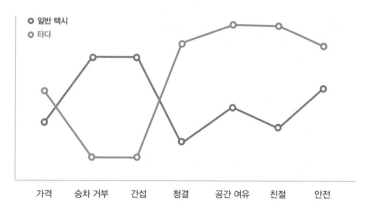

〔표2〕 타다와 일반 택시의 가치 맵

MP3 플레이어를 재탄생시켰다. 또한 아이팟은 하드웨어 자체로만 존재하지 않았다. 아이튠즈라는 온라인 콘텐츠 사이트와의 연동을 통해 사용자가 원하는 음악을 쉽게 다운로드할 수 있는 생태계를 완성했다. 기존 업체와 완전히 다른 물에서 논다는 차별화의 원칙을 이처럼 완벽하게 이행한 제품이 또 있을까 싶을 정도도.

기존 택시 업계에 커다란 위기감을 안겨 줄 정도로 택시의 강력한 대체 서비스로 떠올랐던 '타다' 역시 "같은 물에서 놀지 않는다"라는 차별화의 본질을 정확히 이해하고 있었던 듯하다('타다'는 2020년 4월에 서비스를 종료했다).

요금은 비록 조금 비싸긴 했으나raise, 원치 않는 정치적 발언과 프라이버시를 침해하는 질문(나이는 몇이냐? 고향은 어디냐?) 등으로 승객의 심기를 불편하게 만들었던 운전기사의 참견을 용인하지 않았던 점eliminate, 비록 규제를 피하기 위함이라지만 11인승 카니발을 운행함으로써 고객에게 확실히 넓은 공간을 제공했던 점create,

청결한 실내, 친절한 손님 응대, 교통 법규 준수, 안전한 운전 등 택시 서비스의 기본이 기존 택시보다 월등하게 나았다는 점raise, 운행 대수가 많지 않아 한참 수요가 몰릴 시간에는 배차가 늦다는 단점이 있었지만reduce 자체 배차 시스템을 통해 승차 거부 가능성을 줄였다는 점reduce 등이 타다의 차별적 강점이었다.[28]

다른 물을 어떻게 찾을 것인가

"이제 차별화의 정의를 잘 알겠습니다. 그렇다면 차별화의 방법은 무엇인가요?"

실무자급으로 보이는 어느 직원의 질문이다. 그들에게는 'Why' 혹은 'What'보다는 'How to'가 절실하기 때문이리라. 나는 답을 바로 해 주지 않기로 한다.

"알다시피 차별화는 다른 물에서 노는 것입니다. 그러려면 우선 '다른 물'을 찾아야겠죠. 어떻게 다른 물을 찾아야 할까요?" 그는 괜히 질문했다 싶은 표정이다. 대답을 하지 못해서 내가 대신 답한다.

"경쟁자들이 어디에서 노는지, 그 포지션을 먼저 알아야 하지 않을까요? 그래야 그곳에서는 놀지 말아야겠구나, 다른 곳으로 가야겠구나, 생각하겠죠." 나는 그에게 또 질문할까 하다가 그냥 말을 이어 간다.

"그런데요. 경쟁자들이 노는 곳을 알기 전에 먼저 알아야 할 게 있어요. 바로 '주소'입니다. 저기 경쟁자들이 놀고 있는 모습이 보이더라도 그곳의 주소가 무엇인지 모르면 아무 소용이 없습니다.

걔네들이 '강남구'에서 노는지 알아야 그곳이 아닌 다른 곳을 택할 수 있으니까요. 여기에서 주소란 해당 제품 카테고리에서 고객이 얻는 가치, 즉 고객 가치의 집합을 말합니다. 아까 아이리버와 아이팟 사례에서 봤듯이 아이리버는 가격, 부가 기능, 성능이 높은 곳에서 놀았고, 반대로 아이팟은 조작 편의성, 브랜드, 즐거움, 온라인 생태계에서 따로 놀았죠. 이게 바로 MP3 플레이어의 주소 체계입니다. 제품 카테고리가 다르면 당연히 다른 주소 체계, 즉 다른 고객 가치 집합을 가집니다.

고객 가치 집합을 파악하는 게 제일 먼저 할 일이고, 그다음에는 각 고객 가치에 대해 각자(경쟁자들과 우리)의 수준을 파악해야 합니다. 그러면 경쟁사와 우리의 포지션이 드러나고 동시에 각자가 차지하지 못한 '빈 곳'도 나타나겠죠. 그 빈 곳을 차지하기 위한 방법이 차별화 전략입니다. 이것이 차별화 전략을 수립하는 이론적인 흐름이죠. 이제 아시겠습니까?"

그는 잠시 생각하더니 대답한다. "고객 가치 집합을 찾아내는 것, 그리고 경쟁자와 우리의 수준을 냉정하게 평가하는 것이 핵심이군요?"

"네, 정확히 말씀하셨습니다."

"그런데 좀 더 간단하게 할 수 있는 방법은 없나요? 가치 맵이 좋긴 한데, 복잡해 보여서 윗사람들을 설득하기가 쉽지 않을 것 같거든요."

전혀 다른 시장에서 우위에 서야 한다

그의 말이 끝나기를 기다렸다가 나는 화면에 스티브 잡스의 사진을 띄운다. 사진 속의 잡스는 무언가를 설명하는 제스처를 취하며 의자에 살짝 걸터앉아 있다. 그를 상징하는 검은 터틀넥 셔츠에 청바지, 그리고 '뉴발란스 993' 운동화를 신고서. 나는 그 직원을 향해 말한다.

"대표적인 운동화 브랜드로 어떤 것들이 있나요?"

"나이키, 아디다스, 푸마 같은 브랜드가 있죠."

"네. 그런 브랜드들과 뉴발란스의 차이가 무엇인 것 같습니까?"

그는 멋쩍게 웃는다. "잘 모르겠습니다. 그냥 알려 주세요."

"네, 좋습니다. 어떤 현상이나 방향성을 표현할 때 2×2 매트릭스처럼 간단하면서도 명확한 도구는 없습니다. 브랜드들의 포지션을 X축과 Y축, 단 2개의 가치로 표현할 수 있죠. 바로 다음과 같이 말입니다."

나는 화면을 전환하여 다음 도표를 청중에게 보여 준다.[29]

〔표3〕 스포츠 브랜드의 2×2 매트릭스

차별화: 자기만의 가치 맵 그리기

"가치 맵이 복잡하다면 여러 개의 고객 가치들 중에서 가장 중요한 2가지 카테고리, 즉 고객들이 가장 중요하게 여기는 2가지 카테고리를 뽑아서 이렇게 2×2 매트릭스를 그리세요. 그런 다음 경쟁자와 우리의 현재 포지션을 위치시키면 됩니다.

이 그림에서는 스포츠 영역(엘리트 스포츠 대 일상 스포츠)과 기쁨의 유형(승리의 도취 대 개인적 성취)이라는 카테고리가 선택됐네요. 여기에서 뉴발란스는 나머지 브랜드들과 완전히 다른 곳에 위치하고 있습니다. 나이키, 아디다스, 푸마는 약간의 차이만 있을 뿐 '승리의 도취'와 '엘리트적 스포츠'라는 가치를 추구하죠. 반면 뉴발란스는 '개인적인 성취'와 '일상생활의 스포츠' 영역에서 고객을 맞이하고 있습니다. 나머지 브랜드들이 저쪽에서 서로 아웅다웅하며 경쟁을 벌이든 말든, 뉴발란스는 남들이 관심을 두지 않는 영역을 넓게 차지합니다. 참 영리한 생각이죠."

다른 직원이 손을 들고 말한다. "이야기를 들어 보니까 차별화는 곧 블루오션을 발견하는 것과 비슷한 개념인 듯합니다. 맞습니까?"

결국 같은 개념이라고 나는 답한다. 사실 블루오션을 찾아내는 게 차별화의 궁극적인 목표다. 물론 차별화한다고 해서 항상 블루오션에 도달할 수 있는 것은 아니지만, 독특한 가치를 고객에게 선사하는 방향으로 차별화를 도모해야 블루오션을 차지할 가능성이 비로소 열린다. 경쟁자들과 한곳에서 같이 싸우고 조금 더 잘해서 이기는 건 차별화가 아니다. 그건 좋게 말해 '경쟁 우위Competitive Advantage'일 뿐이다(경쟁 우위는 '경쟁사와 비교했을 때 우리가 가진 강점 중에서 우리가 경쟁에서 승리하는 원동력으로 작용하는 강점'을 말한다).

"차별화가 어떤 뜻인가요?" 나는 기업이 성공하려면 가장 먼저 차별화를 해야 한다고 매번 부르짖는 어느 전문가에게 진짜로 궁금해서 물었다.

"차별화가 차별화지, 무슨 뜻이 있겠습니까? 남들보다 뛰어나게 잘하는 것이 차별화죠." 그때부터 나는 그와 같은 물에서 놀지 않기로 했다. 지금도 그렇다.

혁신
Innovation

문화가 아니라 시스템이다

◆

고객이 이제껏 경험한 가치와 만족에
변화를 일으키는 활동.
'새로움' 자체보다는 '새로움을 구현해 내는 과정'이다.

"궁금한 게 있는데요. 왜 인사 제도 개선이 아니라 '인사 제도 혁신' 이라는 타이틀을 붙이셨나요?"

예전에 내가 한창 HR 컨설팅을 할 때 어느 기업이 인사 제도 컨설팅을 받겠다며 나를 제안 요청 설명회에 초대한 적이 있다. 질의 응답 시간이 되자 나는 '혁신'이란 말에 일부러 악센트를 주며 그 회사의 인사 팀장에게 이렇게 질문했다. 그는 내 질문이 약간 당황스러웠는지 허허 웃으면서 답했다.

"지금까지 컨설팅 요구 사항을 설명해 드렸듯이 우리 회사는 전통적인 방식으로 인사 제도를 운영해 왔습니다. 연공서열을 중시하는 평가와 보상, 직급에 묶여 있는 역할 체계 등이 그렇죠. 하지만 이제는 성과와 직무를 중심으로 인사 제도를 바꾸려고 합니다. 기존의 것을 '다 엎어 버리고' 제로 베이스Zero Base에서 인사 제도를 다시 설계하고자 합니다. 그렇기 때문에 혁신이란 말을 제시한 것입니다."

나는 그의 답변에 감사한다는 눈짓을 보내며 속으로 생각했다. '기존의 것을 뒤엎어 버리고 새로 만드는 것을 혁신의 뜻으로 정의하고 있군.'

새롭다는 것의 진정한 의미

나는 인사 팀장에게 반론을 제기하고 싶었다. 그가 말하는 새로운 인사 제도의 방향은 나에게(그리고 그 자리에 있던 모든 컨설턴트들에게) 그다지 새로울 것이 없었다. 다른 기업들에서 이미 실행 중이거나 도입하고 있는 직무 중심의 평가와 성과 기반의 연봉제, 직급 파괴, 발탁 승진, 핵심 인재 관리 등을 주요 의제로 삼고 있었기 때문이다. 또한 과거에 비슷한 제도가 실행됐다가 흐지부지된 적이 있기에 인사 제도를 적용받는 고객, 즉 직원들에게 그런 의제들은 전혀 새로울 것이 없었다. 사실 그때 미진했던 부분이 있어 이번 기회에 더욱 강화하고 확실히 정립하자는 게 컨설팅 요구 사항의 골자였다. 아무리 봐도 혁신이 아니라 '개선'이란 말이 어울리는 것 같았다. 하지만 그 자리는 혁신의 의미를 토론하는 자리가 아니고 그저 제안 요청 설명회였기에 그냥 넘어가기로 했다.

당시(노무현 정부 시절)에는 혁신이란 말이 업계의 유행어였다.

무언가를 새로 도입하거나 실행할 때 강한 뉘앙스를 표현하고 싶어서인지 전혀 '혁신적이지 않은' 제도, 기술, 프로세스조차 혁신이란 단어가 남발되는 경향이 뚜렷했다(사실 지금도 별반 다르지 않다). 단적인 예로 정부 기관 내 모든 인사과의 이름이 죄다 '혁신인사과'일 정도였다. 기존의 인사 제도를 '확 바꿔야 한다'는 혁신의 의지를 담기 위해 그렇게 개칭했다고 하는데 정작 속을 들여다보면 기존의 인사 관행과 다를 바 없었다. 불행히도 그때의 유행은 아직까지 계속되고 있다. 무엇이든 혁신이란 말을 자동적으로 갖다 붙이는 바람에 직원들은 피로감을 호소하다 못해 이제는 무감각해져 버렸다. 혁신이 너무 '흔해졌다'.

어느 날 페이스북에서 이런 내용의 글을 봤다. 어느 분의 글인지 몰라 찾을 수 없는데, 대략 기억나는 대로 써 보면 이렇다. "혁신이냐 아니냐는 그게 없어진 후에 깨달을 수 있다." 2020년 4월에 서비스를 접은 공유 모빌리티 '타다'를 가리키며 한 말이다. 보자마자 가슴에 바로 꽂히는 말이었다. 코로나 19 사태로 외출이 줄어들 수밖에 없는 요즘이지만 내가 더욱 시내를 나가지 않는 이유 중 하나가 타다의 부재이다. 내 모빌리티의 '대중교통 축'을 담당했던 타다가 불법이라는 낙인이 찍혀 사라지니 그분의 말처럼 그만 한 혁신이 또 어디에 있을까? 어쩌다 나갈 일이 있으면 불편해도 자차나 버스를 이용하지 절대 택시를 이용하지 않는다. 왜 그런지는 이미 많은 이들이 그간 지적해 왔고 타다가 없어진 후에도 또 열심히 지적하고 있으니 대략 짐작할 수 있으리라. 택시는 참 문제 많은 '대중고통大重苦痛'이니까.

타다가 한창 성업 중이던 때, 페이스북 타임라인에서 '혁신이다, 혁신이 아니다'란 공방을 심심치 않게 만날 수 있었다. 평소 타다를 애용하던 나는 그런 논쟁 여부를 떠나 타다를 옹호하는 쪽이었지만, 반대 측 논리도 나름 일리가 있었다. 법망을 요리조리 피해 만든 서비스라서 애초에 불법의 소지가 있다, 불법이 될 것임을 뻔히 알고도 서비스를 개시한 건 공유경제라는 탈을 쓴 사기와 같다, 일반 택시보다 비싼 요금을 받으면서 서비스 수준은 기대에 미치지 못한다(즉 일반 택시와 차별점이 별로 없다) 등이 혁신이 아니라 주장하는 측의 주된 논리였다. 타다가 없어지니 논쟁도 싹 사라졌다. 하지만 '타다 현상'은 나로 하여금 혁신의 정의를 다시 생각하게 만든 계기가 되었다.

혁신이란 무엇일까? 한자 '革新'은 말 그대로 기존의 가죽을 벗겨 내고 새로운 가죽을 입힌다는 뜻이다. 가죽을 교체하는 과정이 상당히 고통스럽고 자칫 목숨을 잃을 수도 있는 급격한 변화이기 때문에 혁신은 아무 데나 갖다 붙일 단어가 아니다. 혁신이란 의미의 영어 'Innovation'은 '안으로'를 뜻하는 'In'과 '새로움'을 뜻하는 'Nova'가 합쳐진 단어로, 기존의 것을 버리고 겉면뿐 아니라 내부까지 새로운 것으로 채운다는 뜻을 지녔다.

한자든 영어든 우리가 주목해야 할 키워드는 '새로움'이다. 가죽을 벗겨 내는 고통이든, 밖에서 안으로 무언가를 채워 넣든, 혁신의 방향과 콘텐츠는 언제나 새로워야 한다. 새롭지 않으면 절대 혁신이 아니다.

그렇다면 '새롭다'는 말의 의미는 무엇일까? 이때 새롭다는 것의 범위가 중요한데, 나는 '업계'를 그 경계선으로 본다. 업계 내에서 존재한 적이 없던 것이 새로이 시도된다면, 그래서 고객들이 경험하지 못한 가치를 제공할 수 있다면, 설사 그 시도가 다른 업계에서 이미 일반화된 것이라 해도 혁신이라고 말할 수 있다. 전기 자동차를 생산하는 테슬라는 이미 세상 어디에서나 확보할 수 있는 모터 기술을 자동차 업계로 끌고 들어와 전기 자동차 시장을 개척했고 혁신했다(최초의 전기 자동차는 1830년대에 발명되면서 인기를 끌었지만 그 후 내연 기관에 의해 묻히고 말았다). 물론 다른 업계에서도 없던 것을 시도하여 성공시키면 혁신이다.

이렇듯 업계는 통상적으로 동종 업계를 뜻하지만 항상 그렇지는 않다. 혁신의 의제 혹은 혁신이 다루는 '상품'에 따라 업계라는 경계선은 달라진다. 혁신이 다루고자 하는 의제가 인사 제도, 경영 관리, 구매, 홍보 등이면 어느 기업이든 그런 기능을 수행하기 때문에(모방하여 가져다 쓸 수 있는 '상품'이기 때문에) 이때의 업계는 세상에 존재하는 기업 전부가 된다. 그래서 많은 기업이 다 운영하는데 '우리에게만' 새로운 성과주의 인사 제도를 도입한다면 혁신이 아니다. 그것은 그저 개선이고 좋게 말하면 창조적 모방이다. 모든 기업이 연공서열 중심의 '인사 고과'에 머물러 있을 때 세상에 없던(혹은 학계에서만 논의되었던) 성과주의라는 인사 철학을 제시하고 실행해야 비로소 인사 제도 혁신이라는 타이틀을 붙일 수 있다.

물론 '하늘 아래 새로운 것은 없다'는 말이 있듯이 '완벽히 새로운 것'은 존재하지 않지만, '새로운 개념'은 언제든 가능했고 앞으로도 그럴 것이다.

비디오 대여 전문 업체 '블록버스터'가 대여 시장을 장악하고 있었을 때 넷플릭스가 시작한 DVD 대여 서비스는 완전히 새로운 비즈니스 모델은 아니었다. 하지만 오래전부터 일상화돼 있던 우편배달 서비스를 비디오 대여 시장 안에 수용하고 결합시킴으로써 강자로 성장할 수 있었다(말이 쉽지만 간단치는 않았다. DVD가 배달 중에 깨지지 않도록 봉투 디자인에 엄청난 공을 들여야 했기 때문이다). 아이폰 역시 갑자기 툭 튀어나온, 세상에 없던 제품은 아니었다. 과거에 PDA가 있었고 출시 직전에는 RIM의 블랙베리라는 스마트폰이 이미 시장을 석권 중이었다. 그럼에도 아이폰을 혁신이라 부르는 이유는 PC, 아이팟, 휴대폰, 카메라, 인터넷 커뮤니케이터, 게임기 등을 모두 하나의 기기로 통합하고 앱스토어 및 아이튠즈라는 생태계를 구축한 데 있다. 아이폰은 당시에는 없던 새로운 개념을 제시하며 스마트폰 시장 확대의 포문을 열었다. 그리고 현재 존재하는 다양한 스마트폰이 약간의 차이만 있을 뿐 아이폰의 운영 방식을 모방할 정도로 암묵적인 표준으로 자리를 잡으며 스마트폰이라는 새로운 개념을 창조했다. 휴대폰의 역사는 아이폰 이전과 이후로 나뉜다. 이것이 '새롭다'는 말의 뜻이고, 새롭지 않으면 혁신이 아니다.

그런데 여기에서 주의할 점이 있다. 혁신은 새로운 것이지만, 새로움 자체가 혁신은 아니다. 새로운 것으로 '어떤 변화를 가능케 해야' 비로소 혁신이다. 피터 드러커는 "소비자들이 이제껏 느껴 온 가치와 만족에 새로운 변화를 일으키는 활동"이 혁신이라고 말했는데, 나는 그의 정의에 100퍼센트 동의한다.[30] 그는 새롭다, 아니다의 기준을 고객에 두고 있다. 이 말은 고객이 기존에 경험하던 가치를 버리고 싶을 만큼 매력적인 가치를 제안하고, 고객이 그 가치를 자발적으로 선택해야 비로소 혁신이라는 뜻이다.

아이폰은 기존의 피처폰과 스마트폰으로부터 고객이 느끼던 가치, 즉 통화 기능은 물론이고 문자 메시지, 간단한 인터넷 검색, 음악 듣기 등 소소한 가치와 만족에 머물러 있던 고객 경험에 일대 파란을 일으켰고 스마트폰을 크게 확장시켰기에 드러커가 말하는 혁신의 정의에 부합한다. 테슬라의 전기 자동차를 혁신이라 말할 수 있는 까닭은 내연 기관 자동차만큼 멋지고 빠를 뿐 아니라 대기 오염 감소 등 환경 보존에 대한 소비자들의 잠재적 기여 욕구를 만족시키는 변화를 이끌어 냈다는 데 있다. 에어비앤비 이전에도 카우치서핑Couchsurfing, 크레이그스리스트Craigslist 등을 통한 홈 셰어링 서비스가 존재했다. 하지만 에어비앤비는 밀레니얼 세대에게 '현지인처럼 살아 보기'란 새로운 가치를 제안함으로써 기업 가치 310억 달러 이상의 기업으로 성장했다.

그렇다면 타다는 어떠했나? 승객들이 택시를 이용하면서 느꼈던 불편한 경험들(승차 거부, 불친절, 불결한 실내, 원하지 않은 정치적 발언과 참견, 여성 승객에 대한 성차별적 언행 등) 대신 즐겁고 쾌적한 이동 경험이라는 새로운 변화를 일으켰고, 항상 타다만 이용한다는 '골수 고객층'의 충성도 또한 매우 높았기에 타다는 분명 혁신이었다(택시 업계가 타다의 퇴출을 요구하며 강하게 반발했던 것 자체가 혁신이라는 반증이기도 하다). 타다가 혁신이 아니라는 측의 주장에서 '법망의 허술함을 피해 만드는 건 나도 할 수 있어'라는 뉘앙스가 읽힌다. 혁신은 무언가 창의적이고 기술적으로 '어려운' 것이며 투자도 많이 들어간 것이어야 한다는 선입견을 가지고 있는 듯하다.

그러나 혁신은 그런 것이 아니다. 어떻게 보면 혁신은 그리 어렵지 않은 것이다. 피터 드러커의 정의에서 한 발 더 나아가면, 고객 가치를 '재편'함으로써 고객에게 새로운 제안을 제시하는 것, 즉 '다른 물에서 노는' 차별화가 결국은 혁신이기 때문이다. '차별화' 장에서 언급했듯이, 여러 개의 고객 가치 중에 없애야 할 것eliminate, 줄여야 할 것reduce, 새로 만들어야 할 것create, 강화하거나 늘려야 할 것raise을 결정한 다음, 그걸 가능하게 만들 방법을 고민하고 실행하는 것이 차별화이고 곧 혁신이다. 타다는 이를 실현했기에 혁신이었다. 비록 타다라는 혁신의 불꽃이 정치적 판단이라는 돌풍에 꺼져 버렸지만, 언젠가 어디에선가 다시 타오르기를 기다려 본다.

시장 파괴 혹은 대체의 기준

'파괴Destruction'는 혁신을 논할 때 거의 항상 등장하는 단어다. 혁신의 과정 혹은 결과로 "기존의 시장을 무너뜨리고 그 자리를 대신 차지한다"를 뜻하기 때문이다. 앞서 언급했듯이 애플의 아이폰은 피처폰 시장을 붕괴시키고 스마트폰으로 바뀐 모바일 시장을 새로 열며 기존 시장을 대체했기 때문에 시장을 파괴했다고 말할 수 있다. 반면 나름의 혁신적 제품으로 시장에 진입했는데도 기존 시장이 그대로 유지되고 있다면(다시 말해 혁신적 제품으로 대체되지 않으면) 시장을 파괴했다고는 말하지 못한다. 테슬라를 비롯한 여러 전기 자동차 업체가 자동차 업계로 진입했으나 내연 기관 자동차 시장의 시장 점유율을 조금 잠식했을 뿐 시장을 대체하지는 못했기 때문에 테슬라의 혁신이 기존 시장을 파괴했다고 선언하는 것은 아직 어불성설이다. 이처럼 '대체를 했는가, 그러지 못했는가'가 파괴 여부를 가른다.

그러면 '시장이 대체됐다'고 말하기 위한 구체적인 기준은 무엇일까? 어느 정도가 되어야 시장 파괴를 말할 수 있을까? 나는 RMSRelative Market Share(상대적 시장 점유율)를 하나의 정량적인 기준으로 본다. RMS란 다음과 같이 계산된다.

RMS = 우리의 시장 점유율 / 가장 큰 경쟁사의 시장 점유율

RMS 값이 1.0을 초과할 때, 즉 기존 시장에서 가장 큰 시장 점유율을 기록하는 경쟁사보다 우리의 시장 점유율이 더 커질 때, 시장 파괴를 '공식적'으로 선언할 수 있다. 현재 세계 자동차 시장의 최강자는 폭스바겐인데, 테슬라를 비롯한 전기 자동차 업체들이 폭스바겐을 뛰어넘는다면(즉 RMS가 1.0이 넘으면) 비로소 전기 자동차가 화석 연료 자동차 시장을 파괴했다고 말할 수 있다.

파괴라는 단어가 들어간 말 중 경영에서 자주 등장하는 2개의 용어가 있다. 경제학자 조지프 슘페터가 말한 '창조적 파괴Creative Destruction'와, 경영학자 클레이턴 크리스텐슨Clayton Christensen 교수가 창안한 '파괴적 혁신Disruptive Innovation'이란 개념이다. 영어로는

다른 말이 쓰이나 우리말로는 모두 파괴라고 번역되기 때문에 혼동하기 쉽다.

이번 기회에 확실히 정리하자. 창조적 파괴는 "기술 혁신을 통해 기존의 것보다 우월한 것으로 기존 시장을 파괴한다"는 뜻인 반면, 파괴적 혁신은 "기존의 것보다 저렴하고 열등한 것으로 기존 시장을 파괴해 완전히 새로운 시장을 창조한다"는 의미다.[31] 소니의 트랜지스터라디오, 애플의 아이폰 등이 창조적 파괴의 예다. 그리고 찰스슈왑의 온라인 금융 서비스, 샤오미의 값싼 전자 제품, 과거 삼성의 메모리 반도체 등이 파괴적 혁신의 예다.

무엇이 혁신을 구현하는가

파괴적 혁신이든 창조적 파괴든, 어떻게 해야 혁신을 이룰 수 있을까? 어떻게 새로운 변화를 일으킬 수 있을까? 일단은 새로운 고객 가치가 반드시 설정되어야 한다. 남의 것을 모방하든 차용하든, 아니면 결합시키든 새로운 개념을 고객에게 제시해야 한다('차별화' 장을 참고하라).

그런데 새로운 가치는 혁신에 매우 중요한 요소이긴 하지만 그것만 가지고는 충분하지 않다. 그보다 훨씬 중요한 것은 새로운 가치로 변화를 구현Implementation하는 데 있다. 혁신적인 아이디어를 제안해도 구현하지 않으면 아이디어가 없는 것과 마찬가지고 혁신이라 말하지 못한다. 질문을 바꿔 보자. 아이디어를 구현하려면 어떻게 해야 할까? 혁신을 이루려면 조직이 해야 할 일은 무엇

혁신: 문화가 아니라 시스템이다

일까?

"역동적이고 열정적인 조직 문화를 조성해야 합니다." 혁신을 주제로 한 강의에서 어느 직원이 이렇게 대답했다. 나는 그에게 되묻지 않을 수 없었다.

"역동적이고 열정적이라는 말은 무슨 뜻인가요?"

"모든 구성원이 새로운 가치를 찾아 구현하도록 열심히 도전하는 분위기를 말하죠." 그는 대답을 끝내고 내 반응을 기다렸다.

"네, 열심히 노력하는 분위기를 뜻하는군요. 그렇다면 어떻게 그런 분위기를 만들 수 있을까요?"

"직원들에게 목표를 구체적으로 부여해서 그 결과에 따라 철저하게 보상하고, 실패를 기꺼이 용인하는 문화를 만들면 된다고 생각합니다."

"알겠습니다. 혁신이라는 변화를 일으키려면, 다시 말해 고객이 느끼는 가치와 만족에 일대 변화를 창출하려면 열심히 노력하려는 조직 문화가 조성되어야 하고, 이를 위해서는 철저히 성과를 위주로 한 평가와 보상이 이루어져야 한다는 뜻이군요?"

그가 '그렇다'는 눈짓을 보냈다. 나는 말을 이었다.

"여러분은 이렇듯이 혁신을 조직 문화의 문제라고 보고 있는 것 같습니다. 열정, 도전, 창의, 협력 등 '바람직한' 조직 문화가 혁신을 가능하게 만드는 선행 조건이라고 간주하는 듯해요. 하지만 그런 문화가 혁신을 낳는 것은 아닙니다. 사실 혁신의 경험과 축적이 바람직한 조직 문화를 낳는 것이죠. 한마디로, 바람직한 조직 문화는 혁신의 결과물입니다. RIM의 CEO는 '놀라운 문화를 구축했기 때문에 그처럼 강력한 브랜드와 세계적인 존재감을 구축할 수 있었다'라고 말한 적이 있습니다.[32] 그런데 어떻게 됐습니까? 그렇게 말하고 얼마 지나지 않아 아이폰의 기습으로 RIM은 몰락의 길을 걸어야 했죠.

인력, 자금, 기술, 의사 결정 체계, 각종 제도, 인프라, 네트워크 등 경영 시스템이 혁신을 일으키느냐, 그렇지 못하냐를 결정합니다. 해병대식 정신 교육, 정기적인 단합 대회 등 이런저런 조직 문화 이벤트로는 절대 혁신이 일어나지 못합니다. 혁신에 대한 피로도를 높이고 노이로제를 발생시킬 뿐이죠. 시스템이 혁신을 낳습니다. 시스템이 혁신을 지지하고 구동시키는 방향으로 재구축되어야, 즉 시스템 자체가 혁신되어야 고객이 느끼는 가치와 만족에 새로운 변화를 일으키는 혁신이 구현될 수 있습니다."

나는 잠시 물을 마시고 말을 이었다.

"아까 실패를 용인하는 문화를 만들어야 한다고 말씀하셨는데요. 미안한 얘기지만 실패를 용인한다는 말처럼 하나 마나 한 것도 없습니다. 직원이 어떤 프로젝트를 실행에 옮겨서 제대로 된 성과가 나오지 않거나 오히려 회사에 손실을 끼쳤어도 그 실패가 의미 있다면 비난하거나 책임을 묻지 않는 것을 '실패를 용인한다' 혹은 '실패를 장려한다'라는 말로 쓰는 것 같은데요. 그렇게 하면 한 번 실패를 경험한 직원들이 다시 새로운 프로젝트에 도전을 할 거라고 봅니까? 실패가 평가에 반영될 텐데? 남들은 받는 성과급을 자긴 못 받을 텐데? 승진에도 불리한 영향을 끼칠 텐데? 모든 게 성과 위주로 되어 있는 시스템에서 실패는 일종의 '죄악'인데? 실패를

혁신: 문화가 아니라 시스템이다

정말로 용인하고 장려할 구체적인 방법이 없다면, 예를 들어 의미 있는 실패를 한 직원에게 오히려 남들보다 커다란 보상을 하거나 명예로운 역할로 영전시키지 않는다면, 실패를 용인한다 혹은 장려한다는 말은 사실 '아무 말 대잔치'의 일부에 불과합니다.

실패를 용인하고 장려한다고 해서 혁신이 실현되는 것은 아닙니다. 아까 언급한 RIM이야말로 새로운 도전을 장려하는 등 실패를 '즐기는' 기업들 중 하나였죠. 하지만 아이폰과 여러 안드로이드폰의 공세를 이기지 못해 사세가 축소되었고 '그 좋던 문화'는 순식간에 사라지고 말았습니다. 시스템이 받쳐 주지 못하는 조직 문화는 외부로부터 결정타를 얻어맞으면 와르르 무너지죠."

이렇게 말하고 나는 화이트보드에 다음과 같은 수식을 적었다.

혁신 동력 = 1 / ROP

이 수식은 스탠퍼드대학교에서 박사 학위를 받은 이론물리학자이자 바이오테크놀로지 회사를 경영하는 기업가 사피 바콜Safi Bahcall이 제시한 다소 복잡한 '혁신 방정식'을 내 나름대로 단순화한 것이다(그의 혁신 방정식을 보려면 주를 참조하라).[33] 여기에서 ROP는 'Return on Politics'의 약자로, '사내 정치를 통해 얻는 이득'을 말한다.

혁신 방정식에 대한 바콜의 글에 따르면 결국 ROP가 혁신 동력을 좌우하는 핵심 요소임을 알 수 있다. 또한 조직의 혁신 동력을 끌어올리고 유지하기 위해서는 구성원들이 사내 정치(라인 잡기, 아부, 인맥 구축, 성과 부풀리기, 비방 등)를 통해 얻을 수 있는 이득(보상, 승진, 명예 등)을 최소화하는 방향으로 모든 시스템이 설계되어야 함을 알 수 있다. 사내 정치를 해 봤자 자신에게 돌아가는 이득이 별로 없거나 사내 정치를 발휘할 기회가 매우 적다면 ROP는 낮아진다. 그러면 직원들은 자연스레 사내 정치에 쓸 시간을 혁신적 아이디어 창출과 구현에 투자할 것이고 그에 따라 혁신이 이루어질 가능성이 크게 상승한다. 나는 구성원들이 얻는 ROP가 높아지기 시작하면 혁신의 엔진은 꺼져 버린다는 그의 논리가 현실을 정확하게 짚어 냈다고 믿는다. 일해서 성과를 내는 것보다 윗사람에게 아부하는 것이 더 이득이라면 누가 혁신에 관심을 두겠는가?

바콜의 주장에 충분히 신빙성이 있는 이유는 기업들이 정치가들과 '친하게' 지낼 경우 국가 경제가 나빠진다는, 시카고대학교의 경제학 교수 유푸크 아키지트Ufuk Akcigit와 그의 동료들이 진행한 현장 연구 결과가 있기 때문이다.[34] 아키지트는 지방 도시의 시장, 지방 의회 의원 등 지역 정치가들이 임기 중에도 사기업에 고용돼 일하는 것이 허용되어 있는 이탈리아의 사례를 분석함으로써 이같은 결론을 내렸다. 업계 상위의 기업이 고용을 통해 유력 지방 정치가와 유착 관계를 형성하면 잠재 진입자의 시장 진입을 어렵게 만드는 규제 장벽이 만들어진다. 신규 진입이 차단되니 기존 기업들은 경쟁할 필요가 없어지고 혁신 의지를 절감하지 못한다. 그러면 비록 기업의 매출 규모(그리고 고용 규모)는 커지지만 생산성 증가는 규모 성장률에 비해 훨씬 낮을 수밖에 없다. 결국 정경 유착은 국가 전체적으로 자원의 재분배를 어렵게 만들고 경제 성장에 악영향을 끼친다. 정치가들과 친하게 지내면 유리한 조건에서

혁신: 문화가 아니라 시스템이다

경쟁 없이 편하게 장사할 수 있는데, 다시 말해 ROP가 높은데 어떤 기업이 혁신의 동기를 갖겠는가? 조직 구성원들도 이와 다르지 않다.

사내 정치를 방지하는 5가지 방법

"그렇다면 ROP를 어떻게 해야 낮출 수 있을까요?"

이런 나의 질문에 대답하는 사람은 별로 없다. 간혹 대답이 나오더라도 "사내 정치를 하는 사람에게 불이익을 준다"는 식에서 벗어나지 않는다. 말이 쉽지 현실적으로 사내 정치를 어떻게 잡아낼 것인가? 개인적 친분이라고 둘러대면 어쩔 도리가 있는가? 벌을 주거나 상을 주는 방식으로는 ROP를 절대 낮출 수 없다. 해결책은 ROP를 낮추는 '시스템'에 있다.

첫째, 승진하는 것이 유일한 보상이 되지 않도록 승진 및 보상 시스템을 대대적으로 손봐야 한다. 프로젝트를 성공시켜서 얻는 보상보다 승진을 통해 획득하는 보상(연봉, 복리 후생, 기타 혜택)이 확실히 크다면, 누가 어려운 프로젝트를 맡으려 하겠는가? 실패자라는 낙인이 찍히면 승진에 불이익을 받게 될 텐데 말이다. 승진의 사다리를 타려고 윗사람에게 잘 보이는 것에 급급하지 않을까? 평가를 잘 받기 위해 가능하면 목표치를 낮추고 남 보기에 그럴싸한 프로젝트만 진행하려 하지 않을까? 승진은 "새로운 역할의 부여"이므로 보상이 아니라 '채용'으로 인식되어야 한다('승진' 장을 참조하라). 혁신적 아이디어로 시작한 프로젝트를 성공시켜 큰 성과를 창출한 직원에게는 그에 따른 보상을 '확실히' 제공해야 한다.

둘째, 프로젝트 성공에 따라 확실히 보상하려면 성과급이 기본급 대비 퍼센티지로 되어 있는 보상 로직을 폐기해야 한다. 대부분의 기업이 성과급 혹은 프로핏 셰어링Profit Sharing을 결정할 때 각 직원의 기본급을 모수母數로 하여 보상액을 산정한다. 이때 과장이나 대리가 혁신 프로젝트를 성공시켜 회사에 막대한 이익을 가져다줘도 그 보상 총액은 그저 그런 성과를 낸 임원이나 부장의 성과급에 비하면 '껌값'에 불과하다. 저직급일 경우 연봉에서 성과급이 차지하는 비중이 낮고 고직급으로 갈수록 그 비중이 커지는 탓이다. 이것을 합리적인 보상 로직이라고 생각하는가? 프로젝트를 성공시킨 저직급의 직원들이 어떻게 생각하겠는가? '밑에서 고생하지 말고 어떻게든 위로 올라가자'라고 마음먹기 십상이다. ROP가 ROSReturn on Success(프로젝트 성공에 따른 보상)보다 크니 성과 부풀리기, 아부, 비방 등 내부 정치에 몰두하려 할 것이다.

셋째, 의사 결정 단계를 단순화하라. '회장-부회장-사장-본부장-부문장-담당 임원-팀장-파트장…….' 이렇게 의사 결정 단계가 지나치게 많은 조직에서 혁신의 알은 부화하기 어렵다. 수많은 게이트 키퍼Gate Keeper를 뚫고 살아남을 혁신적 아이디어가 과연 몇 개나 될까? 조직이 관료화되면 불이익에 민감해져 '안 되는 이유'를 먼저 갖다 댈 뿐 아니라 내부 정치의 심화로 '남 잘되는 꼴'을 참지 못한다. 설령 아이디어가 채택돼 실행된다고 해도 게이트 키퍼들의 간섭을 이겨 내고 본래의 아이디어를 수호할 수 있을까? 애초에 '에지Edge' 있게 시작된 프로젝트가 이 사람 저 사람의 요구

혁신: 문화가 아니라 시스템이다

사항을 수용하는 바람에 이도 저도 아닌 결과로 전락하는 경우를 경험한 적 있지 않은가? 이러면 누가 혁신 프로젝트에 힘을 쏟겠는가? 프로젝트 책임자와 멤버들은 어떻게든 프로젝트를 이어 가고자 조직 내 이해관계자들을 설득하고 달래는 데 귀한 시간을 소모할 수밖에 없다. 이런 경험이 몇 번 반복되면 그다음부터는 보기에 좋고 모나지 않은 프로젝트만 대충 수행하려 한다. 그나마 있던 한 줌의 혁신 동력마저 꺼지고 만다.

넷째, 임원에게 과도한 혜택이 제공되지 않도록 유의하라. 기사가 딸린 자동차, 독립 사무실, 한도액 높은 법인 카드, 일반 직원들과 차별되는 복리 후생 프로그램 등 고위직에게 주어지는 각종 혜택이 '럭셔리'할수록 그 조직에서는 혁신 동력이 타오르기 어렵다. 일반 직원의 입장에서 생각해 보자. 프로젝트를 죽어라 성공시켜 봤자 고위직의 품위를 유지하는 데 돈이 나가는데, 그 누가 어렵고 힘들며 빛도 나지 않는 프로젝트에 열중하겠는가? 고위직에 대한 시기심이든 동경이든 '나도 줄을 잘 타서 빨리 임원이 되어야지'란 생각에 빠지기 쉽다.

다섯째, 직원들의 역량과 스킬에 적합한 직무(혹은 프로젝트)를 부여하라. '직무 적합도'를 높이라는 말이다. 왜 이것이 ROS를 높이고 ROP에 대한 관심을 줄이는 데 도움이 될까? 바콜은 프로젝트에 적합한 스킬을 지니고 있는 직원이라면 프로젝트에 시간을 투여한 만큼 혹은 그 이상의 성과를 낼 수 있기 때문에 주변 사람들이나 상사에게 자신의 성과를 일부러 '떠벌릴' 필요가 없다고 말한다. 그 업적 자체가 자신을 대변하기 때문이다. 그러나 프로젝트가 요구하는 역량과 스킬이 부족한 직원들은 제대로 된 성과를 내기가 어렵기 때문에 윗사람의 눈에 잘 들기 위한 정치에 몰두하기 쉽다. 그렇다고 뛰어난 역량을 지닌 직원을 평범한 프로젝트에 배치하는 것도 위험하다고 바콜은 지적한다. 그다지 노력하지 않아도되니까 노는 시간이 많아져서 자신의 입지를 높이려는 정치 행위에 눈길을 돌리게 된다는 것이다. 직원들의 직무 적합도(혹은 프로젝트 적합도)를 측정하여 직무와 프로젝트를 재배치하는 과정을 정기적으로 행하는 조직이 혁신 동력을 이어 갈 수 있다.

정리해 보자. 혁신은 고객이 이제껏 경험한 가치와 만족에 변화를 일으키는 활동이고, 혁신을 성공시키는 요소는 '새로움' 자체보다는 '새로움을 구현해 내는 과정'이다. 고객이 우리가 구현한 새로움을 '새롭다'고 인식할 때 혁신은 완성된다. 이런 '연쇄 반응'을 활발하게 일으키려면 혁신의 동력이 타오르고 유지되도록 조직의 시스템이 재구축되어야 한다. 혁신은 문화가 아니다. 시스템이다.

메기 효과
Catfish Effect

노르웨이에서는 살아 있는 정어리가 냉동 정어리보다 맛과 식감이 더 뛰어나기 때문에 훨씬 비싼 값에 팔린다. 하지만 정어리의 특성상 살아 있는 상태로 부두까지 운송하기가 매우 어려워서 단 한 명의 어부를 제외하고는 모두들 냉동 정어리를 판매할 수밖에 없었다. 그 어부가 세상을 떠난 후 그의 비결을 알고 싶어 했던 사람들이 그 어부의 탱크를 살펴봤는데 그곳에서 메기 한 마리를 발견했다. 정어리들이 메기에게 잡아먹힐까 봐 두려워 끊임없이 움직인 덕분에 살아 있는 상태로 부두까지 운송할 수 있었던 것이다.

이것이 영국의 역사가인 아널드 토인비가 애용했다는 '메기 효과Catfish Effect'에 얽힌 설화다. 메기 효과란, 미꾸라지 어항(우리나라에서는 미꾸라지라고 하지만 해외에서는 정어리나 대구라는 말도 있다)에 메기 한 마리를 넣으면 미꾸라지들이 메기를 피해 다니느라 활발하게 움직여서 메기가 없을 때보다 더 건강하고 오래 산다는 뜻이다. 토인비는 《더 로터리언The Rotarian》에 기고한 〈메기 철학Catfish Philosophy〉이란 제목의 칼럼에서 러시아의 공산주의가 서구 사회에 오히려 활력을 불어 넣을 것이라고 주장하며 메기 효과를 언급했다.[35] 토인비의 인용에 감명을 받았는지 삼성의 이건희 회장은 1993년에 '신경영'을 선포하며 안락한 환경에 안주하지 말고 적절한 긴장감을 가져야 더욱 분발하여 성공을 거둘 수 있다는 의미로 '메기론'을 언급했다.[36] 이것이 우리나라에 메기 효과의 의미가 널리 퍼지게 된 계기가 되었고 이후 여러 출판물이나 신문 기사에 메기 효과가 심심치 않게 등장하게 되었다. 예를 들어 한 신문사는 스웨덴의 가구 회사 이케아가 국내에 매장을 연 후 국내 가구 기업들이 큰 타격을 받을 거라던 예상이 빗나가고 오히려 서비스의 차별화를 꾀해 매출이 크게 상승했다며 이것이 메기 효과의 전형적 사례라고 전했다.[37]

메기 효과는 없다

그러나 메기 효과는 과학적으로 증명된 바가 전혀 없는 낭설이다. 신문 기사에서는 마치 과학적 사실인 듯 말하지만 주석으로 논문을 다는 경우는 한 번도 없다. 그들의 '기대'와 달리, 포식자와 한 장소에 서식하면 먹이가 되는 동물은 생기발랄해지고 건강해지기는커녕 오히려 치명적인 악영향을 받는다. 이스라엘 네게브 사막에 사는 도마뱀들은 천적인 때까치가 하늘을 맴돌면 움직임이 둔해진다. 좋아하는 먹이를 찾기 위해 이곳저곳 돌아다녀야 하는데 때까치 때문에 행동반경이 좁아지고 그 안에서도 조심하다 보니 주변에서 구할 수 있는 작은 먹잇감에 만족해야 하고 그로 인해 생기가 떨어지는 것이다.[38]

또 하나의 연구가 있다. 투명한 칸막이로 어항의 공간을 분리한후 한쪽에는 잠자리 애벌레를, 다른 쪽에는 포식 물고기인 블루길을 키운 실험이었다. 그랬더니 칸막이 때문에 직접적인 위험이 없었음에도 불구하고 애벌레의 생존율이 블루길이 없을 때보다 최대 4.3배나 낮아졌다.[39] 포식자로 인한 스트레스가 면역력 약화를 야기했기 때문이다.

오해하지 말기 바란다. 주변의 변화를 인지하지 못한 채 안전한환경에 안주하면 환경 적응력이 떨어져 변화에 뒤처지거나 몰락한다는 조언이 어불성설이라는 이야기가 아니다. 적절한 긴장감을 가져야 환경 변화에 촉각을 곤두세울 수 있고 차별화를 이룰 수있으며 그로 인해 경쟁력을 끌어올릴 수 있다는 충고가 잘못됐다는 소리도 아니다. 애초에 과학적으로 증명되지 않았고 오히려 반대 증거가 많은 메기 효과를 인용하는 것에 문제를 제기하는 것이다. 더 자세히 말하면 "적절한 긴장감을 가져야 한다. 왜냐하면 메기 효과가 있기 때문이다"라는 식의 논리를 펴는 것이 문제. 생물학의 연구 결과(적어도 논문으로 증명된)를 기업 경영에 비유하는것은 자칫 논리적인 비약을 범할 수 있어서 조심해야 하는데, 메기효과는 과학적으로 증명된 적조차 없기 때문에 그것을 기업 경영을 조언할 때 근거로 사용해서는 절대로 안 된다.

자기계발 저자나 강사들이 즐겨 사용하는 이른바 '독수리의 창조적 파괴'라는 우화(솔개라는 말도 있다) 또한 과학적 무지가 공해수준까지 이르렀다는 생각을 들게 만든다. 지긋지긋하게 확대 재생산되는 독수리의 우화는 이렇다. "일반적으로 독수리는 30년 가까이 살면 더 이상 사냥이 어려워져서 죽느냐 사느냐의 갈림길에 선다. 이때 독수리는 아무것도 먹지 않은 채 두껍고 무뎌진 부리를 스스로 깨뜨린다. 그리고 새로운 부리가 돋아나면 구부러진 발톱도 뽑아내어 몸을 완전히 탈바꿈시킨다. 이렇게 환골탈태한 독수리는 그 후 40년을 더 살 수 있다."

새로운 삶을 얻으려면 뼈를 깎는 혁신을 감행해야 한다는 의미로 이 우화를 인용하는 사람에게는 미안하지만, 독수리는 절대 자기 부리를 깨뜨리는 위험천만한 행동을 하지 않는다. 독수리의 수명은 동물원에서 살 때나 40년을 넘길 수 있고, 야생에서는 20~25년밖에 되지 않는다. 부리를 깨뜨리고 발톱을 뽑는 등 자해를 감행하는 대형 동물은 거의 없다. 부리가 깨지거나 발톱이 빠지면 먹이를 사냥하지 못해 그냥 죽을 뿐이다. 도대체 '독수리의 환골탈태'는 어디에서 유래했는지 그 뿌리를 찾을 길이 없다. 누군가가《이솝 우화》처럼 교훈을 주려고 만들어 책에 삽입한 픽션이 과학적 사실로 둔갑해 널리 퍼진 듯하다.

매우 유명하지만 괴담에 가까운 이야기를 해 보자. "개구리를 끓는 물 속에 던져 넣으면 곧바로 뛰쳐나온다. 하지만 찬물에 넣고 온도를 서서히 올리면 물이 끓을 때까지 헤엄치다가 어느 순간 배를 뒤집고 삶아져서 죽는다"는 이야기를 들어 본 적이 있을 것이다. 현실에 안주하다가는 망해 버린다는 의미로 기업 경영이나 자기계발 분야에서 약방의 감초처럼 등장한다. 이 '개구리론'은 이름

깨나 알려진 명사들의 말과 글, 그리고 유튜브를 통해 지금도 세상을 어지럽히고 있다.[40]

이제부터 '끓는 물 속 개구리' 이야기를 하면 창피를 당할 수 있으니 조심하기 바란다. 이 역시 낭설이기 때문이다. 1872년 안드레아 하인츠만Andrea Heinzmann이라는 학자가 물의 온도를 서서히 올렸더니 개구리가 빠져나올 기미를 보이지 않았다는 실험 결과를 내놓은 것이 낭설의 발단인 듯하다.[41]

그러나 많은 생물학자가 이를 사실이 아니라고 말한다. 끓는 물에 개구리를 던지면 근육이 바로 익어서 빠져나오고 싶어도 그러질 못한다는 것이다. 반면 미지근한 물에 넣고 온도를 서서히 올리면 삶아지기 전에 개구리는 탈출한다고, 오클라호마대학교의 생태학자 빅터 허치슨Victor H. Hutchison은 말한다.[42] 변화에 능동적으로 대처하라는 이야기가 잘못됐다고 주장하려는 것이 아니다. 과학적 사실이 아닌 걸 주장의 근거로 삼아서야 되겠는가?

이왕 말이 나왔으니 한 가지 예를 더 들어 보자. 과학적으로 증명되지 않은 이야기들이 유포되고 확대 재생산되는 일은 SNS 때문에 더 빈번하고 강력해지는 듯하다. 2011년 채든 헌터Chadden Hunter라는 사진가가 우드버펄로국립공원에서 일렬종대로 이동하는 늑대 무리를 카메라에 담았다. 그런데 2015년 12월 17일, 헌터의 사진은 이런 설명과 함께 페이스북을 통해 널리 공유되었다. "앞서가는 3마리는 늙거나 아픈 늑대인데 그놈들이 무리의 페이스를 결정한다. 안 그러면 행군에서 낙오하기 때문이다. 하지만 공격당할 경우에는 희생양이 되어 가장 힘센 5마리의 늑대가 반격할 시간적 여유를 벌어 주는 효과가 있다. 반면 우두머리인 알파 늑대 Alpha Wolf는 행렬 맨 뒤에서 따라오며 무리를 통제한다. 왜냐하면 그 자리에 있어야 모든 것을 볼 수 있고 이동 방향을 결정할 수 있기 때문이다."[43]

그럴듯하다. 하지만 당초 이 사진을 최초로 알린 영국 BBC의 다큐멘터리 프로그램 〈프로즌 플래닛Frozen Planet〉에서는 맨 앞의 늑대가 리더 격인 '알파 암늑대'라고 지적했다. 늙고 병든 늑대가 무리의 선두에 선다는 말은 전혀 없었다. 더욱이 생태학자 데이비드 메크David Mech는 1999년 논문을 통해 늑대 무리에는 인간의 시각과 일치하는 우두머리가 존재하지 않는다고 주장했다.[44] 그러니 페이스북의 최초 유포자가 사진을 제멋대로 해석한 게 틀림없다. 늑대 무리 사진을 예로 들며 '대를 위해 소를 희생해야 한다' 혹은 '리더는 조직을 가장 관찰하기 쉬운 위치에 있어야 한다'는 식의 근거로 활용하는 일은 없기를 바란다.

경쟁자 효과는 양면적이다

메기 효과는 정의할 수 없다. 증명된 적이 없기 때문이다. 아니, 틀렸기 때문이다. 그래서 앞으로 경쟁 업체의 끊임없는 공격으로부터 살아남기 위해 노력하다 보면 어느새 경쟁력이 크게 높아진다는 메시지를 전하고 싶을 때에는 메기 효과를 인용하는 대신 '경쟁자 효과'라는 용어를 쓰도록 하자. 스타벅스의 국내 진출로 인해 국내 커피 산업이 오히려 양적으로도, 질적으로도 성장한 것이 경쟁자 효과 중 하나다.

하지만 경쟁자 효과가 말 그대로 효과가 있는지는 냉정히 따져 봐야 한다. 힘센 경쟁자의 존재가 기업의 경쟁력을 높여 주기는 커녕 반대로 크게 약화시켜 망하는 길로 접어드는 경우도 허다하기 때문이다. 넷플릭스가 DVD 대여 서비스로 시장에 진출하자 비디오 대여업의 강자였던 '블록버스터'는 몰락의 길을 걸었고, 디지털카메라와 폰 카메라의 부상으로 코닥과 폴라로이드가 사람들의 기억에서 사라졌다. 아마존과의 경쟁에서 나가떨어진 시어스Sears, 모바일의 일격을 받고 쓰러진 토이저러스Toysrus 역시 그렇다. 이처럼 경쟁자 효과는 어떨 때는 긍정적이고 어떨 때는 부정적이다. 그래서 "경쟁자가 있어야 발전이 있다"는 조언은 조심해야 한다.

메기 효과라는 말의 정의를 다시 내린다면 "잘못된 주장을 과학적 사실인 양 퍼뜨려 사람들을 호도하는 것"이라고 해야 할 것이다. 물론 동물의 생태를 통해 경영의 시사점을 얻겠다는 시도는 그 자체로 존중받아 마땅하다. 기업을 하나의 유기체로 보는 경영 철학을 견지한다면 오히려 적극적으로 생태학적 시사점을 채택해야 할 것이다. 그러나 과학적으로 증명되었는지, 충분한 근거를 가지고 있는지를 살펴본 후에 가져다 쓰는 것이 옳지 않을까? 누군가 과학적 사실인 양 동물의 생태를 기업 경영이나 자기 경영의 근거로 삼는다면 한번쯤 의심해 볼 일이다.

벤치마킹
Benchmarking

냉철한 발견의 과정

◆

**선두 기업의 역사를 탐구함으로써
통찰을 얻는 과정.
타사의 전략을 베끼거나 따라 하는 것이 아니다.**

"○○○을 새로운 사업으로 고민하고 있습니다."

어느 중소기업의 CEO가 나와 만난 자리에서 이렇게 말했다. 그가 말하는 신규 사업이 무엇인지 여기에 자세히 밝힐 수는 없으나 '플랫폼 사업체는 미디어 사업을, 미디어 사업체는 플랫폼 사업을 하고 싶어 한다'는 업계의 우스갯소리와 비슷한 고민이었다. 회사의 성장 동력이 힘을 잃어 가자 '새로운 먹거리'를 찾아야 한다는 나름의 절박함으로 신규 사업을 구상했지만 결국 많은 동종 업체들이 시도해 왔고 어느 정도 자리를 잡은 영역으로 진출하자는 아이디어로 귀결되고 말았던 것이다.

"이미 그 사업에 여러 업체가 진출해 있는데 왜 그런 진흙탕 속으로 들어가려고 하십니까? 차별화를 하려면 귀사는 다른 물에서 놀아야 하지 않을까요?" 내가 물었다.

"그 업체들이 성공했으니까 우리도 성공할 가능성이 있지 않겠습니까? 사실 우리가 그들보다 인력이나 기술, 자금 측면에서 훨씬 유리한 조건이니 승산이 충분하다고 봅니다."

나는 잠깐 생각한 후 CEO에게 물었다. "그 업체들이 최초 진출할 당시의 환경 조건들과 현재의 조건들이 같다고 보시나요? 제가 알기로 그 사업은 붐을 이룬 지 2년 정도 지났고 어느 정도 시장이 포화됐습니다. 고객에게 제시하는 가치도 조금은 진부해졌고요. 그런데도 성공할 가능성이 높다고 보시는 특별한 이유가 있나요?"

그는 미간을 살짝 찡그리며 대답했다. 기분이 좀 상한 모양이었다. "아까 말씀드렸듯이 그 사업 수행에 필요한 원천 기술 측면에서 우리가 경쟁사들보다 훨씬 뛰어납니다. 우리가 조사해 보니까 그 시장이 포화되기 시작하고 고객들이 진부하게 느끼는 이유는 경쟁사들의 기술이 고객의 숨겨진 니즈를 '읽어 주지' 못하기 때문이에요. 우리 회사는 기술적 우위로 시장을 더 확대할 수 있습니다. 그들이 성공했는데 우리라고 못 할 게 있나요? 우리의 기술이 더 뛰어난 데도요?"

내가 가만히 있자 그는 말을 이었다. "그래서 말인데요. 벤치마킹할 곳이 있을까요?"

"네? 벤치마킹을 왜 하시려는 건가요?"

"좀 참고하자는 거죠. 그 업체가 어떻게 하는지 구체적으로 알면 실패 확률을 줄일 수 있을 테니까요."

"방금 이미 진출해 있는 업체들보다 경쟁력이 높기 때문에 승산이 충분하다고 하셨잖아요. 그런데 왜 그들을 따라 하시려는 건가요?" 나는 의아한 듯 반문했다.

계속 이야기를 들어 보니 그는 벤치마킹이란 말을 '타사의 영업비밀 캐내기'와 동의어로 쓰는 것 같았다. 내가 컨설턴트라는 명함을 달고 일하니까 다른 업체의 내밀하고 상세한 내용을 잘 알리라 기대하고 슬쩍 떠보는 이들이 많은데 그도 마찬가지였다. 말이 벤치마킹이지 솔직히 말하면 타사의 사업 방식을 '베끼고 싶다'는 의미였다. 나에게는 타사의 영업 비밀을 캘 만한 능력이 없을뿐더러 설령 그가 원하는 자료가 있더라도 직업 윤리상 비밀을 공유할 수는 없었다.

"그건 그냥 베끼고 싶다는 말씀이잖아요? 저는 그리 못 합니다"라고 말하고 싶었지만 그저 환담을 나누는 자리였기에 나는 그쯤에서 화제를 다른 쪽으로 돌렸다. 누군가가 벤치마킹(실은 베끼기)에 협조했는지 모르겠으나 1년 후 그 회사는 실제로 신규 사업을 발족시켰는데, 2~3년 고전하는가 싶더니 슬그머니 홈페이지에서 해당 사업에 관한 사이트를 삭제해 버렸다.

배우는 것과 베끼는 것의 차이

언제부터 벤치마킹이 '타사 베끼기Copycat'라는 말로 변질됐는지 알수 없다. 한때 세계 시장 점유율 96퍼센트라는 꽃길을 걷다가 일본업체들의 공세에 밀려 46퍼센트까지 떨어지며 고전을 면치 못했던 미국의 복사기 제조업체 제록스가 일본 기업 캐논의 성공 전략을 분석함으로써 개발 기간 단축, 비용 절감, 품질 향상으로 경쟁력을 회복했다는 것이 '공식적'으로 알려진 벤치마킹의 최초 사례다. 그리고 1989년에 GE가 제록스의 벤치마킹 기법을 도입하여 성공을 거둠으로써 벤치마킹은 경영학계에서 '혁신 기법'의 하나로 부상했다.[45]

벤치마크Benchmark는 토목 공사에서 강물 등의 높낮이를 측정하는 데 사용하는 기준점을 의미하는데, 벤치마킹이란 그 기준점을 설치하는 작업을 일컫는 용어였다.[46] 이 어원에 따르면 벤치마킹이란 "동종 혹은 이종 업계에서 앞서 나가는 기업의 핵심 성공 요소CSF, Critical Success Factor와 그 수준을 기준점으로 설정하고 우리가 그에 비해 어느 정도에 도달해 있는지를 냉철하게 측정함으로써 취약점을 발견하는 과정"이라고 말할 수 있다. 그리고 "그 격차를 극복하기 위한 전략을 수립하고 부단히 실행하여 선두 기업과 어깨를 나란히 하거나 그 이상의 경쟁력을 갖추는 과정"이 벤치마킹이다. 이것이 올바른 정의다.

하지만 이러한 벤치마킹의 개념이 본질적으로 '타사 베끼기' 혹은 '타사 흉내 내기'로 변질되고 오해될 만한 빌미를 제공한 것은 사실이다. "타사를 배우자고? 그러면 베끼면 되잖아! 베끼는 게 곧 배우는 거지." 벤치마킹을 아예 베끼기로 간주하고 정당화하는 사람들은 이렇게 말한다. "선두 기업을 배우자는 배부른 소리는 하지 마라. 치열한 경쟁 환경에서 선두 기업을 조금이라도 빠르게 따라잡아야 하는데 언제 그 업체의 CSF를 분석할 시간이 있나? 언제 우리만의 경쟁력 있는 전략을 수립하고 실행할 여유가 있나? 물들어올 때 노 젓는다는 말이 있듯이 선두 기업이 어떻게 하는지 재빨리 전략을 베끼는 게 뒤처지지 않는 방법이다. 선두 기업이 제품을 개발하면서 가졌던 철학이나 시행착오를 통해 습득한 암묵적 노하우는 그리 중요하지 않다. 고객에게 '우리도 동일한 제품을 만든다. 그것도 더 싸게'라고 흉내 낼 수 있으면 그만이다."

단적인 예가 있다. 예전에 TGIF, 베니건스와 같은 패밀리 레스토랑이 국내에 처음 들어오자 외식 업계에서는 벤치마킹이란 말이 유행어처럼 나돌았다. 알고 보니 그들이 말하던 벤치마킹은 손님을 가장하여 경쟁하는 레스토랑에 찾아가 그곳의 메뉴판을 몰래 훔쳐 오는 일이었다. 인터넷과 SNS가 아직 일상화되지 않았던 시절이니 어떤 메뉴가 있고, 가격은 어느 정도로 책정하며, 음식 플레이팅은 어떻게 하는지를 메뉴판보다 더 '비주얼하게' 알 수 있는 수단이 없었던 것이다. TGIF가 신메뉴를 출시하고 며칠만 지나면 너도나도 비슷한 재료와 플래이팅과 가격대의 메뉴를 내놓았다. 벤치마킹이란 미명하에 서로가 서로를 흉내 내느라 비슷해져 갔다.

왜 베끼려고 할까

기업들은 신규 사업 혹은 신제품 출시와 같은 중요한 의사 결정을 내릴 때 왜 다른 회사를 벤치마킹하려는 걸까? 처한 조건과 환경이 서로 다르니 독립적인 분석과 판단이 중요하다는 점을 잘 알고 있으면서 왜 벤치마킹에 대한 미련을 버리지 못할까? 아니, 정확히 말해 왜 베끼고 싶어 할까? 단순히 실패 확률을 줄이겠다는 의도일까?

그 이유는 첫째, '평균에서 벗어나지 않으려는 욕구'에 있다. 평균이라는 전형성에서 벗어나면 향후 조직 내부에서 가차 없는 보복이 가해질 가능성이 있기 때문이다. 새로운 아이디어를 발표하는 자리에서 "다른 회사에서는 어떻게 하는가? 벤치마킹은 해 봤는가?"라는 질문을 받았다고 가정해 보자. 이때의 벤치마킹은 '타사의 전례를 확인하고 구체적 내용을 알아낸다'는 의미다. 아직 타사에는 전례가 없다고 대답하면 "무슨 근거로 그 아이디어를 제안하는가?"라는 비판이 쏟아지고 너무나 참신한 나머지 전례가 있을수 없는 아이디어는 휴지통으로 직행한다. 타사들이 일반적으로 취하는 행동의 범주를 이탈했다고 판단하기 때문이다.

평균에서 벗어나지 않으려는 인간의 욕구는 워싱턴대학교 심리학 명예교수인 데이비드 배러시David Barash가 주장하듯 전염병에 감염됐을지도 모를 개체에서 멀리 떨어지려는 오래된 충동으로부터 시작되었고, 전형성 이탈에 대한 보복 행동과 따돌림 또한 그런 충동으로부터 유발됐을지 모른다. 진화심리학자 하워드 블룸Howard Bloom은 '전형성 지속 욕구'가 결속과 획일성을 강화하고자하는 초유기체(사회)의 메커니즘 중 하나라고 지적한다.[47] 이유야 어떻든 벤치마킹에 대한 집착은 이처럼 전형성 상실에 대한 두려움, 즉 대세를 따르려는 '순응주의'가 인간 심리의 밑바닥을 형성하고 있는 것에서 비롯된 결과라 할 수 있다.

벤치마킹에 집착하는 두 번째 이유는 인간이 생존을 위해 '다수

선호 사상'을 진화적으로 유전자 내에 각인해 왔기 때문이다. 아프리카에서 살던 우리의 조상은 기후 변화로 인해 밀림에서 초원 지대로 쫓겨났다. 이후 탁 트인 벌판에서 맹수의 공격으로부터 살아남을 수 있는 최선의 방법은 집단 구성원들끼리의 강한 결속력밖에 없었다. 다수의 힘이 개인의 힘보다 항상 강하고 다수의 결정이 항상 옳다는 생각은 소小부족 사회가 험난한 환경을 이겨 내는 데 효과적인 대응책이었다. 결정의 옳고 그름의 여부보다는 만장일치의 여부에 더 큰 가치를 두는 것, 즉 벤치마킹을 선호하는 습성은 그때부터 유전자에 새겨져 지금까지 이어지고 있다.

세 번째 이유는 때로 벤치마킹이 '편리한 희생양' 역할을 제공하기 때문이다. 신규 사업 추진과 같은 중차대한 시도가 실패로 돌아가면 대개의 조직은 희생양 찾기에 돌입한다. 희생양 찾기는 인간의 본성 중 하나다. 침팬지 생태 연구에 평생을 바친 제인 구달은 강자에게 억압받는 침팬지들은 자신보다 작고 힘없는 동료를 공격한다는 연구 결과를 내놓으며 희생양 찾기가 동물의 세계에서 흔하게 나타나는 반사적 행동이라고 말한다.[48]

하지만 대부분의 조직에서 희생양 찾기는 실패로 돌아가거나 시간이 지날수록 흐지부지된다. 한 조직에서 얼굴을 맞대며 지내는 동료들끼리 희생양 찾기 때문에 적을 만드는 것은 장기적으로 자기 발전에 유리하지 않다. 이럴 때 예전에 했던 벤치마킹 보고서는 편리한 희생양이 되어 준다. 우리가 실패할 수밖에 없었던 이유를 거기에서 찾을 수 있기 때문이다. "자, 보라. 이것 때문에 우리가 실패했다"라고 둘러대거나 벤치마킹이 미흡했다는 식으로 누명을 씌우면 희생양 찾기는 종료되고 조직은 일상으로 '편안하게' 복귀할 수 있다.

올바른 벤치마킹의 3가지 방법

그럼 벤치마킹을 올바르게 수행하려면 어떻게 해야 할까?

첫째, 결과만 보지 말고 과정과 내면의 이슈를 중점적으로 파헤쳐야 한다. 현명한 리더라면 "타사의 핵심 성공 요소와 취약점은 무엇인가? 그들이 무엇 때문에 성공했고 무엇 때문에 실패했는가? 우리는 무엇을 배워야 하는가?"라는 질문을 던져야 한다. 그렇기에 나에게 벤치마킹을 정의하라고 한다면, "타사의 역사를 탐구하면서 통찰을 얻는 일련의 과정"이라고 말할 것이다.

영국의 역사학자 제프리 배러클러프Geoffrey Barraclough는 이렇게 말했다. "우리가 배우는 역사는 비록 사실에 기초한다 하더라도 엄격하게 말하면 사실 자체가 아니라 널리 승인된 일련의 판단들이다."[49] 이 말을 경영의 입장에서 해석하면, 벤치마킹 자료는 조사한 사람의 필터링을 거친 결과물이라는 뜻이 된다. 다시 말해 타사의 역사적 사실을 수집하거나 분석하는 자들의 판단에 따라 벤치마킹의 결과가 좌우될 수 있다는 말이다. 그러므로 벤치마킹은 겉으로 드러나는 결과를 답습하기 위한 것이 아니라 그 이면에 내재된 근본 원인과 배경을 적극적으로 찾아 '선택적으로' 배우는 작업이어야 한다.

둘째, 선두 기업 자체의 성공 요인보다 그 기업을 둘러싸고 있던 환경 조건에 좀 더 초점을 맞춰 벤치마킹을 해야 한다. '파괴적 혁신'이라는 개념으로 유명한 경영학자 클레이턴 크리스텐슨은 이렇게 말한 바 있다. "30년 전에는 IBM의 눈부신 성공의 원동력이 수직적 통합이라고 했다. 그런데 1990년대 말 시스코나 델 같은 기업들의 성공 요인은 비非수직적 통합(즉 아웃소싱)이라고 저술가들은 말한다. 무엇이 옳은가? 벤치마킹이 올바르게 이루어지려면 수직적 통합이 성공할 수 있는 환경과 비수직적 통합이 성공을 거두는 환경이 무엇인지를 아는 것이 더 중요하다. 어떤 처방이 몇몇 기업에서 효과를 본다고 해서 그것을 무조건적으로 받아들이는 조치처럼 어리석은 것은 없다."[50]

사상가인 이사야 벌린은 "전쟁의 역사에서 포연이 걷히고 승자가 정해지면 우연히 승리를 거둔 장군이 모든 영광을 독차지한다"라고 말했다.[51] 역사가 성공한 자만을 기억하듯, 사람들은 성공 기업에 열광한다. 어떤 제품이나 기업이 큰 성공을 거두면 대개 사람들은 거기에 독특한 가치나 탁월한 비결이 숨어 있다고 간주한다. 성공한 제품은 고객의 니즈를 정확하게 간파했기 때문이고, 성공한 경영자는 뛰어난 리더십과 혜안을 가진 자라고 여긴다. 하지만 크리스텐슨이 지적했듯이 그 기업과 동일한 전략을 구사한다 해도 환경이 다르면 성공을 담보할 수 없다. 환경을 초월하여 언제나 성공을 보장하는 절대 우위 전략은 존재하지 않는다.

컨설턴트인 마셜 골드스미스Marshall Goldsmith는 "어떤 행동에도 불구하고 발생한 성공을, 어떤 행동으로 인하여 발생한 성공으로 혼동해서는 안 된다"라고 지적했다. 선두 기업에 특별한 비결이 있다고 무작정 믿기보다는 먼저 어떤 환경 조건과 맥락Context에서 성공을 이루어 냈는지 깨닫는 게 중요하다는 의미다. 그리고 그보다 더 중요한 것은 크리스텐슨이 말했듯, 그런 환경 조건이 우리 회사의 미래에도 과연 유효한지 냉철하게 판단하는 일이다. 역사학은 본질적으로 '변화'를 탐구하는 학문이다. 역사는 반복되지 않기 때문이다. 역사학은 '어제는 오늘과 어떻게 다른가, 그리고 왜 다른가'를 연구함으로써 '내일은 어떤 점에서 오늘과 다를 것인가'를 예견하는 방법을 찾는 학문이다. 그저 과거를 통해 미래를 예견하는 학문이 아니다. 벤치마킹을 타사의 역사를 탐구하는 과정이라고 본다면, 성공 기업을 분석할 때는 반드시 이러한 역사학의 연구 관점을 견지해야 한다.

셋째, 타사를 모방하려면 이종 업계로 시각을 확대하라. 1996년 기업 가치가 8억 달러에 불과했던 은행 커머스뱅코프Commerce Bancorp는 2007년 토론토-도미니언뱅크Tronto-Dominion Bank로부터 85억 달러를 받고 회사를 매각했다.[52] 이 은행은 벤치마킹을 즐겼는데 그 대상은 결코 다른 금융 회사가 아니었다. 창업자인 버넌 힐 2세Vernon W. Hill II는 "우리는 바보 같은 은행들을 모방하지 않는다. 우리는 스타벅스, 타깃Target, 베스트바이Best Buy와 같은 위대한 소매 기업들을 베낀다"라고 말했다.[53] 커머스뱅코프는 스타벅스처럼 토요일과 일요일에도 은행 문을 열지 말라는 법은 없다고 생각한 끝에 일주일에 70~80시간을 개점하는 전략을 감행함으로써 금융 업계에 일대 파란을 일으켰다. "어떻게 일요일에도 직원을 출근시킬 수 있나"라는 타 은행 사람들의 질문에 힐은 이렇게 대답했다. "월마트 같은 쇼핑몰은 연중무휴잖아요. 뭐가 어렵죠?"

이와 비슷한 사례로 현대카드가 시행하는 '인사이트 투어' 프로그램이 있는데, 미술관이나 자동차 회사 등 업종을 불문하고 혁신적인 마케팅을 구사하는 곳으로 직원들을 보내 배우게 하는 것이다. 이때 다른 금융 회사는 특별한 경우가 아니라면 투어의 대상이 아니다. 현대카드는 자신들이 금융 기업이 아니라 "고객의 라이프 스타일을 디자인하는 곳"이라고 정의했기 때문이다.[54]

모방만 하는 기업은 망한다

1971년에 아버지의 사업을 물려받은 일본 야마토운송ヤマト運輸의 오구라 마사오小倉昌男 사장은 화물 운송 사업 위주였던 회사의 비즈니스 포트폴리오를 택배 사업으로 확장해 야마토운송을 급성장시켰다. 그의 성공 비결 가운데 하나는 경찰서 벤치마킹이었다. 택배 사업과 전혀 무관한 것 같은 경찰서에서 그는 성공의 비법을 찾아냈다.[55]

오구라 사장은 택배 서비스를 일본 최초로 도입하면서 영업소 네트워크 등 인프라를 어떻게 구축해야 할지 좀처럼 감을 잡지 못했다. 영업소가 지나치게 많으면 운영비가 너무 많이 들 것이고, 반대로 적으면 배달 시간이 길어져 고객들에게 외면당할 것이기 때문이다.

절대 풀리지 않을 것 같았던 문제였지만 택배 서비스로 한정됐던 사고의 틀을 벗어나니 새로운 대안이 눈에 들어왔다. 그는 택배 영업소처럼 전국 네트워크를 갖춘 다른 산업을 벤치마킹하기로 했다. 먼저 그는 당시 일본 내 우편 취급국의 수를 확인했는데 그 수는 5000개가 넘었다. 헌데 우편 취급국이 소포를 취급하긴 하지만 다른 종류의 우편물들을 더 많이 배달하기 때문에 택배 영업소가 이처럼 많을 필요는 없었다. 그다음에 생각해 낸 대상은 중학교였다. 당시 중학교 수는 1만 1250개였는데, 대개 학생들이 걸어서 통학할 수 있는 거리에 있었기 때문에 자동차를 이용한 택배 서비스의 벤치마킹 대상이 되기는 어려웠다.

마지막으로 그가 참고한 대상은 경찰서였다. 경찰서는 주민들의 안전을 위해 인구 밀도와 거리를 잘 따져서 자리를 잡았다. 게다가 경찰들은 차량으로 관할 지역을 순찰했기 때문에 택배 서비스와 유사성을 지녔다. 결국 오구라 사장은 전국의 경찰서 수와 비슷한 규모로 1200개의 영업소를 개설했고 영업소의 위치도 경찰서를 참고하여 결정해 합리적 비용으로 최적의 서비스를 제공했다. 이렇게 아무것도 없는 곳에서 시작한 택배 사업을 성공시킨 오구라 사장은 1995년에 퇴임한 후에도 일본의 대표적인 경영자로 존경받고 있다.

야마토운송의 사례는 인사이드-아웃Inside-Out 방식이 아닌 아웃사이드-인Outside-In 방식이 앞서가는 아이디어 발굴에 훨씬 유용하다는 점을 알려 준다. 해답은 내부에 있기도 하지만 다른 곳에 이미 존재하는 경우도 많다. 다른 분야에서 만들어 놓은 해답을 이쪽으로 빌려와 사용하는 것이야말로 창조적인 모방이고 현명한 벤치마킹이다.

벤치마킹이 그저 타사의 전략을 베끼는 것에서 그친다면, 벤치마킹을 통해 선두 기업과 같은 반열에 오르거나 앞서 나가겠다는 꿈을 꾸지 않는 편이 좋다. 경영학자 제프리 페퍼Jeffrey Pfeffer는 "정상적이기를 바라면서(타사와 비슷한 전략을 채용) 비정상적인(특출한) 성과를 기대하는 것은 난센스다"라고 말했다.[56] 이 말은 "미친 짓이란 똑같은 일을 반복하면서 다른 결과를 기대하는 것이다"라는 아인슈타인의 명언을 연상시킨다.

애플이 신제품을 발표하는 키노트 행사가 끝나면 "이번에도 혁신은 없었다"라며 비판하는 기사(주로 국내 언론 기사)가 쏟아져 나온다. 상식을 뛰어넘는 혁신적 아이템을 기대했던 고객들은 기존 제품의 확장판을 내놓으며 이익을 극대화하고자 하는 애플의 전략에 실망을 감추지 못한다. 그러나 매번 키노트 후에 가장 실망했을 이는 아마 삼성이 아닐까? 알리바바의 마윈 회장은 이렇게 말했다. "모방만 하는 기업은 망한다."[57] 모방과 답습이란 오명으로 얼룩진 벤치마킹의 본래 의미를 되찾아라. 업종을 불문하고 선두 기업의 핵심 성공 요소를 분석하고 우리와의 격차를 인식하라. 타사의 역사를 탐구함으로써 통찰력을 얻고 비판적으로 수용함으로써 격차를 뛰어넘을 지렛대를 '독창적으로' 구축하라.

의사 결정
Decision Making
어떻게 우선순위를 정하는가

◆

외부의 불확실성을 충분히 파악한 다음
무엇을 할지 결정하는 것.
여기에서 키워드는 '불확실성'도 아니고 '결정'도 아닌 '다음'이다.

"이런 상황을 가정해 보세요." 나는 교육생들에게 아주 위험한 상황 속에 혼자 처해 있다고 상상하기를 요청한다.

"여러분이 혼자 SUV를 타고서 캐나다 로키산맥의 비포장도로를 달리고 있는데 갑자기 자동차가 고장을 일으켜 길 위에 서 버렸습니다. 이렇게 저렇게 해 보려 애를 쓰지만 차는 꿈쩍도 하지 않죠. 시동조차 걸리지 않고 말입니다. 애석하게도 여러분에겐 차를 고칠 만한 능력이 없습니다.

날씨가 좋다면 그 자리에서 다른 여행객의 도움을 기다리거나, 차를 버리고 그곳을 서둘러 빠져나갈 수 있겠죠. 하지만 이미 눈보라가 거세게 몰아치고 있고 가시거리는 30~40미터밖에 안 되어서 어디로 가야할지도 모르는 상황입니다. 영하 25도 아래로 떨어진 기온은 곧 해가 저물면 더 급강할 것으로 예상됩니다. 대충 따져 보니 가장 가까운 도시는 50킬로미터 떨어져 있는 것으로 짐작되고요. 그 정도 거리면 걸어갈 수 있다고 생각하기 쉽지만 문제는 오르막과 내리막이 연이어 있는 구불구불한 산길이라는 것이죠. 자, 이런 위급한 상황에서 여러분의 최우선 목표는 무엇입니까?"

교육생들 몇몇이 여기저기에서 "생존이죠. 살아남는 거죠"라고 대답한다.

"제가 너무 당연한 질문을 드렸나요? 맞아요. 생존이 가장 중차대한 목표일 겁니다. 그렇다면 생존을 위해서 무언가를 해야겠죠. 본인이 가지고 있는 물건으로 최대한 오래 버텨야 생존할 수 있을 겁니다. 자동차 내외부를 둘러보니 15개의 물품들이 있는 걸 발견했다고 칩시다. 보면 알겠지만 어떤 건 생존에 큰 도움이 될 만하고 어떤 건 그렇지 않을 겁니다. 어떤 건 반드시 챙겨야 하고 어떤 건 없어도 그만이겠죠."

15개의 물품은 다음과 같다.

육포, 나이프, 라이터, 구급상자, 인근 지도, 선글라스, 장총, 삽, 룸 미러, 스페어타이어, 나침반, 이불, 휘발유, 호스, 휠 캡(바퀴 축에 달린)

나는 약간 얼떨떨해하는 교육생들의 표정을 한번 둘러보고 나서 토론 주제를 던져 준다.

"이 15개 물품을 '생존에 도움이 되는 순서'로 우선순위를 매겨 보기 바랍니다. 조별로 토론해서 우선순위를 결정해 보세요. 시간

의사 결정: 어떻게 우선순위를 정하는가

은 10분 드리겠습니다. 10분이라는 마감을 지키지 못하면 여러분은 그 자리에서 동사한 것으로 간주하겠습니다. 자, 시작하세요."

내가 아무런 힌트를 주지 않고 이렇게 토론 주제를 던져 주는 이유는 교육생들이 어떤 프로세스로 의사 결정을 하는지 관찰하고서 그들이 범하는 의사 결정의 오류를 바로잡아 주기 위해서다.

독자 여러분도 잠시 책을 내려놓고 15개 물품의 우선순위를 생존에 도움이 되는 순서로 나열해 보기 바란다.

우선순위는 불확실성이 결정한다

돌아다니며 조별로 토론하는 모습을 관찰하면 여러 유형이 보인다. 물품별로 우선순위를 일일이 따지는 조가 있는가 하면, 말 한 마디 하지 않고 고개를 숙인 채 각자 우선순위를 정하는 조가 있다. 왜 토론하지 않느냐고 물으면 각자 해 보고 나서 조의 결과를 투표로 결정하겠다고 답한다. 왜 그렇게 하냐고 재차 물으면 "그래야 토론이 효율적이니까요. 결정을 빨리 내릴 수 있잖아요"라며 당연한 소리를 한다는 표정을 짓는다. 나는 더 이상 무어라 언급하지 않는다. 나중에 지적해 주면 되니까. 지금은 어떻게 의사 결정을 하든지 상관하지 않기로 한다.

10분이 다 흘러도 결론을 내리지 못한 조가 제법 많다. 나는 그들에게 의사 결정의 '납기'를 지키지 못했으니 생존의 '골든 타임'을 놓쳤다는 농담을 던지며 어수선한 토론 분위기를 마무리한다.

"이제부터 여러분이 올바른 의사 결정을 내렸는지 따져 보기로 합시다. 캐나다국립수색구조대에서 권장하는 우선순위는 다음과 같습니다. 자, 여러분의 답과 모범 답안의 차이를 물품별로 계산한 다음에 차이의 합을 구해 보세요. 차이의 합이 0에 가까울수록 잘 맞혔다는 뜻입니다."

구조대의 모범 답안과 완전히 반대로(예를 들어 1순위를 15순위로, 15순위를 1순위로) 답을 낼 경우에 차이 합의 최댓값은 115점이다. 이 토론을 몇 년 동안 여러 차례 진행해 보니 점수는 50~90점 정도로 분포한다. 50점보다 낮은 결과(즉 우수한 점수)는 어쩌다 한 번씩 나오는데, 100점을 넘는 경우도 드물지 않게 나타난다.

여기에서 구조대 측이 제시한 모범 답안을 보여주지는 않겠다. 그리고 왜 나이프가 1순위 물품인지, 왜 인근 지도가 15순위인지도 굳이 설명하지 않겠다. 여기에서 중요한 것은 답을 얼마나 근사하게 맞혔는가가 아니라 '어떤 프로세스로 의사 결정을 내렸느냐'이기 때문이다. 나는 가장 저조한 결과를 낸 조에게 질문을 던진다. "어떤 방식으로 우선순위를 정했나요?"

"일단 차를 버리고 길을 나서기로 하고 그에 적합한 물건들을 높은 우선순위로 정했습니다."

가장 우수한 점수를 기록한 조에게 물어보면 이렇게 답한다. "저희 조는 차에서 구조를 기다리기로 결정했습니다. 구조를 기다리며 차 안에서 버티는 데 도움이 되는 물건들이 뭔지 생각했죠."

'음, 역시나.' 나는 들릴 듯 말 듯 속으로 짧게 탄식한다. 가장 우수한 조나 저조한 조나 의사 결정 방식이 다를 바 없기 때문이다. 가장 우수한 조는 '안전한 차에서 구조를 기다리라'는 구조대의 권고를 '우연히' 따랐기에 점수가 좋았고, 가장 저조한 조는 '우연히' 그 반대로 행했기에 점수가 나빴을 뿐이다. 두 조 모두 '내가 할 것'을 먼저 정한 다음에 물품의 우선순위를 매겼다. "자신이 처한 위급한 외부 환경을 면밀하게 살펴보고 외부 환경이 나에게 주는 불확실성을 충분히 파악한 다음 불확실성에 대응하는 데 적합한 순서로 물품의 우선순위를 정해야 하는 의사 결정의 본질"을 잊어버린 것이다. 이 문장에서 중요한 키워드는 '다음'이다. '차에 머물자' '아니다, 차를 버리고 나가자'라고 '내가 할 것'을 먼저 정하지 말고, 무엇이 생존이라는 목표를 위협하는 외부의 불확실성인지 먼저 파악한 '다음' 물품의 우선순위를 매겼어야 한다.

이야기 속 주인공을 둘러싼 외부 환경의 불확실성은 무엇일까? 첫째는 추위로 인해 동사할 가능성이고, 둘째는 배가 고파 기력을 잃어버릴 가능성이며, 셋째는 구조가 늦어져 위험에 처할 가능성이다. 나는 교육생들에게 이 3가지 불확실성을 기준으로 물품 각각의 중요도를 판단하고 그 합산 점수에 따라 우선순위를 재차 부여해 보라고 요청한다. 그러면 구조대에서 권고하는 우선순위와 상당히 근접하는 결과를 얻는다.

결정은 최대한 미루어라

의사 결정을 잘하기 위한 여러 원칙과 방법이 있지만 무엇보다 명심해야 할 원칙이 있다. 바로 "미룰 수 있을 때까지 결정을 미루라"는 것이다. 시장 구조, 정부 정책, 경쟁사의 전략, 고객의 취향 등 외부 환경이 급박하게 변화할수록 기업들은 고객이나 투자자들로부터 좀 더 과감하고 좀 더 빠른 행동을 요구받는다. 문제는 이렇게 압박이 커지는 상황일 때 환경 변화의 핵심을 숙고하기보다는 의사 결정을 신속히 내려야 한다는 것이 의사 결정의 목표로 둔갑한다는 점이다. 내가 교육생들에게 일부러 10분이라는 시간적 압박을 가하는 이유는 그런 의사 결정의 오류를 일부러 일으키도록 하기 위해서다.

의사 결정을 미룰 때까지 미루라는 말은 결정을 늦게 하라는 말이 아니라, 결정을 위한 '과정'을 중시하라는 말이기도 하다.

"$X^2+5=30$일 때 X의 값은 무엇인가요?" 내가 이런 간단한 방정식을 제시하면 교육생들은 보자마자 "5!"라고 답한다.

"맞습니다. 그런데 5만 답인가요?" 이렇게 다시 물으면 그제야 "마이너스 5도 답입니다"라고 웃으며 답한다. 중학교 수학 시간에 제곱의 값을 구하려면 루트를 씌워야 하고 반드시 그 앞에 '플러스 마이너스'를 붙여야 한다는 선생님의 말을 귀에 못이 박히도록 들었을 텐데, 그런 과정을 생략하고 머릿속에 떠오르는 답부터 빨리 제시하려고 한다.

의사 결정의 과정을 중시함으로써 가장 큰 효과를 경험하는 곳은 병원 수술실이다. 직관에 따라 빠르게 의사 결정을 내리는 것이 수술의 성공에 매우 중요하다고 생각할지 모르지만, 자칫 환자에게 위험한 상황이 발생할 수 있다. 자동차의 과속을 막기 위해서 과속 방지턱을 설치하는 것처럼 수술실에는 다음 단계로 넘어가기 전 반드시 체크리스트를 확인하도록 되어 있다. 의사이자 작가인 아툴 가완디Atul Gawande는 마취하기 전, 수술 부위를 절개하기 전, 그리고 수술실을 떠나기 전에 몇 가지 사항을 반드시 체크하도록 했다.[58] 그랬더니 수술 환자들의 합병증 발병률이 36퍼센트나 줄고 사망률은 47퍼센트나 떨어졌다. 체크리스트를 살펴보고 각 사항을 점검하는 데 걸리는 시간은 별로 길지 않다. 짧게는 몇 초에서 길게는 1분 정도 결정을 늦추면 의사 결정의 질을 높일 수 있다는 단적인 사례다.

마감일까지 의사 결정을 미루고 의사 결정의 과정을 중시하면서 시간적 여유를 확보할 때 얻을 수 있는 이득을 정리하면 다음과 같다.[59]

1. 이슈(혹은 문제)를 좀 더 정교하게 정의할 수 있다.
2. 더 좋은 대안을 마련할 수 있다.
3. 여러 대안을 편견 없이 고루 검토할 수 있다.
4. (잘못된 결정에 따른 낭비를 막아) 자원과 돈을 절약할 수 있다.
5. 여러 이슈 중 더 크고 중요한 이슈에 집중할 수 있다.
6. 간혹 시간이 흐르면 이슈가 저절로 해소되는 경우가 있다.

그런데 과연 결정을 내리기까지 아주 짧은 시간만 주어지는 상황에서도 의사 결정을 미룰 수 있을 때까지 미루는 것이 유익할까? 야구 경기에서 이른바 '정통파' 투수들의 구속은 보통 시속 140~150킬로미터 정도인데, 타자와 투수 사이의 거리가 18미터이므로 공이 타자에게까지 날아오는 시간은 0.5초도 채 되지 않는다. 그리고 타자가 공을 보고 스윙을 할지 말지 결정을 내리는 시간은 고작 0.2초 정도다. 이런 순간적 상황에서는 아마 스윙 여부를 재빠르게 결정하는 타자가 안타를 날릴 가능성이 높다고 생각할 것이다.

하지만 그렇지 않다. 스포츠 과학을 연구하는 학자들에 따르면, 많은 안타를 기록하는 최고의 타자들은 자신이 쓸 수 있는 시간을 최대로 활용하여 공이 어떤 구질인지, 어떤 방향으로 오는지, 공이 어느 쪽으로 어떻게 방향을 바꿀 것인지 등 필요한 '외부 정보'를 최대한 많이 수집한 '다음'에 최적의 속도와 각도로 배트를 휘두른다.[60] 무조건 빠르게 반응하지 않고 공을 가장 잘 칠 수 있는 시점까지 결정을 미루는 것이 좋은 성적을 내는 비결이라는 것이다. 물론 스윙을 하겠다고 결정하면 최고의 타자들은 방망이를 최대한 빠르게 휘둘러 공을 친다. 의사 결정은 최대한 늦추되, 일단 결정이 내려지면 재빠르게 실행하는 것이다.

신중한 리더는
마감 시간까지만 고심한다

앞에서 잠깐 언급했지만, 의사 결정을 늦추라는 말을 의사 결정을 늦게 하라는 말로 오해하지 않기를 바란다. 자료만 수집하고 결정을 하지 않거나 미루는 것은 비즈니스의 속도를 떨어뜨리고, 구성원들을 혼란스럽게 만들며, 중대한 기회를 놓치게 만든다. 그런데 이는 의사 결정을 성급하게 내리는 것만큼이나 조직에 해롭다.[61] 의사 결정을 최대한 늦추라는 말은 '마감'이 언제인지를 확실히 파악해야 한다는 말과 같다.

　보통 우유부단한 리더와 신중한 리더를 구분하지 못하는 경우가 있는데, 겉으로는 둘 다 의사 결정을 내리지 않고 고심만 하는 사람으로 보이기 때문이다. 하지만 둘의 차이는 '마감 시간을 아느냐 모르느냐'로 갈린다. 신중한 리더는 의사 결정의 중요도와 긴급도 등을 면밀하게 따져 마감일을 먼저 설정한 다음, 그때까지는 절대 결정을 내리지 않고 외부 환경의 정보를 수집하고 분석한다. 우유부단한 리더는 마감일을 아예 모르거나 마감일을 매번 바꾸며 의사 결정의 의무에서 도피하려 하고 그 책임을 직원들에게 덮어씌우려 한다. 신중한 리더라면 직원들에게 "언제까지 결정하면 되는가?"를 묻고 "그때까지 결정을 꼭 내리겠다"라고 말하며 직원들을 안심시킨다. 우유부단한 리더는 직원들이 결정 여부를 물으면 "내가 알아서 결정할 테니 기다려"라고 말하며 직원들을 불안하게 만든다.

　그런데 의사 결정에 신중한 리더보다는 우유부단한 리더가 되는 것이 오히려 조직 생활에서 유리한 경우를 자주 목격할 수 있다. 그 이유는 의사 결정의 결과로 의사 결정의 질과 과정을 평가하는 '결과 편향Outcome Bias' 때문이다. 결과가 좋으면 그것을 만들어 낸 과정이 좋았다고 간주하고, 반대로 결과가 나쁘면 과정도 나빴을 것이라고 여기는 경향이 바로 결과 편향이다.

　심리학자 조너선 배런Jonathan Baron은 결과 편향이 얼마나 일반적인 현상이며 우리의 판단에 영향을 미치는지 실험으로 밝혔다.[62] 배런은 참가자들에게 어떤 환자의 수술 여부를 결정하는 과정과 수술 결과가 묘사된 글을 읽도록 했다. 그런 다음 수술하기로 한 결정이 얼마나 옳았는지(혹은 옳지 않았는지), 얼마나 용납할 수 있는지(혹은 얼마나 용납할 수 없는지)를 평가하게 했다.

참가자들이 읽은 이야기는 대략 이런 내용이었다. "흉통으로 입원한 55세 남자에게 혈관 우회 수술을 하면 기대 수명이 65세에서 70세로 증가하지만 수술로 인한 사망률은 8퍼센트다. 의사는 수술하기로 결정했고 수술은 성공적으로 끝났다." 배런은 이런 유의 이야기를 변형하여 모두 15개의 이야기를 참가자들에게 제시했다. 수술 결과가 실패했다거나, 의사가 아닌 환자가 스스로 수술 여부를 결정했다거나, 질병의 종류를 바꾸거나 해서 말이다.

수술로 인한 사망률이 8퍼센트이기 때문에, 다시 말해 성공할 확률이 더 높기 때문에 수술이 성공적으로 끝나든 실패로 끝나든 의사나 환자가 수술하기로 내린 결정은 매우 합리적이다. 하지만 실험 결과는 결과 편향이 존재함을 여실히 드러냈다. 참가자들은 수술이 실패했을 때보다 수술이 성공했을 때 수술 결정이 더 옳았고 더 납득할 수 있다고 평가했다.

의사 결정을 내릴 때는 합리적이라고 생각되고 납득 가능했을지라도 결과가 나쁘면 당초의 의사 결정이 옳지 않았다고 판단하거나, 반대로 의사 결정이 비합리적인 과정으로 이루어졌더라도 결과가 좋으면 의사 결정이 옳았다고 판단하는 현상은 기업 조직에서 자주 경험하는 편향이다. '결과로 말하라'는 결과지상주의 문화가 강한 조직일수록 결과 편향이 강하게 나타나기 때문에 의사 결정의 과정을 중시하려는 리더의 신중함을 애초에 억압해 버린다.

합리적인 의사 결정 과정을 준수한 리더에게 상을 주기는커녕 결과가 나쁘다고 벌을 준다면, 전략적 사고는 안중에도 없고 의사 결정을 무작정 미루려 하며 타인에게 책임을 떠넘기려는 우유부단한 리더를 '육성'하고 만다. 더 큰 문제는 과정이야 어떻든 '뒷걸음에 쥐 잡는 격'으로 어쩌다 결과를 좋게 낸 자에게 중요한 일을 맡기고 만다는 것이다. 결과 편향으로 인해 중용된 사람이 그보다 더 중요한 일을 성공시킬 가능성은 과연 얼마나 될까? 의사 결정 실패 원인(성공 원인도 마찬가지)을 따질 때는 반드시 과정과 결과를 분리하여 분석해야 한다.

의사 결정은 프로세스다

앞에서 '전략'이란 단어를 "적을 이기기 위한 방법"이라고 정의했는데, 이는 의사 결정의 정의와 일맥상통한다. 전략의 핵심, 즉 '적을 아는 것'은 전략을 결정하기 전에 '먼저' 거쳐야 할 과정이다. 적을 알기 전까지는 전략을 결정하지 않아야 한다. '차에 머물지, 차를 버릴지'라는 전략을 미리 결정하지 말고 '춥고 눈보라 치고 앞이 안 보이는' 외부 환경이라는 '적'의 동태를 파악하여 그에 맞춰 행동의 방향(즉 전략)을 결정해야 한다. 위급한 상황일수록 그렇게 해야 하며, 아무리 급박하더라도 신중히 따져 볼 시간적 여유는 언제나 있다.

노벨 경제학상 수상자인 심리학자 대니얼 카너먼Daniel Kahneman은 이렇게 말했다. "조직은 의사 결정을 생산하는 공장이다."[63] 의사 결정이 리더의 가장 중요한 임무라는 뜻이다. 또한 의사 결정은 '예술'이 아니라 '프로세스'라는 의미다. 품질 좋은 의사 결정을 생산하기 위한 공정은 이렇게 정리할 수 있다.

1. 마감을 파악하고
2. 그때까지는 절대 예단하거나 결정을 내리지 않으며
3. 최대한 외부 환경의 정보를 파악하고 분석한 후에
4. 마감 시간에 임박한 순간에 가서 명확하게 결정을 내린다.

물론 이렇게 내린 의사 결정이 반드시 성공으로 이어지지는 않는다. 그러나 성공 확률을 높이는 데 이보다 나은 방법은 없다. 단 1퍼센트라도 확률을 높일 수 있다면 굳이 의사 결정을 미루지 않을 이유가 있을까?

권한 위임
Delegation

사전적인 의미의 '권한 이양Empowerment'은 "리더가 자신의 권한을 실무자에게 내려 줌으로써 창의력을 최대한 발휘하게 만들어 책임감과 업무 만족도를 고취하고 업무 수행 능력을 높이기 위한 조치"를 말한다. 간단히 말하면 "리더가 가진 특정 분야의 의사 결정권을 직원에게 이관하는 것"이다. 권한 이양은 성과 제고뿐 아니라 의사 결정의 속도를 높이고 수평적 조직 문화를 구축하기 위한 방법으로 시도된다.

그런데 권한 이양과 비슷한 말로 '권한 위임'이란 말도 자주 쓰인다. 둘을 같은 의미로 혼용하는 경우가 많은데, 권한을 내어 줌으로써 직원의 역량 향상과 성과 제고를 목적으로 하는 것은 동일하지만 관점과 실행 방향은 서로 다른 용어이기 때문에 구별해서 써야 한다.

권한 위임과 권한 이양의 차이
먼저 권한 위임은 의사 결정권 자체를 이관한다기보다 개별 사안에 대한 의사 결정을 넘긴다는 의미로 봐야 한다. 예를 들어 인사 담당 임원이 인사 팀장에게 "○○○ 직무에 대한 경력 사원 채용은 자네가 모든 걸 맡아서 진행하게"라고 말하는 것이 권한 위임이다. 반면에 권한 이양은 중앙 정부가 지자체에 권한을 이관하듯 의사 결정권 자체를 넘겨주는 것이다. "앞으로 모든 채용 결정은 자네에 게 모두 이관하겠네. 그리고 나는 회사 전체의 인력 운용 방향 설정에 집중하겠네"라고 말하는 상황인 것이다. 따라서 권한 이양과 혼동하지 않으려면 권한 위임이라는 말보다 '업무 위임'이라고 말해야 좋다.

둘째, 권한 위임은 위임자Delegator인 리더가 생각하는 기준과 방향을 피위임자Delegatee에게 주지시키고 그 후 직원의 행동을 지속적으로 모니터링하면서 관리하는 것을 말한다. 권한을 내려 주고 나서 손을 완전히 놓아 버리는 게 아니다. 일의 달성과 실패에 대한 책임은 여전히 리더에게 있기 때문이다. 그렇다고 '독재자' 혹은 마이크로 매니저처럼 매번 간섭하면 곤란하고 문제가 생길 경우에만 적극적으로 개입해서 리더 본인이 생각하는 방향과 방법을 재차 주지시켜야 한다. 물론 문제 해결의 주체는 직원 자신이다.

인텔의 CEO였던 앤드루 그로브는 "자신의 목적과 선호하는 접근 방식을 올바르게 전달하는 것이 성공적인 업무 위임의 핵심임을 명심해야 한다"라고 말했다.[64] 그는 권한 위임이 잘 이루어지려면 다음과 같은 사항을 명심해야 한다고 조언한다.

- 위임자와 피위임자가 동일한 정보를 공유하라.

- 위임을 하기로 했다면 확실하게 위임하라.
- 리더 본인에게 익숙한 업무를 위임하라(그래야 모니터링하기 쉽다).
- 직원이 완벽하지 않아도 위임하라(그래야 성장한다).
- 실수의 결과를 고객이 부담하는 경우라면 위임을 조심하라.
- 위임한 업무를 일일이 모니터링하며 개입하지 마라.

권한 위임과 달리 권한 이양은 직원의 기준과 관점을 인정하고 오히려 독려한다. 가까이에서 모니터링하기보다는 의사 결정권을 행사하는 직원이 회사 전체가 가야 할 방향과 가치를 위배하지 않는 한 직원 스스로 판단해 의사 결정권을 발휘하도록 용인한다. 리더 자신은 코치이자 서포터라는 입장을 취하는 것이 권한 이양이다. 그렇기에 권한 이양은 일종의 협업Collaboration이라고 말할 수 있다. 리더와 직원 양측이 서로 준수해야 할 가치와 넘지 말아야 할 경계를 공유하는 것이기 때문이다('협업' 장을 참조하기 바란다).

셋째, 권한을 내어 줄 때 리더 자신의 권한이 축소되느냐 아니면 유지되거나 확대되느냐에 따라 두 용어의 의미가 갈린다. 권한 위임은 권한의 총합이 한정돼 있기 때문에 직원에게 권한을 넘겨 주면 리더 자신의 권한은 줄어든다는 제로섬Zero-Sum의 관점을 취하는 개념이다. 반면 권한 이양은 권한을 이관한다고 해서 리더 자신의 권한은 줄어들지 않고 그보다 커진다는 관점을 취한다. 리더는 새로운 영역의 업무에 집중함으로써 보다 고차원적인 의사 결정권을 획득하기 때문이다.

권한을 이관한다고 해서 게으른 리더가 되라는 뜻은 아니다

권한 이양의 형태든 권한 위임의 방식이든 직원들에게 의사 결정권을 '이관하는 리더Empowering Leader'와 모든 의사 결정권을 틀어쥐고 직원에게 일일이 '지시하는 리더Directive Leader' 중 어떤 리더가 팀을 이끄느냐에 따라 팀의 장기적 성과는 큰 차이를 보인다. 경영학자 나탈리아 로린코바Natalia M. Lorinkova는 실제로 존재하는 60개 팀을 대상으로 장기적인 연구를 했는데, 처음에는 '지시하는 리더'가 이끄는 팀의 성과가 '이관하는 리더'가 이끄는 팀의 성과를 능가했지만 시간이 지날수록 '이관하는 리더'의 팀 성과가 앞선다는 사실을 발견했다.[65] 업무 위임(혹은 이양)을 통한 팀원들의 학습, 팀원들 간의 업무 조율, 정신 모델의 변화 때문이었다.

리더 개인에게도 '업무 이관'(여기에서는 권한 이양과 권한 위임을 모두 포함하는 의미로 쓴다)은 이익이 된다. 로펌을 대상으로 한 연구에서 어소시에이트(신참) 변호사들에게 업무 이관을 잘하는 파트너(중견) 변호사들은 그렇지 않은 리더에 비해 연봉이 평균 20퍼센트 더 높았다.[66] 이 연구를 주도한 노스웨스턴대학교 켈로그경영대학원 교수 토머스 허버드Thomas N. Hubbard는 파트너 변호사가 업무를 이관함으로써 본인의 업무와 성과에 집중할 수 있는 시간적, 정신적 여유를 확보할 수 있기 때문이라고 말했다.

그런데 업무 이관을 자유방임과 같은 의미로 오해하면 안 된다. 과유불급이라고 업무 이관이 지나쳐 자유방임으로 향하면 오히려 직원들은 리더로부터 방치되었다는 느낌을 가지게 되고 일하려는 동기를 상실하기 때문이다.

한때 선풍적인 인기를 누렸던 만화 《슬램덩크》에 등장하는, 마치 KFC 할아버지처럼 생긴 북산고 농구 팀의 감독 안 선생. 그는 선수들에게 별다른 코치를 하지 않는다. 선수들이 플레이를 잘하지 못해도 야단치는 법이 없다. 강백호가 다가와서 턱을 툭툭 치며 "뭐라도 지시를 내리시지요, 영감님"이라고 조롱해도 그저 웃기만 한다. 반면 상대편 중 하나인 해남고의 남진모 감독은 선수들에게 때론 영리한 전략을 지시하고 때론 불같이 화를 내며 일사불란하게 지휘한다. 상대편 감독과 대비되어 사람 좋은 'KFC 할아버지 감독'은 선수들에게 모든 걸 자율적으로 맡기고 선수들이 스스로 경기의 어려움을 헤쳐 나가도록 둠으로써 역량을 향상시키는 명장의 이미지로 비친다.

하지만 안 선생은 게으른 리더의 전형이다. 이런 리더는 직원들에게 모든 권한을 이관했으니 직원들이 알아서 잘 헤쳐 나갈 거라고 믿는다. 하지만 게으른 리더의 이런 생각은 상사로부터 욕을 먹지 않고 훌륭한 리더로 인정받고 싶은 욕구에서 나온 것이다. 일을 덜 하는 것이 책임을 면하는 가장 효과적인 방법이라고 여기기 때문이다. 게다가 리더의 책무를 덜면 개인 생활을 즐길 여유도 있으니 팀에 있는 듯 없는 듯 행동하는 것이 훨씬 유리하지 않은가? 게다가 리더가 되면 금전적 보상이나 복리 후생이 일반 직원들보다 나으니 어찌 '꽃길'이 아닐 수 있겠는가?

결근자 리더보다는 차라리 폭군적 리더가 낫다

이런 리더들이 누구인지는 조직에 심각한 문제가 발생하면 바로 알아챌 수 있는데, 그들은 문제가 발생하면 실무를 진행한 직원에게 모든 책임을 물으려는 모습을 보인다. 본인은 직원들을 무조건 지지하고 믿었는데 '어쩌다 그렇게 됐는지'라며 혀를 찬다. 그러고는 자신이 리더이니 모든 책임을 지고 직원들의 잘못을 수습하겠다며 '세상 너그러운 리더'인 양 윗사람에게 말한다. 그러나 말뿐이다. 그렇게 말하며 윗사람에게 좋은 눈도장을 찍은 후에는 마치 결근해서 자리를 비운 듯한 역할(이런 리더를 '결근자 리더Absentee Leader'라 부른다)로 돌아간다. 나중에 윗사람에게는 자신이 노력했는데도 이미 발생한 문제를 원상 복구하기 매우 어렵다고 읍소하면 그만이다. 윗사람은 이런 읍소에 감동한다. 그는 직원을 아끼는 훌륭한 리더라는 소리를 들으며 더 높은 위치로 승진한다. 업계 특성상 변화가 적고 회사가 그 안에서 안정적으로 자리를 잡고 있으면 더욱 그렇다.

결근자 리더는 팀워크를 빠르게 파괴한다. 리더가 아무런 중심을 잡아 주지 못하니 팀원들은 한 팀이 되어As Team 일하지 못하고 따로국밥이 되어 버린다. 직원들끼리 업무 갈등 때문에 반목하거나 서로 헐뜯는 상황으로 악화되기도 한다. 연봉이 걸려 있기 때문에 직원 각자는 어떻게든 본인의 성과 지표를 달성하겠지만 팀 성과에는 신경 쓰지 못한다. 문제를 해결하기보다는 가능한 한 문제를 드러내지 않는 것이 좋다고 여기기 때문에 혁신은커녕 아무런 개선도 기대할 수 없다. 그런 혼란 속에서 유능한 직원들은 이직할 준비를 한다. 자유방임이라고 말하며 자리에 없는 듯 행동하는 결근자 리더는 무능할 뿐 아니라 조직에 해로운 리더의 전형이다.

어찌 보면 결근자 리더보다 시시콜콜 간섭하는 마이크로 매니저나 폭군처럼 군림하는 리더가 차라리 낫다. 인터랙트Interact라는 컨설팅 회사가 1000명의 직장인을 대상으로 설문 조사를 실시했는데, 리더에 대한 불만 9가지 중 무려 8가지가 리더의 '결근자 리더십'과 관련되어 있다.[67] 다시 말해 리더가 무엇을 해서 불만이 아니라 무엇을 하지 않아서 불만이라는 것이다.

1. 직원의 성과를 인정해 주지 않는다.
2. 명확한 방향을 제시하지 않는다.
3. 직원들과 만나는 시간을 내지 않는다.
4. 직원들과의 대화를 피한다.
5. 다른 사람의 아이디어를 가로챈다.
6. 건설적인 비판을 하지 않는다.
7. 직원들의 이름을 잘 알지 못한다.
8. 사람들과 개인적인 이야기를 나누지 않는다.
9. 직원들의 직장 밖 생활에 대해 묻지 않는다.

결근자 리더는 직원 만족도나 업무 몰입도 문제 또한 악화시킨다. 심리학자 앤더스 스코그스태드Anders Skogstad의 연구에 따르면, 폭군적인 리더가 직원 만족도에 끼치는 악영향은 6개월이 지나면 열어지지만 자유방임적인 리더가 끼치는 악영향은 2년이나 지속된다고 한다.[68] 그럼에도 불구하고 대부분의 사람은 아무것도 하지 않는 리더가 폭군적인 리더보다 차라리 낫다고 생각하는데 그런 편견이 결근자 리더십을 강화시키는 원인 중 하나다.

업무 이관(권한 이양과 권한 위임)은 긍정적인 면과 부정적인 면이 동시에 존재하는 양날의 칼이다. 결과물에 대해 직원과 의사소통이 잘 안 될 경우, 일의 우선순위를 정하는 데 오해가 발생할 경우, 마지막에 가서야 문제를 알아차릴 경우, 리더는 자신의 업무 이관에 문제가 있다고 느껴야 한다.[69] 직원의 역량이 해당 업무 수행에 필요한 수준에 미치지 못하거나, 리더가 올바른 방향을 제시하지 못하고 가이드하지 못할 때 이런 현상이 발생한다. 그렇기 때문에 리더는 직원의 역량이 어느 정도 올라왔을 때 업무를 위임해야 하며, 앞서 언급한 바와 같이 지속적인 모니터링을 게을리하지 말아야 한다.

고객 가치
Customer Value

왜 그것을 사는가

◆

어떤 제품을 구매하고자 하는 강력한 욕구,
혹은 그런 욕구를 불러일으키는 결정적인 이유.
'이건 사야 돼'란 욕구를 일으키지 못하면 고객 가치가 아니다.

"고객 가치란 말의 뜻이 무엇인지 아십니까?"

국내 선두 자동차 기업의 팀장급을 대상으로 한 경영 전략 강의를 시작하면서 나는 이런 질문을 던졌다. 전략의 성공은 '차별화'에 달렸고, 차별화는 '고객 가치' 차별화로부터 시작한다는 점은 경영 전략을 담당하는 직원들이라면 누구나 알 만한 상식에 속한다. 하지만 고객 가치란 말의 정의는 이상하게도 상식의 범주에 들어가지 못하는 것 같다. 똑똑한 사람들이 모여 있을 법한 조직에서 이런 우스꽝스러운 대답이 나오니까 말이다.

"고객이 느끼는 가치가 고객 가치입니다."

정확히 '~이 느끼는'이라는 네 글자를 덧붙였을 뿐 결국 동어 반복에 지나지 않는 대답이다(주변 사람들에게 질문을 던지면 이런 대답을 하는 사람이 반드시 있을 거라고 나는 장담한다). 그저 고객 가치란 말에서 주어가 고객임을 확인시켜 주는 문장에 불과하다. 이런 대답에 비하면 차라리 "고객 가치는 'Customer Value'죠"라는 대답이 나을 지경이다.

맥북 에어에서 배우는
고객 가치의 위력

대체 고객 가치의 정의는 무엇일까? 힌트를 하나 던지겠다. 2008년 1월 15일, 스티브 잡스는 맥월드 콘퍼런스 & 엑스포 중에 열린 애플의 신제품 발표회에서 서류 봉투 하나를 들고 등장했다.[70] 그는 미소를 지으며 머리 위로 들었던 서류 봉투에서 무언가를 꺼냈다. 바로 맥북 에어였다. 서류 봉투에 쏙 들어갈 정도로 아주 얇고 가벼운 컴퓨터라니! 게다가 아름답기까지! 잡스의 짧은 퍼포먼스를 본 청중은 기립 박수를 보내며 열광했다.

우리가 발표회장에서 이 광경을 지켜본 청중 가운데 한 사람이라고 상상해 보자. 잡스가 서류 봉투에서 꺼낸 맥북 에어를 보고 어떤 감정이 솟아나는가? 바로 이런 마음 아닐까? '우와, 이건 사야 돼!' 바로 이것이 고객 가치다. 정확히 말해 "어떤 제품이나 서비스를 구매하고자 하는 강력한 욕구 혹은 필요성 그 자체"가 고객 가치다. 또한 누군가가 "그 제품 왜 샀어?"라고 질문하면 "이러저러해서 구매할 수밖에 없었어"라고 답할 때 '이러저러 해서'가 바로 고객 가치라 할 수 있다.

경영학 관련 도서를 보면 "고객이 경험하는 여러 가지 편익의 집합"을 고객 가치라고 정의하고 있는데, 애석하게도 이 말은 고객 가치가 고객의 뇌리에 한번 박혔을 때 발휘하는 놀라운 힘을 제대로 표현하지 못한다. 그때까지 윈도즈Windows 기반의 노트북만을 쓰던 내가 맥Mac의 세계에 처음 발을 들인 계기 역시 잡스의 퍼포먼스 때문이었다. 지금도 그렇겠지만, 마이크로소프트의 생태계에서 애플의 생태계로 넘어간다는 것은 이른바 '전환 비용Switching Cost'이 막대해서 섣불리 결정하기 쉽지 않다. 하지만 무엇에 홀렸는지 나는 마이크로소프트 세계로부터 탈출을 감행하지 않을 수 없었다. '주변 사람들이 윈도즈를 쓰고 있잖아. 호환을 생각해야지. 정부나 금융 사이트도 윈도즈 기반이잖아. 윈도즈를 안 쓰면 꽤나 불편할걸? 통장에 여윳돈도 얼마 없잖아'라며 마이크로소프트의 악령이 끊임없이 속삭여 대서 하마터면 회유될 뻔했지만 나는 굴하지 않고 결국 신용 카드를 빼 들었다.

사실 맥북 에어에 어떤 CPU가 탑재됐고 메모리 용량은 어느 정도며 하드 드라이브 크기는 얼마인지는 그리 중요치 않았다. 따지고 보면 맥북 에어의 성능과 스펙은 기존의 여러 넷북Netbook에 비하면 그리 훌륭한 수준이 아니었다. 하지만 제품을 보자마자 머릿속에 아름다울 정도로 얇고 가볍고 견고한 맥북 에어의 이미지와, 그렇게 가볍고 얇으니 어디든 가지고 다닐 수 있을 거라는 강한 믿음이 각인되었다. 그러니 친구가 "다른 거 사지, 왜 그걸 샀어?"라고 물어보면 나도 모르게 입에 침이 마르도록 맥북 에어를 살 수밖에 없는 이유를 설명했던 것이다. 이른바 '애플빠'가 된 셈이다.

또한 "여러 가지 편익의 집합"이라는 고객 가치에 대한 기존 정의는 같은 카테고리에 속한 제품들을 탁월함의 순으로 X축 위에 쭉 늘어세우면 마치 Y축의 고객 가치가 선형적으로 커지는 우상향 그래프를 연상하게 만든다. 그러면 시시한 제품(X축의 왼쪽에 있는 제품)이라 해도 고객 가치가 어느 정도 있는 것으로 간주하기 쉽다. 마치 정도의 차이가 있는 것처럼 말이다. 하지만 그건 착각이다. 1등과 2등 제품이 시장의 대부분을 차지하는 승자 독식 시장처럼, 고객 가치도 동일한 구조를 갖는다. 간단히 말해 '올 오어 너싱All or Nothing'이다. '우와, 이건 사야 돼'라는 강한 욕망을 느끼는 한두 가지의 제품과 그렇지 않은 여러 제품이 있을 뿐이다. 중간은 없다고 보는 것이 옳다. 그러니 무난함을 추구한다는 그럴 듯한 미명하에 중간만 해도 된다고 생각하면 오산이다. 맥북 에어가 놀랄 만큼 얇은 두께와 가벼움이라는 가치를 획득하는 순간, 다른 노트북과 넷북들이 비록 비슷한 정도로 얇고 가볍다고 해도 그 항목에 대해 발휘하는 고객 가치는 '0'이 되어 버린다. 그저 가볍고 얇다고 해서 '이건 사야 돼'란 욕망이 일어나지 않기 때문이다.

고객 가치에 대한 기업과 고객의 동상이몽

그렇다면 고객 가치에는 어떤 유형이 존재할까? 고객 가치를 연구하는 사람들마다 약간의 이견이 있겠지만, 고객 가치는 다음과 같은 유형으로 구분된다.

- 성능
- 가격
- 디자인(스타일)
- 새로움(참신성)
- 커스터마이징Customizing(개인 맞춤형)
- 비용 절감
- 접근성
- 브랜드 지위
- 무언가 되게 만듦

이 9가지 중 맥북 에어가 등장과 동시에 점유한 고객 가치는 디자인(스타일), 새로움, 브랜드 지위라 할 수 있다. 디자인과 새로움은 두말할 필요 없다. 브랜드 지위란 해당 브랜드가 시장에서 점하는 지위를 일컫는데, 지위가 높은 브랜드를 사용함으로써 자신을 타인과 차별적으로 보이게 만들고 덩달아 자신의 지위까지 상승시킬 수 있는 고객 가치를 의미한다. 단적인 예로 카페에서 사과 모양 로고가 빛나는 맥북 에어를 펼쳐 놓을 때 느낄 수 있는 우쭐함이 브랜드 지위라 할 수 있다(나는 노트북 카테고리에서 맥북 에어가 이 유형의 고객 가치를 구현한 선구적 제품이라 생각한다).

물론 하나의 제품에 대해 구매자들마다 제각기 다른 고객 가치를 느낄 수 있지만(누군가는 성능 때문에 맥북 에어를 구매했을 수 있다), 대부분의 고객이 인지하는 가치는 한두 가지 유형으로 귀결된다. 그리고 어떤 고객 가치가 어느 제품에 한번 귀속되면, 앞에서 언급했듯이 그 고객 가치에 대해서는 그 제품이 모든 것을 다 가져간다. 적어도 해당 고객 가치에서 '더 강력한 놈'이 나타나기 전까지는 말이다(2015년에 애플은 경쟁사가 더 강력한 제품을 내놓지 못하도록 아예 맥북 에어보다 더 얇고 가벼운 '맥북 레티나'라는 신형 노트북을 출시했다. 그래서 맥북 에어의 고객 가치는 현재 애매한 상황이다).

"여러분 회사에서 만드는 제품의 고객 가치는 무엇입니까?"

나는 고객 가치의 정의를 설명하고 그 유형을 설명한 후에 이 질문을 던져 조별 토론을 하도록 했다. 놀랍게도 조별로 따로 토론했음에도 불구하고 각 조의 결과는 일치하는 경향이 나타나는데, 이는 제품을 출시하며 목표로 삼았던 고객 가치를 대부분 잘 인지하고 있기 때문으로 보인다. 그런데 문제는 자기네끼리만 일치될 뿐 고객은 그 답에 동의하지 못한다는 점이다. 이처럼 회사가 생각하는 고객 가치와 고객이 진짜로 느끼는 고객 가치가 서로 다른 경우를 어렵지 않게 찾아볼 수 있다.

모 자동차 업체 팀장들의 토론 결과가 바로 그러했다. 팀장들은 디자인과 새로움이 자기네 제품의 고객 가치라는, 거의 일치된 답변을 했다. 예상과는 다른 결과였기에 나는 묻지 않을 수 없었다.

"정말로 그렇게 생각합니까? 고객이 귀사 제품의 디자인과 새로움에 반해 구매하나요?"

"그렇다고 생각합니다. 우리 회사는 그동안 새로운 디자인 아이덴티티 확립에 많은 노력을 기울였는데요. 그것이 지금까지 시장 점유율과 매출액 확대에 상당히 기여했다고 생각합니다."

나는 그들의 말에 동의하듯 고개를 끄덕이면서 이렇게 되물었다. "네, 그 말씀은 디자인과 새로움이라는 고객 가치를 회사 차원에서 추구하고 있다는 의미군요?"

"물론입니다."

"알겠습니다. 그런데 귀사의 제품이 그런 고객 가치를 가지고 있다고 고객들이 동의하던가요?"

"뭐, 그동안 시장에 출시한 제품들이 디자인 측면에서 기존 제품들과 차이가 크니 그렇게 생각하지 않을까요?"

교육을 위한 자리였기에 그들과 논쟁을 벌일 필요가 있겠나 싶어 이쯤에서 멈추고 나는 이렇게 말했다.

"고객이 동의하지 않는 고객 가치가 있다면 그건 고객 가치가 아닙니다. 여러분이 생각하는 고객 가치와 고객이 느끼는 가치가 일치하지 않는다면 그건 여러분 제품의 고객 가치가 아닙니다."

피터 드러커는 저서 《피터 드러커의 최고의 질문Peter Drucker's Five Most Important Questions》에서 노숙자들에게 쉼터를 제공하는 보호소를 예로 들며 이런 동상이몽적인 상황을 꼬집어 말한다.[71] 보호소는 고객인 노숙자들이 원하는 가치가 영양가 있는 식사와 깨끗한 잠자리라고 믿었다. 하지만 노숙자들과 만나 깊은 이야기를 나눈 결과, 그들이 따뜻한 음식과 안락한 잠자리에 감사하기는 했지만 '노숙자로 살고 싶지 않다'는 근본적인 열망은 충족하지 못한다는 점을 깨달았다. 노숙자들은 "삶을 다시 시작할 수 있는 쉼터, 일시적이더라도 집이라 부를 수 있는 공간이 필요하다"라고 털어놓았다. 보호소는 아침이 되면 다시 거리로 돌아가야 한다는 노숙자들의 두려움을 미처 간파하지 못했던 것이다.

고객은 기업이 어떤 가치에 얼마나 많은 공을 들이는지, 얼마나 힘을 들여 홍보하는지, 경쟁사 제품과 얼마나 다른지에는 관심이 없다. 고객에게는 '이건 사야 돼'라는 욕망이 생기느냐 아니냐가 중요한 기준이다. 위 자동차 회사의 제품을 떠올려 보면 고객이 이 회사의 자동차를 왜 사는지 짐작할 수 있다. 그리고 과거보다 개선된 것은 사실이나 디자인과 새로움은 아직 고객 가치가 되지 못했다는 점을 알 수 있다.

스타벅스는 커피가 아니라 공간을 판다

"구매 욕구를 강하게 불러일으키는 이유"가 고객 가치의 정의라고 해서 뭔가 고차원적이며 남들이 생각하지 못한 가치를 제안해야 한다는 말은 아니다. 고객은 때로 아무것도 아닌 듯한 이유로 제품이나 서비스를 선택한다. 스타벅스가 대표적인 예다.

내가 사는 연희동에 스타벅스가 들어오던 날, 나는 거대 다국적 기업이 소박한 주택가까지 손을 뻗은 것 같아 마음이 불편했다. 연희동에 자리 잡은 아기자기한 카페들이 스타벅스의 진입으로 인해 손님들을 빼앗기고, 외국 자본이 들어왔으니 건물주의 임대료 인상 욕구가 고개를 들 것이며, 머지않아 연희동에도 젠트리피케이션Gentrification이 현실로 나타나는 것은 아닌가 하는 우려가 앞섰다. 개점 첫날부터 그 넓은 공간을 빼곡히 메운 손님들을 보니 내 마음은 더 심란해졌고 앞으로 이곳을 이용하지 않으리라 다짐까지 했다.

하지만 웬걸? 갈증에 이끌려 어느새 아이스 아메리카노를 마시며 스타벅스에 앉아 있는 나를 발견했다. 자리에 앉으니 그렇게 편할 수가 없었다. 뻥 뚫린 공간에 테이블이 가득해서 처음에는 번잡스럽게 느껴지기도 했으나, 막상 1시간 정도 앉아 있어 보니 연희동의 다른 카페들보다 안정적이고 쾌적했다. 나처럼 처음에는 거부감을 보였던 지인들도 '염탐'을 핑계로 몇 번 가 보더니 역시 스타벅스만의 매력이 느껴진다고 말하는 게 아닌가?

지인들과 이에 대해 이야기를 나눈 끝에 그 편안함의 이유는 "스타벅스는 손님들에게 눈치를 주지 않기 때문이다"라는 결론이 나왔다. 아무리 오래 앉아 있어도, 심지어 한 잔만 시켜 놓고 여럿이 앉아 있어도, 도서관처럼 노트북을 펼쳐 놓고 공부를 해도 카운터의 직원들은 손님에게 눈치를 주지 않는다는 게 스타벅스가 주는 편안함이라는 것이다. 주인이 직접 운영하는 소규모 카페에서 달랑 한 잔을 주문한 채 오래 앉아서 테이블을 독차지하면 주인은 주인대로 심기가 불편하고 손님은 손님대로 자신을 쏘아보는 주인 눈총에 마음을 놓지 못한다.

스타벅스는 모든 지점이 직영이며 종업원들의 교육과 관리 역시 본사에 의해 이루어진다. 직원들은 매출을 갉아먹는 '죽돌이 손님'에게 눈치를 주지 않아도 되고, 커피를 덜 팔아도 급여를 받느라 회사의 눈치를 보지 않아도 된다. 게다가 스타벅스는 '돈 많은 거대 다국적 기업'이지 않은가? 영세 사업자가 운영하는 카페가 아니니 손님들은 당당하게 엉덩이를 붙이고 오래 앉아 있을 수 있다. 와이파이 빵빵하고 여기저기 전원 콘센트가 많아서 오히려 손님들이 오래 머물다 가기를 바라는 듯하다. 이런 요소가 편안함을 배가 시킨다.

물론 연희동 스타벅스가 마냥 좋은 것은 아니다. 주변에 대학 교가 있어서인지 주말이면 도서관인가 카페인가 싶을 정도로 자리를 차지한 학생이 많아서 정작 커피를 마시려고 찾은 손님들이 앉을 자리가 부족하다. 1인용 자리도 많건만 4인용 테이블에 휴대용 스탠드와 독서대까지 세워 두고 커다란 노트북에 코를 박고 있는 학생들을 심심치 않게 목격할 수 있는데, 이런 '죽돌이 손님'을 직원들이 통제해 주었으면 좋겠다는 생각까지 든다.

그럼에도 불구하고 '남들에게 주목받지 않을 권리'를 갖게 하는 스타벅스의 매력은 무시하기 어렵다. 탁 트인 공간에서 만끽하는 '익명성'이 스타벅스의 진짜 고객 가치가 아닐까? 앉아서 무얼 하든 관여치 않는 자유로움이 스타벅스의 음료를 구매하게 만드는 힘은 아닐까? 작은 카페에 주인과 단둘이 있는 상황은 어색하기 그지없다. 커피 맛이 특별하거나 주인과 친하지 않다면 매일 가기 어렵다.

개인적으로 나는 스타벅스의 도움을 많이 받았다. 다른 곳에 살던 때 나는 아침에 아들을 학교에 보내고 나서 집 앞 스타벅스를 찾아 8~12시까지 4시간 동안 앉아 책을 쓰거나 고객사에 보낼 보고서를 작성하곤 했다. 나는 그곳에서 2008~2013년까지 5년 동안 3권의 책을 썼다. 이제 와서 생각하니 스타벅스가 보장하는 익명성 덕분이었을 게다. 그리고 이것이 죽돌이 손님 때문에 잃는 매출 기회를 충분히 보상받는, 눈에 보이지 않는 스타벅스의 경쟁력

일 게다.

스타벅스는 커피를 팔지 않는다. 그보다 공간을 판다. 대면보다는 온라인상의 교류가 더 편한 세대에게 각자가 섬처럼 독립적으로 앉아 있을 수 있는 스타벅스야말로 물리적으로는 오프라인이겠지만 가상 세계의 연장선이지 않을까?

마케팅이란 "고객 가치를 창조하고 고객과 소통하며 고객 가치를 고객에게 전달하는 일련의 활동"이라고 정의할 수 있다. 단순히 목표 고객에게 우리 제품을 널리 알리고 유통시켜 판매를 촉진하는 활동을 뜻하지는 않는다. 이른바 '마케팅의 4P(Product, Price, Place, Promotion)'는 잊어버리자. 고객 가치 창출이 곧 마케팅이다. 마케팅 분야의 대가 필립 코틀러Philip Kotler는 "고객에게 전달하고 싶은 가치가 무엇인지는 상당히 많은 조직이 매우 명확하게 이해하고 있지만, 그런 가치가 고객의 관점에서 나와야 한다는 점은 별로 깨닫지 못한다"라고 지적한다.[72]

기업이 고객 가치를 만들어 가지만 진정한 고객 가치냐 아니냐를 최종적으로 결정하는 주체는 어디까지나 고객임을 잊지 말아야 한다. '고객이 가치 있게 여긴다고 믿고 싶은 것'과 '고객이 실제로 욕망하고 요구하는 것' 사이의 괴리를 발견하려고 노력하는 것, 이것이 고객 가치 향상의 첫걸음이다. 냉정한 자기 인식이 먼저라는 이야기다.

목표 고객
Target Customer

"목표 고객이란 어떤 뜻입니까?"

이 질문 역시 쉽게 답하기 어렵다. 목표 고객은 그 의미를 모른다는 것이 이상할 정도로 경영 전략이나 마케팅, 영업 전략을 논할때 자주 사용되는 말이다. 이처럼 중요한 단어가 기껏해야 "우리가 목표로 하는 고객" 혹은 "우리가 초점을 맞춰야 하는 고객"이라는 하나 마나 한 말로 정의되어서는 안 된다.

목표 고객의 의미를 알려면 '목표로 한다Targeting'(타기팅)는 말의 뜻을 먼저 알아야 한다. 무언가를 선택하는 것은 무언가를 포기하는 것과 같다는 말이 있지 않은가? 경영 전문지《잉크Inc.》의 객원 편집자인 제프리 제임스Geoffrey James는 타기팅을 양궁에 비유하며 이렇게 말했다. "그저 그런 궁사는 뭐든 쏴서 맞히기만 하면 행복해한다. 그러나 목표로 한다는 것(타기팅)은 '잘 쏘겠다'는 마음 이전에 아무데나 화살을 날리지 않겠다는 뜻이다. '쉽게 맞힐 수 있지만 맞히지 말아야 할 대상(예를 들어 심판)이 무엇인지를 안다'는 의미다."[73]

그렇기 때문에 목표 고객을 선정할 때는 어떤 고객들에게 집중할 것인가를 고민하기보다 우리의 자원을 낭비하지 말아야 할 대상을 설정하는 게 먼저다. 그 대상은 별로 우리 제품이나 서비스를 구매할 것 같지 않은 사람들을 일컫는다. 많은 자원을 투입해서 마케팅을 해도 구매를 결정하기까지 뜸을 들이거나, 구매해 줄 테니 반대급부를 달라고 요구하거나, '고객이 왕'이라면서 거드름을 피우고 까다로운 요구 사항을 빈번하게 제시하며 우리의 열정을 뱀파이어처럼 쪽쪽 빨아먹는 고객일수록 실제로 구매하는 경우는 얼마 되지 않는다. 만약 구매한다 해도 그 크기는 기대에 못 미친다. 이런 고객에게 신경을 쏟으면 우리의 제품이나 서비스를 열렬하게 구매할 가능성이 큰 고객을 놓치게 되고 비록 장부에는 나타나지 않지만 커다란 손실로 이어진다.

'목표로 한다(타기팅)'는 말은 "까탈스럽기만 한 고객들을 '해고'하고 우리 제품을 여러 번 재구매하고 주위 사람들에게 제품을 대신 홍보하는 충성스러운 고객들, 즉 우리의 팬Fan에게만 집중한다"는 의미다. 그리고 목표 고객이란 "현재 우리의 팬이고 앞으로 우리의 팬이 될 수 있는 고객"을 뜻한다. 구매력이 커서 진입하면 많은 돈을 벌 수 있겠다 싶은 대상이 곧 목표 고객은 아니다.

모든 대상에 집중하겠다는 것은 집중 안 하겠다는 뜻

팬이 아니거나 팬이 될 수 없는 고객을 해고해야 한다고 말하면 꼭 이런 질문이 자동적으로 나오곤 한다. "그렇게 특정 고객에만 집중한다면 많은 기회를 포기해야 하고 결국 매출 규모가 크게 축소되는 것 아닙니까? 목표 고객이 아닌 사람들한테는 팔지 말아야 한다는 소리인가요?"

나는 이렇게 대답한다. "네, 목표 고객에게만 팔아야 합니다."

"목표 고객에 해당되지 않은 사람이 우리 매장에 와서 돈을 주며 제품을 사겠다고 해도 팔지 말아야 한다는 뜻인가요?"

"아뇨. 그런 경우라면 당연히 팔아야죠."

"그런데 왜……?" 모순이라는 듯 상대방은 혼란스러운 표정을 짓는다. 나는 말을 잇는다.

"제가 목표 고객에게만 팔아야 한다고 말한 이유는 제품을 만들 때 목표 고객이 원하는 고객 가치에 집중해야 하기 때문입니다. 제품 개발, 디자인, 마케팅, 서비스 등을 모두 목표 고객에게 집중해야 한다는 뜻이죠. 그래야 투자의 우선순위를 정할 수 있고, 그에 맞춰 정교하게 여러 계획을 수립할 수 있습니다. 이렇게 되면 우리의 제품이 경쟁사와 차별화된 나름의 '에지Edge'를 가질 수 있어요. 에지가 있어야 고객들에게 기억되고, 그러면 목표 고객이 아닌 이들에게까지 우리 제품을 자연스레 팔 수 있습니다. 그러니 목표 고객을 설정하면 매출이 줄지 않을뿐더러 오히려 커질 수 있습니다. 단적인 예를 들어 볼까요?"

혼다가 2015년에 내놓은 경스포츠카 S660은 그해에 할당된 8600대의 물량이 4개월 만에 완판되며 대히트를 쳤다.[74] 배기량이 660cc에 불과하고 2명만 탈 수 있는 S660은 당초 젊은 세대를 목표로 개발되었는데, 실제 구매 고객의 80퍼센트가 40대였다. 목표 고객과 실구매 고객 사이에 큰 차이가 발생한 이유는 대중교통의 발달, 젊은이들의 자동차 구매 기피 현상 등 여러 가지로 분석되지만, 나는 그 주된 이유가 젊은 시절 《이니셜 D》라는 자동차 만화와 애니메이션에 심취했던 고객들이 구매력을 갖춘 40대가 되어 자신의 옛꿈을 S660으로 충족시키고자 했기 때문으로 생각한다. 게다가 스포츠카인데도 198~238만 엔 수준으로 형성된 판매 가격 또한 40대의 구미를 당기기에 충분했을 것이다.

나는 말을 잇는다. "목표 고객만을 대상으로 제품을 팔지 않는다면, 다시 말해 경쟁사와 비교해 아무런 차별점도 없는 제품을 판다면, 사람들은 그저 가격만 보고 물건을 살 겁니다. 가격이 싸지 않으면 우리 제품을 외면하겠죠. 그렇다면 가격 경쟁이라는 고달픈 치킨 게임을 해야 합니다. 정말 그러기를 바라십니까?"

팬이 아니거나 팬이 될 수 없는 고객을 버리는 일을 두려워하지 않기를 바란다. 목표 고객이 없거나 분명치 않은 상황을 오히려 두려워해야 한다. 모든 것에 집중하겠다는 것은 집중하지 않겠다는 것과 같다.

먹방의 저주에 빠지지 마라

해고해야 할 고객을 파악한 후에 목표 고객을 설정하려면 어떻게 해야 할까? 여러 마케팅 전문 서적에 자세히 소개되어 있고 이 책의 목적과 맞지 않으니 여기에서는 따로 언급하지 않겠다(주에 참조할 만한 사이트를 소개했다).[75] 다만 새로운 목표 고객을 설정한답

시고 기존의 팬들을 저버리는 오류를 범하지 말라는 조언을 하고
자 한다. '참신한' 표적에 신경을 쓰느라 비용만 낭비하고 오랜 팬
들에게 실망을 안기는 사례는 아주 많다. 내가 동네에서 겪은 '팥
빙수 판매 중단' 사건도 그중 하나다.

"팥빙수는 판매하지 않습니다." 오래전부터 연희동 동네에 자리
를 잡은 빵집을 찾았을 때 점원에게서 들은 말이다. 햇볕이 뜨거운
길을 걸어서 온 터라 시원한 팥빙수로 더위를 식히려던 나는 이 말
을 듣자마자 짜증이 났다.

"왜 안 팔죠?"

"팥이 다 떨어져서요."

알고 보니 이랬다. 〈수요미식회〉라는 프로그램에 이 빵집의 단
팥빵이 소개된 모양이었다. 빵집 홈페이지에 들어가니 〈수요미식
회〉에 소개된 빵이라며 자랑스러운 타이틀이 붙어 있었다. 며칠 전
부터 외지 사람들이 줄을 서는 이유가 궁금했는데 그제야 상황 파
악이 됐다. 단팥빵을 많이 만드느라 팥빙수에 쓸 팥이 없는 거군.
그래도 더위가 기승을 부리는 때에 팥빙수 판매를 중단하는 게 어
딨나? 이 빵집 역시 '먹방의 저주'에 빠지겠군!

'먹방의 저주'란 이런 것이다. 요즘 횡행하는 수많은 먹방, 그래
서 이제는 지긋지긋하기까지 한 먹방에 어떤 음식점이나 제과점이
소개되면 방송을 본 시청자들이 그곳으로 일시에 몰린다. 갑자기
늘어난 손님 때문에 음식점은 즐거운 비명을 지르면서 음식이 없
어 못 파는 기회 손실을 최소화하려고 방송에 소개된 음식에 모든

자원을 집중한다. 다른 음식들은 만드는 자나 먹는 자 모두에게 천대를 받는다.

외지 손님이 많아진 탓에 오래된 동네 단골 역시 이 과정에서 홀대를 받는다. 일부러 단골을 홀대하지는 않겠지만 기다리는 줄이 길어서 되돌아가야 하는 상황, 즉 먹고 싶어도 못 먹고 돌아서게 만드는 상황이 바로 동네 단골이라는 충성 고객을 홀대하는 것 아니고 무엇일까? 단골들은 서운함을 느끼며 점차 발을 끊기 시작한다.

이때부터 문제는 심각해진다. 수많은 먹방 프로그램들이 쏟아지고 계속되면서 외지 손님들은 다른 곳으로 이동하기 마련이다. 외지 손님들이 한두 번 먹어 보고 특별할 게 없다고 느끼면 재구매율은 오르지 않고 그렇게 길었던 대기 줄은 짧아진다. 그제야 음식점은 동네 단골들에게 기대를 걸지만 그때는 마음이 상한 단골들이 이미 다른 '대체재'를 확보한 후다(나는 '주거래 빵집'을 다른 곳으로 옮겼다). 이것이 먹방의 저주다.

실제로 내가 사는 동네에서 먹방의 저주에 빠진 사례를 찾을 수 있었다. 방송에 소개된 유명 중국 음식점이었다. 동네 손님들을 중심으로 고급 중국요리와 술을 주로 팔던 곳이었는데, 셰프가 방송에 나가 인기를 끌면서 예약 문의가 쇄도하기 시작했고 급기야 한번 식사를 하려면 몇 달씩 기다려야 하는 지경에 이르렀다. 이것을 성공이라고 말할 수 있을까? 이 과정에서 홀대를 당한 동네 단골들은 예약을 안 해도 언제든 편안하게 먹을 수 있는 부근의 다른 음식점으로 발길을 돌렸다. 게다가 먹방의 저주는 '객단가'(고객 1인당 평균 매출)의 하락으로 이어졌다. 인스타그램에 사진을 올릴 목적으로 찾아오는 외지 손님들이 주로 주문하는 음식은 상대적으로 저렴한 짬뽕, 짜장면, 탕수육에 집중됐던 것이다. 동파육 같은 고급 음식이 주로 팔렸던 시절의 객단가와는 비교가 안 될 정도로 말이다. 의도했든 그렇지 않았든 이것은 팬을 저버린 대가라고 할 수 있다.

물론 먹방의 저주에 빠지지 않고 팬을 지켜 가는 빵집도 있다. 나는 2015년 초에 이른바 '전국 10대 빵집'을 돌아다니면서 경영의 시각으로 각 빵집에서 받은 인상을 간단하게 분석한 적이 있다.[76] 그때 내가 1등으로 꼽았던 곳은 부산의 '백구당'이었다. 크림빵이 유명하다고 해서 맛보려 했는데 아무리 둘러봐도 없기에 점원에게 물었다. 점원의 대답은 감동적이었다.

"손님들이 크림빵만 너무 찾는 바람에 다른 빵들이 외면받는 것 같아 지금은 만들지 않습니다." 단팥빵이 잘 팔린다고 팥빙수 판매를 중단시킨 연희동의 모 빵집과 비교하면 음식 만드는 이의 경영 철학이 한 차원 높지 않은가?

나중에 보니 그렇게 잘 팔리던 단팥빵은 존재감이 예전만 못했고 외지 손님들의 기억에서도 금세 잊혔다. 그 빵집은 대체 무엇을 얻은 것일까? 아마 방송 출연과 단팥빵 홍보를 통해 동네 빵집에서 벗어나 전국을 대상으로 사업을 전개해 매출을 확대하고 군산의 '이성당'이나 대전의 '성심당'과 같은 전국적 인지도를 얻으려는 의도가 있었으리라. 의도 자체가 나쁜 것은 아니지만 그 과정에서 기존의 팬에게 소홀히 하거나 실망을 안겨 준다면 소탐대실이란 패착에 빠지기 쉽다.

목표 고객을 잘 전환하거나 확대하려면 기존의 팬과 연계점을 가진 대상을 찾아야지, 별로 관련이 없는 대상을 좇으면 곤란하다. 숙박 공유 플랫폼 에어비앤비의 목표 고객은 저렴한 비용으로 현지인처럼 머물고 싶은 밀레니얼 세대인데, 에어비앤비는 시간이 지나자 이들이 기업에 입사하여 출장을 다닐 때도 호텔이 아니라 에어비앤비를 이용하기를 선호한다는 점을 발견했다. 과거에 느꼈던 좋은 고객 경험이 확실한 연계점이었던 것이다. 그래서 에어비앤비는 2015년에 '비즈니스 트레블 레디Business Travel Ready'라는 서비스를 출시하면서 "장기 출장, 워크숍, 단체 출장 등 모든 유형의 출장에 적합합니다"라고 홍보하기 시작했다. 그 결과 2016년 봄에 이르러 모건스탠리, 구글 등 1만 5000여 개 기업이 에어비앤비의 새로운 고객이 되었다.[77]

목표로 한다는 것은 '먼저 무언가를 버려야 한다'는 뜻이다. 현재 팬이 아니고 앞으로 팬이 될 수 없는(혹은 되지 말아야 할) 대상을 버려라. 그렇게 해서 남은 대상을 목표 고객으로 설정하고 그들에게 어떤 고객 가치를 전달할지 깊이 고민하고 실현하라. 목표 고객을 전환하거나 확대할 때는 기존 목표 고객과 연계점이 있는 대상을 탐색하라. 이 문단이 이 장의 내용을 다 버리고 남길 핵심이니 꼭 기억하기 바란다.

고객 경험
Customer Experience

무엇을 팔 것인가

◆

고객이 어떤 제품, 어떤 기업과 갖게 되는
상호 작용의 총체.
고객의 고충이나 즐거움만은 아니다.

"둘 중 어디에 소금이 들어 있을까요?"[78]

    나는 여러 주제의 강의를 시작할 때 다음과 같은 사진을 보여주며 이렇게 묻기를 즐긴다. 왼쪽 병에는 구멍이 1개 뚫려 있고 오른쪽 병에는 구멍이 4개 뚫려 있는데, 그것 말고는 색깔이나 모양이 동일하다. 어디에 소금과 후추가 들어 있는지 헷갈리는 2개의 병이 테이블 위에 나란히 놓여 있는 것을 레스토랑에서 많이 봤을 것이다. 나는 여러 고객사의 구내식당에서 이런 경우를 자주 경험했다.

    소금병을 지적해 보라는 나의 질문에 "구멍 1개짜리가 소금이다" "아니다. 구멍 4개짜리가 소금이다"라는 대답이 거의 반반으로

〔사진1〕 헷갈리는 후추병과 소금병

나뉘는 경향을 보인다. 흥미롭게도 나이가 좀 있는 직원들은 4개
짜리를, 젊은 직원들은 1개짜리를 소금으로 지목한다. 소금이 건
강에 좋지 않다는 인식이 클수록 구멍 수가 적은 것을 소금병이
라 말한다.

　더 흥미로운 것은 각자가 제시하는 근거들이다. 어떤 이는 소
금 결정의 크기가 후추보다 크기 때문에 구멍 4개짜리가 소금병이
라고 주장하고, 또 어떤 이는 동일한 이유를 대며 구멍 1개짜리가
소금병이라고 말한다. 과학적 근거가 있는지는 모르겠으나 후추
가 눅눅해지면 잘 굳는 경향이 있으니 잘 나오게 하려면 구멍 4개
짜리가 후추병이라고 말하는 사람도 있다. 한 직원은 "제가 식당에
가서 여러 번 살펴본 적이 있는데 십중팔구 구멍 4개짜리가 소금
이에요"라며 자신의 경험 법칙을 제시하기도 했다.

　나는 교육생들이 나름의 근거로 주장하는 모습을 잠시 '즐기다
가' 이렇게 운을 뗀다. "사실 어느 것이 소금병인지는 그리 중요하

지 않습니다. 무엇이 소금병인지 맞히지 못한다고 해서 우리가 무식한 건 아닙니다. 우리끼리 이렇게 따지도록 만들고 즉각적으로 소금병을 집지 못하게 한 제조업체가 잘못한 거죠."

나는 이어서 말한다. "무엇이 소금인지 헷갈리고, 덜어 보거나 냄새를 맡아 보는 등 확인 과정을 거쳐야 소금이나 후추를 이용할 수 있게 한 디자인은 고객 경험을 떨어뜨리는 아주 나쁜 디자인이에요. 왜 그럴까요? 사실 아주 단순한 제품이에요. 하지만 이런 제품을 만들 때도 '우리 제품을 사용할 때 고객이 겪는 고충은 무엇일까? 반대로 고객이 느끼는 즐거움은 무엇일까?'라는 질문을 던지고 또 던지면서 디자인을 개선해야 합니다. '이 얼마나 미니멀한 멋진 디자인인가?'라고 스스로 뿌듯해하거나, '이런 디자인으로 만들면 제조 원가가 덜 드니까 아주 좋아'라며 생산자의 마인드로 생각하는 것이 문제인데요. 그보다 더 큰 문제는 '고객이 좀 헷갈린다고 해서 뭐 그리 대수야'라고 고객 경험을 아예 무시하고 출시하는 겁니다."

고객 경험을 끌어올리기는 쉽지 않다

나는 교육생들의 창의력을 테스트하고 싶은 생각에 다시 질문을 던진다. "그렇다면 어떻게 디자인해야 고객이 소금과 후추를 헷갈리지 않고 바로 사용할 수 있을까요?"

즉각적으로 몇몇 교육생이 답한다. "무엇이 소금인지 후추인지 써 붙이면 되죠."

이렇게 '아무 생각 없는' 대답이 나오는 이유는 무엇일까?

나는 실망스럽다는 표정을 지으며 다시 묻는다. "그걸 누가 써서 붙이나요?"

이번에도 답변은 즉각적이다. "식당 주인이 써 붙이면 되죠."

걸려들었다! 나는 일격을 가하듯 그에게 반문한다. "식당 주인은 고객이 아닌가요?"

그가 '아차' 싶은 표정으로 쑥스럽게 웃자 나도 따라 웃으며 말을 잇는다.

"소금이나 후추라고 표시할 책임을 고객에게 전가하는 건 최악의 해결책일 겁니다. 식당 주인이 자리에 앉아 소금 혹은 후추라고 글씨를 써서 붙이는 모습을 상상해 보세요. 아니, 여러분이 식당 주인이라면 그런 제품을 만든 기업에 어떤 감정을 가지게 될까요? 아마 그리 긍정적인 감정은 아닐 겁니다. 고객 경험이 좋을 리가 없겠죠."

"그러면 제품을 만들 때 글씨를 새겨 넣으면 되지 않나요?" 좀 전의 교육생이 대안을 제시한다. 나는 이렇게 답한다.

"네, 좋은 아이디어입니다. 고객에게 책임을 전가하는 것보다 훨씬 나은 방법입니다. 그런데 말입니다. 모든 해결책은 새로운 문제의 시작이라는 말이 있습니다. 제조업체에서 글씨를 새겨 넣는 공정을 추가하면 자연스레 제조 원가가 상승하게 될 겁니다. 이런 소금병, 후추병의 판매 가격은 별로 높지 않을 텐데요. 제조 원가가 상승하면 이익은 크게 줄겠죠. 제조 원가의 상승을 최대한 억제해야 한다는 제약 조건을 만족시키면서 동시에 고객 경험을 현재보다 끌어올리려면 어떻게 해야 하는가가 여러분에게 주어진 숙제입니다. 아마 이와 비슷한 상황을 현장에서 자주 접하셨을 겁니다."

이 밖에 여러 해결책이 등장한다. 색깔을 달리하거나(소금병은 하얗게, 후추병은 검게), 투명한 유리로 만들거나, 구멍을 뚫지 말고 아예 윗부분을 통째로 노출시켜서 안에 뭐가 들었는지 보이게 만드는 등의 답은 매번 빠지지 않고 나온다(사람들 생각이 거의 비슷하다는 걸 새삼 느낀다). 나는 이런 해결책들 역시 제조 원가 상승과 기술 부족의 문제(유리로 만드는 기술이 없는 경우)를 고려한다면 좋은 해결책은 아니라고 대응한다. 그리고 다시 묻는다.

"고객 경험도 중요하고 내부 역량과 비용 효율도 중요한데요. 어떻게 해야 현재 상태에서 최적의 제품을 만들 수 있을까요?"

교육생들은 더 생각하기 싫으니 빨리 답을 달라는 표정이다. 나는 잠시 뜸을 들이다 사진 한 장을 화면에 띄운다. 그러자 여기저기에서 작은 탄성이 터진다.

[사진2] 쉽게 구분되는 후추병과 소금병

2015년 나는 독일을 여행하던 도중 오스나브뤼크Osnabrück라는 작은 도시의 호텔에서 하룻밤을 묵은 적이 있다. 아침 식사를 하러 식당에 내려갔더니 사진과 똑같은 소금병과 후추병이 있는 게 아닌가? 나는 그 단순한 아이디어의 아름다움에 감동하지 않을 수 없었다. 물론 이 사진의 병은 윗부분이 금속으로, 몸체는 유리로 만들어져서 내용물이 훤히 들여다보이긴 하지만 고객이 이용할 때 경험할 수 있는 헷갈림을 최대한 방지하기 위한 노력이 엿보이는 디자인이다.

"소금병에는 소금Salt을 뜻하는 S자 모양으로, 후추병에는 후추 Pepper를 뜻하는 P자 모양으로 구멍을 뚫어 놓아서 손님이 혼동하지 않고 사용할 수 있도록 한 디자인이야말로 고객 경험을 충분히 고려한 디자인 아닌가요? 게다가 현재의 기술이나 생산 설비를 최대한 그대로 적용해서 제조 원가의 상승을 최소한으로 억제할 수 있다는 점에서도 아주 좋은 디자인입니다. '콜럼버스의 달걀' 같은 거라서 알고 나면 '나도 할 수 있겠네'라고 하겠지만, 이렇게 고객 경험을 고려한 디자인을 고안해 내기란 생각보다 어렵습니다."

대부분의 교육생은 내 말에 동의하는 표정을 짓지만 그중에는 꼭 이렇게 말하는 사람이 있다.

"S자를 'Salt'가 아니라 'Sugar'(설탕)로 생각하면 어쩌죠?"

"우리나라 사람들은 영어를 잘 모르는데 S자가 무슨 뜻인지 알까요?"

뭔가 딴죽을 거는 듯한 질문이지만 나는 "좋은 질문입니다. 그처럼 고객 경험을 극대화하려면 어떻게 할지 계속 고민하고 또 고민하는 게 훌륭한 디자인의 시작입니다"라고 마무리한다. 안 그러면 다른 주제로 넘어가지 못하니까.

좋은 기억 하나가 충성 고객을 만든다

제품과 서비스 디자인에서 고객 경험은 가장 중요한 요소 중 하나인데, 그 중요성을 '인식하는 것'과 '실천하는 것'은 굉장히 다른 문제다. 몇 해 전 지인이 자신의 차를 후진하다가 뒤에서 오던 차의 헤드라이트와 후드 부분을 살짝 박은 일이 있었다. 후방 주시를 잠깐 놓친 지인 잘못이긴 하지만, 따지고 보면 고객 경험에 무감각한 공간 디자인 때문이기도 했다. 쇼핑을 하러 마트 지하 주차장으로 들어가던 지인은 주차장이 철문으로 막혀 있음을 그제야 알아차렸다. 그날은 대형 마트가 일괄적으로 영업을 쉬는 일요일이었던 것이다. 문이 닫힌 이유를 알고 차를 돌리려는데 중간에 하행 차로와 상행 차로를 구분하는 연석이 높아서 후진으로 차를 뺄 수밖에 없었다. 그런데 지인처럼 마트가 휴무인지 모르고 들어온 차가 바로 뒤에 있었고, 그 차의 존재를 인지하지 못해 접촉 사고가 발생한 것이었다.

다행히 살짝 부딪혀서 다친 사람은 없었지만 지하 주차장으로 진입하기 전 바리케이드나 '주차 고깔' 표시로 확실하게 휴무임을 알렸더라면 충분히 막을 수 있었던 사고였다. 다음 날 지인은 마트 측에 항의를 했지만 그들은 휴무임을 주차장 진입로 앞에 알렸다고 주장했다. 고객이 그 표시를 미처 보지 못하고 주차장으로 진입할 수도 있겠다는 가정을 하지 못한 듯했다. 그 정도로 휴무 표시를 해 두면 고객이 인지할 것이라고 안일하게 생각한 게 분명했다. 더 큰 문제는 휴무 표시를 보지 못하고 주차장에 진입한 경우를 감안해 차를 안전하게 돌려 나갈 수 있도록 공간을 설계해야 하는데, 후진으로만 어렵게 차를 뺄 수 있도록 만들어졌다는 점이다.

"그래서 어떻게 됐나요?" 나는 지인에게 물었다.

"한 100만 원 정도 물게 됐어요. 뭐, 그 정도면 된 거죠."

"아니에요. 그 마트도 책임이 커요. 마트의 책임을 고객에게 전가한 거죠. 반드시 따져야 할 문제라고 생각해요."

"자꾸만 자기네는 표시해 두었다는 말만 반복하더라고요. 법적으로 문제가 없다는 식으로요."

마트 측은 휴무 표시를 했기에 규정상으로는 책임이 없다 하더라도, 공간을 설계할 때 고객 경험을 면밀히 고려하지 않았다는 점에서는 일차적인 과실이 있다. 하지만 그 시점에서 고객 경험을 놓쳤다 해도 그들에게는 충분히 만회할 기회가 있었다. 자신들의 공간에서 사고를 발생시킨 고객을 '어떻게 대하고 어떤 조치를 취하는가'를 통해 고객의 나쁜 경험을 좋은 경험으로 전환할 수 있는 것이다. 그들이 조금만 더 고객의 입장에서 접촉 사고를 바라봤다면 그 마트에 다시는 가지 않겠다며 분노하는 고객 한 명을 만들지 않았을 것이다. 이렇게 분노한 고객이 얼마나 많은 이에게 나쁜 이미지를 전달할지 상상할 줄 알았다면 그 사고가 오히려 충성스러운 고객을 확보할 기회가 되지 않았을까?

고객 경험이란 "고객이 제품이나 서비스, 그것을 제공하는 기업과 갖게 되는 상호 작용 전체"를 뜻한다. 제품과 서비스의 존재를 인지하고, 그것을 구입하여 이용하다가, 때가 되어 폐기할 때까지 고객이 가지는 상호 작용의 총체가 고객 경험이다. 어디에선가 고객 경험은 "제품과 서비스를 이용할 때의 고충"이라며 작게 정의하는 경우를 본 적이 있다. 하지만 고객 경험은 고충, 불편함, 짜증스러움, 지루함, 분노 등 부정적 감정 외에 열광, 행복, 즐거움, 안전함 등 긍정적 감정까지 모두 포함하는 경험의 총합이다.

고객 경험 창출은 구성원 모두의 책임

"그런데 고객 경험을 저희에게 말씀하시는 이유는 무엇인가요? 그건 마케팅이나 영업에서 고민할 문제 같은데요? 저희는 고객을 만날 기회가 거의 없어요."

생산과 물류 관리 관리자를 대상으로 교육을 할 때 생산 팀장이 이렇게 이의를 제기했다. 그의 말에서 약간의 조소가 감지됐지만 나는 아랑곳하지 않고 답했다. 물론 질문으로.

"만약 제품 불량률이 일정 수준을 넘는 문제가 발생했는데 개선되지 않고 있다면 누가 가장 크게 질책을 할까요?"

"공장장님이겠죠."

"그렇죠. 그다음에는 누가 팀장님에게 야단을 칠까요?"

"사장님이 알게 되면…… 공장장님과 제가 많이 혼나겠죠."

"사장님은 왜 화를 내는 걸까요?"

"불량률이 높아지면 제품을 폐기하고 다시 만드느라 생산 비용이 증가하기 때문이죠. 돈이 빠져나가는 걸 싫어하니까 화를 내실 겁니다."

"그런가요? 저는 그렇게 생각하지 않습니다." 나는 생산 팀장에게 향했던 시선을 강의장 전체로 돌리며 말을 이었다.

"사장님이 화를 내는 이유는 제품의 불량률이 높아지면 그만큼 고객에게 제때 납기를 맞추기가 어렵고, 지금 당장은 양품으로 고객에게 납품한다고 해도 언젠가 품질의 문제가 발생할 것을 염려하기 때문입니다. 아니, 그보다는 그런 제품으로 인해 고객이 우리에게 가졌던 긍정적인 경험이 훼손되고, 한번 고객 경험이 훼손되면 원래대로 회복시키기가 굉장히 힘들다는 것을 알기 때문에 여러분을 질책하는 겁니다. 불량률이 높아져서 발생하는 생산 비용 증가분은 고객 경험의 '추락'에 비하면 아무것도 아니죠. 여러분은 고객에게 가치를 전달하는 사슬의 일부분입니다. 결국 여러분은 고객과 이어져 있습니다. 사장님이 화를 내는 이유는 그 사슬 모두가 고객 경험 창출에 중요하기 때문입니다.

아까 소금병 사례에서 봤듯이, 아무리 디자인 부서에서 그렇게 소금병을 디자인했다고 해도 생산 팀은 생산 납기와 생산 품질을 맞추는 데만 집중하면 안 됩니다. 고객의 관점에서 제품을 바라보면서 제품 디자인이 고객 경험을 해치고 있음을 지적할 의무가 있습니다. 그리고 생산 팀에서 현재의 기술력과 현재의 공정으로도 충분히 취할 수 있는 조치를 제안해야겠죠. 소금병에 구멍을 내는 공정은 이미 있을 테니 설비의 프로그램을 약간 조정해서 S자 모양으로 구멍을 내자고 말입니다. 고객 경험 창출은 구성원 모두의 책임입니다."

고객 경험이 마케팅 혹은 영업 부서만의 일이라고 착각하는 이유는 고객을 대상으로 서베이Survey를 한다든지, 고객에게 피드백을 받는다든지, 아니면 여러 경로로 데이터를 수집하고 분석한다든지 해서 고객 경험의 개선점을 찾아가는 실무적인 업무 때문으로 보인다. 이런 업무를 주관하는 부서가 마케팅 혹은 영업 조직인 탓이다. 웹 기반의 기업들은 UXUser Experience(사용자 경험) 팀을 고객 경험 담당 부서로 보기도 한다. 어떤 사람은 고객의 불만을 청취하고 응대하는 고객 만족 부서 혹은 애프터서비스 부서만의 일로 여긴다. 기업과 고객의 접점에서 벌어지는 실무적인 일들을 고객 경험의 전부라고 간주하는 탓이다.

다시 강조하지만 고객 경험은 "고객이 어떤 제품, 어떤 기업에 대해 갖게 되는 상호 작용의 총합"이다. 서베이나 피드백, 데이터 분석, 고객 응대, 애프터서비스 등은 고객 경험 업무의 일부분에 지나지 않는다. 고객은 제품을 사용할 때뿐 아니라 제품을 인지하고 구입하기까지의 모든 과정, 제품을 폐기하고 새로운 제품을 찾기까지의 모든 '여정'에서 기업과 상호 작용한다. 또한 광고, 입소문, 평판, 신문 기사 등 여러 경로로 기업 전체를 직간접적으로 경험한다. 언제 어디에서 고객과 만나 긍정적 혹은 부정적 상호 작용을 서로 나눌지 모르는 일이다. 별것 아닌 것에도 고객은 '나쁜 경험'을 하고 제품 구입을 포기한다.[79] 그러니 고객 경험은 모든 부서에 공통적으로 부여된 제1의 임무다.

고객 경험은 차별화의 원동력

그런데 고객 경험이 이토록 중요한 이유는 무엇일까? 주위를 둘러 보면 여러 회사에서 출시되는 제품과 서비스의 품질과 기능, 디자 인이 비슷하고 우열을 가리기가 쉽지 않다는 것을 느낄 수 있다. 어딘가에서 새로운 기능이나 디자인을 내놓으면 얼마 지나지 않아 그걸 베끼고 '가성비'를 내세우는 제품이 등장한다. 이처럼 제품 자 체의 차별화가 녹록치 않은 현실에서 고객 경험은 기업에 누구도 복제하기 어려운 차별화의 길이 될 수 있다.

'가전 업계의 애플'이라 일컬어지는 발뮤다의 CEO 데라오 겐寺尾 玄은 제품 개발에서 체험(경험)을 중시하는 이유를 묻는 기자의 질 문에 이렇게 답했다.[80]

"우리가 사는 세상에는 물건이 넘쳐 난다. 이미 어떤 물건을 가 진 사람에게 또다시 그 물건을 팔고 있는 셈이다. 그런 관점에서 봤을 때, 사람들은 비슷한 물건이 자꾸 많아지는 것을 결코 원하지 않을 것이다. 그렇다면 우리는 무엇을 팔 것인가. 더욱 즐거운 체 험(경험)을 제공하지 않는 건 의미가 없다고 생각한다. 사실 구현 할 수만 있다면 이 세상에서 가장 잘 팔릴 만한 체험(경험)을 발견 했다. 바로 '멋진 인생'이다. (……) 발뮤다는 가전이라는 상품을 통 해 고객의 삶의 질을 높이는 것이 최종 목표다. 따라서 제품 개발 에 체험을 중시할 수밖에 없다."

"하지만 아무리 좋은 체험이라도 '팔리는 아이템'이 되는 건 다 른 문제다"라는 기자의 이견에 그는 이렇게 응수했다.

"나는 제품을 판다고 생각해 본 적이 없다. (……) 토스트기를 예로 들면, 발뮤다는 좋은 토스트기를 소비자에게 제안하지 않는다. 다만 맛있게 빵 굽는 방법을 제안한다. 그게 토스트기라는 제품으로 구현되는 것이다. 좋은 체험을 제공하면 고객의 만족도는 커진다."

발뮤다의 성공 포인트는 비슷한 제품과 서비스가 점점 치열하게 각축을 벌이는 상황에서 차별화는 기업의 생존이 걸린 문제고 그 차별화의 힘은 고객 경험에 있음을 깨닫고 실천한 데서 찾을 수 있다.

고객에게 가까이 다가가 고객 경험을 관찰하는 노력은 남들보다 한발 앞선 혁신을 가능케 한다. 세계적인 수영복 제조업체 아레나는 전 세계에 퍼져 있는 영업 사원들에게 모바일 앱을 배포하여 사진과 동영상, 의견 등을 언제나 쉽게 포스팅하도록 했다.[81] 본사의 디자인 부서는 이렇게 수집된 데이터를 분석하여 새로운 제품 개발로 이어지는 통찰을 얻곤 하는데, 그렇게 탄생한 대표적인 제품이 어떤 물안경에나 간단하게 장착해 사용할 수 있는 프리스타일 브레서Freestyle Breather다.

수영장을 찾은 아레나의 영업 사원은 수영 초보자들이 자유형을 연습하다가 호흡에 익숙하지 못해 연신 물을 먹고 풀장 밖으로 나오는 모습을 수차례 발견했다. 알다시피 자유형에 익숙하지 않은 사람이 숨을 쉬려고 고개를 옆으로 돌리면 물이 코와 입으로 흘러 들어오는 바람에 물을 먹기가 십상이다. 디자인 팀과 제품 개발 팀은 수영 초보자들이 겪는 고객 경험을 보고받고 연구 끝에 코와 입으로 들어오는 물을 막아 호흡할 공간을 마련해 주는 간단한 장치인 프라스타일 브레서를 개발했다.[82] 이 제품은 모양이 우스꽝스럽지만 수영 초보자들이 호흡법 습득의 어려움을 쉽게 극복하여 두려움 없이 수영을 배울 수 있도록 도와주는 혁신적 제품이다.《리턴 온 커스터머Return On Customer》를 쓴 논 페퍼스Don Peppers와 마사 로저스Martha Rogers는 고객 경험이 비즈니스 성공에 가장 중요하고 유일한 요소라고 강조했다.[83] 아레나는 이를 알고 실천하는 기업이라 칭찬할 만하다.

실제로 기업체의 구매 담당자 중 96퍼센트가 자신의 개인적 경험에 기반하여 제품 구매 결정을 내리고, 좋은 경험을 가진 담당자의 83퍼센트가 자신의 친구에게 제품을 소개한다고 한다.[84] 또한 고객들은 고객 경험 점수가 1~3점(10점 만점)으로 저조한 기업보다 가장 뛰어난(10점) 기업에 140퍼센트나 더 많은 돈을 지출한다.[85] 이런 이유 때문일까? 고급 패션 브랜드 휴고보스의 고객 경험 담당 임원인 린다 도리츠Linda Dauriz는 "고객 경험은 (그 자체가) 새로운 제품이 될 것이다"라고 단언했다.[86]

디테일이 경쟁력이다

반대로 나쁜 경험을 접한 고객은 다시는 해당 제품을 구매하지 않을 뿐 아니라 주위 사람들에게 적극적으로 불매를 권하는 자가 된다. 멀리서 찾을 것 없이 바로 내가 그런 사람이다.

"오늘 아침 브런치나 먹으러 갈래요?" 동료가 나에게 제안했다.

"오, 좋아요! 어디로 갈 건데요?"

"홍대 근처에 있는 F카페 어때요?" 나는 F카페라는 말에 고개를 가로저었다.

"거기요? 거긴 별론데……."

"왜요? 거기 12시까지 브런치를 뷔페로 먹을 수 있고 커피도 무제한이에요."

"거긴 음식은 좋은데 테이블이 문제예요. 테이블이 너무 흔들려서 가기가 싫어요. ○○씨도 절대 가지 마세요."

나는 지난번에 그 카페를 찾았다가 테이블이 출렁거리는 바람에 도무지 편한 마음으로 식사를 할 수가 없었다. 2~4인이 앉을 수 있는 테이블은 넓은 상판이 기둥 하나에 붙어 있는 구조였는데, 그 결합이 느슨한 탓에 모든 테이블이 죄다 시소처럼 상판이 아래위로 1~2센티미터가량 흔들렸다. '이러다가 뜨거운 커피를 엎는 거 아냐? 테이블에 팔을 올려놓을 수도 없고. 영 불편해.'

나는 지나가는 종업원에게 불만을 이야기했다. "여기에 안 흔들리는 테이블은 없나요?"

종업원은 미안한 듯 대답했다. "없습니다. 죄송합니다."

테이블이 문제라는 걸 모르는 표정은 아니었다. 그래서 나는 물었다. "테이블이 흔들린다는 걸 잘 아시는 것 같은데 왜 안 고치시나요?"

종업원은 미안한지 연신 손을 비비며 말했다. "이게 구조상 고치기가 힘들다고 하네요. 정말 죄송합니다."

혹시 F카페 대표가 이 글을 읽는다면 당장 테이블을 고치든지 아니면 교체할 것을 권한다. 흔들리는 테이블은 고객이 매장에서 느끼는 안정감에 아주 큰 마이너스 요소로 작용하기 때문이다. 그냥 하는 말이 아니라 이는 실험으로 증명된 사실이다. 워털루대학교의 심리학자 데이비드 킬리David R. Kille는 대학생 47명을 두 그룹으로 나눠 한 그룹은 약간씩 흔들리는 의자와 테이블에 앉히고 다른 한 그룹은 안정적인 의자와 테이블에 앉게 했다.[87] 그런 다음 버락 오바마와 미셸 오바마, 데이비드 베컴과 빅토리아 베컴 등 널리 알려진 네 커플이 5년 내에 헤어질 가능성을 7점 척도로 평가해 달라고 했다.

분석해 보니 흔들리는 의자와 테이블에 앉은 참가자들이 안정적인 의자와 테이블에 앉은 참가자들에 비해 네 커플이 깨질 가능성을 높게 평가했다. 또한 안정성에 대한 욕구가 더 높은 것으로 나타났다. 흔들리는 테이블에서 불안하게 음식을 먹은 손님은 매장이 '선사한' 불안한 경험 때문에 다시 찾기를 포기할 것임을 암시하는 결과다. 고객 경험을 세심하게 살피지 않으면 머지않아 경쟁력을 상실하고 만다.

나는 고객 경험을 끌어올리는 데 가장 중요하면서도 필수적인 마인드는 '고객의 입장에서 모든 디테일한 사항에 온 힘을 기울이는 것'이라고 생각한다. 흔들리는 테이블이 대수롭지 않다고 넘어가는 리더라면 그는 절대 '큰 그림'을 바라볼 줄 아는 대범한 자가 아니다. 고객 경험 차원에서 그저 무지한 것이다.

사실 이런 무지와 디테일에 대한 무신경함은 우리 곁에서 아주 쉽게 찾아볼 수 있다. 개인적으로 나는 영화 〈8월의 크리스마스〉를 좋아해서 지금까지 20번 이상 본 듯하다. 잔잔한 스토리와 절제된 대사, 영화 전반에 흐르는 음악이 좋아 몇 번을 봐도 질리지 않는다. 매번 주인공 정원(한석규)의 심정에 동화되는데, 나라면 그렇게 죽어 가는 상황에서 다림(심은하)을 어떻게 바라볼까 상상하면서 엔딩 크레디트가 올라갈 때까지 가슴 먹먹함을 즐기곤 했다.

이 영화를 좋아하는 사람이라면 배경이 된 '초원사진관'의 모습을 또렷이 기억할 것이다. 정원이 더운 여름날에 창문을 닦던, 다림이 유리창 너머에서 입모양으로 '나 들어가도 돼요?'라고 묻던, 갑자기 연락이 끊긴 정원에게 화가 난 다림이 돌을 던져 유리창을 깨뜨렸던 바로 그 초원사진관은 그 모습이 정겹거니와 자칫 지루할 법한 스토리를 팽팽하게 유지시키는 영화적 장치이기도 하다.

어느 날 군산을 소개하는 예능 프로그램을 우연히 보게 되었다. 출연자들은 그곳의 명소 중 하나인 초원사진관을 방문하여 영화 속 정원과 다림의 이루어지지 못한 사랑 이야기를 나누며 사진관 이모저모를 둘러보았다. 한번 가 봐야지 했던 나는 반가운 마음에 화면을 보다가 고개를 갸우뚱할 수밖에 없었다. '음, 뭔가 이상한데……' 영화 촬영 후에 철거된 초원사진관을 군산시가 복원해서 무료로 개방하고 있었는데 내 눈에는 영화 속 사진관과 무척 달라 보였다.

뒤에 나오는 사진 중 위쪽이 영화 속 초원사진관이고 아래쪽이 복원된 초원사진관 모습이다. 어떤가? 일단 간판의 폰트와 크기부터 다르다. 나는 이것을 보고 바로 마음이 상해 버렸다. '복원을 했다더니 이게 뭔가' 싶었다. 영화 촬영지를 시에서 매입하여 복원

고객 경험: 무엇을 팔 것인가

[사진3] 영화 속 초원사진관

[사진4] 복원한 초원사진관

한 것 자체는 팬들에게 추억을 선사하는 일이라 칭찬받아 마땅하나, 그 부족한 디테일에 실망스럽기 그지없다. 간판은 사진관의 이미지를 크게 좌우하는 오브제Objet인데 그것부터 충실히 복원하지 않았으니 나머지는 볼 것도 없었다.

게다가 창문에 떡하니 '8월의 크리스마스'라는 커다란 글씨는 왜 붙여 놓았을까? 초원사진관이라는 간판 글씨 자체가 바로 영화를 상징하건만 그렇게 써 붙여야 했을까? 그것으로 부족했는지 사진관 양옆에 어지럽게 늘어세운 홍보물도 볼썽사나웠다. 그런 홍보물이 영화 속 장면을 떠올리는 데 커다란 방해물이 된다는 생각은 하지 못한 모양이다.

이런 디테일에 대한 무신경함 혹은 고객 경험에 대한 무지는 우리나라의 여러 관광 명소에서 '한결같이' 발견된다. 유네스코 세계문화유산이라는 안동의 하회마을 또한 예외는 아니다. 셔틀버스를 타고 마을 초입에 들어가면 음식점들과 기념품 상점들이 관광객을 먼저 맞이한다. 여기저기 메뉴를 써넣은 입간판들이 어지럽게 펼쳐져 있는 광경이 눈살을 찌푸리게 만든다. 명색이 우리나라 최고의 명소 아닌가? 폰트의 일치는 기대하지도 않지만 저마다 바탕색도 다르고 크기도 제멋대로라서 한옥마을에 들어왔다는 생각보다는 어디에나 있는 음식점 거리를 걷는 기분이 들기 때문에 머물고 싶은 마음이 처음부터 싹 사라져 버린다. 전라도 낙원읍성에 갔을 때는 행사에 사용했다가 쓸모없어진 물건들을 한옥 뒤편 마당에 쌓아 두는 '간편한' 해결책을 보고 어이가 없었다. 물레방아도 철근이 그대로 노출되어 조악하기 그지없었다.

평창 동계 올림픽이 열리기 전에 피겨 선수 김연아의 동상이 인천공항 입국장에 세워졌다는 글을 본 적이 있다.[88] 사진을 보니 올림픽 홍보 차원에서 급조한 티가 역력했다. 얼굴이고 포즈고 김연아와 비슷한 구석이라곤 전혀 없었다. 깨진 얼음 모양 위에 세워진 모습도 실소를 유발했다. 누가 기획했는지 혼을 내고 싶을 정도였다. 헛돈도 이런 헛돈이 없다. 돈을 적게 들여 빨리 만들어 내는 것만 중요했던 모양이었다. 몇 년 전 군포시가 5억 원 넘게 들여 김연아 동상을 엉망으로 만들어 놓아 큰 빈축을 산 적이 있는데 이런 일이 또 반복되었던 것이다. 이렇듯 사람들의 눈을 어지럽히고 미적 감각까지 무감각하게 만들어 버리는 홍보물이나 조형물이 우리 주위에는 너무나 많다. 거의 공해 수준이다.

'빨리빨리' 문화와 '보여 주기식' 지자체 홍보 마인드가 결합된 결과물은 오늘도 이곳저곳에서 GMO 작물처럼 번져 간다. 그런 홍보물을 소비하는 고객의 경험 따위는 아랑곳하지 않고 빨리 만들어서 빨리 보여 주고 빨리 성과를 내야 한다는 발상이 지긋지긋할 지경이다.

주제와 엇나가는 듯하지만 한마디 보태고 싶다. 고객으로서 우리는 왜 그런 못생긴 조형물, 홍보물, 유치한 '관광 단지'를 참고 견디는가? 제품에 이상이 생기면 콜센터에 전화해서 따지고 주변 사람들에게 해당 제품의 문제를 널리 알리면서 왜 공공시설의 조악한 품질은 너그러이 용서하는가? '이 정도면 감지덕지'라는 생각이 졸속 행정을 방임하고 우리의 심미안을 해친다. 우리는 고객 경험을 생각하지 않고 디테일을 깡그리 무시하는 'GMO 조형물'에 분노해야 하지 않을까?

월마트와 재포스의 고객 경험 철학

월마트의 창업자 샘 월턴Sam Walton은 친구를 만나러 브라질에 갔다가 현지 경찰에 체포되어 유치장에서 하룻밤을 보내는 곤욕을 치렀다.[89] 20대 청년의 일이었다면 친구들과 술을 마시며 난장판을 벌이다가 시비가 붙어 싸움을 벌였기 때문이라고 짐작할 수도 있겠다. 하지만 당시 그는 60대 노인이었다. 그는 관광객들이 자주 갈 법한 곳에는 눈길도 주지 않고 대신 그 지역의 소매점들을 이곳저곳 둘러보았다. 브라질의 슈퍼마켓들은 어떻게 운영되는지 직접 관찰하고 벤치마킹할 목적이었다. 머리가 희끗희끗한 웬 미국 노인이 물건은 사지 않고 매장 바닥을 기어 다니며 손으로 통로 폭을 재고 있는데 수상하다고 여기지 않을 현지인이 있겠는가? 월턴은 고객의 구매 경험을 최상으로 끌어올리려면 사소한 것이라도 중요하게 여겨야 한다는 신념을 가지고 있었고 이처럼 그 신념을 몸소 실천한 사람이었다. 고객 경험을 최우선시하는 그의 마인드가 월마트 제국의 기반이 되었다.

재포스의 CEO 토니 셰이Tony Hsieh 역시 고객 경험을 누구보다 강조한다. 그는 회사의 브랜드와 고객 서비스를 설명하는 자리에서 이렇게 말했다. "우리가 요즘 고객 서비스에 집중하는 이유는 주문의 75퍼센트가 재구매 고객에게서 나오기 때문입니다. 우리의 철학은 마케팅이나 유료 광고에 돈을 쓰는 대신 그 돈을 고객 경험에 투자하는 것입니다. 그리고 재구매한 고객의 입을 빌려 진짜 입소문을 내게 만드는 것이죠."[90] 고객 경험을 우선시하고 배려하는 것은 불요불급한 비용이 아니라 진정한 성과를 만들어 내는 원동력임을 늘 상기해야 할 것이다.

불확실성
Uncertainty

중요한 것은 시나리오다

◆

어떤 변수가 가지는 모든 경우의 확률이 비슷하거나
변수들 간의 인과 관계가 시시각각 변화하여
예측할 수 없는 성질이나 상태, 혹은 그런 정도.

"확실하지 않다는 뜻입니다."

이 말은 어떤 질문에 대한 답변일까? 놀랍게도 불확실성을 한 마디로 정의해 달라는 나의 질문에 이렇게 답하는 사람들이 의외로 많다(진짜다!). 자주 나오는 답변이지만 나는 늘 깜짝 놀란 듯한 표정으로 상대방에게 묻는다. "아, 그렇습니까? 그러면 확실하지 않다는 것은 무슨 뜻이죠?"

"무언가를 잘 알지 못하겠다는 것입니다."

다행이다. 적어도 "불확실하다는 것이다"라는 돌고 도는 대답은 하지 않았으니까. 나는 또 묻는다. "무언가를 잘 알지 못한다면, 즉 불확실한 상태라면 기분이 좋겠습니까, 아니면 나쁘겠습니까?"

그는 확신하는 표정으로 답한다. "당연히 기분이 좋지 않죠."

걸려들었다!

"그럼 확실한 상태라면 기분이 좋겠군요?"

"네, 그렇습니다."

나는 그에게 옴짝달싹하지 못할 질문을 던진다. "죄송한 말씀이지만 내일 이 시간에 귀하게 '확실히' 불행한 사건이 생긴다면, 다시 말해서 불행한 사건이 일어날 거라는 사실을 이미 알고 있다면, 그건 기분 좋은 일이겠네요?"

내가 던진 그물에 완벽하게 걸린 그는 멋쩍게 웃으면서도 무언가 분한지 표정이 뾰로통해진다. 나는 미안한 웃음을 짓고서 전체를 향해 말한다.

"다음 중에서 가장 불확실한 상황은 무엇일까요?"

1. 내일 서울에 비가 올 확률은 90퍼센트다.

2. (우리가 인연이 될 확률은) 이 세상 아무 곳에다가 작은 바늘 하나를 세우고 하늘에서 아주 작은 밀알 하나를 뿌렸을 때 그게 그 바늘에 꽂힐 확률과 같다.

3. 내일 우리 팀이 경기에서 이길 확률은 반반이다.

확률이 동일하면 가장 불확실해진다

꽤 많은 사람이 1번을 가장 불확실한 상황으로 생각한다. 왜 그렇게 생각하느냐는 질문에는 대답이 제각각이다.

"90퍼센트라는 수치를 제시했기 때문에 가장 불확실합니다. 숫자는 틀릴 수 있기 때문이죠."

"그런가요? '반반'이라고 표현을 했지만 3번도 수치를 제시한 거 아닌가요? 같은 논리라면 3번도 불확실하겠네요"라고 나는 받아친다.

"기상청이 하는 예보는 항상 틀리기 때문에 1번이 가장 불확실합니다."

"네, 아시다시피 기상청은 하도 예보가 틀린다고 해서 불명예스러운 별명을 가지고 있습니다. '구라청'이라고 말입니다. 하지만 제가 구라청, 아니 기상청을 위해 변명을 하자면요. 정부 기관들 중에 가장 예측력이 뛰어난 곳이 사실은 기상청입니다. 아마 가장 예측력이 떨어지는 곳은 경제 전망을 하는 기획재정부일걸요? 기상청은 10번 예측하면 9번 정도는 맞혀요. 못해도 7번 정도는 적중한다고 합니다.[91] 그런데 그렇게 틀리는 경우가 사람들 뇌리에 깊이 박히기 때문에 기상청의 예측력을 실제보다 아주 낮게 평가하는 것이죠."

나는 말을 잇는다.

"서울 지역에 비가 올 확률이 90퍼센트라는 예보는 비가 올 것이 거의 '확실시된다'는 뜻입니다. 따라서 그리 불확실한 상황은 아니죠. 이런 예보를 들으면 여러분은 반드시 우산을 가지고 출근해야 할 겁니다."

"저는 2번이 가장 불확실하다고 생각합니다." 강의장 뒤에 앉은 누군가가 손을 들며 말한다.

"왜 그렇게 생각하십니까?"

"확률이 아주 낮으면 어떻게 될지 모르기 때문입니다."

음, 참으로 모호한 대답이다. 내가 고개를 갸웃할 때 어디선가 또 대답이 튀어나온다.

"1번과 3번은 수치로 제시되어 있는데 2번은 수치가 없잖아요. 그러니까 2번이 가장 불확실합니다."

이건 또 무슨 말인가? 이상한 대답이 더 나오기 전에 나는 재빨리 수습한다.

"이 문장은 2001년에 개봉된 영화 〈번지점프를 하다〉에서 주인공인 이병헌 배우가 한 대사인데요. 2번이 비록 수치가 제시되어 있지 않지만 확률이 아주 작다는 뜻이라는 건 다들 아시죠? 지금 '우리'가 만났지만 만나기 전에는 서로 인연이 될 확률은 지극히 작아서 대략 0.00001퍼센트 정도 된다고 볼 수 있잖아요. 어떤 사건의 확률을 정확히 수치로 측정할 수 있다고 해도 그것은 불확실성 혹은 확실성과 아무런 관련이 없습니다. 동전의 앞면이 나올 확률이 50퍼센트라는 사실을 '확실히' 알아도 이번에 던질 때는 어느 면이 나올지 항상 정확히 맞힐 수는 없으니까 말이에요.

이렇게 확률이 아주 작다는 것은 그 사건이 일어나지 않을 것이 '확실하다'는 뜻입니다. 로또 1등에 당첨될 확률은 814만 5060분의 1이라고 해요. 누군가는 벼락을 연속해서 2번 맞을 확률보다 작다고 합니다. 그러니까 안타깝지만 여러분이 로또를 사도 1등에 당첨되지 않을 것이 매번 '확실한' 것이죠. '낮은 승률'을 불확실성으로 잘못 생각하면 안 됩니다. 이 예시에서 2번은 확률이 아주 낮기 때문에 불확실하다기보다는 아주 확실한 상황입니다."

나는 이어서 말한다.

"내일 우리 팀이 경기에 이길 확률은 반반이다, 즉 50퍼센트라는 문장이 가장 불확실한 상황을 말하고 있습니다. 과연 우리 팀이 이길지 질지 누군가에게 확실하게 이야기 못 하는 상황이죠. 이길 확률이 51퍼센트만 되어도 50퍼센트일 때보다는 확실해지는 겁니다."

'불확실하다'라는 말은 "어떤 변수가 가질 수 있는 모든 경우의 확률이 동일하여 전혀 예측할 수 없다"는 뜻이며, 그러한 성질이나 상태가 '불확실성'의 정의가 된다. 동전을 던질 때 나올 수 있는 경우는 앞면 또는 뒷면인데(물론 동전이 모서리로 설 수 있지만 확률이 아주 작아서 무시할 수 있는 수준이다), 두 경우 모두 50퍼센트로 동일하여 어느 면이 나올지 예측할 수가 없으니 이것이야말로 불확실한 상황이다. 그리고 그때의 불확실성이 가장 높다(하지만 실제의 동전은 특정 면이 더 많이 나오는 '확실한' 동전이다. 그 이유는 주를 통해 소개하는 유튜브 동영상을 참고하기 바란다).[92] 만일 동전의 무게 중심이 한쪽으로 쏠려 앞면 혹은 뒷면이 특별히 자주 나온다면 그때의 불확실성은 '완벽한 동전'일 때보다 낮아진다.

또한 불확실성은 "환경의 구조와 흐름 속에 내재된 동인動因들 사이의 인과 관계를 예측하지 못하는 정도"라고 볼 수 있다. 서로 영향을 주고받는 여러 변수의 관계들이 논리와 경험에 반反하는 모습으로 요동친다면 향후에 어떤 사건이 일어날지 알 수 없다.

예를 들어 원유 거래 시장에서 달러화가 기축 통화Key Currency의 역할을 담당하기 때문에 유가가 오르면 달러 가치가 동반 상승하는 게 일반적인 현상이다. 그러나 이런 전통적인 인과 관계는 2008년에 원유가 배럴당 150달러에 근접하는 동안 달러 가치가 크게 하락하는 현상을 보임으로써 깨지고 말았다. 미국 역시 세계 원유 수입의 24퍼센트를 차지하는 주요 수입국인 데다가 심각한 재정 수지 적자에 서브프라임 모기지 사태까지 겹친 터라 유가 상승이 오히려 달러 가치의 하락을 부추겼던 탓이다. 또한 낮아진 통화 가치 때문에 더 많은 달러를 주고 원유를 사야 했기 때문에 유가가 더욱 상승할 수밖에 없는 악순환이 이어지고 말았다. 그래서 두 변수(유가와 달러 가치) 사이의 전통적인 인과 관계를 적용하여 향후 경제 전망을 내리려던 경제 전문가들은 곤혹스러울 수밖에 없었다.

정리하면 불확실성이란 "어떤 변수가 가질 수 있는 모든 경우의 확률이 동일하기 때문에, 혹은 기존의 경험과 상식을 깨고 영향을 주고받는 인과 관계가 시시각각 변화하기 때문에 논리적인 예측이 불가능한 정도"를 일컫는다.

불확실성에 대한 오해들

경영의 위기를 불러일으키거나 구성원들에게 상기시키기 위해 불확실성이란 말을 언급하는 조직이라면 불확실성에 대한 '확실한' 정의뿐 아니라 그에 관한 오해 역시 분명히 인지해야 한다.

첫 번째는 불확실성과 부정적인 결과를 동일한 것으로 여기는 오해다. 불황일 때 '경제의 불확실성이 가중된다'는 식의 신문 또는 방송 기사는 불확실성을 올바르게 사용한 예가 아니다. 불황이라면 앞으로 제법 오랫동안 경기가 좋지 않을 확률이 크다는 뜻이므로 불경기가 '확실해진' 상황이기 때문이다. 경제 위기나 불황을 곧 불확실성의 증폭과 연결시켜 보도하는 이유는 독자와 시청자의 불안감을 자극해 눈길을 끌려는 의도일 뿐이다. 완벽한 동전을 던져 앞면이 나오면 100원을 따고 뒷면이 나오면 100원을 잃는다고 해 보자. 각 면이 나올 확률은 2분의 1로 동일하므로 불확실성이 가장 높지만, 돈을 딸 확률도 50퍼센트나 되기 때문에 항상 부정적인 상황은 아니다. 앞의 대화에서 묘사했듯이 확실하다고 해서 늘 좋은 건 아니고, 불확실하다고 해서 늘 나쁜 것도 아니다. 불확실성이든 확실성이든 둘 다 가치중립적인 개념이다.

두 번째 오해는 불확실성과 리스크 수용Risk Taking을 같은 개념으로 인식하는 것이다. 만일 정부가 재정 적자를 만회하기 위해 강력한 '증세 정책'을 추진한다면, "가뜩이나 움츠린 소비를 더욱 위축시켜 경기의 회생 가능성을 차단하는 리스크가 있다"라는 반대 의견에 직면할 수 있다. 하지만 그런 리스크를 수용하며 정책을 강행한다는 이유만으로 "정부의 증세 정책은 불확실하다"라고 말하는 것은 옳지 않다. 불확실성은 정부의 증세 정책이 실제로 추진될지 아니면 기각될지, 혹은 정책 시행으로 인해 정말 그런 리스크가 발생할지 아니면 발생하지 않을지, 각 경우의 정성적 확률로 판단할 수 있는 문제일 뿐이다. 정부의 행동이 얼마나 무모하고 저돌적인가는 아무런 관련이 없는 것이다.

흔히 직업 도박사들은 불확실성을 좋아할 것이라고 생각하지만 실제로는 그렇지 않다. 도박 자체가 불확실성이 매우 커서 리스크 역시 상당하다는 말은 옳을 수 있지만, 도박사들이 불확실한 것을 좋아한다는 말은 사실이 아니다. 그들은 누구보다 확실한 것을 좋아한다. 만약 무게 중심이 한쪽으로 쏠린 주사위에서 '5'가 자주 나온다면, 이 사실을 발견한 도박사들은 백이면 백 주사위 게임을 할 때마다 다른 사람들 모르게 편심偏心된 주사위를 사용할 테니 말이다.

마지막으로, 리스크 수용뿐 아니라 위험의 크기를 불확실성과 등치시키는 것도 자주 목격되는 오해 중 하나다. 즉 리스크가 크면 불확실성도 크다고 간주하는 것이다. 예를 들어 어느 한쪽으로 쏠리지 않은 완벽한 동전을 던져 앞면이 나오면 100원을 따고 뒷면이 나오면 1000원을 잃는 A게임과, 앞면이 나오면 1000원을 따고 뒷면이 나오면 100원을 잃는 B게임이 있다고 가정해 보자. 어느 게임을 선택하는 게 유리할까? 당연히 B게임을 선택하는 것이 훨씬 유리하다. 앞면 혹은 뒷면이 나올 확률이 달라서가 아니라 B게임의 기댓값이 훨씬 크기 때문이다(-450원 대 450원). B게임을 한다고 해서 앞면이 특별히 자주 나오지 않은데도, 즉 앞면이 나올 것이 확실하지 않은데도(불확실한데도) B게임을 택하는 게 훨씬 유리하다는 것은 불확실성과 위험의 크기는 아무런 상관이 없다는 뜻이다. 불확실성의 크기로 위험의 크기를 짐작할 수 없으며 그 반대도 마찬가지다.

불확실성은 부정적인 것도, 무모한 것도, 위험한 것도 아니다. 다시 말하지만 불확실성은 "어떤 변수가 가질 수 있는 모든 경우의 확률이 동일하여 예측이 불가능한 정도"를 말한다. 이처럼 불확실성은 사람들에게 전해지는 무게감에 비해 싱겁고 단순한 의미를 가졌지만 다양하고 복잡한 미래를 연출한다는 점에서 흥미로운 일이 아닐 수 없다.

최고의 유비무환 기술,
시나리오 플래닝

불확실성과 리스크는 그 자체로는 서로 관련이 없는 개념이지만 불확실성에 대해 지혜롭게 대처하지 못하면 향후에 부담하게 될 리스크는 엄청날 것이다. 어떤 변수의 발생 확률과 발생하지 않을 확률이 50 대 50이라서 최고의 불확실성을 나타낸다는 말은 시간이 흐르면 언젠가는 어느 한쪽으로 기울어 확실한 상태로 변할 잠재력이 크다는 의미와 같기 때문이다. 산꼭대기에 선 둥근 바위는 지면의 충격이나 바람의 영향으로 언젠가 왼쪽이나 오른쪽 골짜기로 굴러떨어지기 마련이다. 불확실성에 잘 대처한다는 것은 지금 꼭대기에 올라선(불확실성이 큰) 바위들이 무엇이며, 향후에 그 바위들은 어느 방향(시나리오)으로, 어떤 속도(파급 효과)로 떨어질지 잘 가늠하여 피하거나 맞선다(대응 전략)는 의미다. 이를 위한 방법론이 바로 '시나리오 플래닝Scenario Planning'이다.[93]

위대한 군사 전략가 카를 클라우제비츠Karl Clausewitz는 어떤 전쟁 계획이든 애초 의도대로 수행될 수 없다고 분명하게 말했다. 바로 불확실성 때문이다. 전쟁에서 보여 준 나폴레옹의 천재성은 독특한 전략에 있기보다 불확실성에 따라 적절히 시나리오를 해석하고 여러 전술을 응용하여 대담하게 적용했다는 데 있었다. 그는 적의 전선에서 약점이 노출되는 지점을 발견하면 그곳에 병력을 집중하여 가차 없이 돌파하고, 적을 측면이나 후방에서 공격하는 전술을 즐겨 구사했다. 하지만 그는 무모하지 않았다. 연전연승의 비결은 돌파의 결정적인 시점을 기다리고 또 기다린 신중함에 있었다. 그러던 그가 끝내 러시아를 굴복시키지 못하고 몰락한 까닭은 그런 집중력을 잃어버린 채 시나리오의 변화에도 불구하고 전술의 변화를 꾀하지 않았기 때문이다. 전략은 "시나리오에 따라 부단히 바뀌는 것"임을 망각할 때 위기가 찾아온다는 점을 염두에 둬야 한다.

전략은 환경이나 타인(혹은 적)에 의해 우리가 세운 전략이 무용지물이 될 때 어떻게 대처해야 하는지에 관한 것이기도 하다. 설정한 목표대로 질서정연하게 나아가는 계획은 현실에서 거의 찾아볼 수 없다. 전략은 시나리오에 따라 수시로 바뀌면서 진화할 것을 전제로 한다. 유비무환의 현대적 정의는 "불확실성에 따라 여러 시나리오를 미리 구상하고 각 시나리오에 적극적으로 대비하는 과정", 즉 '시나리오 플래닝'임을 기억하기 바란다.

예측
Forecast

모든 가능성에 열려 있기

◆

무엇을 대비해야 하는지 알아내는 과정.
무엇이 일어날지 알아내는 과정이 아니다.

"그래도 불행한 사건이 일어날지 '확실하게' 안다면 미리 마음의 준비라든지 대비라든지 할 수 있을 테니까, 확실한 것은 불확실한 것보다 좋지 않겠습니까?"

불확실성은 좋은 것도 아니고 나쁜 것도 아닌, 가치중립적인 개념이라는 나의 설명에 누군가는 이렇게 반문하곤 한다('불확실성' 장 참고).

"네, 맞는 말씀입니다. 어떤 사건이 '확실하게' 일어나리라 알게 되면 '확실하게' 대비할 수 있을 테니까, 그런 의미에서는 분명 확실한 게 좋을 겁니다."

나는 어느 방송 진행자의 말투를 흉내 내어 이렇게 말한다. "그런데 말입니다." 유머가 통하든 그렇지 않든 나는 말을 잇는다.

"어떤 일이 일어나리라 알기 위해서 사람들은 보통 '예측'을 하는데요. 여러분 중 대부분이 앞으로 어떤 일이 일어날지, 미래를 예측하는 업무에 종사한다고 해도 과언이 아닙니다. 여러분은 여러 예측 기법을 업무에 동원할 텐데요. 그런 예측이 얼마나 잘 맞던가요?"

"맞을 때도 있고 틀릴 때도 있죠."

"그렇겠죠. 그런데 미래를 '예측할 수 있다'라고 말하려면 그 적중률이 몇 퍼센트는 되어야 할까요?"

뜸을 들이다가 누군가가 손을 들고 말한다. "아마 70~80퍼센트는 맞혀야 하지 않을까요?"

다시 내 시나리오에 걸려들었다! "그러면 귀하가 하시는 여러 예측이 그 정도로 적중해 왔습니까?"

"그렇다고 생각합니다."

"그렇군요. 그런데 왜 이 회사에 '아직도' 근무하십니까? 당장에 회사를 나가셔야 하는 것 아닙니까?"

그는 '이 사람이 지금 무슨 소리를 하는 거지?'란 표정으로 나를 올려다본다.

"귀하의 예측 적중률이 70~80퍼센트라면, 지금 여기에 계시지 않고 남태평양의 최고급 리조트에서 인생의 즐거움을 만끽하고 계실 것 같네요. 주식 투자를 할 때 10번 중 7~8번 예측이 적중하고 그에 따라 수익을 올린다면, 그리고 장기적으로 투자한다면 아마 엄청난 돈을 벌 겁니다. 마찬가지로 회사에서 이루어지는 여러 의사 결정의 향후 결과를 70~80퍼센트의 적중률로 맞힐 수 있다면 지금쯤 이 회사의 최고경영자가 되고도 남지 않을까요?"

전문가의 예측력은 왜 특별하지 않을까

나는 다시 질문을 던진다. "예측을 주업으로 하면서 자신들의 예측력에 자부심을 느끼는 주식 애널리스트들의 예측 적중률은 얼마나 될까요?"

"20~30퍼센트 정도 아닐까요?"

의외로 정답에 근접한 답변이 나온다.[94] 애널리스트의 조언을 믿고 투자했다가 실패한 경험이 있어서 그런지 모르지만, 자신의 예측력은 과대평가하고 타인의 예측력은 그보다 훨씬 못하다고 간주하는 일반적인 심리 때문이기도 할 것이다.

"네, 잘 아시네요. 그들의 예측을 믿을 바에는 차라리 동전을 던져 투자하는 게 낫습니다. 앞면이 나오면 사고 뒷면이 나오면 파는 식으로 말입니다. 거짓말 같나요?"

믿을 수 없다는 표정들이 역력하다.

"누구처럼, 제가 해 봐서 안다니까요? 예전에 저는 2000년 1월 1일부터 2009년 5월 4일까지 주가 데이터를 확보해서 주가 지수 KOSPI 전체에 투자하는 실험을 했는데요. 동전을 던져 앞면이 나오면 100주를 사고 뒷면이 나오면 100주를 파는 식으로 시뮬레이션을 돌렸습니다. 그랬더니 평균 3.8퍼센트 정도로 나쁘지 않은 수익률이 나오더라고요. 수익률이 10퍼센트를 넘는 경우도 제법 많았습니다. 여러분도 엑셀을 조금만 사용할 줄 알면 최근의 주가 데이터를 가지고 직접 시뮬레이션할 수 있을 겁니다."[95]

나는 확신에 찬 목소리로 말을 잇는다.

"주식 애널리스트라는 직업이 아직 남아 있다는 것은 그들의 예측 적중률이 형편없다는 반증입니다. 왜냐고요? 그렇게 잘 맞힌다면 본인들만 아는 정보를 가지고 투자를 해서 엄청난 돈을 벌 수 있었겠죠? 이미 남태평양에 가 있어야 합니다. 그런데 그들은 아직 증권 회사에 다니고 있지 않습니까? 이게 무엇을 말할까요? 전문가들의 예측력이 형편없다는 뜻입니다. 그리고 미래를 확실하게 예측한다는 것은 매우 어렵다는 의미이기도 하죠."

전문가들의 예측력이 일반인보다 나을 것 없다는 사실은 이미 오래전부터 알려져 있다. 심리학자 필립 테틀록Philip E. Tetlock은 다양한 분야의 전문가들에게 향후 5년간 발생할 정치, 경제, 군사 사건의 가능성을 판단해 달라고 요청했다. 그는 모두 284명의 전문가로부터 2만 7000여 개의 예측치를 수집했는데, 박사 학위 소지자든 아니든 예측 결과에는 차이가 없었고 저명한 교수들은 기자들보다 못한 예측력을 보였다. 결과적으로 테틀록은 명성이 있는 사람일수록 그렇지 않은 사람보다 오히려 예측력이 떨어진다는 결론을 내렸다.[96]

컨설턴트인 윌리엄 서든William A. Sherden은 저서에서 "경제학자의 평균적인 예측 능력은 단순한 추측 수준이다"라고 비판했다. 갖가지 근거를 토대로 경제 지표를 예측하는 경제 연구 기관의 예측은 "내년에도 올해와 비슷하다"라는 단순 예측보다 나을 것이 없다고 그는 일갈했다.[97] 정말 그럴까?

나는 그의 주장을 확인하기 위해 우리나라에서 가장 대표적인 경제 연구 기관으로 꼽히는 한국개발연구원KDI, 삼성경제연구소, LG경제연구원이 각각 GDP 성장률을 얼마나 잘 예측하는지 따져 본 적이 있다. 결과는 아주 실망스러웠다. GDP 성장률에서 1퍼센트포인트는 상당히 큰 수치인데 그 이상의 오차가 자주 발생했기 때문이다. 한 가지 흥미로운 것은 경제 기관들의 예측치가 거의 비슷하다는 점이었다. 마치 각자 예측치를 발표하기 전에 서로 의견을 조율한 것처럼 보일 정도였다. 어떤 기관이 총대를 메듯 제일 먼저 전망치를 발표하면 그 값을 미세 조정해서 내놓은 것처럼 말이다.

세계적으로 유명한 금융 기관이라고 해서 예측력이 특별히 좋은 것도 아니다. 2008년 초 주유소에서 판매하는 보통 휘발유의 가격은 리터당 2000원을 상회할 정도로 상당히 비쌌다. 국제 유가가 배럴당 150달러를 향해 치솟았고 머지않아 제3의 오일 쇼크가 곧 발발하는 듯 보였다. 투자 은행인 골드만삭스가 같은 해 5월에 발간한 보고서에는 머지않아 유가가 배럴당 200달러를 돌파할 것이라는 우울한 예측이 담겨 있었다.[98] 모건스탠리 역시 유가가 150달러를 돌파할 것이라는 보고서를 끊임없이 내면서 골드만삭스의 의견에 동조했다. 그러나 다행히 147달러 선까지 오르던 유가는 그 후 급전직하로 하락하여 배럴당 40달러 선까지 주저앉고 말았다. 예측이 틀려도 한참 틀렸던 것이다.

예측은 맞히는 것이 아닌 대비하는 것

"예측은 항상 틀린다. 이것은 진리다"라는 말이 있다. 전문가들조차 예측에 실패하는 경우가 매우 많다는 사실은 이 말이 참에 가까움을 증명한다. 그런데 이 말의 본래 의미를 올바로 이해하려면, 본질적으로 '예측할 수 있는 것'과 '예측할 수 없는 것'이 무엇인지를 현명하게 구분할 줄 알아야 한다. 전문가나 일반인이나 매번 예측에 실패하는 이유는 본디 예측할 수 없는 것을 예측해 내려고, 다시 말해 '맞히려고' 애를 쓰기 때문이다.

앞서 소개한 윌리엄 서든에 따르면 2가지 조건을 충족해야 예측 결과가 타당하고 납득 가능하다. 첫 번째 조건은 현재 시점에서 미래 시점으로 이어지는 '입증된 자연법칙'이 존재해야 한다는 것이다. 하지만 정치, 경제, 사회 등 거시 환경의 복잡성과 정부, 경쟁자, 협력 업체, 내부 직원 등 여러 이해관계자들의 비합리적인 요인들이 얽히고설킨 '기업 경영계'에 그러한 자연법칙이 존재할 리 만무하다.

설령 어떤 천재가 자연법칙을 방정식의 형태로 발견해 냈다고 해도 '현재 상태의 초깃값을 정확하게 알아야 한다'는 예측의 두 번째 조건을 만족시키기란 불가능에 가깝다. 기업 경영계라는 복잡계Complex System는 합리적인 요인과 비합리적인 요인이 동시에 작용하는 시스템이기 때문에 천재가 발견했을 방정식은 '비선형 방정식'의 형태를 띨 것이다. 이런 비선형 방정식은 초깃값의 미세한 차이가 '되먹임Feedback' 과정을 통해 나중에 엄청난 차이를 낳고 만다. 예를 들어 0.7이라고 초깃값을 설정해야 하는데 0.700001이라고 방정식에 잘못 입력했다면(물론 0.7이라는 수치의 정확성 여부는 사전에 알 수 없다) 0.000001의 차이는 예측이 불가능한 수준의 오차로 크게 증폭될 것이다.[99]

유가, 환율, 주가(결국 기업 가치), 중장기 매출 및 이익 추이뿐 아니라 경쟁자의 선택지, 정부 정책의 방향, 국제적 분쟁의 확산 가능성, 유행의 주기, 트렌드의 변화 등은 예측의 2가지 조건을 만족시키지 못하기 때문에 예측할 수 없는 것들이다. 이런 변수들에 대한 예측은 항상 틀린다. 이것이야말로 진리다.

앞에서 나에게 반문했던 사람을 향해 나는 이렇게 답한다.

"이렇기 때문에 무언가가 확실하게 일어난다고 예측하는 것 자체가 불가능합니다. 말씀하신 대로 불행한 사건이 일어날지 '확실하게' 예측할 수 있다면 미리 마음의 준비를 할 수 있겠지만, 애초에 예측이 잘 맞지 않기 때문에 그런 바람은 희망 사항일 뿐입니다."

나는 청중 전체를 향해 묻는다. "그렇다면 예측이란 말을 어떻게 새로이 정의해야 할까요?"

예측의 사전적 의미가 "무언가가 일어날지 미리 짐작함"임을 누구나 알고 있지만, 예측할 수 없는 변수에 대한 예측은 불가능하다고 내가 미리 선제공격을 편 까닭에 자신 있게 대답하는 사람은 별로 없다. 나는 답을 알려 주기로 한다.

"예측이란 무엇이 일어날지 알아내거나 맞히는 과정이 아닙니다. 그건 아주 어렵고 불가능에 가까운 일입니다. 진정한 예측이란 '무엇을 대비해야 하는지 알아내는 과정'입니다."

잠시 침묵이 흐른다. 팔짱을 끼고 내 말을 듣던 누군가가 손을 든다. "뭔가 모순 같습니다. 애초에 예측할 수 없는데 어떻게 대비를 하나요? 일어난다고 예측해야 대비를 할 수 있지 않습니까?"

나는 그의 용기 있는 반론에 칭찬의 말을 건넨다.

"훌륭한 지적입니다. 말씀하신 바가 옳습니다. 그런데 이렇게 생각하면 어떨까요? 무엇을 대비해야 하는지 알아내는 게 예측이라면, 어떤 변수의 향방을 '하나만' 딱 맞히는 데 힘을 쏟지 말고 그 변수가 취할 수 있는 몇 가지 경우를 미리 짐작해야 하지 않을까요? 그게 예측입니다.

예를 들어 유가를 생각해 보죠. 유가가 상승할지 하락할지 정확하게 알아맞히는 게 예측이 아니라, 유가가 상승할 때와 하락할 때, 혹은 현 상태를 유지할 때 등 몇 가지 케이스를 추려 내는 게 진정한 의미의 예측이라고 저는 생각합니다. 그러면 케이스별로 무엇을 어떻게 대비해야 하는지를 구상해 볼 수 있겠죠. 그래서 저는 예측이 '무엇을 대비해야 하는지 알아내는 과정'이라고 정의하는 것입니다.

또 예를 들어서 마케팅 전략에 관해 경쟁자가 손에 쥐고 있는 카드가 몇 장이나 되는지, 각각은 어떤 카드일지 미리 추측하는 것이 '예측의 시작'입니다. 어떤 카드를 우리에게 꺼낼지 알아맞히려고 하지 말고, 그들이 가진 모든 패에 대해 각각 무엇을 어떻게 대비해야 하는지 알아내는 게 '예측의 완성'입니다."

'설마'가 예측을 망친다

나는 내친 김에 사진 하나를 화면에 띄우면서 예측이 정확했어도 대비하지 못하는 사례가 많다는 점을 청중에게 상기시킨다.

"이 사진은 태풍이 지나간 아침의 풍경입니다. 누군가 출근하려고 보니까 자기 차가 이렇게 나무에 깔려 있는 걸 발견합니다. 강한 바람을 견디지 못하고 나무가 쓰러진 것 같은데요. 지붕이 무너졌기 때문에 폐차를 해야 할 지경입니다. 여러분이 만약 이 차의 주인이라면 이 모습을 보고 어떤 기분이 들까요?"

"이 기회에 차를 바꿀 수 있으니까 저는 좋을 거 같은데요?" 매번 이렇게 장난스럽게 말하는 사람이 있는데 물론 진심은 아닐 터다.

"그럴 수도 있겠네요. 하지만 이 차는 방금 뽑은 새 차 같더라고요."

"후회스러울 겁니다. 차를 미리 안전한 곳에다 주차했어야 하는데 말이죠."

"네, 그렇습니다. 그런데 이런 상황이 벌어질 수 있다고 예측하지 못했을까요? 분명 일기 예보를 들었을 테고, 설령 못 들었다 해도 바람이 심상치 않다는 것을 몸으로 느꼈을 텐데 차주는 대비를 하지 않았습니다. 왜 그랬을까요?"

"'설마'라는 생각 때문이죠."

"맞습니다. 분명히 예측되는데 '설마 나에게 그런 일이 생기겠어?'라면서 그런 위험이 피해갈 거라고 근거 없는 기대를 하죠. 소 잃고 외양간 고치는 일을 반복하면서 말입니다. 똑똑한 사람들이 모여 있는 기업이라고 해서 다르지 않아요. 대표적인 예가 폴라로이드입니다. 알다시피 이 회사는 즉석카메라 기술로 한때 이름을 날렸는데 이제는 존재감이 아주 희미합니다. 그런데요, 폴라로이드는 디지털카메라의 시대가 올 것이라는 사실을 1980년대부터 알고 있었습니다. 당장 조치를 취하지 않으면 '디카' 때문에 폴라로이드가 영원히 사라져 버릴 거라는 경고가 내부에서도 제기되었죠. 하지만 그들은 아무런 대비도 하지 않고 즉석카메라를 고수했습니다. 즉석카메라로 지금껏 먹고 살아서 그런지 그 기술을 하루아침에 폐기하기가 쉽지 않았던 모양입니다. 어쨌든 1997년에 60달러를 호가하던 주식은 2001년에 겨우 몇 센트로 주저앉았고 폴라로이드는 결국 파산하고 말았습니다. 디카의 세상이 될지 모른다는 '예측의 시작'에는 성공했지만 최악의 상황을 대비해야 한다는 '예측의 완성'에는 실패했죠."

시나리오 플래닝으로 예측을 완성하라

예측을 "무엇을 대비해야 하는지 알아내는 과정"이라는 의미로 새로이 정의한다면, 예측을 잘하기 위한 방법은 무엇일까? 핵심은 실제로 발생할 특정 케이스를 맞히려는 욕구를 누르고 모든 케이스에 '동일한' 관심을 가지고 조망하는 것이다. 그러기 위해서는 다음을 항상 염두에 둬야 한다.

첫째, 숫자를 경계하라. 무언가를 숫자로 나타내면 그게 진짜로 일어났거나 실제로 발생하리라 착각하기 쉽다. 숫자를 그대로 믿지 말고 숫자에 대한 다양한 시각과 의견을 모아야 한다.

둘째, 최고 의사 결정자의 관점을 취하라. 실무자는 어떤 일이 일어날지 알아맞혀야 한다는(경영자가 보통 그렇게 요구하기 때문에) 압박을 크게 느끼는 탓에 '바람직하지 않은 케이스'의 현실 가능성을 낮게 보기 쉽다. CEO의 관점으로 모든 케이스를 전망하라.

셋째, 의사 결정을 가능한 한 미뤄라. '의사 결정' 장에서 보았듯이 이것은 의사 결정을 잘하는 방법이기도 하다. 의사 결정을 늦게 하라는 소리가 아니다. 먼저 '이렇게 하겠다'라고 결정하면 그것을 지지하는 증거만 눈에 들어오는 '확증 편향'에 빠지고 만다. 의사 결정의 '마감 시간' 전까지는 모든 케이스를 동일한 확률로 간주하고 '소중히' 관찰한 다음, 마감 시간이 되면 과감히 결정하고 실행하라.

넷째, 다양한 분야의 전문가를 활용하라. 앞에서 말했듯이 전문가의 예측력은 형편없다. 그들의 예측을 따르라는 말이 아니라 그들이 제시하는 풍부한 정보를 수집한다는 관점으로 활용하라. 이때 전문가 풀Pool은 업계뿐 아니라 그 바깥에서도 찾아야 한다. 불확실성은 업계를 초월하여 이곳저곳에서 발생하기 때문이다. 한때 지하철에서 누구나 읽던 그 많던 무가지는 모두 어디로 갔을까? 2009년 11월 말 국내 판매를 개시한 아이폰 3GS를 필두로 스마트폰이 크게 보급되면서 지하철 선반에 어지러이 쌓여 있던 무가지들을 이제 더 이상 볼 수 없게 되었다. 바깥에 있던 스마트폰이 불과 1~2년 만에 무가지 시장을 무너뜨렸던 것이다.

다섯째, 기존의 가정들을 의심하라. 이것이 가장 중요하다. 미국의 자동차 딜러 회사인 오토네이션AutoNation이 서브프라임 모기지 사태(2008~2009년)로 촉발된 경제 위기 속에서도 주가 기준으로 400퍼센트 이상 성장했던 원동력이 바로 여기에 있었다.[100] 경제 위기가 일어나기 전인 2006년 즈음에 오토네이션의 CEO인 마이크 잭슨Mike Jackson은 그전까지 자동차 업계가 가지고 있던 가정들, 즉 '미국 시장은 매년 1400~1600만 대의 자동차가 팔리는 거대 시장이다' '소비자들은 평균 3년마다 차를 교체한다' '자동차 구매를 위한 파이낸싱Financing이 저렴하다' 등을 뒤집어 보기로 했다. 그는 '사람들이 차를 5년마다 바꾸면 어떻게 될까?' '자동차 파이낸싱 방법에 문제가 생기면 어떻게 될까?'라고 의심했다. 그리고 만일 그런 일이 실제로 벌어진다면 '무엇을 어떻게 대비해야 하는지' 스스로에게 질문을 던졌다.

이렇게 진정한 의미의 예측을 시도한 오토네이션은 재빨리 재고를 감축하여 판매의 둔화를 최대한 방어했고, 사람들이 차를 오래 사용하게 되면 고장 발생 건이 늘어날 것을 대비하여 다른 딜러 회사보다 애프터서비스를 대폭 강화하는 전략을 펼쳤다. 이것이 제대로 들어맞아 자동차 업체들과 딜러 회사 모두 죽을 쑤고 있을 때 홀로 빛을 발했던 것이다. 모름지기 예측이란 이런 것이다.

어느 날 나는 S그룹 임원들을 대상으로 한 강의에서 이렇게 강조했다. "전략의 실패는 전략의 내용이 나빴기 때문이 아닙니다. 전략의 내용은 완벽해요. 여러분이 '원하는 미래'가 펼쳐질 때는 정말 완벽하겠죠. 하지만 어디 그런가요? 발생할 수 있는 미래를 최대한 그려 보고 만들어 낸 것이 좋은 전략입니다."

요컨대 "어떤 일이 일어날지 알아맞히는 게 예측이 아니다. 발생 가능한 여러 케이스를 미리 대비하는 것이 예측"이다. 그리고 진정한 예측을 가능하게 돕는 방법론이 앞에서도 언급했던 '시나리오 플래닝'이다.[101] 이제 더 이상 무언가를 맞히려고 하지 말자. 리더는 점쟁이의 용함이 아니라 전략가의 지혜를 배워야 한다. 전략가의 지혜는 확실하게 발생할 무언가를 맞히는 데서 생겨나지 않는다. 무언가를 모르고 있지는 않은지, 무언가를 놓치고 있지는 않은지 끊임없이 살피고 자신이 틀릴 수 있음을 인정하는 데서 지혜가 자라난다. 아마존의 CEO 제프 베조스는 이렇게 말했다. "똑똑한 사람들은 늘 자신의 생각을 수정하고 자신이 이미 해결했다고 생각하는 문제를 늘 재고한다. 새로운 관점, 새로운 정보, 새로운 아이디어, 반대 의견, 사고방식에 대한 도전 등에 언제나 열려 있다."[102] 시나리오 플래닝을 통해 미래의 불확실성을 대비하는 것이 진정한 예측이고 지혜임을 늘 상기하자.

이슈
Issue

동의와 합의가 필요할 때

◆

불확실성 때문에 결정을 내리지 못하거나
반대 의견으로 실행에 난항을 겪는 상황.
불확실성이나 반대가 없으면 이슈가 아니다.

"이슈가 아닌 걸 가지고 고민하시는 것 같은데요?"

나의 말에 시나리오 플래닝 워크숍에 참석한 상대방은 적잖이 당황스러운 표정이었다. 지금껏 그것을 주제로 시나리오 플래닝을 진행해 왔는데, 이제야 이슈가 아니라고 하니까 약간은 원망 섞인 눈빛이었다. 그는 내게 물었다. "왜 그렇게 생각하시나요?"

"팀장님이 불확실성이 없는 사안을 이슈라고 설정하셨기에 드리는 말씀입니다. 사전에 제가 바로잡아 드리지 못해 죄송하지만 그 사안은 이슈가 아닙니다. 확실하게 미래에 발생할 사안이기 때문이죠. 확실하게 발생할 일이라면 무엇을 결정해야 하는지 사실 고민할 필요가 없습니다. 그것에 바로 대처하든지, 아니면 좀 비겁

하더라도 회피하면 그만이죠. 확실하게 일어날 일을 가지고 '어쩌지?' 하며 발을 동동 구르는 상황은 이슈가 아닙니다."

나는 상대방에게 양해의 눈빛을 보낸 다음 교육생 전체를 돌아보며 설명을 이어 갔다.

"쉬운 예를 들어 보겠습니다. 여러분이 오후에 비가 올 확률이 100퍼센트에 가깝다는 일기 예보를 봤다고 가정해 보죠. 하늘에 먹구름이 잔뜩 끼어 있는데 업무상 중요한 미팅이 있어서 외출해야 합니다. 우산을 가지고 나갈까 하는데 하필 집에는 찢어진 우산밖에 없고요. 이때 여러분의 머릿속에서는 '비가 온다는데 제대로 된 우산 하나 없다니, 이것 참 고민이네'라는 생각이 떠오를 텐데요. 이런 상황은 이슈가 아닙니다. 일기 예보가 빗나가지 않는 한 비가 온다는 것은 '확실한' 조건이고, 집에 찢어진 우산밖에 없는 것도 '확실한' 조건이죠. 이렇게 여러분을 둘러싼 여러 조건이 확실할 때 '이 상황을 어쩐다?' 하는 걱정은 이슈가 아닙니다.

불확실한 조건이 없다면 바로 대책을 마련하면 될 일 아닐까요? 아직 미팅 시간까지는 여유가 있고 지금 당장 비가 오지는 않으니 얼른 편의점으로 달려가서 중요한 업무 미팅에 어울릴 만한 우산을 사 오면 되지 않을까요? 사러 나가는 게 귀찮다거나, 누가 우산을 사다 주면 좋겠는데 그렇지 못하다는 상황은 이슈가 아닙니다. 이슈가 아니라 '문제'죠('문제'에 대한 정의는 뒤에 나오니 참조하기 바란다).

3년 후 대학 입시에서 내신 비중이 지금보다 대폭 상향될 거라는 요강이 발표됐다고 해 보죠. 내신이 약한 학생은 이 상황에 상당히 고민할 법하겠지만 이슈는 아닙니다(이슈가 아니라 문제). 내신 비중이 높아진다는 것은 불확실성이 없는 기정사실이기 때문에 내신을 높이기 위해 남은 3년 동안 무엇을 어떻게 해야 할지 구체적인 해법과 계획을 수립하면 되겠죠. 다른 선택지를 고민할 필요가 없습니다. 기업의 경우 정부의 산업 규제 강화로 사업의 축소가 불가피해졌다면 이것 역시 불확실한 조건이 아니므로 이슈가 아닙니다. 해당 사업이 축소된다면 다른 사업을 통해 줄어든 매출을 벌충할 것인지, 아니면 신사업을 추진하여 기업의 체질 전환을 도모할 것인지를 고민하면 되겠죠."

나는 그 교육생을 향해 말했다. "팀장님이 이슈라고 생각했던 '고객 만족도를 어떻게 올릴 것인가?'는 이슈가 아닙니다. 이제 그 이유를 아시겠습니까?"

불확실성이 이슈를 결정한다

그는 조금 생각하더니 이렇게 답했다. "우리 회사가 경쟁사에게 빼앗긴 점유율을 회복하려면 고객 만족도를 현재보다 끌어올려야 하는데, 경쟁사의 움직임이나 고객의 반응 등이 거의 확실한 상황이기 때문에 이 사안은 이슈가 아니라 그냥 해법을 마련해서 실행할 문제라는 뜻이군요?"

"네, 정확하게 말씀하셨습니다."

팀장은 머리를 갸웃하더니 이렇게 되물었다. "그런데 아직 잘 이해가 되지 않습니다. 제가 그 사안을 이슈라고 말씀드린 이유는,

제가 맡고 있는 마케팅 팀에서 제시한 고객 만족도 제고 방안이 디자인 팀, 생산 팀, 재무 팀의 반대 때문에 실행되지 못하고 계속 공전되고 있거든요. 우리 팀의 방안은 이미 여러 사례를 통해 검증된 바가 있기 때문에 아주 효과적인 해법이라고 자신 있게 말씀드릴 수 있어요. 하지만 그 팀들이 협조를 안 하는 바람에 해법 실행 자체가 막혀 있어서 이슈라고 말씀드렸던 겁니다."

"그 팀들은 무슨 이유로 반대를 하던가요?"

"고객 만족을 올리려면 '고객 경험'에 집중해야 한다는 것이 저희 마케팅 팀의 생각입니다. 그리고 고객 경험은 제품의 디자인과 생산에서 시작한다고 봅니다. 우리 제품의 디자인이 고객으로부터 사용하기 불편하다는 지적을 자주 받고 있거든요. 기능이 많아서 좋긴 한데 직관적으로 버튼을 누를 수 없다는 의견을 현장에서 많이 듣습니다. 그래서 제품 디자인의 변경을 제안했는데, 디자인 팀은 그렇게 하면 우리의 디자인 아이덴티티가 훼손된다고 반대하고, 생산 팀은 공정의 변화로 생산성이 저하될 걸 우려합니다. 노조 눈치도 보는 것 같고요. 디자인의 변경에는 비용 지출이 필연적인데 재무 팀은 신사업 추진에 이미 많은 자금이 투여된 터라 재무 건전성 악화를 이유로 우리 팀의 방안에 강력하게 반대합니다."

"그러시군요. 상황이 그렇다면 팀장님이 정하신 사안은 이슈가 맞습니다."

"네? 왜 그렇죠? 아까는 야멸차게 이슈가 아니라고 하시더니……." 마케팅 팀장은 얼굴을 찡그리며 내 대답을 기다렸다.

"처음부터 '고객 만족도를 어떻게 올릴 것인가?'가 아니라 '제품 디자인 변경을 어떻게 관철시킬 것인가?'로 이야기하시지 그랬어요? 그러면 제가 무 자르듯이 이슈가 아니라고 말씀드리지 않았을 겁니다."

나는 빙긋 웃으며 다음과 같이 말을 이었다.

"앞에서 언급한 바와 같이 불확실성이 존재해서 여러 선택지 중에 무엇을 택할지 섣불리 결정을 내리지 못하는 상황이라면 이슈가 맞습니다. 그런데 불확실성이 없어서 어떤 결정을 내려야 하는지 거의 확실하게 판단되는 상황이라도, 그 결정에 대해 누군가의 반대나 방해로 실행하는 데 난항을 겪는다면 그것 또한 이슈라고 말할 수 있습니다.

예를 들어 정부가 미세 먼지 확산을 막기 위한 조치로 노후 경유차에 대한 운행 제한 강화 대책(도심 진입 금지 등)을 마련했다고 가정해 보죠. 노후된 경유차가 휘발유차에 비해 상대적으로 미세 먼지와 유해 가스를 많이 발생시키는 것은 반박하지 못할 '팩트'입니다. 그렇기 때문에 노후 경유차의 운행 제한 정책에 대한 불확실성은 존재하지 않습니다. 노후 경유차에서 미세 먼지가 많이 나오는지 그렇지 않은지는 논란의 여지가 없으니까요.

하지만 노후된 경유차를 생업의 수단으로 사용하는 사람들에게 운행 제한 대책은 생존을 위협하는 일로 느껴질 수 있겠죠. 그래서 이들이 대규모로 연대하여 강력하게 반대 집회를 열거나, 국회의원들에게 입김을 불어넣어 입법을 좌절시키려고 한다면, 정부로서는 당장 실행하는 데 애를 먹을 겁니다. 그들을 이해시키고 설득해야겠죠. 또한 자동차 업체들이 경유차 판매의 부진을 염려하여 압력을 행사할지도 모릅니다. 이 또한 국내 경제를 살려야 한다는 책임감을 느끼는 정부에 커다란 압박으로 작용합니다. 그래서 노후 경유차 운행 제한이 미세 먼지 저감을 위한 확실한 대책 가운데 하나가 분명해도 여러 이해관계자들의 강력한 반대에 부딪혀 그들을 설득하고 달래야 한다면 이 상황은 이슈라고 말할 수 있습니다."

문제와 이슈의 차이

정리하면 이슈는 "불확실성 때문에 어떤 선택지를 택할지 결정을 내리지 못하거나, 상황이 확실해도 이해관계자들의 반대 의견으로 실행에 난항을 겪을 때"를 말한다. 사안을 둘러싼 외부 환경의 불확실성이나 이해관계자들의 반대와 격한 논쟁이 없으면 이슈가 아니다.

'Issue'라는 단어는 '출구' '최종 행사' 등을 뜻하는 중세 프랑스어에서 유래했는데, 출판물을 발행하여 대중에게 배포한다는 의미로 쓰이기도 했다. 그리고 법조계에서는 '재판에서 사실 관계에 대한 논란' '원고와 피고 양측의 주장'이란 뜻으로 파생되어 사용되기도 했다.[103] "대립하는 각자의 주장이 치열하고 확실치 않아서 누가 옳은지 바로 판단을 내리기 어려운 상황"을 가리키는 말로 쓰인 것이다. 이것이 이슈의 본래 의미여야 한다. 무엇이 옳거나 맞는지 확실하게 판단을 내릴 수 있는 상황, 서로 의견 일치가 이뤄진 상황을 이슈라고 불러서는 안 된다.

어떤 사안과 관련되어 불확실한 상황이 존재해야 이슈라고 말할 수 있다는 점에서 '내가(혹은 우리가) 컨트롤할 수 있는 사안' 역시 이슈가 될 수 없다. 예를 들어 유학을 가고 싶지만 돈이 충분치 못한 상황이라고 하자. 돈이 없어서 유학을 가고픈 욕구를 충족시키지 못하는 것은 충분히 걱정할 만한 거리이긴 하지만 '돈이 없어서 유학을 가기 어렵다'는 이슈가 아니다. 단적으로 말해 돈의 유무는 '내가 컨트롤할 수 있는 것'이기 때문이다. 유학이 간절하다면 무엇이든 해서 돈을 마련할 수 있는 것 아닌가? 스스로 벌 수도 있고 부모님께 손을 벌릴 수도 있다. 이렇게 말하면 "돈을 벌고 싶어도 제 능력으로 잘 안 돼요. 부모님도 여의치 않고요. 그러니까 저에겐 이슈예요"라고 반박할지 모르겠다. 하지만 본인의 금전적 능력이 없다는 것, 부모님도 돈이 충분치 않다는 것은 '확실한 상황'이지 않은가?

유학을 갈지 말지 혹은 또 다른 선택지를 택할지 결정 못 하는 상황은 아니다. 이것은 이슈가 아니라 문제다. 다음에 구체적으로 설명하겠지만 문제는 "해법을 찾고 실행해야 하는 상황"을 일컫는다. '유학을 떠난다'는 기대 상태와 '돈이 없어 유학 가기 어렵다'는 현재 상태 사이의 격차를 어떻게 줄일 것인지에 대한 질문이 바로 문제다(이슈가 아니다). 유학 자금 마련을 위해 무엇을 어떻게 할지 해법을 구상하고 그것을 실행에 옮기는 과정만이 남았기 때문에 문제인 것이다. 부모님이라는 이해관계자의 강력한 반대가 없다면 말이다(만약에 반대가 있다면 이슈다).

기업의 경우 해외의 이머징 마켓Emerging Market(신흥 시장)에 진출하려는데 현지 활동에 능숙한 인력이 없어 고민인 상황이라면 이것은 이슈가 아니다. 외부에서 신규로 인력을 영입하든지 아니면 현지 기업과 전략적 제휴를 체결하든지 어떻게든 컨트롤할 수 있는 상황이기 때문이다. 물론 그게 말처럼 쉬운 일은 아닐 것이다. 이머징 마켓 진출에 아무런 불확실성이 없고(진출할 때의 긍정적 효과가 부정적 효과보다 확실히 크고) 사내에서 강력한 반대 의견이 없다면(설령 있다 하더라도 제압할 수 있는 경우라면) 이는 이슈가 아니라 문제다. 어떻게 해야 현지 활동에 능숙한 인력을 확보할 것인지, 그 해법을 찾으면 되는 사안이기 때문이다.

지엽적인 사안에 목숨 걸지 마라

언뜻 보기에 이슈라 생각되지만 결국은 이슈가 아닌 사안들도 있다. 바로 핵심이 아닌 지엽적인 사안을 놓고 어떻게 해야 하나 고민하는 경우가 그렇다. 비가 올 것으로 예상되는 오후에 중요한 미팅이 있는데 우산이 없는 상황을 떠올려 보라. 이 상황에서 초점을 맞춰야 할 것은 중요한 미팅이지 제대로 된 우산이 없다는 지엽적인 것이 아니다. 미팅의 결과에 따라 어떻게 대처할지를 고민해야 할 때에 '우산이 없어서 어떡해'라는 고민은 어쩌면 '중요한 미팅에 나가고 싶지 않아'라는 핑곗거리에 불과하다.

"그 일을 하고는 싶은데 만약 이렇게 되면 어떡하지? 그래서 하고 싶지 않아"라는 식으로 말하는 이가 제법 많은데, 여기에서 '이렇게 되면'이라는 말의 내용을 들여다보면 진짜로 이 사람이 그 일을 하고 싶기는 한 것인지 의심이 든다. 목표가 뚜렷하고 목표를 달성하고 싶다는 의지가 강하다면 그런 지엽적인 것들은 그냥 안고 가야 하지 않을까? 지엽적인 것 때문에 못 하겠다는 사람은 목표 달성을 위해 아무런 노력을 기울이고 싶지 않거나 누가 자기 대신 해 줬으면 좋겠다는 심보와 다를 바 없다.

기업이라고 해서 다르지 않다. 앞에서 언급한 마케팅 팀의 고객 경험 제고 방안에 대해 생산 팀은 공정을 변경할 경우 생산성이 떨어질 것이라면서 이런 식으로 반박했다고 한다. "마케팅 팀의 방안을 실행하면 좋겠지만 생산성이 떨어지면 어떻게 할 겁니까? 생산성 지표가 우리 팀에게 얼마나 중요한데요. 마케팅 팀에서 책임질 건가요?" 생산 팀의 입장이 이해되지 않는 것은 아니다. 생산성 지표로 팀의 성과를 평가받고 그것으로 팀원들의 성과급이 결정되니 내가 생산 팀장이라 해도 그렇게 대꾸할 수밖에 없을 것 같다(평가가 부서 간 협력을 깨뜨린다는 부작용은 '평가' 장에서 다루기로 하자).

하지만 '생산성 지표의 하락'은 고객 만족도의 추락과 고객 경험의 훼손에 비해 상대적으로 지엽적이며 핵심이 아니다. 우리에게 돈을 주고 제품을 구매하는 주체가 고객이라는 점을 떠올린다면, 무엇이 중요하고 시급한 것인지 바로 알 수 있다. '생산성이 떨어지니 어떻게 해'라고 최고 경영자가 생산성의 하락이 우려되어 그보다 훨씬 더 중요한 사안을 접는다면 그것은 고객에게 투자하고 싶지 않다는 핑곗거리에 불과하다.

마케팅 팀에서 여러 팀의 반대에 둘러싸인 상황, 즉 이슈에 봉착한다면 그 팀들의 반대 이유가 지엽적이고 부서 이기주의적이며 단기적인 점을 강조함과 동시에 더 중요하고 시급한 것이 무엇인지를 일깨움으로써 동의와 합의를 이끌어 내야 한다. 이렇듯 '이슈를 해결한다'는 말은 대립하는 이해관계자들의 의견을 충분히 조율하여 합의를 도출한다는 뜻이기도 하다. 문제를 해결한다는 말과는 다르다(이는 '문제 해결' 장에서 언급하겠다).

정리해 보자. 지금 무언가 걱정이나 고민(이를 기업에서는 보통 '컨선Concern'이라고 부른다)이 있다면 불확실한 상황에 처한 것인지, 이해관계자들의 반대에 봉착한 것인지, 혹은 '내가 컨트롤하기 불가능한 것' 때문에 어려운지, 진짜로 중요한 사안을 고민하고 있는지 스스로에게 질문을 던져 보라. 만약 이 4가지 질문에 '아니요'가 하나라도 있다면 그런 걱정거리는 이슈가 아니다. 이슈가 아니라 다음 장에서 설명할 '문제'다.

문제 해결
Problem Solving
생각이 부지런한 리더 되기

◆

해법이 어딘가에 있다고 전제하고 그 해법을 찾아가는 과정.
여기서 해법은 기대하는 바와
현재 상태 사이의 갭Gap을 줄이는 것이다.

"이슈는 불확실성 때문에 쉽게 결정을 내리지 못하거나 반대 의견으로 인해 실행에 난항을 겪는 상황을 말합니다. 불확실성이나 반대 의견(논쟁)이 없으면 이슈가 아닙니다. 북한의 행동이 불확실해서 우리가 대북 정책의 거시적 방향을 지금 당장 정하기 어렵다면 그건 이슈입니다. 모처에 원전을 새로 건설한다고 할 때 주민과 환경 단체 등 이해관계자들의 반대가 발생하여 정부가 쉽사리 사업을 추진하지 못한다면 그건 이슈죠.

반면 문제는 '불확실성이나 반대 의견이 해소된 조건에서 해법Solution을 찾아 실행해야 하는 상황'을 말합니다. '현재 상태와 기대 상태의 갭을 줄여야 하는 과제'를 의미하죠. 이해관계자 모두가 원자력발전소 건설에 합의했는데 '어떻게 원전을 짓지?' 하는 고민은 이슈가 아니라 문제입니다.

이슈가 해결되었다는 말은 불확실성이 해소되거나 이해관계자들 사이의 의견이 충분히 조율되고 합의되었다는 뜻입니다. 문제가 해결되었다는 말은 해법을 실행함으로써 현재 상태와 기대 상태의 갭이 없어졌다는 뜻입니다."

언젠가 이와 같이 이슈와 문제의 차이에 관한 짧은 글을 페이스북에 올린 적이 있다. SNS는 내가 주장하는 정의에 대해 사람들이 어떻게 반응하고 어떻게 생각하는지를 즉각적으로 알 수 있는 좋은 수단이다. 여러 댓글 중에서 다음의 글이 나의 눈길을 끌었다.

"저는 예전에 영국 사람들로부터 이슈와 문제의 차이점에 대해 다르게 들었습니다. 이슈는 사소한 문제로 비교적 쉽게 해결 가능한 것이고, 문제는 쉽게 해결이 불가능한 것이라고 말이죠. 그래서 영어 표현으로 고객에게 'Problem(문제)'이라고 얘기하면 큰일인 줄 오해하니까, 큰일이 아니면 'Issue(이슈)'라고 얘기하라고 조언을 받았습니다."

간단히 말해 상황이 심각하면 문제고 덜 심각하면 이슈라는 것이다. 영국인에게 두 단어의 뉘앙스는 상황의 심각성 차이로 나뉘는 모양인데, 나 역시 두 단어를 경영학적으로 고찰해 보기 전까지 이슈는 누군가가 '이거 한번 맞혀 봐'라고 툭 던져 주는 낱말 퀴즈 같은 것이고, 문제는 매섭게 추운 날 대학 입학 시험장에서 받아든 시험지 같은 것으로 여겼던 게 사실이다.

영영 사전에도 일반인의 용법을 반영한 뜻풀이가 담겨 있는 모양이다. 또 다른 '페친'이 남긴 댓글에서 알 수 있었다.

"An issue is an important subject that people are arguing about or discussing. A problem is a situation that is unsatisfactory and causes difficulties for people(이슈는 사람들이 논쟁하거나 토론하는 중요한 주제고, 문제는 불만족스러운 상황이자 사람들을 곤경에 처하게 하는 상황이다)."[104]

이슈는 토론의 주제고 문제는 사람들을 불편하게 만드는 상황이라는 것이다. 이 또한 납득할 만한 정의다. 이슈란 말을 떠올리면 〈100분 토론〉과 같은 시사 토론 프로그램에서 양측이 논쟁을 벌이는 광경이 떠오르니까 말이다. 또한 대학 입학 시험지에 가득 담긴 문제를 보면 엄청난 두려움과 압박감을 느끼기 마련이니까 문제의 사전적 뜻풀이도 충분히 수긍이 간다.

그러나 이 책은 실생활에서 쓰는 일반적 용법이나 사전적 정의를 정리하여 제시하는 공간이 아님을 강조하고 싶다. 이 책의 목적은 기업이나 단체 내에서 흔히 사용하는 용어지만 그 뜻을 제대로 알지 못하거나, '한 문장'으로 간명하게 정의하지 못하거나, 혹은 전혀 엉뚱한 의미로 사용하는 용어를, 내가 견지하는 경영의 관점에서 새로이 정의하기 위함이다.

앞에서 밝혔듯이 이슈는 불확실성 때문에 어떤 선택지를 택할지 결정을 내리지 못하거나, 상황이 확실해도 이해관계자들의 반대 의견으로 실행에 난항을 겪을 때를 말한다. 그래서 '이슈가 해결되었다'는 말은 불확실성이 해소되고 반대 의견들이 충분히 조율되고 합의되었다는 뜻이다. 이는 '사람들이 다투고 토론하는 주제'

라는, 앞서 영영 사전에서 제시하는 이슈의 뜻풀이와 통한다. 충분히 조율되고 합의되면 더 이상 다투고 토론할 필요가 없으니까 말이다.

문제, 문제 해결, 해법의 의미

그렇다면 문제란 무엇인가? 이슈와 달리 문제는 "불확실성과 반대 의견이 없다는 조건을 만족한 후에 해법을 찾아 실행해야 하는 상황"을 말한다. 여기에서 핵심 문구는 '해법을 찾아 실행한다'이고 키워드는 '해법'이다. 문제는 반드시 해법을 전제로 성립된다. "이 것이 문제다"라고 말하려면 어딘가에 해법이 존재한다고 전제해야 한다는 뜻이다.

이 말을 '해법을 찾을 수 있는 문제만을 문제라고 말한다'는 의미로 오해하지 말기 바란다. 해법을 찾기가 매우 어렵거나 불가능한 경우, 효과적인 해법이 무엇인지 전혀 감을 잡을 수 없는 경우라도 문제라고 봐야 한다. 수학에 젬병인 사람에게 아주 어려운 수학 증명 문제를 던져 주면 풀지 못할 게 뻔하다. 하지만 그래도 그건 문제이지 않은가? '우리나라의 심각한 출산율 저하'라는 문제를 두고 그간 출산 보조금 지급, 다둥이 가정 지원, 육아 휴직 확대 등 여러 해법이 제시되었지만 그다지 효과를 거두지 못하고 있다. 2019년부터 이른바 '인구 절벽'이 시작되어 2029년부터는 우리나라 인구가 감소한다고 하지 않는가?[105] 이런저런 대책을 시행해도 문제가 풀리지 않으니 해법이 없다고 생각할 수 있겠지만 그래도 '출산율 저하'는 문제다. 정리하면 문제 해결은 "해법이 어딘가에 있다고 전제하고 그 해법을 찾아가는 과정이자 해법을 실행하는 과정"이다.

그런데 이 정의의 키워드인 해법이란 말의 의미는 어떻게 정의할 수 있을까? 상식적으로 해법은 "기대하는 바에 도달하기 위한 방법" 정도로 간단히 정의할 수 있겠지만 그보다는 좀 더 확대된 의미를 가지고 있다. "기대하는 바를 포기하게 만들거나 끌어내리는 방법" 역시 해법에 해당하기 때문이다. 왜 그럴까?

오래된 중고차를 몰고 길을 달리는데 저 멀리에서 최신 스포츠카가 빠른 속도로 달려와 위협적으로 스쳐 지나가는 상황을 떠올려 보라. 매너 없는 스포츠카 오너에게 욕을 퍼붓고 싶은 감정이 솟겠지만, 시간이 좀 지나면 '나도 저런 스포츠카를 타고 싶다'는 마음이 생겨난다. 지금 몰고 있는 중고차를 볼품없는 고철덩어리로 보게 되고 '저런 멋진 차를 타고 다니면 이렇게 무시당하지 않을 텐데' 하며 한탄한다. 이때가 바로 문제가 발생하는 순간이다. 멋진 스포츠카를 꿈꾸는 상태와 낡아 빠진 중고차를 모는 상태 사이의 갭이 갑자기 인식되었기 때문이다. 즉 기대하는 바와 현재 상태 사이의 갭이 발생하고 그 갭을 줄여야 한다는 필요성이 느껴진다. 그리고 그 갭이 바로 문제에 대한 또 다른 정의다. 공식으로 표현하면 다음과 같다.

문제 = 기대하는 바 − 현재 상태

이 공식을 통해 해법을 "기대하는 바와 현재 상태 사이의 갭을 줄이는 방법"으로 다시 정의할 수 있다. 그 방법에는 현재 상태를 끌어올리는 것뿐 아니라 기대하는 바를 포기하게 만들거나 끌어내리는 것 또한 포함된다. 열심히 돈을 모아 최신 스포츠카를 구입하는 것(현재 상태를 끌어올리는 것)도 해법이지만, 그렇게 비싼 자동차를 사느니 새 차지만 내 형편에 맞는 중형 세단을 사는 것(기대하는 바를 끌어내리는 것) 역시 해법이 된다.

앞으로 "이것이 문제다"라고 말하기 전에 문제는 "기대하는 바와 현재 상태 사이의 갭"이라는 점을 반드시 떠올리기 바란다. 우리가 무엇을 기대하고 달성해야 하는지를 명확히 설정하고To-Be, 우리의 지금 모습과 조건이 어떠한지를 파악하는As-Is 것이 해법 탐색의 시발점이다. 기대하는 바와 현재 상태가 불분명한데도 무조건 그런 상황에 문제라는 타이틀을 붙이지 않아야 한다. "이번 달 매출이 떨어져서 참 문제야"라고 말하기 전에, 이번 달 매출로 달성해야 할 목표(기대하는 바)가 무엇인지, 그 목표가 왜 중요한지, 현재까지 쌓은 매출이 얼마인지(현재 상태)를 구체적으로 파악해야 한다. 그런 후에 문제를 다음처럼 표현해야 한다.

이번 달 매출 달성 문제 = 10억 원 − 7억 원 = 3억 원

이렇게 문제를 정의하면, 3억 원이라는 갭을 0원으로 만드는 게 해법이 된다. 해법은 다음과 같이 3가지가 존재할 것이다.

해법 1(기대하는 바를 끌어내리는 방법): 7억 원 − 7억 원 = 0원
해법 2(현재 상태를 끌어올리는 방법): 10억 원 − 10억 원 = 0원

문제 해결: 생각이 부지런한 리더 되기

해법 3(기대하는 바를 끌어내리고, 현재 상태를 끌어올리는 방법): 8억 원 − 8억 원 = 0원

용어 정의를 하다 보니 다소 딱딱해진 면이 없지 않지만, 조직 내 원활한 의사소통의 기본적인 조건 중 하나는 이런 용어의 의미를 구성원 모두가 '동일하게' 인식하는 것이라고 나는 생각한다. 구성원 모두가 어떤 사안을 이슈라고 인식한다면 불확실성을 해소하거나(혹은 불확실성이 엷어질 때까지 기다리거나) 이해관계자들 간의 의견 차이를 줄이고 합의안을 도출하는 방향으로 행동을 결집시킬 수 있다. 또한 그 사안이 이슈가 아니라 문제라고 인식되면 기대하는 바와 현재 상태를 명확히 파악하여 그 갭을 줄일 수 있는 해법 마련에 바로 돌입함으로써 환경 변화에 보다 민첩하게 대응할 수 있다.

나는 이런 "행동 방향의 일치 혹은 행동의 결집"이 '원활한 의사소통'의 본래 의미라고 생각한다. 서로 대화를 많이 하고 스킨십을 늘린다고 의사소통이 나아지지 않는다. 오히려 서로의 입장 차이만 벌려 놓아서 대립 관계가 더 악화될 수 있다.[106] 〈100분 토론〉과 같은 시사 토론 프로그램에서 하나의 이슈를 가지고 논쟁을 벌이는 모습을 보면 양측의 입장 차이가 좁혀지거나 합의가 도출되는 '훈훈한' 모습은 찾아보기 어렵다. 서로가 각자의 입장에서 얼마나 '잘못된 논리'에 휘말려 있는지를 확인하고 더욱 반목하면서 프로그램이 마무리된다.

생각이 게으른 리더의
잘못된 문제 해결

이슈와 문제는 모두 조직의 건강과 생존에 중요하고 동시에 시급하다. 그래서 신속한 의사소통이 필수적이다. 그리고 의사소통의 촉진, 즉 결집된 행동의 힘은 조직 내에서 사용하는 여러 용어의 정의에 대한 공통된 인식에서 출발한다. 이것이 조직에서 아무렇게나 혼용하는 이슈와 문제라는 용어를 올바르게 정의하고 구별해야 하는 이유다.

문제 해결을 위한 절차와 방법은 이미 많은 책에서 다루는 내용이므로 여기에서는 따로 언급하지 않기로 한다.[107] 다만 문제를 해결할 때 '생각이 게으른 리더'가 빠지기 쉬운 잘못된 마인드와 행동이 무엇인지 살펴보자.

생각이 게으르다는 말의 의미는 무엇일까? 조직 내외에서 문제가 발생하면 원인이 있기 마련이지만 그 원인을 짐작조차 못 할 때가 많다. 또한 개인이나 일개 부서가 원인이 아니라 여러 이해관계자의 공동 책임인 경우도 많다. 게다가 그런 잘못은 무언가 나쁜 의도를 가지고 저질렀다기보다 각자가 자기 입장에서 잘하려고 했던 '부분 최적화'의 결과인 경우도 왕왕 발생한다. 이럴 때 리더는 문제 발생의 메커니즘을 밝혀내고 이해하려는 자세를 견지해야 하며 구조적인 메커니즘을 개선하는 데 초점을 맞춰야 한다.

하지만 생각이 게으른 리더는 문제 발생의 책임자를 찾는 데 주력한다. 책임자 색출이 문제의 해법이라고 여기기 때문이다.[108] 조직 내외부의 시스템이 복잡하게 얽힌 구조 속에서 발생한 문제는 누가 원인인지, 누가 책임을 져야 할 사람인지 깔끔하게 발라내기가 어려운데도 불구하고 그저 "이 업무는 네가 맡았으니 문제 발생도 너 때문이야"라는 식으로 희생양을 지목한다. 시스템의 메커니즘에 집중하기보다 사람이 원인이라고 말하며 아주 간단명료하게 문제를 해결하고 손을 턴다. 상황보다는 개인의 성격이나 역량 때문에 문제가 발생했다고 간주하기 때문이다. 그러고는 문제를 일으킨 장본인에게 벌을 주거나 교육시키고 때로는 다른 사람으로 교체하면 다시는 그런 문제가 발생하지 않으리라 다시 한 번 명료한 비전을 제시한다. 그러나 구조적인 메커니즘의 개선이나 혁신 없이 희생양 찾기를 반복하면 비슷한 문제는 계속 발생한다.

이런 리더와 함께 일하는 직원들은 절대로 자기 업무에 깊게 몰입하지 못한다. 언제 문제 발생의 원인으로 지목당할지 모르니 문제가 벌어져도 외부에 노출되지 않도록 덮기에 급급하다. 문제는 영원히 해결되지 못하고 조직의 경쟁력은 급격히 노화된다. 생각이 게으른 리더 때문이다.

경영 현장에는
간단한 해법이 있을 수 없다

이것뿐이 아니다. 생각이 게으른 리더들은 무엇이든 쉽고 간단한 해법을 제시한다. "직원들이 회사를 그만두려는 경우가 많아? 그러면 연봉을 높여 주면 되지. 돈 많이 준다는데 그만두겠어?" "직원들이 열심히 일하지 않아? 그러면 평가를 강화하고 보상의 차등 폭을 넓혀서 긴장감을 강화시키면 되지. 뭘 그렇게 어렵게 생각해?" "저 회사가 이런 정책을 실시해서 재미를 봤대. 우리도 해 보자" "내가 유명한 사람이 쓴 책을 봤거든. 이렇게 저렇게 하면 좋을 거래. 당장 해 보자"라는 식이다. 그리고 고민하는 직원들에게 해맑은 미소를 띠며 "복잡하게 생각하지 마. 이러면 간단하잖아"라고 안심시킨다. 절대 고민하는 법이 없다.

경영 현장에서 발생하는 문제에는 "이게 답이야"라고 말할 만한 간단한 해법이 있을 수 없다. 어제 잘 먹혔던 해법이 오늘은 안 먹힐 수 있다. 저 회사가 잘 써먹은 해법이 우리 회사에서는 전혀 돌아가지 않을 수 있다. 유명한 저자가 쓴 책 속의 지혜, 신문이나 경영 잡지에 게재된 최신 경영 트렌드는 우리 몸에 맞지 않는 경우가 오히려 많다. 경영의 문제는 늘 새로운 원인에 의해서, 복잡한 시스템의 구조 때문에 발생하므로 늘 동일한 해법이 존재하지 않는다. 생각이 게으른 리더가 되고 싶지 않다면, 당연한 말이지만 깊게 생각하자. 수많은 경영서들, 선진 사례들, 이렇게 저렇게 전해지는 경영의 '비결'은 저 멀리 던져 버리자.

생각이 게으른 리더들은 어떤 문제든지 여럿이 함께 모여 집중적으로 궁리하면 해법이 나오리라 막연하게 기대하는 모습을 보인다. 그래서 이런 리더 밑에는 수많은 태스크 포스 팀TFT이 생겨났다가 어느새 없어지는 바람에 일상적인 업무 수행까지 크게 방해받는 부작용이 발생하곤 한다. 그러나 이렇게 '인력을 때려 넣는' 방식의 집중적 문제 해결은 그리 효과적이지 않다. 하버드대학교 경영대학원 교수 이선 번스타인Ethan Bernstein은 복잡한 문제일수록 간헐적으로 모여 문제 해결에 임하는 것이 더 낫다고 지적한다.[109] 번스타인은 3명으로 이루어진 팀들에 복잡한 문제 해결 과제를 부여했는데 팀원들끼리 아무런 상호 작용이 없는 팀, 항상 상호 작용을 할 수 있는 팀, 간헐적으로 상호 작용을 할 수 있는 팀, 이렇게 3가지 유형의 팀을 구성했다. 그랬더니 간헐적인 상호 작용 팀이 내놓은 해법의 질은 항상 상호 작용할 수 있었던 팀과 거의 유사했으나 해법의 수준이 상대적으로 일정했다는 측면에서는 더 나은 모습을 보여 주었다. 서로 상호 작용을 필요 이상으로 많이 하면 각자의 답을 실시간으로 참조할 수 있어서 그보다 우수한 아이디어의 창출이 저해되기 때문으로 풀이된다.

문제 해결 시 집단이 서로 밀접하게 상호 작용하면 이처럼 "구성원 간에 만장일치에 도달하려고 다른 대안을 억압하는 비합리적인 사고방식"인 집단 사고Groupthink가 출현하기 쉽다. 또한 그로 인해 "구성원 개개인의 역량 총합을 초과하는 힘이 발휘되는 현상"인 집단 지성Colletive Intelligence이 발현되기 어렵다. 집단 지성을 발휘하려면 집단 사고를 경계해야 한다(두 용어는 말이 비슷해서 헷갈리기 쉬우므로 잘 구분해야 한다).

생각이 부지런한 리더는 빠른 해법을 제시하는 사람이 아니라 고민하는 사람이다. 전지적 시점에서 직원에게 해법을 '하사하는' 사람이 아니라, 문제를 끌어안은 직원을 '돕고 지원하며 같이 고민하는' 사람이다. 직원들에게 문제가 생기면 본인에게 문제가 있지 않은지 스스로를 먼저 살피는 사람이다. 함께 모여 머리를 맞대 보자고 하는 사람이 아니라, 직원들이 집단 사고에 빠지지 않도록 세심한 주의를 기울이는 사람이다. 고민하기가 어렵다면 최소한 고민하는 척이라도 하자. 해법을 딱히 주지 않더라도 직원들을 돕고 지원하면 조직에 대해 갖는 믿음, 즉 '조직이 날 도와주는구나'라는 인식이 높아지고 그에 따라 조직 충성도 역시 높아져서 회사를 떠나려는 의도가 낮아진다는 연구도 있으니 말이다.[110]

  말은 쉽지만 실천하기 어려운가? 이해한다. 하지만 리더가 쉬운 자리는 아니지 않은가? 리더 노릇이 쉽다고 생각하는 것 자체가 게으르다는 뜻 아니겠는가?

문제 해결: 생각이 부지런한 리더 되기

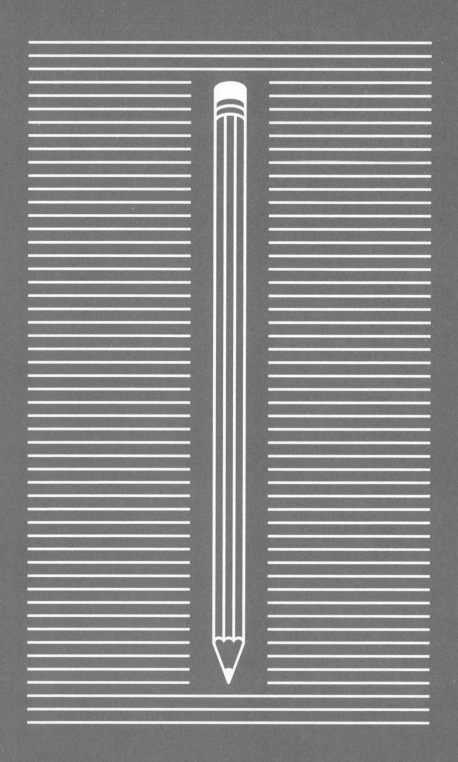

2부
조직과 관계 수업

팀
Team

◆

공동의 목표 달성에 기여하기 위해
각자의 업무 책임을 성실히 수행하며
상호 작용(의사소통)하는 사람들의 집단.

"팀의 의미를 한 문장으로 정의할 수 있나요?"

교육생들이 '팀은 그냥 팀이지 정의할 거리나 있나'라는 표정으로 나를 쳐다본다. 흔히 사용하는 경영 용어가 대부분 그렇듯이 팀역시 대답하기가 쉽지 않은 용어다.

"목표 달성을 위해 모인 집단입니다." 어렵사리 얻어 낸 대답들은 대개 이런 식이다. '목표 달성'이란 부분이 팀의 정의에 포함되긴 하지만 그것만으로는 팀의 의미를 온전히 표현하는 데 부족하다. 목표라는 문구에 무언가가 빠져 있기 때문이다.

"네, 그렇게 정의할 수 있는데요. 여기서 목표는 반드시 합의된 것이어야 합니다. 그러므로 그저 '목표 달성'이라고 할 것이 아니라 반드시 '공동의 목표 달성'이라고 말해야 옳죠. 팀은 팀원 각자의 목표 달성을 위해 모인 게 아니라 '하나의 합의된 공동 목표를 달성하기 위해 결성된 집단'입니다."

당연한 정의지만 이를 지키지 못하는, 무늬만 팀인 조직이 상당히 많다는 점을 부정할 수 없다. 어느 중소기업의 경영 지원 팀의 경우 비록 암묵적이긴 하나 "CEO의 업무를 보좌하고 경영 정보를 관리한다"라는 팀의 목표가 존재했다. 하지만 문제는 팀원들이 그 목표에는 별로 신경 쓰지 않고 회계 담당자는 회계 업무만, 인사 담당자는 인사 업무만 잘하면 그만이라는 생각에 사로잡혀 있었다. 그런 신념이 너무나 강했는지, CEO로부터 송년회를 개최할 장소를 섭외하라는 지시를 받고도 왜 그것이 경영 지원 팀의 업무냐며 노골적으로 불만을 드러냈다. CEO의 업무를 보좌하는 것이 그들 팀의 목표 중 하나임을 전혀 이해하지 못했을 뿐 아니라 오히려 왜 송년회에 비용을 낭비하는지 모르겠다면서 CEO의 지시를 차일피일 미뤘다.

모레가 송년회 예정일인데 오늘 찾아와 한다는 말이 "예약이 모두 차서 장소 섭외가 어렵습니다"였고 덧붙이는 이야기는 더 가관이었다. "비용도 많이 드는데 이번 송년회는 하지 않는 게 좋겠습니다." CEO가 왜 송년회를 하려고 하는지, 그 행사가 CEO와 회사 전체에 어떤 의미가 있는지 생각조차 하지 않고 자신들의 업무 소홀을 CEO의 탓으로 돌리려는 게 여간 괘씸하지 않았다. 옆에서 지켜보는 나도 분통이 터질 지경이었다(추가한다면 이 팀은 재고 현황을 알려 달라는 CEO의 지시에 "시간이 없어 재고 파악을 못 했습니다"라고 변명했다).

이 경영 지원 팀은 경영 지원이라는 공동 목표에 팀원들이 전혀 합의하지 않는(팀장조차 전혀 동의하지 않는) 조직이었기에 무늬만 팀이었고 오히려 회사 발전에 매번 뒷다리를 잡는 암적인 존재였다. 나중에 팀장을 해고하고 외부 직원들로 경영 지원 팀을 새로 꾸리는 특단의 조치를 취하고 나서야 '팀의 공동 목표에 팀원 각자가 모두 합의하는 조직'으로 거듭날 수 있었다.

그런데 여기에서 '합의'라는 말에 유의해야 한다. 팀원들끼리의 합의도 중요하지만 그보다 큰 상위 조직(본부 또는 회사 전체)과의 합의가 훨씬 더 중요하기 때문이다. 팀의 목표는 필히 회사 전체의 목표 달성에 기여하도록 설정되고 합의되어야 하는데, 이런 기본적이고 상식적인 조건을 만족시키지 못하는 경우를 많은 기업에서 어렵지 않게 찾아볼 수 있다.

언젠가 나는 품질 우선주의를 제1의 목표로 설정한 어느 회사를 자문했다. 그런데 품질 향상과 안정은 다른 조직의 책임인 양 연구 개발 팀은 신제품 개발에만, 구매 팀은 구매 단가를 낮추는 데만, 생산 팀은 생산 대수 초과 달성에만 열을 올리고 있었다. 각 팀이 목표 달성을 이루었기에 팀별 성과급이 지급되었지만 품질을 최우선시한다는 회사 전체의 목표는 CEO조차 망각한 듯 보였다. 매출액과 영업 이익이 작년보다 10퍼센트 넘게 성장했기 때문에 그런 문제는 눈에 띄지 않은 것일까?

공동의 목표 달성에는
업무 책임이 수반되어야 한다

알다시피 2018년 제18회 아시안 게임에 출전할 야구 대표 팀을 결성하는 과정에서 큰 논란이 벌어졌다. 실력보다는 병역을 치르지 않은 선수들을 최종 엔트리에 대거 기용한 것이 원인이었다. 우승할 경우 병역 특례를 주는 인센티브를 노골적으로 이용해 LG 트윈스의 오지환 등 특정 선수들을 밀어주는 게 아니냐는 반감이 크게 일었다. 이 때문에 아시안 게임이 끝나고 나서 대표 팀을 이끌었던 선동열 감독이 국정 감사의 증인으로 출석하는 곤욕을 치렀고 한 달 후 감독직을 사퇴하기까지 했다.[1]

선동열 감독이 일부러 병역 특혜를 기준으로 선수를 발탁했느냐 아니냐를 논하거나 탓하려는 것이 아니다. 의도와 상관없이 야구 대표 팀의 선수 기용은 그보다 상위 조직인 국민의 정서에 반하는 것이었고 국민적 합의를 얻지 못한 것이었다. 국민은 압도적 실력을 통한 우승이라는 목표를 기대했으나, 야구팀의 목표는 병역 혜택이었다고 충분히 오해받을 만했다. 대표 팀이 따낸 금메달의 가치에 대한 폄하와 선동열 감독의 사퇴는 결국 '합의된 공동 목표'라는 팀의 제1 조건을 위반한 결과가 아닐까?

회사 역시 하나의 팀이므로 하위 팀들이 각자 자신들의 이기적인 이익 극대화를 향해 뛰기(이런 행동이 '부분 최적화'다)보다는 회사 전체의 공동 목표 달성에 각 팀이 무엇을 어떻게 할지를 우선시해야 한다. 또한 회사의 공동 목표에 각 팀이 얼마나 기여했는지에 따라 보상이 이루어져야 한다.

그러나 "공동의 목표 달성"만이 팀의 온전한 정의라고 보기에는 아직 부족하다. "무언가를 함께 수행하는 사람들의 집단"이라는 팀의 사전적 정의에서 별로 벗어나지 못했다.[2] 우리는 '경영의 관점'에서 팀의 의미를 정의해야 한다.

공동의 목표를 달성하려면 그걸 가능케 하는 팀원 각자의 '업무 책임Accountability'이 필히 수반되어야 한다. 팀원 개개인의 업무 책임으로 공동의 목표가 구체화되어 실행되어야 한다는 의미다. 축구팀을 예로 들면, 공동 목표인 '승리'를 위해 공격수는 골을 넣고 수비수는 상대편을 막는 등 선수들이 각자 부여받은 역할을 수행하고자 할 때(역할을 잘 수행하느냐 그렇지 못하느냐는 다른 문제다) 우리는 그 집단을 팀이라 부를 수 있다. 팀의 정의가 온전해지려면 "공동의 목표 달성에 기여하도록 각자 업무 책임을 성실히 수행하는 사람들의 집단"이라고 해야 옳다.

그런 업무 책임(쉽게 말해 팀원 각자의 업무)을 구체화하지 않거나 팀원들이 각자의 업무 책임을 받아들이지 않는다면 그런 팀에는 공동 목표 달성의 과실만을 따먹으려는 무임승차자들이 우글거린다는 뜻이다. 주로 임시로 만들어진 TFT(태스크 포스 팀)에서 이런 현상이 두드러지게 벌어진다. 모 회사에서 중장기 발전 전략 수립을 위해 몇 개 팀이 모여 TFT를 만들었는데, 애초에 멤버로 선정되지 않았던 팀까지 TFT 참여를 요구하고 나섰다. 회장이 챙기는 일은 다들 피하려는 게 보통이라 그런 적극적인 모습이 처음에는 긍정적으로 보였지만 알고 보니 각자 이기적인 속셈이 있었다. 회장이 프로젝트에 기여한 자를 임원 승진에 감안할 거란 소문이 그룹 내에 돌았기 때문이다(그 소문이 사실이긴 했다).

그런데 문제는 TFT 멤버로 들어온 팀장들이 이름만 걸어 놓고 담당하기로 한 산출물을 제때 제출하지 않거나, 회의에 아예 참석하지 않거나, 어쩌다 회의에 오더라도 TFT의 목표는 안중에 없고 자기 팀 입장만 고집하는 모습을 보였다는 것이다. 어드바이저 Adviser로 참여한 나에게 강짜를 부리며 책임을 뒤집어씌우고, 회장 보고 때는 자신의 업적인 양 내세우는 등 추태에 가까운 행동을 서슴지 않았다. 한 팀장은 TFT 멤버들이 겨우 합의한 아이디어에 대해 회장이 의문을 제기하자 기다렸다는 듯이 "맞습니다. 그 아이디어는 문제가 아주 많습니다"라고 급인정하고 아주 교묘한 말로 다른 멤버들의 어리석음을 탓했다. 분하게도 그 팀장은 2년 후 임원 자리에 올랐고 그와 대치했던 다른 팀장은 몇 년 더 팀장 자리에 머물다가 퇴직하고 말았다. "공동의 목표 달성에 기여하기 위해 각자의 업무 책임을 성실히 수행하는 사람들의 집단"이라는 팀의 정의가 무색해진 사례가 아닐 수 없었다.

의사소통이 수행의 원동력이다

그런데 이 정의는 상당히 나아지긴 했으나 공동의 목표 달성을 위해 업무 책임을 수행하는 과정에서 반드시 필요한 요소인 '의사소통' 혹은 '상호 작용'이 빠져 있다. 노스웨스턴대학교 켈로그경영대학원의 리 톰슨Leigh Thomson 교수는 '상호 의존적Interdependent'이라는 단어를 써서 팀을 정의하는데(그의 정의는 주를 참고하기 바란다) 이는 '상호 작용'의 다른 표현이다.[3] 누구나 느끼듯이, 현실에서 팀원 각자의 업무는 칼로 자른 듯 명확하게 분리되는 법이 없다. 각자가 자기 할 일만 해서는 팀의 일이 원활하게 돌아가지 않는다. 내 일에 동료가 지원해야 하고, 동료의 업무 결과를 내가 이어받아 수행해야 하며, 그 과정에서 서로 정보를 공유해야 하고, 아이디어를 주고받으며 고도화해야 한다. 축구팀 선수들이 "여기로 패스!"를 외치거나 손짓으로 신호를 보내며 공격과 수비를 행하듯이, 업무 책임의 수행을 실제로 가능케 하는 '엔진'은 '의사소통'이라 할 수 있다.

팀원들이 하루 종일 아무런 대화 없이 자기 컴퓨터에만 코를 박고 있다면 물리적으로 한 공간에 있을 뿐 하나의 팀이라고 부를 수 없을 것이다. 일의 특성상 각자가 동일한 업무를 수행하고, 개인 선에서 모든 업무가 완결 구조를 가지며, 어느 누구의 업무가 다른 사람들에게 영향을 끼치지 않고, 동료와의 협업이 상황에 따라 오히려 불필요한 경우에는 진정한 의미의 팀이라고 볼 수 없다. 영업팀이나 콜센터, 전문가 집단(변호사, 교사, 의사 등)이 이에 해당하는 경우가 많은데(물론 모든 영업 팀, 콜센터, 전문가 집단이 그런 것은 아니다) 그저 관리의 편의성을 위해 물리적으로 한 덩어리의 조직으로 묶은 다음 팀이란 명칭을 부여하고 팀장을 임명한 것이라고 봐야한다. 반면 업무 특성상 물리적으로 같은 공간에 있지 않더라도(예를 들어 본사 팀에 소속된 지방 거점) 유선이나 인터넷을 통해 지속적으로 상호 작용한다면 하나의 팀이라고 충분히 인정할 수 있다.

지금까지의 논의를 정리하면 공동의 목표, 업무 책임, 상호 작용(의사소통)이 팀의 정의에 들어가야 할 3가지 키워드다. 즉 팀이란 "공동의 목표 달성에 기여하기 위해 각자의 업무 책임을 성실히 수행하며 상호 작용(의사소통)하는 사람들의 집단"이다.

　　팀의 정의가 이렇다면 팀장이 해야 할 최우선 과제가 무엇인지 보다 명확해진다. 공동의 목표를 제시하여 팀원 모두의(그리고 회사의) 합의를 이끌어 내야 하고, 팀원들이 공동 목표 달성에 기여하도록 각자에게 업무 책임을 명확히 배분해야 하며, 팀원들 간의 상호 작용이 유기적으로 이루어지도록 의사소통을 활성화시키는 것이 팀장의 임무다. 참신하고 효과적인 전략을 수립하는 일, 팀의 성과를 계속해서 높여 가는 일, 팀의 분위기를 화기애애하게 만드는 일 등은 이에 비하면 팀장의 임무로 부차적이라고 나는 생각한다. 규모와 상관없이 팀장에 임명된 자라면 팀의 정의를 필히 암기해야 하며(나는 암기해야 행동이 변한다고 믿는다) 매일 그 정의에 따라 본인이 행동하는지 점검하고 반성해야 한다.

　　팀이란 말에 꼭 따라다니는 단어가 있으니 바로 '팀워크'다. 이 용어 역시 아주 많은 오해를 지니고 있다. 잠시 후 살펴보자.

리더
Leader

"리더라는 말을 한마디로 정의하면 무엇일까요?" 내가 이 질문을 던지면 대부분은 마치 "삶이란 무엇인가?"라는 철학적 질문을 접한 듯 당황한 표정을 짓거나 고개를 숙인다. 나는 애써 시선을 피하는 사람을 굳이 일으켜 세운 다음 "리더라는 말은 참 많이 쓰이는 용어고 팀장님도 리더라는 말을 들으실 텐데요. 과연 리더란 무엇일까요?"라고 묻는다.

그는 멋쩍게 웃으며 "리더는 리드하는 사람이죠"라고 농담한다. 그러고는 한참 생각하다가 "목표 달성을 위해 사람들을 이끄는 자입니다"라고 덧붙인다. 나는 "여기에서 '이끈다'는 말이 가장 중요한 키워드 같은데요. 그렇다면 목표 달성을 위해 직원들을 이끌려면 리더는 무엇을 해야 하나요?"라고 재차 질문한다. 그는 "목표를 제시하고 구성원들에게 동기 부여를 해야 합니다"라고 어렵사리 대답한다. 틀리지 않은 답변이지만 단지 '목표 달성'을 '목표 제시'로, '이끈다'를 '동기 부여한다'로 바꾼 듯한 느낌이 강하게 든다. 나는 질문을 바꾸기로 한다.

"목표를 달성하게 하려면 리더는 어떻게 해야 합니까?"

"목표를 잘 알려 주고 잘 가이드해야 하죠."

"잘 가이드한다는 말의 의미는 뭡니까?"

"목표 달성의 방법을 일러 주고, 적절하게 피드백하고, 결과가 나오면 올바르게 평가해 주고…… 뭐, 그런 것 아닐까요?"

"리더란 무엇인가?"라는 질문에 대한 이야기는 이런 식으로 흘러가곤 한다. "리더는 그냥 리더지, 무슨 뜻이 있습니까? 물은 물이고 산은 산이죠. 저에게는 물을 정의하고 산을 정의하라는 말처럼 들립니다"라는 약간 짜증 섞인 반응이 나온 적도 있다. 그러나 단어의 정의를 한 문장으로 깔끔하게 말하지 못하거나 중언부언한다면 그 의미를 알지 못하는 것이다. 리더란 말의 정의를 모르면서 리더의 자리에 있는 건 어쩌면 면허증 없이 운전하는 것이나 마찬가지 아닐까?

일을 시키지 않으면 리더가 아니다

리더의 정의를 이야기할 때 가장 많이 등장하는 문구가 '목표 달성'이다. 그렇다면 목표 달성을 위해 구성원들을 이끌어 갈 때 리더가 취해야 할 구체적인 행위는 무엇일까? '비전을 제시한다' '동기를 부여한다' '목표 달성을 돕는다' '장애물을 제거하고 직원들을 지원한다' 등 여러 대답이 나오는데, 바람직한 리더의 모습이기는 하지만 숱한 리더십 강좌에 등장하는 미화된 리더의 이미지를 반복한다는 인상을 받게 된다. 그런 교과서적인 대답 말고 리더가 행하는 거의 모든 행위를 나타내면서 리더의 임무를 '적확하게' 지적하는 정의는 무엇일까?

　나는 "리더란 일을 시키는 사람"이라고 정의한다. 흔히 리더는 "목표 달성을 이끄는 자"라고 말하는데 구체적으로 어떻게 해야 이끌 수 있을까? 목표를 달성하려면 목표를 세부 목표로 나누고, 각 세부 목표에 도달하기 위한 실행 전략을 수립하고, 실행 전략을 여러 업무로 구체화해야 한다. 리더는 이렇게 설정된 여러 업무를 직원에게 배정하고 실행하게 만드는 자, 한마디로 "일을 시키는 사람"이다. 이것이 바로 리더의 거의 모든 임무를 한마디로 대변하는 정의다. 그러므로 일을 시키지 않으면 리더가 아니다.

　"리더는 솔선수범하는 자입니다." 이렇게 말하는 사람들은 솔선수범의 의미를 "직원들의 일을 돕는 것"이라는 의미로 받아들이는 것 같다. 어떤 이는 돕는 것에서 그치지 않고 "직원들의 일을 대신하는 것"이라고 보기도 한다. 직원들이 어떤 일에 애를 먹고 있으면 리더 본인이 그 일을 대신 처리해 주는 게 솔선수범의 예라고 설명한다.

　여기에서 더 나아가 솔선수범이 "직원들에게 '잡일'을 시키지 않고 리더 본인이 하는 것"이라고까지 생각하는 사람도 제법 많다. 일례로 팀장이 임원 회의에서 중요한 프레젠테이션을 할 때 직원에게 자료 복사를 지시하지 않고 본인이 직접 프린트, 복사, 스테이플러로 철까지 하여 준비하는 것을 솔선수범이라고 생각한다. 그 시간을 CEO의 예상 질문 대비에 써야 하는데 말이다.

솔선수범의 진정한 의미

솔선수범한다는 말은 조직이 설정한 미션, 비전, 핵심 가치, 전략목표, 전략, 행동 원칙 등을 리더 본인이 먼저 준수하여 직원들에게모범을 보인다는 뜻이다(나중에 '조직 문화' 장에서 다시 언급한다). 팀내에서 리더가 '회의 시작 시간을 엄수한다'는 원칙을 정했으면 리더가 제일 먼저 회의실에 모습을 드러내는 것이 솔선수범이다. 결코 직원의 일을 대신해 주는 것이 솔선수범이 아니다. 그런 리더는그저 마이크로 매니저일 뿐이다.

현장의 리더들을 만나 보면 애석하게도 가장 못하는 것 중 하나로 일을 시키는 것이라는 대답이 나온다. 왜 그런지 물어보면 '본인이 직접 해야 더 잘할 수 있다' '자세히 설명할 시간에 내가 처리하는 게 낫다' '일을 맡기면 통제하기 어렵다' '직원들의 업무가 많아서 일을 시키기가 미안하다' 등 다양한 이유를 댄다. 어떤 리더는 '일이 재미있어서 시키기 싫다' '일을 시키면 내가 할 일이 별로없다'는 식의 답을 하기도 한다. 대다수의 마이크로 매니저는 '실무감각을 잃지 말아야 한다'는 핑계를 대기도 한다.

하지만 대다수 리더의 속마음을 들여다보면, 직원들이 시킨 일을 거부할지 모른다는 두려움이 크게 내재되어 있음이 드러난다.'이 일을 언제 다 하라는 말인가' '지금 더 중요한 업무를 하고 있다' '이제 말씀하시면 어떻게 하느냐' '내 업무가 아니다' '할 줄 모른다' '김 대리가 나보다 더 잘한다' '조건만 만족되면 하겠다' '일이잘 안 되면 어떡하나' 등 갖가지 이유를 대며 지시를 거부하는 직원을 보면 리더들은 '그냥 내가 하고 말지'라고 체념한다. 이런 두려움이 커지면 솔선수범이라는 미명하에, 직원들의 업무를 본인이 대신 해 주면 존경받는 리더가 될 수 있다는 착각으로 이어진다. 자신도 모르게 마이크로 매니저가 되는 것이다.

"리더는 일을 시키는 사람"이라는 정의를 직원들은 불쾌하게 여길지 모른다. 리더는 일을 시키기만 하고 아무것도 하지 않는 사람, 직원에게만 업무 부담을 씌우고 '뒷짐 지고 노는 사람'이라고 생각하기 때문일 것이다. 오해하지 말기를 바란다. 중요한 것은 일을 시키는 것 자체가 아니라, 일을 '잘' 시키는 것이다. 일을 '잘' 시키는 리더가 직원들이 바라고 존경할 만한 리더다. 직원들이 리더에게 기대하는 역할, 즉 비전과 목표를 제시하고, 적절하게 피드백하며, 동기를 부여하는 등의 역할은 리더가 직원들에게 일을 '잘' 시킬 때 가능하다.

"작은 일을 올바르게 하고 싶다면 스스로 하라. 큰일을 하고 영향력을 발휘하려면 일을 시켜라." 리더십 전문가 존 맥스웰John C. Maxwell의 말처럼 리더의 최우선 임무는 '일을 잘 시키는 것'이다.

팀워크
Teamwork
어떻게 함께 일하는가

◆

**팀으로서 일하는 것.
일사불란함이나 빠릿빠릿함이 절대 아니다.
오히려 그 반대다.**

"직원들을 평가할 때 어떤 지표를 사용하십니까?"

나는 팀장 이상 관리자들에게 성과 관리를 주제로 강의를 시작할 때마다 이 질문을 던진다. 몇몇 관리자는 잠시 생각하는 듯하다가 문제 해결력, 협상 스킬, 창의적 사고 등 자기네 회사가 직원들을 위해 설계한 '역량 모델'을 답으로 제시한다. 하지만 이런 답이라도 내놓는 관리자는 그리 많지 않다. 대부분 눈을 끔벅거리며 내 입만 쳐다본다. 그럴 때마다 나는 인사 부서가 아무리 정교하게 역량 모델을 설계하고 홍보했음에도 불구하고 그것을 늘 염두에 두고 코칭에 활용하는 관리자는 그리 많지 않다는 느낌을 강하게 받는다.

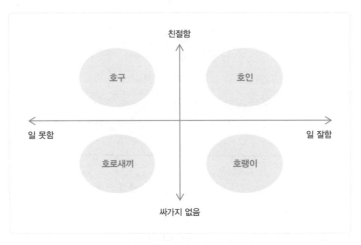

〔표4〕 호사분면

"그렇다면 여러분은 실제로 직원들을 이렇게 평가하지 않습니까?"

나는 화면에 2개의 축으로 이루어진 도표 하나를 띄웠다. 인터넷에 떠도는 '호사분면'이라 불리는 이 도표를 보자마자 관리자들이 웃음을 터뜨렸다. 한 축은 양 끝점이 '일을 잘한다'와 '일을 못한다'로 구분되어 있고, 다른 한 축은 '싸가지가 있다'와 '싸가지가 없다'로 되어 있다. 호사분면은 역량 모델을 정교하게 설계했다 하더라도 일선 관리자들은 직원들을 단지 2가지 요소로만 평가해서 4개 부류(호인, 호구, 호랭이, 호로새끼)로 나눈다는 현실을 꼬집고 있다. 솔직하게 생각해 보자. 머릿속에서 이 2가지 요소로 직원들의 순위를 정해 놓은 다음 역량 모델에 억지로 끼워 맞춰 평가하지 않는가? 나는 관리자들의 웃음은 폭소라기보다 현실을 직시할 때 멋쩍게 터져 나오는 실소에 가깝다고 생각한다.

이렇게 '지행일치'가 이뤄지지 않는 이유는 관리자들의 능력이 부족해서라기보다 사실 역량 모델이 지나치게 복잡하고 어렵기 때문이다. 직무별, 직급별, 직군별로 역량 모델이 상이할 뿐 아니라, 직원 1인이 평가받아야 할 역량이 적게는 6개에서 많게는 15개에 이른다(이보다 많은 경우도 드물지 않다). 또한 팀 내에 다양한 직무가 존재한다면 팀장 한 명이 직원 각자에게 적용되는 역량 지표들을 모두 기억하기란 무리가 아닐 수 없다.

두 번째 이유는 역량 모델을 구성하는 역량들이 필요 이상으로 '개인적 측면'을 강조하기 때문이다. 문제 해결력, 협상 스킬, 창의적 사고, 의사소통과 같은 역량들의 내용을 면밀히 살펴보면 개인 차원의 능력을 강조할 뿐, 실제로 팀에서 일을 올바로 수행하기 위해 절대적으로 필요한 '팀워크'를 외면하고 있다. 비유하자면 국어, 수학, 영어를 잘하면 높은 성적을 매기는 학교 시스템을 그대로 회사에 옮겨 놓은 듯하다.

이런 역량 모델로는 누가 동료들과 협업하고, 누가 팀을 위해 공헌하며, 누가 더 높은 차원의 성과 창출에 기여하는지 판단하기가 근본적으로 어렵다. 사실 관리자들이 현장에서 호사분면으로 직원들을 바라보는 까닭은 '싸가지가 있다, 없다'가 '팀워크'의 다른 표현이기 때문이고, 팀워크가 직원들이 무엇보다 갖춰야 할 역량임을 관리자들이 암묵적으로 인식하기 때문이다.

구글이 밝혀낸 팀워크의 조건, 심리적 안전감

그런데 팀워크란 말의 의미는 무엇일까? 이런 질문에 대한 여러 답변 중에서 가장 자주 등장하는 단어가 '함께'라는 말이다. 팀워크의 정의를 정확히는 몰라도, 무언가를 혼자 하는 게 아니라 '함께' 혹은 '같이' 수행하는 게 팀워크임을 어렴풋이나마 알고 있기 때문이다. '비즈니스딕셔너리닷컴businessdictionary.com'에 따르면, 팀워크는 "하나의 목표를 달성하기 위해 여러 사람이 함께 협력하며 일하는 과정"이라고 정의된다.[4] 좋은 정의다.

하지만 좀 더 간명하게 정의할 수는 없을까? 앞에서 팀의 정의를 살펴봤으니 팀이란 말을 넣어서 팀워크를 표현하면 어떨까? 나는 팀워크를 "Work As Team", 즉 "팀으로서 일한다"라고 정의하고 싶다. 이 문구에서 가장 중요한 단어는 'As'다. 경기를 승리하기 위해 혼자서 분투하는 게 아니라 '하나의 팀으로서' 경기에 임하는 것, 매출 목표를 달성하기 위해 각자도생으로 내부 경쟁하는 게 아니라 '하나의 팀으로서' 성과를 끌어올리는 것이 바로 팀워크다. 앞에서 팀의 정의가 "공동의 목표 달성에 기여하도록 각자의 업무 책임을 성실히 수행하며 상호 작용(의사소통)하는 사람들의 집단"이라고 했으니, 팀워크의 의미는 팀원 모두가 이러한 팀의 정의를 충실하게 따르는 것이 된다. 그러니 팀워크를 간단하게 표현하면 "팀으로서 일한다"가 되는 것이다.

팀원 모두가 '팀으로서 일하는' 즉 팀워크가 좋은 팀의 특징은 무엇일까? 구글은 이 시대를 대표하는 IT 기업이지만, 경영의 본질에 관한 탐구에도 열심인 특이한 기업이다. 널리 알려진 그들의 구호 "악해지지 말자"를 "천사가 되자Be Angel"로 바꿨다고 해도 믿을 정도로 자신들의 결과물을 누구나 공짜로 열람할 수 있도록 공개하고 있다. 연구 결과를 자신들만 알고 활용한다면 경쟁자들을 압도하는 경쟁력을 구가할 텐데 기꺼이 무료로 공개한다는 점에서 나는 구글이 위대한 기업이라는 칭송을 들어 마땅하다고 생각한다.[5] 구글이 개설한 '리워크re:Work' 사이트에 접속하면 목표 설정, 채용, 혁신, 학습 및 개발, 관리자 리더십 등 여러 주제에 관한 자체 연구 결과를 살펴볼 수 있다. 그러니 사이트의 존재를 몰랐다면 이번 기회에 꼭 접속해 읽어 보기를 추천한다.

그중에 '팀Teams'이라는 페이지를 클릭하면 구글이 2012년부터 3년 동안 진행한 '아리스토텔레스 프로젝트Project Aristotle'의 결과물을 샅샅이 들여다볼 수 있다. 이 프로젝트는 사람들이 팀워크에 대해 기존에 가지고 있던 개념, 즉 카리스마 있는 리더의 한 마디 지시에 구성원 모두가 '일사불란'하고 '빠릿빠릿'하게 움직이는 것이 팀워크라는 고정 관념을 상당 부분 깨뜨리고 있다.

유튜브로 팀워크를 검색하면 경기용 자동차의 바퀴를 아주 빠른 시간 안에 교체하는 동영상이 나온다. 레이싱 카가 경기 중에 타이어를 교환하러 피트로 들어오면(이를 피트 스톱Pit Stop이라 한다) 대기하던 21명의 팀원이 4개의 바퀴를 3초 이내로 교환하는 것이다. 이 장면을 보고 탄성을 터뜨리지 않는 사람은 없을 것이다. 일사불란하고 빠릿빠릿하게 움직이는 환상적인 팀워크라고 생각했는지 동영상을 올린 사람은 '모든 구성원이 자기 할 일을 잘 알고 수행하며, 아무도 다른 이의 일을 방해하지 않는 것'이 팀워크의 비결이라고 설명한다. 그러나 이런 유의 동영상은 좋은 팀워크의 본질을 지극히 편협하게 느끼도록 만든다. 왜냐하면 구글이 연구 결과를 통해 팀워크가 뛰어난 팀의 가장 큰 특징이라고 밝혀낸 '심리적 안전감Psychological Safety'과 배치되기 때문이다.

비판과 설득, 실패를 기꺼이 수용하기

심리적 안전감이란 하버드경영대학원 교수 에이미 에드먼슨Amy Edmondson이 창안한 용어로, 대인 관계에서 별다른 두려움을 느끼지 않고 타인에게 약한 모습(실패, 멍청한 대답 등)을 보인다 해도 괜찮다고 여기는 감정을 뜻한다.[6] 동료가 자신과 다른 의견을 제시할 때 '마음 놓고' 반박하고, 경우에 따라 동료의 일을 중단시키고 자기 생각을 설득시키며, 동료들이 자신의 의견을 논리적이고 합리적인 기준에 따라 비판한다면 기꺼이 수용하고, 말단 직원과 고참 직원 모두가 동등한 발언 시간과 기회를 보장받는 것이 심리적 안전감이다. 건설적인 간섭과 방해를 용인하고 기꺼이 수용하는 것이 오히려 좋은 팀워크의 기본 토대다.

왜 그럴까? 심리적 안전감이 높은 팀의 구성원들은 무언가를 실패할 경우 그 사실을 동료들에게 편안하게 털어놓을 수 있고 동료들은 실패했다는 것 자체에 비난을 가하지 않고 담담하게 실패를 인정한다. 이런 분위기여야 실패했음을 감추지 않고 솔직하게 드러낼 수 있다. 그렇다고 실패를 '그냥 봐준다'는 것은 아니다. 실패한 사람을 비난하고 희생양으로 삼기보다는 무엇 때문에 실패했는지 그 원인을 집중적으로 규명하고 실패를 반복하지 않기 위해 무엇을 어떻게 해야 하는지 철저히 연구하고 학습한다. 그리고 그 결과를 모든 팀원이 공유함으로써 더 나은 혁신과 의사 결정을 이끌어 낼 수 있는 동력을 얻는다.[7] 이것이 '팀으로서 일한다'는 의미의 진정한 팀워크다.

카네기멜론대학교의 애니타 울리Anita W. Woolley는 실험 결과를 통해 심리적 안전감이 뛰어난 팀의 팀원들을 살펴보면 2가지 흥미로운 행동 특성이 나타난다고 이야기한다.[8] 하나는 직급 고하와 상관없이 팀원 모두가 평등한 입장에서 비슷한 비율로 이야기한다는 점이다. 예를 들어 회의를 할 때 대화를 감시하거나 통제하는 사람이 없을 뿐 아니라, 참석자 각자의 발언 시간이 거의 비슷할 정도로 동등한 입장에서 각자의 의견을 개진한다. 두 번째 특징은 팀원 각자의 '사회적 민감성Social Sensitivity'이 평균보다 높다는 점이다. 사회적 민감성이란 상대방의 눈빛, 표정, 목소리, 몸짓 등을 통해 감정을 세심하게 헤아릴 줄 아는 능력을 일컫는다. 상대방의 눈치를 본다는 뜻은 아니다. 상대방이 현재 어떤 감정 상태인지를 직감적으로 파악해서 그에 따라 어떻게 대응할지, 언제 수용하고 언제 반박할지 등을 적절하게 조절함으로써 의사소통의 효과를 극대화할 줄 안다는 의미다. 팀원들의 사회적 민감성이 높아야 팀의 심리적 안전감도 높아지는 이유가 여기에 있다.

심리적 안전감이 떨어지는 팀, 즉 상사나 동료로부터 '심리적 위험'을 느끼는 팀의 구성원들은 실패를 감추려 한다. 이것이 불행의 시작이다. 상사와 동료들로부터 받을 비난이나 벌칙이 실패를 인정하지 못하도록 만들고 급기야 "이 실패는 나 때문이 아니라 저 사람 때문이야"라고 책임을 전가하는 데만 힘을 쓴다. 실패에 대한 학습은 온데간데없어지고 그로 인한 팀 내 갈등 때문에 서로 다른 관점과 의견 공유 역시 요원해진다. 결국 심리적 안전감이 떨어지는 팀은 문제 해결 방법으로 기존에 사용했던 동일한 전략과 절차를 반복하는 탓에 혁신이 끼어들 수 없고 팀의 성과는 늘 제자리에 머문다. "팀으로서 일한다"는 팀워크의 정의에서 멀어진 팀의 팀워크를 누가 좋다고 하겠는가?

치열하게 다투고 서로 교정하며
끊임없이 상호 작용하기

구글은 팀워크 구축을 위한 리더의 의무 중 가장 첫 번째가 심리적 안전감 구축이라고 말한다. 또한 신뢰성Dependability(동료들이 정해진 기일까지 기준에 부합하는 수준으로 업무를 완료할 거라는 믿음), 구조와 명확성Structure & Clarity(동료들의 역할, 계획, 목표 등을 명확하게 인지하는 수준), 의미Meaning(자기 업무가 개인적으로 본인에게 중요하다는 믿음), 영향력Impact(자기 업무가 회사 성과 향상과 사회 발전에 매우 중요하다는 믿음)이 팀워크가 높은 팀이 보이는 5가지 특징이라고 결론 내렸다. '신속하게, 정교하게, 실수 없이 일하는 게 팀워크'라는 말은 어디에서도 찾아볼 수 없다.

구글이 밝혀낸 팀워크의 특징이 드러나는 좋은 예 가운데 하나가 영국의 전설적인 록 그룹 퀸일 것이다. 리드 보컬이었던 프레디 머큐리의 이야기를 다룬 영화 〈보헤미안 랩소디〉가 2018년 국내에서 개봉했는데 음악 영화로는 보기 드물게 995만 명의 관객을 동원하며 흥행 열풍을 일으킨 덕에 이들의 음악과 스토리가 재조명되었다.

영화 속에서 프레디는 솔로 앨범을 내기 위해 팀을 이탈했다가 좌절을 경험한 후 팀으로 복귀하고자 멤버들에게 용서를 구한다. 화가 난 멤버들은 프레디에게 "용서할게. 됐지? 이만 가도 돼?"라고 차갑게 대한다. 이때 프레디는 이렇게 말한다.

"내가 고용한 사람들은 정말로 내가 시키는 대로만 했어. 로저, 너처럼 잘못된 걸 말해 주지도 않았지."

솔로 앨범 제작에 참여한 독일 뮌헨 출신의 드러머와 기타리스트가 자신의 요구 사항을 잘 따라 준 것이 고맙기는 하지만 오히려 문제였다는 것이다. 그는 그런 것은 진정한 팀워크가 아니라는 듯한 눈빛으로 멤버들에게 부탁한다.

"나에겐 너희가 필요해. 그리고 너희도 내가 필요해."

실제로 그는 멤버들에게 돌아가기 전인 1984년에 뮌헨에서 가진 인터뷰에서 본인이 얼마나 멤버들을 그리워하는지 인터뷰어에게 살짝 털어놓았다. 멤버들이 각자 개성이 강해서 그룹을 결성한 첫날부터 싸우기 시작했고, 음악에 있어서는 늘 그래 왔다고 말이다. 그리고 이렇게 말을 잇는다.

팀워크: 어떻게 함께 일하는가

"하지만 그 싸움들이 우리를 하나로 만들어요. 왜냐하면 보통 밴드들은 한 멤버가 너무 고집이 세서 해체된다고 생각합니다. 나머지 멤버들이 위축돼서 그럴 거예요. '이 자식 때문에 못해 먹겠다. 차라리 다른 밴드로 가야겠다'라고 말이죠. 하지만 우리 4명의 멤버들은…… 다들 성격이 강하거든요. 서로 절대로 봐주지 않아요. 우리가 이렇게 끝까지 함께하는 이유는 아무도 밴드를 나가고 싶지 않기 때문이에요. 밴드를 나가는 건 자기가 졌다고 스스로 인정하는 거잖아요. 그래서 계속 함께 있어요. 음악을 계속 만들 수 있고, 음반이 계속 팔리기만 하면, 뭐 상관없죠. 더 이상 팔리지 않으면 음악을 관두고 다른 일을 할 테니까요. 스트리퍼를 하거나 그러겠죠.(웃음)"9

자신의 의견이나 고집에 딴지를 걸거나 잘못을 지적하고 때로 서로 욕하거나 싸움을 걸기까지 하는 것이 음악적으로 성장할 수 있는 힘의 원천이며, 진정한 팀워크임을 그의 수줍은 고백에서 느낄 수 있다. 비록 그가 인터뷰에서 팀워크라는 단어를 쓰지는 않았지만 '함께 음악을 만들고 그 음악을 대중에게 판다'라는 공동의 목표와 책임을 위해서라면 멤버들끼리 치열하게 다투고 서로를 교정하며 끊임없이 상호 작용하는 것이 진정한 팀워크임을 느끼게 한다. 퀸이 위대한 록 그룹으로 기억되는 이유는 이러한 심리적 안전감, 신뢰성, 구조와 명확성 등을 기반으로 한 팀워크가 있었기 때문이다.

팀 플레이어의 3대 핵심 덕목

그런데 팀원들 중 누가 팀워크에 기여하는 '팀 플레이어Team Player' 인지 파악할 방법은 없을까? 경영 컨설턴트인 패트릭 렌시오니 Patrick Lencioni는 "겸손Humility, 갈망Hunger, 영리함Smart, 이 3가지가 팀워크를 떠받치는 핵심 덕목"이라고 말한다.[10]

겸손은 팀워크에 당연한 요소다. 좋은 기회를 잡은 다른 선수 에게 공을 넘기지 않고 본인이 공을 독점하는 축구 선수에게 팀워 크 점수를 높게 줄 수는 없을 테니까 말이다. 두 번째 요소인 갈망 은 팀의 정의를 "동일한 목표 달성을 위해 모인 집단"이라고 볼 때 목표 달성의 '연료'로서 팀워크에 역시나 필수적이다. '배고프지 않 은' 직원은 자신에게 공이 패스되어도 상대 선수의 태클에 맥없이 무너지고 쉽게 포기할 것이다. 세 번째 요소인 영리함은 렌시오니 가 지적했듯 가장 오해받기 쉬운 덕목이다. 그는 영리함이란 '타인 에 대한 상식', 즉 대인 관계를 잘 이해하고 그에 맞춰 적절하게 행 동하는 능력이라고 정리한다. 개인적 능력의 대표 격인 '지능'과는 아무런 상관이 없는 개념이다. 앞에서 말한 사회적 민감성과 동일 하다고 봐도 된다.

나는 기회가 생길 때마다 미국식 성과주의 인사 제도의 폐해를 지적하며 이를 폐기하라고 이야기한다. "평가를 버려라"라는, 단정 적으로 들리지만 근거가 확실한 나의 주장에 인사 담당자들은 놀 랍고 의심스러운 표정을 지으며 이렇게 질문한다.

"그러면 직원들을 무엇으로 평가합니까?"

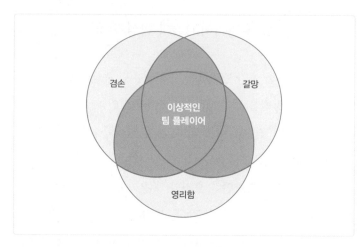

〔표5〕이상적인 팀 플레이어의 밴다이어그램

평가를 버리라고 했음에도 또다시 평가를 언급하는 것을 보면 어지간히 평가를 버리기가 쉽지 않고 두려운 모양이다. "정 그렇다면 이것으로 평가하세요." 나는 한숨을 한 번 쉬고 나서 화이트보드에 겸손, 갈망, 영리함을 벤다이어그램으로 그린다.

사실 호사분면에서 '싸가지가 있다, 없다'라는 축을 구체적으로 순화시켜 세분하면 겸손, 갈망, 영리함이라고 볼 수 있다. 나는 여기에 '일을 잘한다, 못한다' 혹은 '성과를 낸다, 못 낸다'라는 요소를 덧붙이면 직원들의 업적과 역량을 총체적으로 평가하고 가이드를 주는 데 아무런 부족함이 없다고 생각한다. 겸손, 갈망, 영리함을 통해 팀워크를 증진하는 과정에서 문제 해결력이니 창의적 사고니 하는 역량도 함께 육성되고 크고 작은 성과 역시 창출된다고 보기 때문이다.

관리자의 임무란 심리적 안전감을 토대로 팀워크를 장려함과 동시에 허울뿐인 역량 모델을 버리고 겸손, 갈망, 영리함이라는 세 요소를 통해 직원들을 이상적인 팀 플레이어로 육성하는 것이다. 직원들 역시 조직 성과에 기여하는 진정한 보람을 느끼고 성장을 경험하고자 한다면, 팀에 기여하는 팀 플레이어가 되도록 스스로 노력하는 것이 가장 빠른 지름길이다.

그런데 기업이 위기에 직면하면 재무적인 측면에 힘을 집중하느라 팀워크의 우선순위는 한참 뒤로 밀리고 만다. 상황이 급박해지면 생존에 집중하는 것이 자연스러운 반응이지만, 급기야 인력 구조 조정이라는 악수를 두는 바람에 한 줌 남은 팀워크조차 소멸시키는 기업이 상당히 많다. 좀 더 멀리 볼 줄 아는 리더라면 "팀으로서 일하는 것"이야말로 위기 탈출의 가장 강력한 엔진이라는 사실을 깨닫고 팀워크를 강력하게 발휘하는 방법을 고민하기 바란다.

신뢰
Trust

팀워크 구축의 전제 조건으로 흔히 이야기되는 것이 팀원들 간의 신뢰다. 서로를 신뢰할 수 있느냐 없느냐는 상대방을 긍정적 혹은 부정적으로 평가하는 데서 가장 중요한 요소다.[11] 서로를 신뢰하면 매번 새로운 합의와 결정을 거치지 않고도 협력할 수 있다. 하지만 상호 신뢰가 없으면 누가 누구에게 지시하거나 강제하는 양상으로 오해받을 수 있고, 설령 상대방의 일을 돕는다 해도 의심 때문에 팀워크는 쉽게 와해돼 버린다.

그렇다면 팀원 각자는 신뢰를 구축하기 위해 어떤 노력을 해야 할까? 이 질문은 누군가를 신뢰할 수 있느냐 없느냐를 판단할 때 어떤 기준을 떠올리는가, 즉 "타인의 신뢰도를 평가하기 위한 세부 요소는 무엇인가"라는 물음으로 이어진다. 그 요소가 상호 신뢰를 위해 노력해야 할(혹은 갖춰야 할) 기본일 테니 말이다.

신뢰의 3요소: 의도, 능력, 일관성
상대방의 신뢰도를 평가할 때 가장 중요하게 판단해야 할 요소는 바로 '의도'다. 상대방이 나를 도와주거나 따를 의도가 있는가 없는가, 혹은 본인의 이익을 위해 나를 기만할 가능성이 있는가 없는 가가 가장 중요하다. 상대방으로부터 좋은 의도를 지닌 사람으로 인정받으려면 타인의 이슈와 우려에 대해 늘 관심을 갖고, 기꺼이 협조하며, 타인과의 갈등을 원만하게 풀어 가고, 솔직하게 피드백 하는 노력이 필요하다.

하지만 의도가 신뢰의 전부일까? 어느 팀원에게 고객 만족도 조사를 부탁했더니 몇 날 며칠 밤늦도록 자료 조사와 분석 작업 에 열중하는 모습을 보였다고 하자. 그 팀원은 신뢰할 만한 사람일 까? 아마 많은 이가 '그렇다'라고 답할 것 같은데, 일반적으로 신뢰 도를 판단할 때 나를 도와주거나 내 말을 따를 '선한 의도'가 있느 냐를 매우 중요시하기 때문이다. 그런데 마감일에 책상 위에 올라 온 보고서를 살펴보니 전혀 논리적이지 않은 방법론으로 조사했을 뿐 아니라 데이터의 신빙성도 떨어진다고 해 보자. 여전히 그 팀원 은 신뢰할 만한 사람일까? 이때는 '아니다'라는 대답이 많을 것이 다. '능력' 없이 '좋은 의도'만으로 신뢰를 얻을 수는 없다는 뜻이다. 자신의 능력을 키움으로써 동료들이 언제나 업무의 결과를 기대할 수 있게 만드는 것('저 친구는 그 정도의 일은 며칠 안에 완벽하게 끝내는 사람이야') 또한 신뢰를 얻는 데 매우 중요하다.

그렇다면 좋은 의도와 함께 능력까지 갖춘다면 신뢰할 만한 팀 원이 될 수 있을까? 애석하게도 그렇지 않다. '일관성'이란 요소도 매우 중요하기 때문이다. 능력이 있고 팀의 발전을 위하는 마음(의 도)이 충만한 팀원이 경영진 앞에서 신사업 아이디어를 발표하는

데 빔 프로젝트를 제대로 준비하지 못해 프레젠테이션이 엉망이 되었다. 게다가 그런 일이 자주 일어난다면 신뢰도가 떨어지는 게 인간의 마음이다. 어떨 때는 잘하다가 어떨 때는 실수하는 경우가 잦으면 믿고 의지할 마음이 약해진다. 따라서 신뢰받는 팀원이 되려면 약속을 항상 지키고, 실수 가능성을 최대한 줄이며, 상대방이 원하는 수준보다 더 높은 기준을 스스로에게 부여하고, 우연의 발발(예를 들면 빔 프로젝터 고장)에 미리 대비해야 한다.

정리하면 신뢰란 "좋은 의도를 가지고 자신의 능력을 일관성 있게(우연에 좌우되지 않고) 실현해 내는 것"을 의미한다.

신뢰 = 좋은 의도 × 능력 × 일관성

서로 신뢰하는 조직은 그렇지 않은 조직보다 앞서 나갈 수 있음을 경제학자 폴 자크Paul J. Zak의 연구를 통해 추측할 수 있다.[12] 그는 42개국 사람들에게 "대부분의 사람이 대체로 믿을 만하다고 생각합니까?"라는 질문을 던지고 경제와 신뢰의 관계를 검증했다. 그 결과 "타인이 믿을 만하다"라고 답한 사람의 수가 15퍼센트 증가하면 1인당 연간 소득이 1퍼센트 증가한다는 분석을 내놨다.

신뢰가 팀워크의 중요한 요소고 팀워크가 회사의 성과에 지대한 영향을 미치는 변수라면, 팀원들의 상호 신뢰를 높이는 일이 품질 향상과 기술 개발보다 우선할 과제가 아닐까?

협업
Collaboration

공정하게 이익 나누기

◆

다자가 공동 목표를 추구하고
각자의 기여를 인정받는 것.
공동 목표가 설정되지 않으면 협업이 아니다.

"제가 볼 때 우리 조직의 가장 큰 문제는 부서 간의 협업이 잘 이루어지지 않는다는 것입니다."

어느 고객사의 임원이 미팅 자리에서 내게 이렇게 말했다. 그 회사는 업력이 15년쯤 되고 500명 내외의 직원을 보유한, 정보 통신 분야의 알짜 기업으로 알려진 곳이었다. 나는 그에게 물었다. "부서 간의 협업이 원활하게 이루어지지 않는 이유는 무엇이라고 보십니까?"

"글쎄요. 회사 내부에서 분석해 본 적이 있는데요. 우리가 팀을 지나치게 세분했기 때문은 아닐까 의심이 들더군요. 한 팀으로 구성해도 충분한데 전문성을 강화하고 수평적인 조직 분위기를 만든다는 이유로 기존의 팀들 중에 몇 곳을 2개 이상으로 쪼갠 적이 있습니다."

나는 질문을 던졌다. "팀을 세분하기로 결정할 때 새로 만들어질 팀들의 의사소통 문제, 업무 프로세스 연관 문제 등을 고려하지 않으셨나요?"

"물론 나름대로 충분히 고려했죠. 의사소통의 빈도가 적은 업무들, 업무 프로세스 관련성이 낮은 기능들을 구분하여 팀을 구성했으니까요. 예를 들어 예전에는 경영 관리 팀이라는 1개의 팀이 인사, 총무, 구매, 회계 업무를 총괄했습니다. 그런데 조직 규모가 커짐과 동시에 각 기능의 전문성을 강화하고 책임을 확실하게 부여할 필요가 있어서 인사 팀, 총무 팀(구매 업무 포함), 회계 팀, 이렇게 3개 팀으로 분리했습니다. 그렇게 분리하면서 신규 팀장들에게는 서로 업무 협조를 적극적으로 해야 한다는 바를 여러 번 교육시켰습니다."

"애초에 의사소통 필요성과 업무 프로세스 연관성이 적은 기능들을 팀으로 분리시켰다고 하셨는데, 부서 간의 협업이 잘 안 된다고 말씀하시는 건 좀 모순처럼 들리는데요?" 나는 고개를 갸웃했다.

"네, 그럴 겁니다. 헌데 일을 하다 보니까 분리된 팀들끼리 함께 해결해야 하는 일이 종종 발생하더라고요. 예를 들면 인사 팀이 대학생들을 대상으로 채용 설명회를 진행할 때 팸플릿, 기념품, 기타 비품 등 여러 물품이 많이 소요되기 때문에 총무 팀의 도움을 받아야 하거든요. 하다못해 행사장까지 물품을 옮겨다 줄 인력도 협조를 받아야 하구요. 경영 관리 팀 소속으로 함께 일할 때는 팀장의 지시에 따라 별 탈 없이 이루어지던 게 이제는 서로 다른 팀이 되었다고 '공식적으로 협조를 요청하라'고 뒷짐을 지거나, '우리도 업무가 많아서 돕기가 어렵다'며 난색을 표하거나, 앞에서는 돕겠다고 말해 놓고 정작 때가 되면 돕지 않는 일이 발생하는 겁니다."

"그렇군요. 채용 설명회는 분명히 인사 팀의 업무인가요?"

"네, 맞습니다."

"채용 설명회를 잘 치러서 좋은 인재를 미리 확보하는 데 성공하면 인사 팀은 경영진으로부터 좋은 평가를 받겠군요?"

"당연히 그렇죠."

"인사 팀이 채용 설명회를 잘 치르도록 도와준 총무 팀은요? 총무 팀도 칭찬을 받습니까?"

"총무 팀이 도와줘야 일이 잘된다는 걸 경영진도 잘 알기 때문에 총무 팀도 칭찬받아 마땅하죠."

협업과 협력의 구분 기준, 공동 목표와 기여 인정

나는 이쯤에서 핵심을 찌르기로 했다. "그런 말로만 하는 칭찬 말고요. 공식적으로 좋은 평가를 받습니까? 다시 말하면 인사 팀 업무를 도와준 일이 총무 팀의 공식적인 업적으로 인정받아 팀 평가에 반영되느냐, 이 말입니다."

임원은 잠깐 생각하더니 대답했다. "아뇨, 그렇지는 않습니다. 채용 설명회는 전통적으로 인사 팀의 업무고 매년 설정되는 목표 중 하나입니다. 총무 팀의 목표는 아니죠."

"채용 설명회가 총무 팀의 목표로 채택되지 않는다면 총무 팀이 인사 팀을 도울 이유는 없지 않을까요?"

임원은 약간 상기된 얼굴로 말했다. "그래도 회사 전체의 발전을 위한다면 애사심을 가지고 팀 목표를 초월하여 인사 팀을 도와야 하는 게 아닌가요? 저는 팀장들에게 항상 이 점을 강조해 왔습니다."

나는 물을 한 모금 마시면서 그의 흥분이 가라앉기를 기다렸다가 말을 이었다.

"안타까운 점이긴 하지만 직원들에게 애사심을 기대하고 대가 없는 협조를 바라기가 어려운 시대입니다. 밀레니얼 세대가 60퍼센트 이상을 차지하는 귀사에서는 더욱 그렇습니다. 도와줘 봤자 아무런 이득이 없고 오히려 일할 시간을 뺏기고 자기네 팀 목표 달성에 방해가 되는데 누가 나서서 자발적으로 다른 팀을 도울까요? 총무 팀장이 자기네 팀원들에게 '채용 설명회 일을 도와줄 사람 없나?'라고 물으면 누가 번쩍 손을 들겠습니까? 결국 총무 팀장은 '며칠 없다고 해도 업무 공백을 발생시키지 않을' 능력 없는 팀원 한두 명을 인사 팀에 보내 주고 생색을 내겠죠. 결과적으로 '총무 팀이 인사 팀에 협조를 잘했다'로 남들에게 보이겠지만 채용 설명회의 질은 저하되고 말 겁니다.

부서 간의 협업이 잘 이루어지지 않는 원인은 팀을 잘게 쪼갰기 때문이거나 직원들이 이기적이기 때문이 아닙니다. 팀 MBO(목표 관리), 팀 KPI(핵심성과지표) 등 성과 관리의 대상을 팀 단위로만 강화한 탓입니다. 팀을 초월하는 업무, 즉 협업이 필요한 업무에 대해 각 참여자의 기여를 공식적으로 인정하는 시스템이 없기 때문입니다. 인사 팀과 총무 팀의 협업을 기대하려면, 채용 설명회를 두 팀의 공동 목표로 설정하고 그 결과를 평가하여 그에 상응하는 조치를 내려야 합니다. 그런 공동 목표가 있어야 채용 설명회라는 하나의 '프로젝트'에 대해 두 팀이 하나의 팀으로 협업할 수 있습니다. 애석한 일이지만 그냥 협업을 잘해야 한다는 정신 교육만으로 작동하지 않습니다. 그저 협조를 기대하는 수밖에 없지요."

흔히 기업들이 협업Collaboration과 협력Cooperation을 혼용하는 경우가 많은데, 이 두 용어는 엄격한 구분이 필요하다. 협업은 위의 대화에서 드러나듯이 "다수의 참여자가 '공동 목표'를 추구하고 각자의 기여를 인정(평가)받는 구조로 모일 때"를 일컫는다. 그렇기에 협업의 참여자들은 동등한 입장에서 모든 계획과 절차를 공유해야 하며 공동 책임으로 의사 결정권을 행사해야 한다. 반면 협력은 "공동 목표가 아니라 타자의 목표 달성을 도울 때, 그리고 그 기여를 인정받지 않아도 되거나 인정할 필요가 없을 때"를 말한다. 따라서 도움을 제공하는 자는 도움을 요청한 자에게 정보 공유를 요구할 권한도, 의사 결정에 참여할 권한도 없다. 간단하게 말하면 협업과 협력은 공동 목표가 있는가 없는가, 기여를 인정받는가 아닌가로 구분된다.

협업은 목표 달성으로 얻어지는 성과물에서 기여한 만큼의 대가를 기대하는 협조인 반면, 협력은 그러한 공식적 대가가 전제되지 않는 협조다. 서두에서 임원은 '부서 간의 협업'이 잘 이루어지지 않는다고 말했는데, 애초에 공동 목표를 부여하고 평가하는 시스템이 없기에 이는 잘못된 표현이다. 그는 '부서 간의 협력'이 잘 이루어지지 않는다고 말했어야 한다.

공동 목표를 달성하려면 참여자들이 사전에 구축된 의사 결정 구조에 따라 움직여야 한다. 그런 점에서 협업은 마치 지휘자가 이끄는 오케스트라와 같은 협조 체계인 반면, 협력은 사전에 결정된 바 없이 대부분 즉흥적으로 요청받아 행해지는 비공식적 활동이다. 협업은 시스템의 이슈고, 협력은 조직 문화의 이슈다. 그러니 협업의 문제를 협력의 문제로 다루면 안 된다.[13]

물론 협력은 '이번에 내가 도와줬으니 다음에는 네가 나를 도와야 한다'는 상호 호혜를 기대하여 이루어지지만 그런 암묵적 합의의 결속력은 조직마다 다르기 마련이다. '내가 도와주면 언젠가는 반드시 도움받는다'는 강한 신뢰가 형성된 조직이라면 상호 호혜의 암묵적 합의는 쉽게 깨지지 않을 것이고 종종 협력이 협업을 대체하기도 할 것이다.

협업 소프트웨어의 한계

임원은 내 말을 이해한 듯했지만 뭔가 석연치 않은 표정이었다. "부서 간의 협업이 필요할 때마다 공동 목표를 설정하고 그걸 평가하여 각 부서의 업적으로 인정하기로 한다면 정말로 복잡할 것 같습니다. 일일이 그렇게 하다가는 배보다 배꼽이 커져서 관리 업무가 폭증할 텐데요."

"네, 그럴 우려가 있습니다. 허나 언제나 그렇듯이 적당한 선에서 타협할 필요가 있습니다. 말씀하신 채용 설명회처럼 목적과 목표가 뚜렷하고 일정 기간 동안 인력과 비용을 집중시켜야 하는 업무, 그리고 반복적이고 정기적으로 발생하는 업무는 공동 목표를 설정, 평가, 반영해야 합니다. 하지만 자료 취합, 관련 부서 회의 참석 등 단발적이고 단순한 협조 요청까지 그런 협업 구조로 운영할 수는 없겠죠."

그는 무언가를 물으려다가 말았다. 나는 말을 이었다. "뭔가 궁금하신 게 있는 것 같은데요? 혹시 이런 점이 걸리시나요? 처음에는 협업이 아니라 협력 구조로 다른 팀의 업무에 협조했는데 진행하다 보니 우리 팀의 인력과 시간을 많이 잡아먹어서 이러지도 저러지도 못하는 상황엔 어떻게 해야 하나, 이게 궁금하신 거죠?"

"아, 맞아요. 정확히 그렇습니다."

"업무 진행 중간에 혹은 마지막에 이르러 협력이 아니라 협업 구조로 바꿔야겠다는 생각이 들면 팀의 상위 부서(본부나 부문)의 중재하에 언제든 공동 목표를 설정하면 됩니다. 운영의 묘를 살려 유연하게 대처하면 이런저런 사소한 경우들은 쉽게 해결할 수 있습니다. 말이 나온 김에 이제부터 부서 간의 협업을 어떻게 제도적으로 운영할지 깊게 논의해 볼까요?"

그러자 임원은 뭔가 생각난 듯한 표정을 지으며 말했다. "이건 좀 다른 이야기일지 모르겠는데요. 협업을 도와주는 소프트웨어를 활용하면 어떤가요? 요새 젊은 친구들이 야머Yammer, 슬랙Slack, 트렐로Trello 같은 협업 소프트웨어를 많이 사용하던데요. 정말로 도움이 되나요?"

소프트웨어 전문가가 아닌 나는 그의 질문에 어떻게 답해야 할까 잠시 생각하다가 얼마 전에 읽었던 논문을 떠올렸다. 그 연구는 특정 소프트웨어에 대한 실험은 아니었다. 하지만 문제 해결 초기에는 소프트웨어를 통한 협업이 문제 해결에 필요한 정보를 탐색하는 데 효과적인 반면, 함께 습득한 정보를 분석하고 해법을 찾는 데는 별로 도움이 안 될 것임을 시사했다.[14] 보스턴대학교 경영대학원 교수 제시 쇼어Jesse Shore는 실험 참가자 417명을 모아 미국 국무부에서 개발한 '엘리시트ELICIT'란 시뮬레이션 게임을 하도록 했다. 이 게임은 테러리스트로부터 공격을 받는 여러 상황을 가정하는데, 참가자들은 25분 동안 테러리스트가 누군지, 테러리스트의 공격 대상은 무엇인지(예를 들면 대사관인가 교회인가), 언제 어디에서 공격이 발생할지 알아내고 그에 따른 대응책을 제시해야 한다. 쇼어는 게임을 시작할 때 참가자들에게 2개의 단서를 주고 1분에 한 번씩 더 많은 단서를 찾을 수 있는 기회를 부여했다.

참가자들은 16명으로 이루어진 그룹의 일원으로 참여하여 게임에 임했는데, 쇼어가 알아보려 했던 것은 협업의 수준과 문제 해결 '품질' 사이의 관련성이었기 때문에 그룹의 형태는 구성원 간 연결이 밀접한 것부터 느슨한 것까지 모두 4가지로 다양화했다.

게임을 수십 차례 반복 실행하고 나서 얻은 데이터는 가장 연결이 밀접한 그룹이 가장 연결이 느슨한 그룹에 비해 5퍼센트 더 많은 정보를 수집한다는 사실을 보여 줬다. 아마 옆 사람이 어떤 정보를 수집하는지 바로 살펴볼 수 있기 때문에 남의 정보를 중복

해서 입력하지 않은 결과였을 것이다.

하지만 해법 도출에서는 반대의 결과가 나왔다. 가장 느슨하게 연결된 그룹이 가장 긴밀하게 연결된 그룹에 비해서 17.5퍼센트나 많은 해법을 내놓았기 때문이다. 이상하게도 가장 밀접한 그룹의 구성원들은 옆 동료의 답을 베끼는 경우가 많았고, 엉뚱하게 틀린 답까지 베끼기도 했다. 해법의 독창성 차원에서도 연결이 긴밀한 그룹은 연결이 느슨한 그룹에 비해 못한 성적을 보였다.

협업 소프트웨어는 정보를 수집하는 데까지만 유용하고 이후 수집한 정보를 분석해서 가설을 수립하고 해법을 마련하는 데는 방해 요소로 작용할지 모른다. 대표적인 협업 소프트웨어인 슬랙이 오히려 업무 효율과 생산성을 떨어뜨린다는 현장의 목소리가 제법 많다.[15] 협업 소프트웨어는 협업의 보조 수단일 뿐이다. 그것을 사용한다고 해서 효과적인 협업이 이루어지지 않는다는 점을 기억하기 바란다.

이익 공유, 킨들과 유튜브의 성공 요인

이제 시각을 조직 바깥으로 돌려서 기업 간의 협업에 대해 이야기해 보자. 기업 간의 협업 역시 문서로든 구두로든 공식적으로 공동 목표가 설정되는 것이 기본 조건이다. 그런데 이 기본 조건에는 '우리가 얻을 이익을 참여자들과 나눈다' '우리가 협업을 주도한다고 해서 우리가 많은 이익을 가져갈 수는 없다' '우리의 이익을 일부

포기하더라도 참여자들에게 이익이 충분히 돌아가게 한다'라는 의미가 내포되어 있다. 이런 '이익 공유' 내지는 '이익 양도'는 협업 진행의 윤활유 역할을 할 뿐 아니라 경우에 따라서 협업의 필수 요소이기도 하다. 특히 '공동 혁신Co-Innovation'을 꾀할 때는 더더욱 그렇다.

전자책 단말기e-book reader의 대표 기기가 무엇이냐 물으면 아마 대부분 아마존의 '킨들Kindle'이라고 대답할 것이다. 하지만 이-잉크e-Ink 기술을 사용한 단말기로서 시장에 최초로 출시된 양산 제품이 무엇이냐는 질문에는 선뜻 대답하지 못할 것이다. 킨들은 아니다. 바로 2004년 4월에 출시된 소니의 '리브리Librié'다. 킨들보다 3년 먼저 세상에 나왔고 또 소니라는 강력한 브랜드를 등에 업고도, 리브리의 존재감은 그 이름을 들어 본 사람이 거의 없을 정도로 미미하다. 왜 그럴까? 그 이유는 협업에 실패했기 때문이고 참여자들이 가져갈 이익을 별로 고려하지 않았기 때문이다.

2003년 소니의 디자이너 유키타 요시타카宇喜多義敬는 일본의 유력 출판사 10곳의 대표를 본사에 초대하여 리브리를 시연했다.[16] 리브리의 성공을 위해서는 그 안에 담아 읽을 콘텐츠의 확보가 필수적이었기에 출판사들로부터 협조를 구하기 위한 자리였다. 출판사 대표들은 리브리의 혁신적인 아이디어, 500권 이상의 콘텐츠를 저장하면서 무게는 300그램밖에 나가지 않는 뛰어난 성능에 놀라움을 감추지 못했다. 하지만 그 놀라움은 경이로움이라기보다 두려움에 훨씬 가까웠다. 그들은 리브리가 종이 출판 시대의 종말을 알리는 서막이라고 생각했다. 출판물 및 판권에 대한 주도권을 소니에 뺏기고 종이책을 판매할 때보다 턱없이 작은 마진에 만족할 수밖에 없을 상황을 두려워했다. 불법 복제의 가능성도 무시하지 못했다. 무조건 전자책 시장 확대를 막아야만 하는 이유가 그들에게는 충분했던 것이다. 애석하게도 유키타는 출판업자들의 두려움을 포착하지 못했고 리브리의 기술을 자랑하는 것에 그치고 말았다.

앞에서는 거절 의사를 보이지 않는 일본인 특유의 화법으로 출판사들은 소니에 협조하겠다고 말은 했으나, 출판사당 고작 100권씩의 콘텐츠를 제공하는 등 소극적인 태도를 보였다. 모두 합해 1000권밖에 안 되는 콘텐츠로 어떻게 리브리를 성공시킬 수 있겠는가? PC에 접속해야만 다운로드할 수 있는 불편한 사용자 인터페이스와 다운로드 후 6일이 지나면 읽기가 차단되는 제한 조건 역시 리브리의 실패에 일조했다. 하지만 가장 큰 실패 원인은 협업 참여자인 출판사들이 느낄 두려움을 간파하지 못하고 그들의 이익을 먼저 보장하지 못했다는 데 있었다. 리브리는 2006년 말에 '소니 리더Sony Reader'라는 이름을 달고 미국 시장에 진출하면서 돌파구를 모색했지만 킨들에 밀려 근근이 명맥을 유지하다 2013년을 끝으로 단종되었다.

킨들의 성공 요인은 리브리의 실패 요인과 정확히 대비된다. 킨들은 "산업적으로 볼 때 정말 못생겼다"라는 평을 받을 정도로 리브리에 비해 기술적인 측면에서 한참이나 뒤떨어졌지만[17] 출시와 함께 8만 8000권의 전자책을 공개할 만큼 타의 추종을 불허하는 수준의 콘텐츠를 확보한 것이 성공 요인이었다.

이렇게 풍부한 콘텐츠를 초기부터 확보할 수 있었던 힘의 원천은 온라인 서점을 운영하며 출판업자들과 돈독한 유대 관계를 쌓아 온 것도 있지만, 그보다 훨씬 중요한 것은 전자책을 판매해도 종이책을 판매할 때와 같은 수준의 마진을 출판사들에게 제공했다는 점이다.[18] 이는 자신들의 이익을 일부 포기하면서까지 전자책 출판이 종이책 출판보다 더 매력적인 제안이 되도록 '출판 생태계'의 조건을 바꿨기에 가능한 일이었다. 예를 들면 이런 식이다. 25달러짜리 종이책에 대한 출판사의 마진은 50퍼센트인 12.5달러다. 똑같은 책의 전자책 가격이 9.99달러일 때 출판사의 마진은 기존대로라면 4.99달러이므로, 전자책이 종이책을 대체하면 출판사는 필연적인 이익 감소를 우려할 수밖에 없었다. 아마존은 이런 우려를 사전에 인식하고 종이책을 판매할 때와 동일하게 12.5달러를 출판사에 지급했다. 이러면 아마존은 전자책 1권을 팔 때마다 2.51달러씩 손해를 봐야 했다. 그렇지만 생태계 확대를 위해서는 협업이 절실하다는 점을 깨닫고 협업을 위해서는 손해를 감수하면서까지 참여자들에게 이익을 제공하는 것이 필수적임을 간파한 것이다. 아마존은 이렇게 생태계를 안착시킨 후 2010년부터 출판사들의 요청에 따라 전자책의 가격을 출판사가 직접 정하도록 하고 건당 30퍼센트의 수수료를 받는 방식으로 전환하면서 전자책을 통해 안정적인 수익을 창출하고 있다.

기존의 포털 사이트를 위협할 정도로 성장한 유튜브 역시 아마존과 동일한 전략을 구사한다. 콘텐츠의 규모가 핵심 성공 요소라는 점을 인식한 유튜브는 자신들의 이익을 포기하면서 크리에이터

(유튜버)들에게 짭짤한 수익을 제공하고 이런 유인책이 더 많은 크리에이터와 더 양질의 콘텐츠를 끌어모으는 선순환을 일으키고 있다. 크리에이터들을 단순한 유저가 아니라 협업의 파트너로 인정하기에 가능한 일이다.

공정한 보상 체계 설계하기

흔히 '콜라보' '컬래버레이션'을 표시하는 기호로 '곱하기(×)'를 사용하는데, 이는 2개 이상의 독립체Entity가 모여 시너지를 창출한다는 의미를 지닌다. 알다시피 시너지는 "각자 활동할 때의 가치 합을 초과하여 창출되는 가치"를 말한다. 협업이 성공을 거두기 위한 일차적인 요건은 그 잉여 가치를 참여자들 모두에게 공정하게 돌아가는 구조로 보상 체계를 설계하는 것이다. 이는 부서 간에나 기업 간에나 동일하게 적용된다.

다시 강조하자면 협업은 '서로 도와야 한다'는 마인드 고취로는 절대 이루어질 수 없다. 어찌 보면 협업의 문제는 협력의 문제보다 훨씬 해결하기 쉽다. 조직 문화의 문제가 아니라 공동의 목표를 공식적으로 설정하고 참여자들의 기여에 따라 공정하게 성과물(꼭 금전적일 필요는 없다)을 배분하면 되는 '시스템의 문제'기 때문이다. 협업이 필요한 상황에 애사심과 동료 사랑과 같은 정신 교육으로 접근하면 "우리 회사는 부서 간의 협업이 잘 이루어지지 않는다"라는 문제는 영원히 지속될 것이다.

이 글을 마무리할 때 어느 대학원으로부터 전화를 받았다. 기업인들을 대상으로 한 학기 과정을 개설했는데 여러 주제 중 하나를 강의해 달라는 요청이었다. 상대방은 그 과정이 '프로보노pro bono' 적인 성격이기에 강의료는 지급되지 않는다는 조건을 말하며, 수강생이 기업인들이기 때문에 마케팅을 하는 데 도움이 되지 않겠느냐며 설득을 시도했다. 프로보노는 "전문가들이 자신의 전문성을 활용하여 사회적 약자와 소외 계층을 돕는 활동"을 말한다. 대학원 과정을 수강하는 기업인들이 언제 그런 계층이었나? 각설하고 나는 협업의 조건이 충족되지 않은 그 강의 요청을 정중히 거절했다. 협력할 이유조차 없었기 때문이다.

이메일

Email

협업을 도와주는 대표적인 수단을 하나 꼽으라면 이메일이 아닐까? 우리나라에서 이메일이 널리 사용되기 시작한 것은 겨우 25년 정도밖에 되지 않지만(처음에 직원들이 이메일 사용법을 몰라 헤맸던 기억이 난다), 이제 없어서는 안 되는 기본적인 도구로 당연시된다.[19] 이메일을 주고받는 것으로 업무 대부분을 수행하는 직원이 상당히 많다. 가까이에 있는 동료에게 업무를 요청하거나 자료를 주고받을 때 직접 얼굴을 보고 이야기하면 빠르게 처리될 만한 일도 이메일을 이용하는 모습을 자주 목격한다.

대면으로 논의하면 금방 끝날 것 같은데 왜 이메일을 주고받으면서 진행하느냐, 이메일을 보내고 답신을 받느라 시간이 지체되는 것 아니냐, 물으면 대개 "이메일로 해야 증거가 남기 때문이다" "이메일로 요청하는 게 얼굴 보며 부탁하는 것보다 마음이 편하기 때문이다"라는 대답이 돌아온다.

그런데 어떤 사람들은 "이메일로 요청하거나 설득해야 더 효과적이다"라고 말한다. 소통의 궁극적 목적이 설득과 합의 또는 이해와 공감대 형성이라고 한다면, 그들은 이메일이 매우 훌륭한 소통 수단이라고 생각하는 것이다.

이메일은 더 효과적인 소통 수단일까

워털부대학교의 M. 마디 로가니자드M. Mahdi Roghanizad와 코넬대
학교의 버네사 본스Vanessa K. Bohns는 이메일 요청이 대면 요청보다
상대방을 설득하는 효과, 즉 상대방으로부터 '예스Yes'를 이끌어 내
는 효과가 높을지 따져 보기로 했다.[20] 두 연구자는 495명의 참가
자를 45명의 요청자Requester와 450명의 대상자Target로 나누고, 요
청자들을 다시 대면 요청 그룹과 이메일 요청 그룹으로 구분했다.
그런 다음 낯선 사람 10명으로부터 설문 응답을 받아 오라고 지시
했다.

　로가니자드와 본스는 대상자들이 얼마나 요청에 응할지 사전
에 요청자들에게 예상해 보라고 함으로써 실제 결과와 비교해 보
고자 했다. 실험 후에 분석해 보니 이메일 요청 그룹의 참가자들
이 이메일의 설득 효과를 과신한다는 결과가 도출되었다. 또한 근
소하긴 했지만 이메일 요청 그룹이 대면 요청 그룹보다 '예스'라는
답을 더 쉽게 얻을 수 있다고 '착각하는' 경향이 나타났다.

　480명의 참가자를 대상으로 실시한 두 번째 실험에서는 실험
조건을 약간 달리했다. 요청자들은 대상자들에게 "설문지를 완성
하면 1달러의 보상을 주겠다"라고 말했다. 그리고 설문지가 완성
되면 한 페이지짜리 글의 문법이 맞는지 '공짜로' 점검해 줄 수 있
겠느냐고 물었다. 공짜 작업을 덧붙이면 결과가 어떻게 바뀌는지

보기 위함이었다. 각각 대면 요청 조건과 이메일 요청 조건으로 진행해 보니, 첫 번째 실험과 마찬가지로 이메일 요청 그룹은 이메일의 설득 효과를 과신한다는 결과가 나왔다. 또한 대상자들은 이메일 요청자들보다 대면 요청자들을 더 신뢰하고 공감하는 것으로 나타났다.

이 간단한 실험으로 알 수 있는 사실은 이메일은 정보 전달용으로는 괜찮은 도구지만 요청이나 설득용으로는 부적합하다는 것, 그럼에도 불구하고 사람들은 이메일의 영향력을 과대평가한다는 것이다. 비대면 도구인 이메일이 사용하기 편리하고 심리적 안전감을 준다 해도 상대방을 설득하는 효과는 그리 높지 않다.

대면 소통 방식이 기본이다

이메일뿐 아니라 메신저, 사내 SNS 등 컴퓨터 및 네트워크 기반의 의사소통 도구가 일상화되면서 비대면이 주는 안전감에 기대는 건 어찌 보면 자연스러운 현상이다. 하지만 일이 되게 하고 상대방에게 신뢰와 공감을 이끌어 내려면 대면 소통이 기본이어야 한다. 이메일은 '정보 전달의 수단' 정도로 인식하는 게 좋다.

미래에는 대면 소통을 완전히 대체할 도구가 나타날지 모르지만 예상하건대 그런 도구는 궁극적으로 대면 소통 방식을 완전히 모사하는 쪽으로 발전할 것이다. 영화 〈킹스맨〉에 등장했던 홀로그램을 통한 원격 화상 회의처럼, 멀리 떨어진 공간에 있다는 제약에도 불구하고 같은 공간에서 얼굴을 마주 보며 자연스레 이야기를 나누는 방향으로 말이다.

오늘 누군가에게 크고 작은 일을 요청하거나 설득하려 한다면 이메일보다는 직접 찾아가 이야기를 나누길 바란다. 그게 어렵다면 전화가 차선책이다. 이메일에 적힌 차가운 문장이 아니라 인간의 온기가 느껴지는 방식이 진정한 소통을 가능하게 한다. 인간은 적어도 아직까지는 사회적 동물이기 때문이다.

조직 문화
Organizational Culture

솔선수범의 힘

◆

**조직에서 무엇이 옳고 무엇이 그른지,
그 기준에 대해 구성원이 가지고 있는
암묵적인 가정들.**

회사가 어느 정도 성장하고 안정 궤도에 올라서면 많은 경영자가 '우리 회사의 조직 문화를 어떻게 구축해야 하는지'를 고민하기 시작한다. 바쁘게 달려오느라 신경 쓰지 못했으니 이제 조직 문화를 챙기고 이를 통해 새로운 도약을 준비하고 싶다는 바람을 내비친다. 나는 이런 이야기를 들을 때마다 '조직 문화를 새로 구축하겠다고? 지금까지의 조직 문화는 어떻게 하고?'란 의문이 든다.

물론 나도 안다. 경영자들이 조직 문화를 재구축하겠다는 말은 자신들에게 바람직한 조직 문화를 새로 정립하고 실천하겠다는 의미일 것이다. 아니, 솔직히 말하면 매출이 늘고 조직 규모가 커지면서 창업 초기 멤버들의 열정이 사라지고 여기에 외부 인력이 유입

되면서 혼란스러워진 조직의 분위기를 다잡고 뭔가 '체계'를 잡고 싶다는 욕구일 것이다. 조직이 안정기에 접어드는 시기에는 한정된 시장을 차지하기 위한 경쟁사들의 공격 역시 치열해지기 마련이다. 그리고 이런 위기감이 구성원들의 '군기'를 강화해야 한다는 압박을 불러일으키곤 한다. 외부의 경쟁 상황이 심화될수록 뭔가 해이해지고 누수가 많은 내부의 운영 체계는 위기감을 가중시킨다.

조직에서 칭찬과 비난의 기준으로 삼는 것

이때 가장 많이 하는 일 중 하나가 '조직 문화 설문 조사'일 것이다. 자체적으로 진행하든 외부 기관에 의뢰하든, 수십 개의 문항으로 구성된 설문지를 직원들에게 돌려 현재의 조직 문화 특성을 파악하고 바람직하다고 생각되는 조직 문화의 방향을 묻는 조사를 실시한다. 위계적 문화인가 수평적 문화인가, 효율 지향인가 혁신 지향인가, 관계 지향인가 목표 지향인가 등 'As-Is'(현재 상태)와 'To-Be'(기대하는 바)의 차이를 분석하여 어느 부분이 가장 심각하고 시급한지를 규명한다. 그리고 그에 따라 어떤 조치가 필요한지 제시하는 절차로 설문 조사가 진행된다.

나는 기업의 의뢰를 받아 여러 번 조직 문화 설문 조사를 대행한 적이 있다. 고백하자면 이 조사가 고객사에게 얼마나 가치가 있을까 생각하며 매번 고개를 갸웃했다(물론 나는 설문 조사 수수료를 받을 수 있어 좋았다). 그런 조사를 비용까지 들여 꼭 해야 조직 문화가 현재 어떤지, 앞으로 어떤 방향으로 변화해야 하는지 알 수 있을까 의문이었다. 그간 조직을 유심히 지켜봤으면 직관적으로 자기네 조직 문화의 특징이 무엇인지 정도는 파악해 두고 있어야 하는 것이 경영자의 역할 아닐까? 어쩌면 설문 조사라는 요식 행위를 통해 경영자가 책임을 면하려는 것은 아닌가 의심스럽기도 했다. 또한 인사 팀이나 경영 지원 팀에 조직 문화의 방향과 재구축 방법을 가져오라고 지시하는 경영자들은 애초부터 조직 문화를 재정립하고 싶은 의지가 별로 없어 보였다. 경영자라면 조직 문화에 관심을 가져야 한다니까 깊은 고민 없이 관련 팀장에게 과제를 던져 주는 경우도 있었다.

나는 조직 문화의 재구축 방향을 직원들에게 물을 것이 아니라 경영자가 먼저 제안하는 것이 옳다고 본다. 요컨대 조직 문화의 재구축은 반드시 톱다운Top-Down으로 드라이브를 걸어야 하며 경영자가 최선봉에 서야 한다. 조직 문화를 진정 바람직한 방향으로 재정립하고 싶다면 반드시 경영자가 먼저 그 방법과 방향을 제안해야 한다.

그 이유는 내가 생각하는 조직 문화의 정의에 있다. 학자들마다 조금씩 다르지만, 경영학에서 조직 문화는 이렇게 정의된다. "조직의 사회적이고 심리적인 독특한 환경을 형성하는 가치와 행동."[21] 혹은 "다양한 상황에 적절한 행동을 정의함으로써 조직에서 일어나는 일들을 가이드하는 일련의 공유된 가정"이라고 정의되기도 한다.[22] 학술적으로는 의미가 있을지 모르지만 그리 와닿지 않는 게 사실이다.

나는 조직 문화를 해당 조직에서 "무엇이 옳고 무엇이 그른지, 그 기준에 대해 구성원이 가지고 있는 암묵적인 가정들"이라고 정의한다. 직원들 입장에서 풀어 말하면 "무엇을 하면 칭찬을 받고 무엇을 하면 부정적인 피드백을 받는지, 그 기준에 대한 구성원의 암묵적 가정들"이 바로 조직 문화다. 이 정의는 "조직 문화란 외부적 적응과 내부적 통합의 문제를 해결해 가는 과정에서 새로 만들거나, 발견하거나, 발전시킨 기본 가정들의 패턴이다"라는 MIT 경영대학원 교수 에드거 샤인Edgar Schein의 정의와 맥을 같이한다.[23]

예를 들어 회사가 추구하는 조직 문화의 방향이 '창의'라면, 회의 때 말 한마디 안 하고 메모하는 척만 하는 직원의 행위는 칭찬은커녕 꾸중을 듣거나 비난받아야 마땅하다. 상사의 의견에 반대하지만 참신한 아이디어를 제기하는 직원은 아이디어의 채택 여부를 떠나 반드시 칭찬받아야 한다. '수평적인 문화'를 지향한다면, 부서 위에 또 다른 상위 부서를 두는, 이른바 '옥상옥' 조직을 설계하는 조치는 비록 그것이 최고 의사 결정자의 뜻이라 해도 직원들로부터 마땅히 비판받아야 한다.

어떤 가치를 기준으로 삼을 것인가

그런데 "무엇이 옳고 무엇이 그른지, 그 기준에 대해 구성원이 가지고 있는 암묵적인 가정들"이라는 정의에서 '기준'은 어떤 것들이 되어야 할까? 많은 기업이 창의적이고 수평적이며 도전적이고 고객 지향적인 문화를 추구하는 것이 요즘 시대적인 흐름이라고 해서 그런 방향을 무조건 기준으로 삼을 수는 없다. 도전, 소통과 협력, 인재 존중, 글로벌 지향, 고객 최우선 등 좋은 말은 다 가져다 써 놓은 터라 어떤 회사에 걸어 놓아도 전혀 이상할 것 없는 비슷비슷한 '사훈'이 옳고 그름을 가르는 기준이 되어서는 안 된다. 그런 트렌드를 역행하는 것이라 해도 자신들만의 독특한 기준이 있어야 한다. 윤리적으로 저촉이 되지 않는다면 말이다.

그 기준은 '핵심 가치Core Value'여야 한다. 핵심 가치는 별도의 장으로 따로 구성해야 할 만큼 중요한 개념인데, 조직 문화와 떼려야 뗄 수 없기 때문에 여기에서 설명하겠다. 핵심 가치란 "구성원이 조직 내부에서 무엇을 어떻게 행동해야 하는지, 외부(고객 등)와 어떻게 관계를 맺어야 하는지에 관한 원칙"을 뜻한다. 또한 핵심 가치는 "조직의 미션을 달성하는 과정에서 구성원들이 반드시 준수해야 할 준칙"을 의미하기도 한다. 그렇기 때문에 만일 핵심 가치에 위배되는 언행을 저지른다면 그것은 분명한 해고 사유가 되고, 해당 직원은 해고되어도 할 말이 없어야 한다.

핵심 가치가 이런 의미를 지니기 때문에 조직 문화 구축은 미션을 수립하고 그에 따른 핵심 가치를 설정하는 것에서 시작되어야 한다. 무엇을 하면 칭찬받고 무엇을 하면 부정적인 피드백을 받는지에 대한 기준, 즉 핵심 가치를 업무 프로세스와 여러 제도 속에 내재화하고 실천하는 과정에서 조직 문화가 형성되는 것이다.

핵심 가치를 강조하고 실천하는 기업의 예를 들어 보자. 앞에서 ('미션' 장을 참조하라) 아마존의 CEO 제프 베조스가 20년 넘게 연례 보고서에 똑같은 내용을 담으면서 계속해서 강조하는 9가지 메시지가 있다고 언급한 바 있다. 그중 한 가지 특이한 점은 '우리의 직원Our Employee'이라는 항목으로 제시된 목표다.

> "채용에 접근하는 우리의 기준을 높게 설정하는 것, 그리고 그 기준을 계속 유지하는 것이 'Amazon.com'의 성공에 가장 중요하고 유일한 요소다."

이 문장은 채용이 아마존의 성공을 이끄는 유일한 요소고, 9가지의 장대한 포부를 성공시키는 원동력이라는 점을 강조한다. 아마존의 성공 비결이 이것뿐이라는 데는 이견이 있겠지만, 이 문장을 통해 우리는 그가 20년 넘게 아마존을 경영하며 인재 채용의 중요성과 '결국은 사람'이라는 점을 절감했으리라 짐작할 수 있다.

그렇다면 아마존의 높은 채용 기준은 무엇일까? 이는 아마존에서 강조하는 리더십 원칙Leadership Principles에서 알 수 있다.[24]

- 고객에게 집착하라.
- 오너십(주인 의식)을 가져라.
- 발명하고 단순화하라.
- 올바르게 판단하라.
- 학습하고 호기심을 가져라.
- 최고의 인재를 채용하고 육성하라.
- 최상의 기준을 고수하라.
- 크게 생각하라.
- 즉시 행동하라.
- 비용을 절약하라.
- 신뢰를 얻어라.

- 깊게 파고들어라.
- 반대 의견을 개진하되, 결정되면 따라라.
- 결과를 내라.

　이 14가지 리더십 원칙은 리더의 위치에 있는 사람에게만 필요한 자질이라기보다 직원 모두가 명심하고 실천해야 하는 행동 규범으로 작용한다. 이는 아마존이 새로운 프로젝트에 관한 아이디어를 토론하거나 문제를 해결하기 위한 최상의 접근 방식을 결정할 때 이 14가지 리더십 원칙을 준수해야 한다고 강조하는 데서 짐작할 수 있다. 아마존은 이 원칙들이 자신들을 '고유하게' 만드는 요소라고 당당하게 말한다. 채용 면접에서 던지는 질문들은 지원자들이 얼마나 훌륭하고 충실하게 각각의 리더십 원칙을 준수할 것인지를 탐색하는 방향으로 구성된다고 한다(그래서 리더십 원칙이 곧 채용 기준인 셈이다). 아마존에 채용이란 14가지로 구체화된 "조직의 DNA를 수호하고 강화하기 위한 적극적 행동"이라고 볼 수 있다. 따라서 이 14가지 원칙은 아마존 직원이라면 누구나 준수해야 할 핵심 가치이며, 이 핵심 가치가 '아마존 문화'를 형성하는 뼈대가 된다.

조직 문화 구축의 올바른 길

　핵심 가치의 정립과 실천을 도외시한 채 '조직 분위기가 위계적이니 수평적으로 바꿔 보자' '직원들의 창의성을 높이는 쪽으로 제도를 시행해 보자' '성과 창출에 집중하는 문화를 만들기 위해 평가를 좀 더 강력하게 진행하자'는 식으로 조직 문화 재구축을 시도했다가는 '단합 대회류'의 이벤트를 몇 번 진행하다가 흐지부지 끝나버리고 말 것이다. 그런 헛수고를 몇 번 반복하면 직원들은 '왜 이런 걸 하라고 하지?'라며 냉소하고 협조를 거부하게 된다. 그러면 이를 본 경영자는 '직원들이 변화에 저항한다'며 오해를 쌓아 간다.

결국 상하 간의 신뢰는 모래성처럼 무너지고 서로 반목하게 된다. 한번 무너진 신뢰를 회복하기란 쉽지 않다는 것을 현장의 리더들은 익히 알고 있으리라. 그러니 핵심 가치의 정립과 실천 없이 조직 문화를 재구축하려고 애쓰지 않기를 바란다.

이번에는 내가 직접 진행했던 어느 국내 기업의 사례를 살펴보자. 전통 젓갈을 생산하는 이 식품업체는 2세 경영을 시작하면서 내 도움을 받아 "음식으로 고객의 삶을 아름답게 한다"라는 미션을 설정했다. 여기에서 키워드는 '아름다움'인데, 젓갈을 맛보는 사람들에게 삶의 가장 큰 부분 중 하나인 식생활의 아름다움을 경험하도록 하겠다는 의지가 담겨 있다. 그러기 위해서는 맛 자체의 아름다움뿐 아니라 재료의 아름다움, 만드는 과정의 아름다움, 제품이 고객에게 보이는 아름다움, 고객의 머릿속에 남겨지는 기억의 아름다움 등 여러 가치 측면에서 아름다움을 추구해야 한다. 하지만 젓갈을 생산하는 직원들이 먼저 아름다워야 이 모든 것이 가능하다. 이런 논리적인 흐름에 따라 이 회사는 구성원들이 준수해야 할 핵심 가치를 3가지로 설정했다.

- 삶이 아름다운 사람: 풍요롭고, 격조 있고, 다양한 문화를 향유하라.
- 언행이 아름다운 사람: 서로를 배려하고 긍정적인 마인드로 행동하라.
- 생각이 아름다운 사람: 새롭고 흥미로운 발상을 즐겨라.

이 3가지 핵심 가치는 CEO부터 말단 직원에 이르기까지 모든 행동의 준칙이 되었다. 그리고 이를 경영 전략, R&D, 생산, 영업, 인사 등의 업무에서 구현하기 위한 후속 조치가 진행 중이다.

미션이 없다면 먼저 미션을 수립하라. 미션이 만들어지고 구성원들의 공감을 얻으면, 미션 달성을 위해 요구되는 핵심 가치를 결정하라. 핵심 가치가 결정되면 그것을 모든 업무 프로세스 운영과 제도 설계의 기본 원칙으로 삼아라. 이것이 조직 문화 구축의 정도이자 왕도다.

사람들은 흔히 "리더는 솔선수범해야 한다"라고 말하는데, 핵심 가치가 솔선수범의 기준이 된다. "핵심 가치를 누구보다 앞장서서 열렬히 실천하고 핵심 가치에 위배되는 행동을 절대 하지 않는 것"이 기업에서 말하는 솔선수범의 뜻이라고 나는 생각한다. 리더의 솔선수범은 조직 문화 재구축의 씨앗이 된다. CEO가 조직 문화를 새로 만들라고 밑의 사람들에게 지시를 내리는 것도 우습지만, 그렇게 설정된 핵심 가치를 본인만 쏙 빼고 직원들에게 요구하는 것은 더욱 우스운 일이다. 여기에 평가까지 해서 보상을 차등하겠다는 발상이 더해지면 조직 문화는 길을 잃고 산으로 가고 만다.

리더십과 조직 문화의 상관관계

여러 회사의 핵심 가치를 들여다보면 약방의 감초처럼 등장하는 단어가 바로 '도전'이다. 도전을 뜻하는 영어 단어 'Challenge'는 기본적으로 상대방에 대한 저항 혹은 '대결'을 의미한다. 도전의 한자 '挑戰' 역시 '정면으로 맞서 싸움을 건다'라는 뜻을 지녔다. 그러나 기업에서 핵심 가치로 쓰이는 도전은 '어떠한 어려움이 있어도 이겨 내어 성공을 이룬다'라는 의미로 바꿔 쓰이는 게 현실이다. '열정'이나 '개척'과 비슷한 의미로 사용되는 것이다. 직설적으로 말하면 '죽을 정도로 힘들어도 열심히 일하라'는 뜻처럼 들리는 것이 사실이다.

왜 갑자기 도전이란 말을 꺼내는지 의아하게 생각할 텐데, 경영자가 직원들에게 '도전 정신'을 요구하면서 정작 본인은 도전의 대상으로 여기지 않으려는 태도, 즉 도전을 솔선수범하지 않는 경우를 여러 번 봤기 때문이다. 도전이란 "의견 대립이나 갈등이 발생하면 상대방이 CEO건 그 누구건 간에 맞서 싸우겠다는 의지"를 일컫는 말이다. 도전 정신을 조직 문화로 구현하고 싶다면 직원들로부터 언제든 도전받을 각오를 해야 한다. 이것이 솔선수범하는 리더의 자세다. CEO가 핵심 가치를 실행하는 주체이자 대상으로 함께 행동해야 조직 문화 구축이 비로소 동력을 얻을 수 있다.

그런데 CEO가 조직 문화를 재구축하는 과정에서 자신의 리더십 스타일을 조직 문화에 투영시키면 어떤 일이 벌어질까? 우리는 보통 CEO가 성과를 중요시한다면 성과 지향(과업 지향)의 조직 문화를, 반대로 CEO가 인화와 관계를 추구한다면 관계 지향의 조직 문화를 구축하는 것이 재무 성과에 유리할 것이라고 생각한다. 다시 말해 리더십 스타일이 조직 문화와 일치하는 조직이 그렇지 못한 조직에 비해 성과가 높을 것이라고 짐작한다.

하지만 조지아주립대학교 경영학 교수 채드 하트넬Chad A. Hartnell의 연구 결과를 보면 '리더십-문화 일치도Leadership-Culture Fit'에 대한 우리의 상식이 과연 옳은지 의문이 든다.[25] 하트넬은 인맥 구축과 정보 교류를 위해 협회에 소속된 114명의 기술 기업 CEO와 324명의 임원에게 CEO의 리더십 스타일과 회사의 문화를 평가해 달라는 설문을 돌렸다. 리더십 스타일과 조직 문화의 유형은 여러 가지가 있지만 하트넬은 가장 전형적이면서도 뚜렷하게 구별되는 2가지의 유형인 과업 지향과 관계 지향에 초점을 맞췄다.

그는 임원들에게 자기네 CEO가 얼마나 과업 지향의 리더십 스타일을 가지고 있는지 "일관된 정책 방향을 유지하도록 독려하는가?" "각 팀에게 자신이 기대하는 바를 일깨우는가?" "명확한 성과 기준을 제시하는가?" 등의 질문으로 측정해 달라고 요청했다. 또한 "얼마나 친근하고 다가가기 쉬운가?" "모든 팀을 평등하게 대하는가?" "팀의 제안을 얼마나 수용하는가?"와 같은 질문으로 CEO의 관계 지향 리더십을 측정하도록 했다.

이런 조사가 끝나고 9개월 후에 재무 데이터(자산 수익률Return on Asset, ROA)를 비교해 보니, 당초 설정했던 가설(CEO의 리더십 스타일과 조직 문화 스타일이 일치할수록 성과가 긍정적이다)이 틀렸다는 결과가 나왔다. 오히려 2가지 요소가 일치하지 않을수록 회사 성과가 좋았던 것이다. 조직 문화 특성이 관계 지향 쪽으로 강한 조직은 CEO의 리더십 스타일이 관계 지향 쪽으로 약할 때 성과가 좋았고, 반대로 관계에 대해 관심이 적은 조직은 CEO의 리더십 스타일이 관계 지향 쪽으로 강할 때 성과가 좋았다. 과업 지향에 대해서도 같은 결과가 나왔다.

이 결과를 어떻게 해석해야 할까? 설문 조사가 기술 기업들을 대상으로 했고 9개월간의 단기 성과만 측정했다는 연구의 한계가 있음을 감안할 때 우리가 얻을 수 있는 최소한의 시사점은 CEO가 자신의 리더십 스타일을 조직 문화에 투영시키기보다 회사에 적합한 조직 문화가 무엇인지 냉철하게 판단하는 게 우선이라는 것이다. 앞에서 CEO가 조직 문화 재구축의 방향을 톱다운으로 제안하고 이끌어 가며 솔선수범해야 한다고 언급했는데, 그렇다고 해서 CEO가 자기의 평소 스타일이나 취향에 부합하는 방향으로 무조건 틀어서는 안 된다는 점을 하트넬의 연구를 통해 알 수 있다.

성과와 조직 문화 중 무엇이 먼저인가

그런데 조직 문화의 중요성을 여러 리더에게 설명하면 이렇게 반론을 제기하는 경우가 많다. "조직 문화가 중요한 이유는 이해했습니다. 하지만 회사의 성과가 나아져야 직원들이 열심히 일할 분위기가 생기지 않을까요? 어느 정도 형편이 좋아진 상태에서 여유를 가지고 조직 문화에 관심을 기울여도 되지 않겠습니까?"

일단 먹고사는 문제가 중요하다는 소리다. 조직 문화가 성과에 끼치는 영향Culture to Performance, C2P보다 성과가 조직 문화가 끼치는 효과Performance to Culture, P2C가 더 크다는 전제가 깔려 있는 반론이다.

어떻게 생각하는가? 성과를 올리려면 먼저 조직 문화를 긍정적인 방향으로 구축해야 할까? 반대로 조직 문화를 바람직하게 형성하려면 먼저 성과를 끌어올려야 할까? 다시 말해 조직 문화와 성과 중 무엇이 우선되어야 할까? 이처럼 '닭이 먼저냐, 달걀이 먼저냐'와 유사한 논쟁이 지금도 경영 현장에서 벌어지고 있다. 그런데 2015년 이런 논쟁에 종지부를 찍어도 될 만한 연구 결과가 이미 발표되었다.

컨설팅 회사 에이온휴잇Aon Hewitt의 수석 연구 과학자 앤서니 보이스Anthony S. Boyce는 동료 학자들과 공동 발표한 논문을 통해 "조직 문화가 먼저다"라는 결론을 도출했다.[26] 95개 자동차 딜러 숍이 2000~2005년까지 6년간 수집한 조직 문화 설문 조사, 고객 만족도 조사 결과를 분석하여 이런 결론에 도달했다. 보이스는 판매 부서Sales Department와 서비스 부서Service Department로 대상을 구분하고, 성과를 '고객 만족도'와 '자동차 판매 대수'로 설정했다.

다소 복잡한 통계 분석을 통해 도출된 결론은 다음과 같았다.

- 판매 부서와 서비스 부서의 조직 문화 모두 고객 만족도에 긍정적인 영향을 미친다. 하지만 고객 만족도는 조직 문화에 (긍정적이든 부정적이든) 영향을 끼치지 않는다.

- 조직 문화가 자동차 판매에 긍정적인 영향을 미친다. 하지만 자동차 판매 대수는 조직 문화에 (긍정적이든 부정적이든) 영향을 끼치지 않는다.

• 조직 문화가 자동차 판매 대수에 긍정적인 영향을 미치는 것에 고객 만족도가 매개 요인으로 작용한다.

요컨대 조직 문화가 성과 창출에 미치는 영향은 있지만 성과가 조직 문화 개선에 끼치는 효과는 거의 없다는 것이다. "회사에 돈이 많으면 조직 문화는 좋아진다"라는 주장은 전혀 근거가 없으며, "먼저 돈을 좀 벌고 나서 조직 문화에 신경 쓰겠다"라는 발상 또한 실패할 가능성이 크다는 시사점을 얻을 수 있다. 조직 문화와 성과 사이에 상호 관계는 존재하지 않는다. 조직 문화만 성과에 영향을 끼칠 뿐, 성과는 조직 문화에 영향을 미치지 못한다.

보이스의 연구에서 확인할 수 있는 한 가지 흥미로운 사실은 조직 문화가 고객 만족도에 영향을 미치려면 1~2년의 시간이 걸리고 이것이 다시 자동차 판매에 좋은 영향으로 이어지기까지 2년의 시차가 존재한다는 점이다. 조직 문화를 긍정적인 방향으로 구축했다 하더라도 그것이 손에 잡히는 성과로 나타나려면 최소 2~3년의 시간을 기다려야 한다.

이는 리더들이 유의해야 할 대목이다. 1년 주기의 단기적 경영 방식에 매몰되어 있다면 조직 문화 혁신 활동이 무용한 일이라고 성급히 판단하고 "성과가 좋아야지, 조직 문화가 무슨 소용인가? 기업이라면 돈을 벌어야지"라고 말하며 직원들에게 성과 창출을 압박하는 관행으로 회귀할지도 모른다. 무엇이든 효과가 발생하려면 적어도 몇 년은 기다리는 인내심이 필요하다.

실천하지 않으면
변화하기는커녕 퇴행한다

꾸준하고 구체적인 실천이 조직 문화 혁신에 필수 불가결한 요소다. 나는 모든 인간에게 각자의 성격이 있듯이 조직 문화 또한 조직이 지닌 일종의 성격이라고 본다. 생물학계에서 '본성Nature이냐, 양육Nuture이냐'라는 학문적 논쟁이 계속되는 것처럼 심리학계에서도 비슷한 대립이 오랫동안 이어지고 있는데 바로 '성격은 바뀔 수 있는가, 그렇지 않은가'이다. 그렇다면 조직의 성격이라고 말할 수 있는 조직 문화는 쉽게 바뀔 수 있는 걸까? 그간 여러 기업을 지켜본 경험에 따르면 조직 문화 혁신 역시 성격을 바꾸는 것만큼이나 어려운 도전이다.

물론 심리학계에서 수많은 연구 결과가 축적되면서 '인간의 기질은 쉽게 변하지 않지만 그렇다고 해서 고정적인 것은 아니다'라는 공감대가 형성됐듯이, 조직 문화도 불변의 것은 아니다. 그런데 조직 문화를 변화시키려는 의지가 구체적인 행동을 통해 지속적으로 실천되지 않으면 변화하고자 하는 방향과 오히려 반대로 움직이거나 변화에 대한 냉소가 퍼질 수 있다는 점을 유의해야 한다. 심리학자 네이선 허드슨Nathan Hudson이 진행했던 성격 변화에 관한 연구 결과에서 이를 유추할 수 있다.

허드슨은 377명의 심리학 전공 학생에게 '빅 5Big Five'(성격심리학에서 사람의 성격을 구성하는 5가지 기본 단위를 이르는 말. 개방성, 성실성, 외향성, 우호성, 신경증성) 관점으로 성격을 측정하여 알려 준다음, 각자 변화하고 싶은 성격 요소를 2개씩 선택하도록 했다.[27] 많은 학생이 신경증성Neuroticism은 낮추고 외향성Extroversion은 높이고 싶다고 답했다. 15주 동안 진행된 연구에서 학생들은 매주 성격 테스트를 받아야 했고, 매주 초에 성격 변화를 위한 실천 과제를 최대 4개씩 선택해야 했다. 실천 과제들은 성격 요소 하나당 50개씩이었는데, 11명의 성격 전문가들이 제시한 것들로서 난이도가 쉬운 것부터 어려운 것까지 다양했다. 예를 들어 외향성으로 성격을 바꾸고 싶을 경우 마트의 계산원에게 "안녕하세요"라고 인사하는 쉬운 과제와 '동료나 이웃을 저녁 식사에 초대한다' '자청하여 리더 역할을 맡는다'처럼 어려운 과제가 있었다.

당연한 결과지만 실천 과제를 성공적으로 완수할수록 학생 자신이 바라는 방향으로 성격 변화가 이루어지는 모습이 관찰되었다. 15주라는 비교적 짧은 기간에도 불구하고 적극적으로 실천하면 원하는 방향으로 성격 변화를 일으켰다. 반면 성격 변화를 바랐지만 적극적으로 실천하지 않을 경우에는 오히려 원하는 방향과 반대 방향으로 성격 특성이 후퇴하고 말았다. 예를 들어 외향성을 높이고 싶지만 모르는 사람에게 인사를 한다든지, 리더 역할을 자청하는 등의 실천을 게을리하면 외향적으로 변하기는커녕 내향성이 오히려 강화됐던 것이다. 또한 어려운 과제라고 해서 쉬운 과제보다 성격 변화의 효과가 크지는 않았다. 실천 자체가 중요하다는 의미였다. 실천이 없는 단순한 바람은 변화에 아무런 영향을 끼치지 못할뿐더러 오히려 퇴행하게 만든다.

조직 문화의 변화 역시 이와 같지 않을까? 유연하고 수평적이며 적극적이고 열정적인 조직 문화를 꿈꾸는 리더가 많지만 이를 실천하기 위한 과제를 준비하지 않거나 과제를 수립했다 하더라도 제대로 실천되지 않는다면, 또 리더 본인이 변화를 솔선하지 않는다면, 구성원들의 냉소와 '우리 회사는 글러 먹었어'라는 패배주의, '변화하면 뭐 해. 그냥 지금이 낫지'라는 보수주의가 어느새 자리를 차지하고 만다. 변화하려면 변화를 위한 실천이 반드시 뒤따라야 한다. 말로만 변화할 거라면 아무것도 하지 않는 게 낫다.

또한 직원들을 채찍질하는 방식을 채택하려면 역시나 아무것도 하지 않는 게 낫다. 개인적으로 나는 조직 문화 관련 컨설팅을 진행하면서 난감하고 허탈했던 경우를 몇 번 겪었다. 좋은 취지로 착수한 조직 문화 재구축 작업이 결국은 '강력한 성과주의 확립'으로 귀결될 때가 그러했다. 처음에는 요즘 트렌드에 맞춰 직원들의 자율성과 창의성을 극대화하도록 조직 문화 기반을 갖추겠다는 취지인 줄 알았는데, 경영자를 면담하고 실무자들과 협의를 진행할수록 직원들의 성과를 엄밀하게 측정하여 그에 따라 상을 주거나 벌을 줌으로써 성과(결국 매출과 이익)를 끌어올리겠다는 본심이 드러났다. 왜 그러나 싶었는데, 그것은 조직 문화 재구축을 성과 저조를 돌파하는 수단으로 간주하고 그 참에 해이해진(혹은 해이해졌다고 생각되는) 직원들을 바짝 긴장하게 만들려는 의도 때문이었다. 처음부터 성과주의 문화를 강화하겠다고 선언하면 직원들의 반발을 살까 봐 조직 문화 재구축이라는 미명 뒤에 숨어 "컨설턴트가 성과주의를 강화하라는 보고서를 냈다"라고 말할 심산이었을 것이다. 자율과 창의도 그런 채찍질을 통해 향상될 수 있다고 말하는 경영자의 확고한 믿음은 난공불락이었다.

성과주의 자체가 나쁘다는 말은 아니다. 성과주의가 미션 달성에 기여하는 핵심 가치라면 성과주의의 극단을 향해 달려가도 좋다. 단지 성과주의 강화가 조직 문화 재구축과 동의어가 되지 않기를 바랄 뿐이다. 조직 문화라는 말만 들어도 직원들의 표정에 그늘이 드리워지지 않기를 원한다면 말이다.

삼성 혹은 현대라는 이름을 들으면 머릿속에 어떤 이미지가 떠오르는가? 애플이나 아마존은? '무엇을 잘해야 직원들이 칭찬을 받을까'에 대해 상당히 다른 이미지가 그려질 것이다. 이미지가 바로 고객과 미래의 지원자들이 해당 기업을 어떻게 바라보는지를 단적으로 대변한다. 직장 및 상사 평가 사이트인 글래스도어 Glassdoor에서 2019년에 미국, 영국, 독일의 직장인 5000명을 대상으로 설문 조사를 진행했는데, 구직자의 77퍼센트는 회사의 조직 문화가 입사 지원을 결정하는 데 중요한 요소라고 답했다. 흥미롭게도 응답자 중 58퍼센트는 직장 만족에서 급여보다 조직 문화가 더 중요하다고 답했는데, 특히 밀레니얼 세대와 Z세대가 더욱 그런 경향을 보였다(65퍼센트).[28] 기업의 경쟁력을 제고하는 데 인재보다 중요한 것이 있겠는가? 따라서 조직 문화야말로 회사의 브랜드고 전략이다.

개방적 소통
Open Communication

"내 방은 항상 열려 있어. 언제든지 내 방으로 와." CEO를 비롯한 리더들이 직원들과 오픈 마인드로 의사소통하려는 취지로 이런 말을 자주 하곤 한다.

하지만 헐트 국제경영대학원의 메건 라이츠Megan Reitz와 컨설턴트인 존 히긴스John Higgins는 "내 방은 열려 있어"란 말은 3가지 가정을 내포하고 있다고 말한다.[29] 첫째 직원들이 할 말이 있을 때는 임원의 '영역'에 들어와야 한다는 점, 둘째 따로 방이 있을 만큼 임원은 지위가 높다는 점, 셋째 언제 문을 열지 말지는 임원 자신이 결정한다는 점이 바로 그것이다.

라이츠와 히긴스가 4000명의 직장인을 대상으로 설문 조사를 벌였는데 80퍼센트가 상사(임원 포함)를 대하기가 두렵다고 응답했다.[30] 이렇듯 상사라는 이유만으로 이야기를 나누기가 두려운데 상사의 영역에까지 들어가야 한다고? 맹수의 동굴로 자발적으로 걸어 들어가는 초식 동물이 되라고? 무서워서 어디 솔직한 말을 할 수나 있겠는가? "내 방은 항상 열려 있어"라는 말은 활발한 소통을 주도하는 듯 보이지만 의사소통의 책임을 직원들에게 떠넘기는 것과 같다. 리더는 자기 방에 선뜻 찾아오지 않는 직원들을 탓할 테니까.

무엇이 소통을 가로막는가

그런 책임 전가가 심해지면 직원들의 성격을 탓하기도 한다. 내성적이고 조심스러우며 갈등보다는 조화를 추구하는 직원들이 많아서 의견이 있어도 자유롭게 제안하지 않는다고 불평한다. 리더 본인은 언제나 오픈 마인드인데 직원들은 입을 다물고 있으니 답답할 지경이라고 토로한다. 반대로 직원들은 이렇게 항변한다. "우리 조직은 주류와 다른 의견을 수용하지 않으려 한다. 대세를 거스르는 의견은 뒷다리를 잡는 행위라고 간주하고 직원을 비판한다. 그래서 아무 말 하지 않는 것이 조직 생활에 편하다."

정리하면 직원들이 소통하려 들지 않는 이유가 개인적 성격 탓이라는 관점과 조직 문화의 경직성 때문이라는 관점이 서로 충돌한다. 만일 개인적 성격 탓이 맞다면 처음부터 적극적이고 말 잘하는 직원들을 뽑아서 자유로운 토론 문화를 정착시키면 될 것이다. 그러나 런던대학교 경영대학원의 히먼트 카카르Hemant Kakkar와 공동 연구자들은 개인의 성격이 아니라 조직 문화의 경직성이 소통을 억누르는 원인이라고 말한다.[31]

카카르는 비누와 세제 등을 만드는 말레이시아의 모 제조업체 직원들에게 자신을 둘러싼 환경에서 기회를 찾으려는 경향이 선천적으로 어느 정도나 되는지 물었다. 그리고 이것을 자기 생각을 외부에 표출하는 성격인지 알아볼 수 있는 지표로 삼았다(이를 심리학에서는 '접근 지향성Approach Orientation'이라고 한다). 또한 그런 의견 개진이 조직에서 얼마나 권장되고 보상으로 이어지는지, 혹은 목소리를 높일 때 얼마나 비난과 꾸중을 듣는지 물었다. 이를 조직이 직원들의 의견을 얼마나 용인하고 수용하는지 알 수 있는 문화적 지표로 간주했다.

설문 결과를 분석해 보니 접근 지향성이 높은 직원일수록, 즉 의견 제시가 자신의 역할이라고 믿는 직원일수록 실제로 자신의 목소리를 높이는 경향이 발견되었다. 이는 개인적 성격이 의견 표출에 영향을 미친다는 것을 지지하는 결과였지만, 조직 문화라는 환경적 요소가 그런 경향을 무력하게 만들 수 있다는 결과도 동시에 도출되었다. 풀어 말하면, 원래 성격적으로 의견을 잘 개진하는 직원이라 할지라도 대세에 반하는 의견들을 권장하지 않거나 오히려 벌을 주는 조직 문화에서는 입을 닫게 된다는 것이다. 반면에 내성적이고 접근 지향성이 낮은 직원이라 해도 적극적인 의견 개진을 칭찬하고 독려하는 조직 문화에서는 자신의 목소리를 제법 활발히 표출한다는 것이다.

직원들이 할 말이 있어도 입을 닫는 이유는 개인적 성격 때문이라기보다 '직원의 개별적인 목소리는 팀워크를 해친다' '지시나 결정에 따라야 한다' '제안하려면 그에 대한 책임을 져야 한다'고 간주하는 경직된 소통 문화 때문이다. 이런 문화 속에서 직원들은 의견 개진을 통해 조직에 미칠 긍정적 효과는 불확실하고 너무나 멀게 느끼는 반면, 자신에게 떨어질 불호령이나 비판은 당장 일어나는 일이기에 입을 닫는 게 상책이라 여긴다. 한마디로 '자기 보호Self-Preservation'를 위한 자연스러운 행동이다.[32]

이러한 식원들의 자기 보호 메커니즘으로 인해 팀장의 바람직하지 않은 모습이나 팀 내 문제가 밖으로 알려지지 않고 묻히는 경우가 상당히 많은 듯하다. 고객사의 직원들과 인터뷰를 할 때면 이런 이야기를 자주 듣기 때문이다. "팀 내 문제를 윗사람들은 잘 모른다" "문제가 많은데도 CEO는 팀장이 일을 아주 잘하고 능력이 있는 줄 안다" "팀장은 아랫사람한테 나쁜 행동을 서슴지 않지만 윗사람들에게는 아부를 잘하는 것 같다" 등 팀 내 혹은 팀 주변에서 공공연한 비밀Open Secret이 된 팀장의 부적절한 언행을 윗선이 모른다는 사실에 분통을 터뜨린다.

팀 내 문제는 왜 묻힐까

팀장(여기서는 단위 조직의 장을 의미한다)의 나쁜 행동이 윗선까지 전달되지 않는 이유는 여러 가지가 있지만, 행동과학자 인시야 허세인Insiya Hussain이 제시한 "방관자 효과Bystander Effect"가 제일 유력하다. 허세인은 그 이유가 아이러니하게도 직원들 모두 그런 악행을 '잘 알기 때문'이라고 말한다.[33] 다시 말해 자신 외에 다른 직원들이 이미 잘 인지하고 있다는 생각이 들수록 팀장의 악행은 팀 외부로, 회사의 상층으로 고발되지 않는다는 것이다. 책임감의 분산Diffusion of Responsibility, 이것이 바로 방관자 효과다.

허세인은 서로 거리가 먼 학교 건물 사이를 운행하는 셔틀버스가 부족하다는 문제를 163명의 학부생들에게 읽게 한 다음, 학교 이사회 측에 문제 해결을 요구할 권리가 있음을 알렸다. 한쪽 참가자들에게는 다른 동료들도 이 문제를 잘 인지하고 있다고 전한 반면, 다른 쪽 참가자들에게는 본인만 알고 있는 문제라고 전했다. 그랬더니 '나 말고 다른 친구들도 이 문제를 잘 알고 있구나'라고 생각한 참가자들은 책임감 분산 현상을 여실히 드러냈다. 혼자만 문제를 인지하고 있다고 생각한 참가자들이 2.5배나 많이 학교 이사회 측에 문제 제기를 하겠다고 말한 것이다.

440명의 직장인을 대상으로 한 후속 실험에서는 자신들이 생산하는 제품에 문제가 있다는 이야기를 읽도록 한 다음, 이전 실험과 동일한 실험 조건을 조성했다. '나 말고 다른 팀원들도 제품에 문제가 있다는 걸 잘 알고 있다'라는 이야기를 들은 참가자들은 제품의 하자를 자발적으로 경영진에 보고하려는 의지가 상대적으로 약했다.

문제 제기 후 자신이 감당해야 할 주변의 시선과 스트레스, 팀장의 반격 혹은 보복, 문제를 제기했다는 이유만으로 오히려 처벌을 받을지도 모른다는 두려움 등이 예상되는 상황일수록 자기 보호를 위해 방관자 효과는 더욱 강해진다. 이것이 바로 팀장의 바람직하지 않은 행동이나 팀 내 문제가 팀 외부 혹은 상층에 전달되지 않는 이유 중 하나다.

"내 방은 항상 열려 있으니 언제든 와"라는 식의 소통은 방관자 효과를 없애기는커녕 오히려 심화시킨다. 직원이 리더의 방에 들어가 무언가를 털어놓는데 리더가 그 말에 반대하거나 변명하려는 표정과 말투를 보이면, 그게 비록 미세한 변화라 할지라도 '권력자의 방' 안에서는 그 효과가 극대화된다. 직원들은 '무엇이든 잘 들어주겠다더니 거짓말이었네. 앞으로 괜한 이야기는 꺼내지 말자'라고 생각하며 바로 입을 닫을 것이다. 그리고 팀 내 문제는 그대로 묻히고 만다.

정리하면 개방적 소통은 "나의 어떤 점이 상대방으로 하여금 입을 닫게 만드는지 지속적으로 파악하고 개선하는 노력 그 자체"다. 비단 리더와 직원 간의 소통뿐 아니라 부서 간, 동료 간의 소통도 이런 정의로 바라보아야 한다. 언제나 그렇듯, 나는 변화시킬 수 있어도 남은 바꾸지 못한다. "나는 직원들에게 무슨 이야기를 해도 좋다고 늘 말하는데, 왜 직원들은 내 앞에서 꿀 먹은 벙어리인지 모르겠다"라고 말하는 리더일수록 개방적 소통은 요원한 꿈이다. 개방적 소통은 내가 먼저 변해야 이루어진다.

인사
Human Resources Affairs

직원은 고객이다

◆

**직원 경험을 끌어올리기 위한 모든 활동.
인적 자원 관리나 인적 자원 개발이 아니다.**

인사란 무엇인가? 이 질문에 대한 답은 웬만한 책 한 권으로도 부족할 만큼 방대하다. 그래서 '인사'라는 타이틀을 두고 나는 이야기를 어떻게 풀어 가야 할지 몰라 며칠을 고민했다. "경영에는 인사가 전부다"라는 말이 있지 않은가? 그처럼 인사가 중요한 이유는 미션과 비전, 전략과 시스템, 프로세스와 인프라 등 모든 경영 요소와 경영 자원의 주체와 대상이 사람이고 핵심 성공 요소 또한 사람이기 때문이다. 그래서 이 장의 서두를 어떻게 열어야 할지 두렵기까지 했다.

하지만 20년 가까이 인사 전문가로 활동한 사람으로서 인사란 무엇이냐는 질문에 뭐라도 대답을 해야 하지 않을까? 비록 완벽한 대답은 아닐지라도 인사 전체를 바라보는 새로운 관점을 개괄적이나마 제시해야 하지 않을까? 나는 이런 책임감 내지는 의무감으로 어렵사리 이 장을 열었다.

인사는 크게 인적 자원 관리Human Resource Management와 인적 자원 개발Human Resource Development로 나뉜다. 그래서 규모가 좀 있는 기업은 인적 자원 관리를 담당하는 인사 팀(혹은 인사 기획 팀)과 인적 자원 개발을 수행하는 연수 팀(혹은 교육 팀)을 별도로 운영하기도 한다.

둘 다 인적 자원Human Resource이란 말이 포함되어 있는데, 인력을 기업의 목적 달성을 위한 여러 경영 자원 중 하나로 인식하고 관리하며 개발한다는 관점을 취하고 있다. 경영에서 사람이 가장 중요하다는 말은 많이 하지만 인적 자원이란 용어부터 자금, 토지, 기술, 설비, 인프라 등과 같은 여타 경영 자원과 사람을 동일한 선상에 놓고 바라본다는 시각이 내재돼 있지 않은가? 지금의 인적 자원에 문제가 생기면 부품을 교체하듯 다른 인적 자원으로 교체하거나, 제품의 품질을 개선하듯 '당근과 채찍(평가와 보상)'으로 성과 창출량을 증대시키거나, 기술을 개발하고 설비 능력Capacity을 확충하듯 교육이나 인적 자원의 역량을 개발시킨다는 인상을 주는 건 부정하지 못한다. 인사를 "인적 자원에 대한 관리와 개발에 관한 모든 것"이라고 정의한다면 이러한 '기계론적 인사'에서 한 치도 벗어나지 못한다.

즉전력을 찾는다고?

기계론적 인사에 매몰된 기업은 이런 식으로 기대한다.

"신입 사원을 채용해서 한 달 만에 현업에 투입하려면 어떻게 해야 하나요?"

"한 달 만에요?"

"교육을 하든 어떻게 하든 빠르게 업무 능력을 높여서 현장에 투입하라는 것이 CEO의 지시 사항입니다."

몇 년 전에 모 고객사로부터 이런 의뢰를 받았다. 나는 이야기를 듣자마자 난감함을 감출 수 없었다. 여태껏 그런 의뢰는 처음이었으니까. 나는 전화를 걸어 온 팀장에게 물었다.

"어떤 이유로 신입 사원을 현업에 빨리 투입하려고 하십니까?"

"단독으로 업무를 수행하기까지 적어도 시간이 2~3년 걸리는데 그게 회사 입장에서는 비용이 많이 드는 일이거든요. 채용하자마자 한두 달 교육을 시켜서 바로 그 인력을 '써먹어야' 비용도 확 줄이고 다른 회사보다 경쟁력 있는 인력을 운용할 수 있는 것 아니겠습니까?"

잠시 숨을 고르더니 그는 이렇게 덧붙였다. "그런 획기적인 방법이 있지 않을까요? 전문가시니 다른 회사 사례를 알고 계실 테고, 뭔가 방법을 찾으실 수 있지 않을까 해서 전화 드렸습니다."

더 난감해졌다. 전문가라고 해서 답을 다 가지고 있는 것도 아니고, 다른 회사의 사례를 속속들이 잘 알고 있는 것도 아니다. 이럴 때는 솔직하게 말하는 게 나의 원칙이다. 못하면 못한다고, 모르면 모른다고 말하는 게 좋다. 컨설팅 수수료가 아쉬워 무조건 할 수 있다고 덥석 수주하면 결국 끝이 좋지 않다. 그래서 나는 대답했다.

"죄송하지만 그런 방법은 없습니다. 다른 회사 사례도 아는 바가 전혀 없고요. 신입 사원을 한두 달 훈련시켜서 바로 활용하신다니, 글쎄요, 좀 급하신 거 아닌가요? 업무에 필요한 지식은 어떻게든 한 달 안에 학습이 가능하겠지만, 노하우라든지 상황 대처 능력이라든지 그런 암묵지暗默知는 업무를 통해 체득되기 마련입니다. 지금처럼 '사수-부사수' 관계로 선임 직원과 파트너가 돼서 최소 2~3년은 현업에서 '굴러 봐야' 스스로 업무를 맡을 수 있는 수준이 되겠죠. 사실 2~3년도 그리 긴 시간은 아닙니다만……."

상대방은 내 말을 이해한다고 했지만 "CEO가 계속 채근하셔서……"라며 마찬가지로 난감해했다.

그 회사의 CEO는 어디에서 '즉전력即戰力'이라는 말을 듣고 온 모양이었다. 이 말은 바로 전장에 투입시켜도 될 만한 능력을 가리키는 일본식 단어다. 일본 구인 사이트를 보면 즉전력이 있는 사람을 찾는다는 소리가 자주 등장하고, 입사 지원자들도 본인이 즉전력을 갖췄다는 말로 스스로를 소개하곤 한다. 유명한 경영 컨설턴트인 오마에 겐이치大前 研一가 2007년에 펴낸 책 제목이《즉전력을 닦는 방법即戰力の磨く方》이었으니 일본에서는 어지간히 흔하게 쓰이는 말 같다.[34]

나는 "그런 사례가 있는지 한번 찾아보겠습니다"라는 말로 대화를 마무리하고 전화를 끊었다. 의뢰를 받아들일 마음은 없었지만, 즉전력이 어떤 의미인지 알기 위해 겐이치의 책을 구해 읽어 봤다. 그가 책에서 소개한 즉전력의 구성 요소는 어학력, 재무력, 문제 해결력, 공부법, 회의술(토론력)이었다. '별것 아니네?'란 느낌이 들 정도로 새로울 것은 없었다. 여느 자기계발서에서 나올 법한 소리 아닌가? 5가지를 조합해서 즉전력이란 단어로 포장한 것에 지나지 않았다.

팀장이 나에게 요구한 즉전력은 그런 게 아니었다. 그는 한두 달 훈련시켜서 독자적으로 일을 수행할 능력을 갖춰야 한다고 요구했으니까 말이다. 짐작건대 CEO는 오마에 겐이치의 책을 읽어 보지 않은 채 "바로 현장에 투입할 만한 능력"이라는 즉전력의 사전적 정의만 어디에선가 듣고 '멋진 말이네. 우리 회사도 그렇게 해야겠다'라고 생각한 게 아닐까?

종종 신문에 나오는 CEO들의 인터뷰를 보면 자기네 회사는 인재가 우선이고 인재 양성을 중요시한다는 말이 약방의 감초처럼 항상 등장한다. 나는 그런 말을 접할 때마다 '바로 써먹을 수 있는' 직원, 열심히 일하는 직원, 높은 성과를 올리는 직원을 '원하기만' 할 뿐, 그런 직원들을 어떻게 채용하고 어떻게 육성시킬 것인지는 뒷전으로 밀려나 있지는 않은지 의심해 본다.

거의 10년 전으로 기억된다. 어느 대학교에서 열린 '공학 교육의 방향' 주제 발표에 연사로 참여한 적이 있다. 아마《경영, 과학에게 길을 묻다》라는 책을 썼다는 이유로 나를 초청한 듯했다. 나는 여러 연사 중 A의 발언을 아직까지 기억한다. 모 기업에서 인사 업무를 담당하는 그는 자기 차례의 발표에서 신입 사원들이 회계를 몰라서 자기네가 회계 교육을 시키느라 얼마나 돈이 많이 들어가고 얼마나 시간이 많이 걸리는지 아냐며 마치 호통을 치듯 목소리를 높였다. 회사에서 필요한 지식을 가르치지 않는 대학 교육에 문제가 많다는 게 발표의 요지였다.

그 자리가 토론 자리가 아니었기에 망정이지 나는 그에게 바로 따지고 싶었다. 자신들이 해야 할 일을 왜 대학에 떠넘기면서 비용과 시간 문제를 운운하는지 이해하기 어려웠다. 취업문이 좁아지니까 기업이 대학에 '갑질'을 하는 듯 보였다. 대학은 취업 준비를 위한 교육 기관이 아니라 기초 지식을 함양하고 학문을 연구하는 곳 아닌가? 회계 지식이 그렇게 필요하면 자기네 회사에서 따로 가르치면 될 일이지, 말로는 인재를 중요시하는 회사가 비용과 시간이 많이 든다는 이유로 학생들과 교수들 앞에서 호통을 쳐야 하는가?

"즈쩡녕이 뭐예요?"

신경 쓰지 않으면 이렇게 발음이 무너지는 단어, 즉전력이란 말을 들으면 나 역시 힘이 쭉 빠진다. 지긋지긋한 '빨리빨리 문화'의 악습이 직원 육성에도 배어 있다는 생각 때문이다. 인력을 공장에서 찍어 낸 로봇처럼 여기고, 대학을 로봇 공장처럼 바라보며, 그 로봇에 한두 달 정도 지식과 정보를 '다운로드'하면 단독으로 업무 수행이 가능한 실전 로봇으로 만들 수 있겠다는 발상이 기계론적 인사가 아니고 무엇이겠는가? 그런 '인력관'하에서 직원들은 머지않아 인간으로서의 존엄을 상실하고 무기력해질 것이 뻔하다.

더 이상 어떻게
일을 열심히 하죠?

서론이 좀 길었는데, 이제 내가 인적 자원이란 개념을 버리기로 한 계기를 이야기하겠다. 몇 년 전 모 기업의 직원들을 대상으로 성과주의 인사 제도의 문제점, 특히 차등 보상의 문제점에 대해 강의를 했다. 바로 이때의 경험이 인사에 대한 기존 정의를 버리고 새로운 정의를 제시해야겠다는 결심을 하도록 만들었다.

"회사 측에서 지금 연봉의 2배를 주겠다고 제안한다면 열심히 일하시겠습니까?"

나는 어떤 직원에게 이렇게 질문했다. 사실 그녀의 답변에 크게 기대하지 않았다. 똑같은 질문을 다른 회사 직원들에게 이미 수차례 던져 봤기 때문에 "당연히 열심히 일하죠"라는 대답이 나올 게 뻔하다고 짐작했다. 대답이 이렇게 나오면 "그렇게 열심히 일하겠다는 다짐이 얼마나 오래 갈까요?"라고 후속 질문을 할 참이었다. 이 후속 질문에는 여러 대답이 나오곤 하는데 대개는 "길어야 3~4개월 정도"라고 제법 근사하게 맞히는 경우도 있다.

연봉 인상으로 인한 좋은 기분과 업무에 몰입하겠다는 동기는 3개월을 넘기지 못한다. 그 이후가 되면 '내가 받는 연봉이 동료들보다 아주 높기는 하지만, 내 능력이면 응당 이 정도는 받아야 하는 것 아닌가?'라는 자만심이 고개를 든다. 노동 시장에서 거래되는 본인의 시장 가격, 그 기준선을 현재 받는 연봉으로 설정하고 더 높은 연봉을 본인에게 지급해야 열심히 일할 동기를 이어 갈 수 있다고 간주한다.

어쨌든 이런 시나리오를 기대하며 그녀의 대답을 기다렸다. 하지만 그녀의 대답은 내 예상을 산산조각을 냈다.

"더 이상 어떻게 일을 열심히 하죠? 이미 최대치를 하고 있는데 말이에요."

나는 당황했다. 이런 대답은 처음이었다. 이렇게 말하는 그녀의 얼굴에서는 연봉을 2배로 주든지 말든지 그건 아무 상관없다는 표정이 읽혔다. 그때 나는 그녀에게 "왜 그렇게 생각하시나요? 현재의 업무에 어떤 문제가 있나요?"라고 질문했어야 했다. 하지만 "그래도 기분이 좋으니까 열심히 일하고 싶지 않을까요?"라는 유도질문을 던지고 말았다. 그녀는 이 물음에도 "아닌데요"라고 짧게 대답하더니 그 후에는 내내 고개를 숙이며 강의를 들었다. 그날 강의는 유난히 어려웠다.

"이런, 멍청한!"

귀가 후 몸이 안 좋아 약을 먹고 누워 있던 나는 이불을 걷어차며 일어났다. 이런 걸 '이불킥'이라고 하던가? 그녀의 대답 속에서는 직원들이 현장에서 감당해야 하는 업무의 현실이 고스란히 담겨 있었건만 나는 그것을 눈치채지 못하고 내 신경을 강의하는 데만 써 버렸다.

이미 업무량이 턱밑, 아니 코밑까지 차올라 숨이 막히는데 높은 연봉을 흔들어 대며 "이만큼 더 줄 테니까 지금보다 더 열심히 일할래?"라고 유혹하는 것은 얼마나 의미 없는 짓인가? 업무를 통해 자신이 성장한다는 느낌을 받을 수 없고 권고사직이다, 희망퇴직이다 하며 직원들을 약이 다 된 건전지처럼 쓰다 버리려는, 경영 개선이라는 이름의 무서운 합리화로 몇 가닥 남지 않은 희망마저 버려야 하는 현실에서 높은 연봉은 오히려 더 큰 부담 아니겠는가? "이 정도로 연봉을 높여 줬으면 그에 맞게 더 큰 성과를 만들어 내야 할 것 아니야!"라고 직간접적으로 압박을 가해 올 게 뻔한데, 그러다가 내보내려고 할 게 예상되는데, '연봉 2배'라는 당근이 마냥 맛있어 보이겠는가?

대부분의 직원은 "연봉을 많이 받고 싶습니다"라고 말한다. 그래서 어느 회사든 조직 진단을 하면 늘 나오는 불만 중 하나가 '낮은 연봉'이다. 그러나 이 말을 액면 그대로 받아들여서는 곤란하다. 강도 높은 업무에 대해 '어쩔 수 없으니 돈이라도 많이 받아야지'라는 보상 심리가 작용한 말이기 때문이다. 직원들이 지금보다 많은 연봉을 기대하고 요구한다고 해서 그 말만 믿고 "직원들의 동기를 높이려면 연봉을 높여 주면 되겠구나. 아니, 차등 보상을 강화하면 되겠네. 우수 인재들은 특별 관리하자"라고 해 봤자 아무런 소용이 없다.

그녀의 건조한 대답은 나를 새삼 일깨워 주었다. 적절한 업무량, 콤팩트하면서 자율적인 업무 구조, 일과 생활의 균형 등이 '보상이라는 장난감'보다 동기 유지에서 핵심이라는 것을.

아니, 직원이 '직장에서 경험하는 삶'이 훨씬 중요하다는 것을.

직원의 오감과 삶의 맛 향상시키기

"그런데 번아웃이란 말은 부정확한 표현 같아요." 지인에게 이 에피소드를 들려주면서 이야기 속 그녀가 상당한 번아웃을 겪고 있는 것 같다고 하니 지인은 이렇게 반박했다. 지인은 말을 이었다. "번아웃은 무언가를 열심히, 맹렬히 하고 나서 하얗게 타 버렸다는 뉘앙스가 풍기는 단어 같습니다. 마라톤을 뛰고 나서 기진맥진해진 상태 같다고나 할까요? 잠시만요, 한번 찾아볼게요."

지인은 스마트폰을 이용해 한참 인터넷 검색을 하더니, 번아웃이라고 말하려면 다음과 같은 3가지 상태 중 하나 이상이어야 한다는 세계보건기구World Health Organization의 정의를 보여 주었다.[35]

- 에너지 고갈 또는 피로감
- 내 일이 아니라는 느낌(업무와의 심리적 거리감이 커짐), 혹은 일에 대한 부정적이고 냉소적인 감정
- 자신의 능력으로 업무를 성공적으로 수행할 수 있다는 자신감과 기대감, 즉 '직업 효능감Professional Efficacy'이 저하된 상태

"제가 보기에 그녀는 이 3가지 중 어느 것에도 해당되지 않아요. 그러니 번아웃된 게 아니죠."

"그러면 그녀는 어떤 상태라고 보나요?" 나는 몸살로 지끈거리는 관자놀이를 누르며 물었다.

"무기력해진 거예요. 안 좋게 표현하면 좀비처럼 말이에요. 자기가 회사에 왜 다니는지, 왜 이 일을 하는지 모르면서 시계추처럼

왔다 갔다 하는 상태가 돼 버린 거죠."

"좀비라고요? 너무 심한 표현 아닌가요?"

지인은 단호한 표정을 지며 말을 이었다. "아뇨. 좀비가 정확한 표현이라고 생각합니다. 그리고 직원들을 좀비로 만든 건 바로 경영자의 책임이죠. 매일 강도 높은 업무량, 시도 때도 없이 울리는 메신저, 갖가지 평가와 통제 시스템 속에서 직원들은 언제 회사에서의 삶을 즐길 수 있을까요? 살아 있다는 감정은 오감五感을 느낄 수 있을 때 찾아옵니다. 오감을 느끼려면 직장 생활 속에도 자기만의 시간이 있어야 하죠. 그런데 진짜 자기만의 시간을 가질 수 있는 직원이 얼마나 될까요? 자기만의 시간은 그저 휴식 시간 같은 게 아닙니다. 스스로 판단하고 결정하고 통제하고 느끼는 시간을 말해요. 오감을 느낄 기회를 회사 때문에 차단당하니까 살아 있다는 감정이 생기지 않고, 점점 무기력해지고, 한번 무기력해지면 좀처럼 활력이 생겨나지 않고, 그러니까 좀비와 다를 바 없다고 말하는 겁니다. 학습된 무기력 혹은 무기력의 악순환이죠. 이런 무기력이 번아웃보다 훨씬 무섭고 해결하기 어렵습니다."

옳은 말이다. 작가이자 방송인인 스터즈 터클Studs Terkel은 저서 《일Working》에서 "(일이란) 빵과 함께 매일의 의미를 추구하는 행위고, 돈과 함께 인정을 얻기 위한 행위며, 무기력함이 아닌 경이로움을 찾는 행위다"라고 말하지 않았던가?[36] 터클의 말에 따르면 그녀는 '일을 하지 않는 상태', 아니 '못하는 상태'였다. "더 이상 어떻게 일을 열심히 하죠?"라고 말하던 그녀의 눈빛에서 나는 오래된 무기력을 읽었어야 했다. 어떤 것에도 관심이 없고 어떤 것에도 감정의 반응이 없는데 연봉 인상을 논해 봤자 무슨 소용이 있을까? 평가를 하고 교육을 하고 승진을 시켜 더 차원 높은 업무를 맡긴다고 해서 인적 자원이 관리되고 개발될까? 그보다는 그녀에게 '오감을 회복시켜 주고 삶의 맛을 느끼게 해 주는 것'이 우선이다. 그러면 스스로 일의 의미를 찾을 것이고 자신이 맡은 업무에 최선을 다할 테니까.

나는 이 사건을 계기로 "직원이 회사와 관계를 맺음으로써 형성되는 상호 작용의 총체, 즉 직원 경험Employee Experience의 양과 질을 향상시키는 것"이 인사의 진정한 정의가 되어야 한다고 믿기 시작했다. 고백하자면 나는 그 일을 겪기 전까지 직원 경험은 그저 말장난에 불과하다는 선입견을 가지고 있었다. 직원 만족도 향상과 같은 개념을 그럴싸하게 포장한 것처럼 여겨졌기 때문이다. 물론 인적 자원이라는 말에는 그전부터 반감을 가지고 있었으나, '직원 경험의 극대화'가 인사의 방향이자 목적이라는 생각은 해 본 적이 없었다.

그러나 곰곰이 살펴보니 직원이 채용되어 퇴사할 때까지 모든 과정에서 인사 제도가 개입하는 지점이 상당히 많을 뿐 아니라 시스템을 움직이는 직원들의 감정적, 신체적 상태가 생산성과 성과에 지대한 영향을 끼친다는 것을 깨달았다. 그러므로 인적 자원이란 개념하에 직원 경험의 개선을 무시하고 직원을 기계 부품인 양여기는 것은 옳지 않다. 요즘 젊은 직장인들(밀레니얼 세대)의 니즈에도 부합되지 않는다. 그녀 덕분에 얻은 시각이다.

직원은 곧 고객이다

직원 경험은 직원을 자원이 아니라 인간 그 자체Human-Being, 나아가 '고객'으로 본다는 관점을 채택하는 용어다. 그런데 왜 직원을 고객으로 봐야 할까?

2019년 5월 잡코리아가 직장인 1322명을 대상으로 이직 경험을 조사한 결과 1회 이상 이직한 직장인은 84.6퍼센트였고, 10년차 직장인의 경우 평균 4.0회를 이직한 것으로 나타났다. 2010년 조사 때 10년차 직장인의 평균 이직 횟수가 2.9회였던 것에 비하면 크게 높아진 결과다.[37] 아무리 평생직장이라는 개념이 진즉에 깨졌다지만 한 직장에서 겨우 2년 반 정도만 머문다는 사실은 충격적으로 다가온다.

이런 현상은 직원이 회사를 버리고 떠나는 것으로 볼 수 있지만, 동시에 고객이 제품을 사용하다가 버리고 다른 제품을 새로 들이듯이 직원이 회사를 선택 혹은 '구매'한다는 의미로도 해석할 수 있다. 연봉이 적어서든, 상사와의 갈등 때문이든, 업무가 적성에 맞지 않아서든 자신에게 나쁜 경험을 안겨 준 기업을 폐기하고 최상의 직원 경험을 선사할 것으로 기대되는 회사를 '쇼핑'하는 것이다.

이렇게 여러 회사를 쇼핑할 수 있는 직원이라면 적어도 중간 이상의 능력을 발휘하는 중심 인재들이기 때문에 이들이 회사를 나간다면 인적 역량의 공백이 발생하여 전략 실행이 어려워질 수밖에 없다. 그러므로 고객의 재구매율을 높이는 것이 마케팅과 고객 경험 향상에 매우 중요한 목표이듯, 중심 인재들이 계속 우리 회사를 선택하여 재구매하는 비율을 끌어올리고 유지하는 게 인사의 중요한 목표가 되어야 한다. 중심 인재들이 계속 구매하는(오래 근속하는) 기업이라면 외부의 우수 인재들도 '이 회사에 들어가면 좋겠다'는 구매 욕구를 갖기에 충분할 테니 말이다.

컨설팅 업체 아서 갤러거 앤드 컴퍼니Arthur J. Gallagher & Co.는 2019년 6월에 발표한 보고서를 통해 우수 인재를 끌어당기는 힘은 좋은 직원 경험에 있다고 말했다. 또한 직원 경험이 좋을수록 직원들은 더 깊게 업무에 몰입하고 더 나은 성과를 창출한다고 지적한다.[38] 이렇게 직원을 고객으로 간주함으로써 인적 역량의 선순환 엔진을 가동시켜 높은 성과를 창출하는 것이 직원 경험을 높여야 하는 이유 중 하나다.

또 하나의 이유는 직원이야말로 고객 경험을 향상시키는 실질적 주체라는 점이다. 고객 경험 극대화를 위해 노력하던 많은 기업이 실천 과정 중에 '좋은 직원 경험이 좋은 고객 경험을 낳는다'는 사실을 깨달았다. IBM의 최고 인사 책임자인 다이앤 거슨Diane Gherson은 직원의 업무 몰입도(직원 경험을 정량화한 지표)가 고객 경험 점수의 3분의 2에 기여한다고 말하며, 고객 만족 점수가 5점 증가하면 매출이 평균 20퍼센트 증가한다고 설명했다.[39]

이런 이유 때문에 이제는 HR 부서와 고객 만족CS 부서가 별개로 움직이지 않고 직원, 고객, 협력 업체, 지역 사회 등 기업을 둘러싼 모든 이해관계자의 경험을 향상시킬 수 있도록 프로세스를 통합시켜야 한다는 목소리가 나오고 있다. 브랜딩 컨설턴트인 데니스 리 욘Denise Lee Yohn은 최고 경험 책임자Chief Experience Officer,

CXO가 직원 경험과 고객 경험을 모두 관장해야 한다고 제안했다.[40] 직원도 고객이라고 본다면 욘의 제안은 지극히 타당한 주장이다.

또한 긍정적인 직원 경험이 회사의 재무 건전성에도 좋은 영향을 끼친다는 조사가 있다. IBM과 연구 기관 워크휴먼Workhuman은 45개국 수백 개 기업을 조사했다. 그리하여 직원 경험에서 상위 25퍼센트에 속하는 기업은 하위 15퍼센트에 속한 기업에 비해 자산 수익률이 거의 3배고 매출 수익률Return on Sales은 2배에 달한다는 결과를 얻었다. 또한 직원 경험을 조금만 개선하면 수백만 달러의 영업 이익을 증가시킬 수 있다고 결론 내렸다.[41]

이렇듯 인사, 전략, 마케팅 등에 직원 경험이 매우 중요한 요소임을 일찍 깨달은 기업들이 스포트라이트를 받고 있다. 대표적으로 에어비앤비는 2015년부터 일찌감치 HR이란 말을 버리고 기존의 인사 부서를 '직원 경험 부서'로 개명함으로써 직원 경험 극대화에 대한 의지를 천명했다.[42] 이 회사의 최고 직원 경험 책임자였던 마크 레비Mark Levi는 "우리가 직원을 채용하고 육성하는 방식, 그들과 함께 업무 환경을 만들어 가는 과정, 우리가 직원들에게 제공하는 자발적 경험의 유형, 같이 나눠 먹는 음식에 이르기까지 직원들과 관계 맺는 모든 측면에서 기억에 남을 만한 직원 경험을 창조하는 것이 우리의 미션 달성을 좌우한다"라고 말했다.[43] 이런 노력으로 에어비앤비 직원들 중 90퍼센트가 자기네 회사를 일하기 좋은 직장으로 추천한다.

힐튼의 직원 경험 향상법

직원 경험을 향상시키려면 구체적으로 무엇을 어떻게 해야 할까? 카페 같은 분위기에서 일하게 하고 무료 음료를 원하는 대로 제공하는 등 달콤한 복리 후생 프로그램을 도입한다고 해서 될 일은 아니다.[44] 그런 눈에 보이는 프로그램은 시간이 지나면 직원들이 당연하게 받아들이고 때로는 금전적 부담을 가중시키기 때문에 미봉책에 지나지 않는다.

5200개 사이트를 지니고 40만 명 이상의 직원을 보유한 세계적인 호텔 체인 힐튼이 직원 경험의 향상을 위해 어떤 노력을 하는지 살펴보면 힌트를 얻을 수 있다. 이 호텔은 직원 경험에 대한 투자를 통해 이직률을 4퍼센트포인트 이상 감소시켰고, 《포천》 선정 '일하고 싶은 직장 100곳' 중 33위를 차지하는 성과를 거두었다.[45]

2017년 힐튼은 'Thrive@Hilton'이라는 온라인 교육 프로그램을 론칭했다. 《허핑턴포스트Huffington Post》의 창업자인 아리아나 허핑턴Arianna Huffington이 이끄는 이 프로그램을 통해 힐튼은 스트레스를 경감시키고 정신 및 육체 건강, 행복감을 향상시키는 과학적 방법들을 직원들에게 가르쳐 주었다. 현장에서 직원들이 번아웃되지 않도록 하고 재충전의 시간을 부여하는 것이 고객 경험을 끌어올리는 길이라고 봤기 때문이다. 이 프로그램 덕분에 24시간 고객 대응을 위해 직원들이 항상 자리를 지켜야 한다는 조직 문화가 상당 부분 개선되었다. 또한 힐튼은 라커 룸을 리모델링하고 카페테리아 같은 직원 식당의 분위기를 고급 레스토랑처럼 바꾸는 등 물리적인 업무 공간을 변경하는 작업도 동시에 진행했다. 게다가 고급 원단으로 옷을 만드는 언더아머Under Armour로부터 직원 유니폼을 공급받음으로써 유니폼 선택의 폭을 넓혀 주었다. 그리고 부부 중 육아를 전담하는 쪽의 육아 휴가를 10주로 확대하고 그 배우자에게는 2주의 휴가를 주기도 했다.[46]

이런 복리 후생 프로그램에서 그쳤다면 힐튼의 직원 경험 향상 노력은 널리 알려지지 못했을 것이다. 힐튼은 채용 과정부터 직원 경험이 시작된다고 믿었다. 채용 과정을 질질 끄는 것은 지원자들에게 회사에 대한 부정적인 인상을 심어 준다고 봤다. 채용 결정이 느리면 다른 회사에 입사할 기회를 박탈하게 되고 합격 여부를 기다리는 시간이 지원자들에게 엄청난 스트레스를 부과한다고 생각했던 것이다. 그래서 힐튼의 HR 팀은 AI 기술을 과감히 수용하여 채용의 스피드와 질을 크게 향상시켰고 인터뷰에 집중할 수 있는 시간적 여력을 확보했다. 또한 챗봇Chatbot 기능을 활용하여 지원자들의 질문에 즉각적으로 대응한 것도 입사하기 전부터 회사에 대해 좋은 경험을 느끼도록 한 조치 중 하나였다. 화상 인터뷰 역시 대규모로 인력을 뽑아야 하는 부담을 경감해 주었다. 이런 여러 노력 덕분에 힐튼의 채용 속도는 85퍼센트 향상되었다. 6주 걸리던 것이 1주 안에 완료되었던 것이다.

앞에서 언급했듯이 이직률이 4퍼센트포인트 감소했는데, 이를 돈으로 환산하면 1년에 400만 달러의 비용이 절감된 것이라고 힐튼은 설명한다. 이직으로 인한 생산성 감소, 결원 채용에 따른 비용, 채용에 걸리는 소요 시간 등을 따지면 그 정도가 나온다는 것

인사: 직원은 고객이다

이다. 이런 힐튼의 성과는 인적 자원이 아닌 직원 경험의 향상에 초점을 맞추면 인재 채용, 생산성 향상, 우수 인재 보유Retention 차원에서 실질적 이득을 얻을 수 있음을 증명하고 있다.

힐튼뿐 아니라 많은 기업이 '최고 직원 경험 책임자'를 신설하여 여러 시도를 하고 있는데, 아직은 초기라 그런지 복리 후생과 채용 분야에 집중되어 있는 것이 사실이다. 목표를 자율적으로 설정하게 하거나, 근무 형태의 선택지를 다양화하거나, 탄력적 보상을 강화하거나, 새로운 방식의 교육을 제안하는 등 차츰 평가, 보상, 교육, 승진 등 여러 인사 분야에서 직원을 고객으로 바라보는 실사례가 풍부해지기를 기대해 본다.

퇴사는 회사가 아닌
상사를 떠나는 것

고객과 동등한 위치에 직원을 놓고 인사 제도 등을 개선하는 작업도 중요하지만 직원 경험에 가장 큰 영향을 미치는 존재, 바로 상사의 중요성을 간과하면 안 된다. "퇴사는 회사를 떠나는 게 아니다. 상사를 떠나는 것이다"라는 말이 있지 않은가? 이 말은 자기 개발을 위해서, 좀 더 넓은 곳에서 일하고 싶어서, 보상을 많이 받고 싶어서 등 여러 퇴사 사유를 대지만 실은 상사의 괴롭힘Bullying이나 무관심이 퇴사 결정의 직접적인 원인임을 뜻한다.

합리적으로 생각하면 상사와 헤어지기 위해 퇴사한다는 것은 좋은 방법이 아니다. 조직도가 바뀌어 상사가 다른 자리로 이동하거나 직원 본인이 승진함으로써 자연스레 상사를 멀리하게 될 수도 있을 테니까 말이다. 또한 이직한다 해도 좋은 상사를 만나리라는 보장이 없으니 현재 다니는 회사가 자신의 경력 개발에 좋은 곳이라면 이직하여 자리를 잡느라 힘을 낭비할 필요는 없다.

그러나 이렇게 합리적인(혹은 경제학적인) 판단을 하지 못하는 이유는 상사와 회사를 '하나'로 인식하기 때문이다. 델라웨어대학교의 로저 아이젠버거Roger Eisenberger와 동료들은 직장인들을 대상으로 한 설문 조사에서 상사가 자신을 얼마나 지원한다고 생각하는지Perception of Supervisor Support, PSS와 회사가 자신을 얼마나 지원한다고 생각하는지Perception of Organizational Support, POS를 질문했다.[47] 시점을 달리하여 두 번 실시된 조사에서 PSS와 POS 사이의 뚜렷한 상관관계가 도출됐는데, 이는 상사가 자신에게 별 관심이 없으면 회사 전체도 그렇다고 여긴다는 뜻이었다. 아이젠버거는 회사 내에서 상사의 위상이 높을수록 PSS와 POS의 상관관계가 더 강화된다는 점도 발견했다. 이른바 '힘 있는 상사' 밑에서 일할 경우, 상사가 직원에게 관심과 배려를 한다면 조직이 직원에게 신경 쓴다고 '더욱' 느끼고, 그다지 지원하지 않거나 오히려 괴롭힌다면 회사가 직원을 적대시한다고 '더욱' 생각한다는 의미였다.

PSS와 POS가 직원의 퇴사에 미치는 영향은 어땠을까? 할인 가전 매장에서 일하는 493명의 직원 중 13명이 설문 조사가 진행되던 6개월 동안 자발적으로 퇴사했다. 비록 샘플 수가 적긴 하지만 PSS가 POS에 영향을 끼치고 POS가 퇴사 결정에 영향을 끼친다는 결과가 나왔다. 즉 상사의 관심이 적다고 느끼면 회사 역시 직원에게 관심이 없다고 느끼고 결국 그것이 퇴사로 이어진다는 것이다. "퇴사는 상사를 떠나는 것이다"라는 말이 타당하다는 증거인 셈이다.

이처럼 상사는 직원 경험을 좌우하는 가장 큰 변수 중 하나다. 직원들은 회사로 출근하는 게 아니라 '상사가 일하는 사무실'로 출근한다. 인사 제도 등이 직원 경험 제고를 위해 운영된다고 해도 바로 위 상사가 그걸 한순간에 무력화시키기Override 쉽다. 에디슨 그룹Addison Group이 1000명의 경력 구직자를 대상으로 설문 조사를 실시했는데, 많은(72퍼센트) 응답자가 현 직장과 직무에 대체로 만족한다고 대답했다. 그럼에도 응답자들 중 76퍼센트는 현 직장에서 겪은 단 한 번의 나쁜 경험으로 인해 다른 직장을 알아보기로 결심했다고 대답했다.[48] 현재 회사를 버리고 다른 직장을 '쇼핑'하는 이유는 나쁜 경험의 오랜 축적 때문이 아니라 주로 상사와 관련된 한두 번의 나쁜 경험 때문이 아니겠는가?

그렇기에 팀장, 임원 등 리더의 위치에 있는 사람들이 직원들을 어떻게 대하는지 면밀히 관찰하고 지속적으로 교정할 필요가 있다. 또한 상사가 직원을 어떻게 코칭해야 하는지, 어떤 방식으로 피드백해야 하는지 등을 '익숙해질 때까지' 교육해야 한다. 아니, 그보다는 그런 자질을 갖춘 사람이 관리자의 위치에 오르도록 해야 한다.('승진' 장을 참조하라) 직원 경험에 관한 모든 일은 향후 인사 부서뿐 아니라 CEO의 관심사 중 하나가 되어야 할 것이다.

직원이 행복해야 고객이 행복하다

《예스는 대답이다! 질문은 무엇인가?Yes Is the Answer! What Is the Question?》
의 저자이자 오션 프라임Ocean Prime, 몰리 우즈 아시안 비스트로
Molly Woo's Asian Bistro 등 33개의 레스토랑을 경영하는 캐머런 미첼
Cameron Mitchell은 누구보다 앞장서서 '직원 우선Associates-First' 문
화를 실천하고 있다. 어느 날 미첼은 한 주방장이 여성 종업원에게
윽박지르는 모습을 목격했다. 주방장은 레스토랑의 핵심 인재였지
만 그는 한 치의 주저 없이 그 자리에서 주방장을 해고했다. 미첼
은 이 사건을 통해 '관리자들은 타인에 대한 존중을 기본으로 직원
들을 대해야 한다'는 메시지를 분명히 전달했다.[49]

끝으로, 회사의 성과 달성을 앞세워 직원 경험을 추락시키는 우
를 범하지 말아야 한다. 2014년 12월 이케아가 광명점을 열며 한
국에 진출하자 국내 가구 업계는 '이제는 끝났다'는 패배감에 휩싸
였다. 하지만 국내 굴지의 가구 업체 한샘이 강점을 극대화하고 약
점을 보완하는 전략을 통해 이케아 진출 후 오히려 매출을 30퍼센
트 이상 성장시키며 1조 원을 돌파했다. 이 소식은 업계에 큰 반향
을 일으켰다.[50] 그런데 한샘이 실행한 여러 전략 중에 가장 눈길을
끌었던 단어는 바로 '밤샘'이었다(신문 기사 제목에도 '밤샘'이라는 말
이 들어가 있다). 기사에서 CEO는 "이케아와 달리 (우리는) 조그만
건자재를 직접 시공해 준다. 시공 관리를 엄격하게 하다 보니 직원
들 사이에서 한샘이 아니라 '밤샘'이라는 말까지 나돌았다"라고 했
다. 그는 고객의 불만이 접수되면 새벽 4시에 직원들이 모여 대책

을 수립하고 대응했다고 덧붙였다.

　나는 '밤샘'이란 단어가 불편하게 다가왔다. 상품으로 인한 고객 불만을 해소하는 것은 물건을 판매하는 회사로서 당연한 의무지만, 직원들을 꼭 새벽 4시에 소집해야만 할까? 새벽에 나와 일찍 대책을 수립하고 신속히 대응하면 고객들은 분명 만족하고 감동할지 모른다. 하지만 직원들이 감당해야 할 과로와 맞바꿀 만큼 고객 만족이 그렇게 중요한 가치일까? 고객 경험을 위해 희생되는 직원 경험이라니! 새벽 4시에 소집되는 경우가 실제로는 몇 번 없을지 모르지만, CEO가 밤샘을 성공 요인 중 하나로 자랑스레 언급했다는 것만으로도 조직의 성공을 위해 직원의 희생을 얼마나 당연시하는지 느낄 수 있다. 이렇게 직원 경험은 아랑곳하지 않은 채 '인력을 때려 넣어' 고객을 만족시키는 전략으로는 '공룡 이케아'를 잠시 이길 수 있을 뿐이다. 이는 전혀 지속 가능하지 않은 구시대적 전략이기 때문이다. 어쩌면 공룡은 이런 구시대적 전략을 구사하는 국내 가구 업체들인지 모른다. 공룡이라는 단어를 글로벌 거대 기업을 가리키는 말이 아니라, 변화된 환경에 적응하지 못하면 멸종하는 존재라는 의미로 비유한다면 말이다.

　앞서가는 기업들(에어비앤비, 힐튼, IBM 등)이 고객 경험과 직원 경험을 같은 선상에 놓고 고민하는 데는 다 이유가 있다. 직원이 행복해야 고객이 행복하다. 그리고 다시 강조하지만, 인사는 "직원의 행복한 경험을 극대화하는 모든 활동"임을 기억하기 바란다(이어 나오는 경영어들의 정의는 이 인사의 새로운 정의에 기초한다).

평가
Appraisal

평가는 버려라

◆

좋은 성과를 창출하도록 이끌어 가는 과정,
즉 지속적인 피드백.
잘했는지 못했는지를 측정하는 시험이 아니다.

"평가를 하지 마세요. 평가를 버리세요."

"네? 왜 평가를 하지 말아야 합니까?"

깜짝 놀라는 표정을 짓는 그에게 나는 평가가 일으키는 여러 폐해를 실증된 증거를 통해 조목조목 설명한다. 이 책이 평가의 문제와 대안을 다루기 위한 책이 아니므로 여기에 자세히 서술할 필요는 없지만 요점만 기술하면 이렇다.

직원들의 성과를 객관적으로 측정할 수 있는 지표를 찾기가 불가능하다는 점, 설령 객관적 지표가 있다 하더라도 그 지표만 올리려 하고 나머지 업무는 소홀히 할 가능성이 크다는 점, 직원 개인에게 성과를 높이라고 강조할 경우 '부분 최적화'의 함정에 빠져 조직 전체의 성과 향상으로 이어지지 못한다는 점, 평가 결과가 보상과 강하게 연결될수록 직원들 간의 협력과 부서 간의 협조가 사라진다는 점, '돈'을 동기 부여 수단으로 즐겨 사용할 경우 돈을 더 주지 않으면 직원들이 일할 동기를 갖지 못한다는 점, 입사 첫해에 '찍히면' 그 후 계속 나쁜 평가를 받는다는 점 등이다. 바로 성과주의라는 미명하에 운영되는 평가 제도의 대표적인 폐해들이다.[51]

"평가가 여러 문제를 낳는다는 점은 잘 알겠습니다. 우리 회사에서도 이미 그런 문제가 상당히 심각하다는 공감대가 널리 퍼져 있습니다. 인사 팀에서도 잘 알고 있고요. 그런데 평가를 없애면 직원들을 어떻게 승진시키고 연봉을 책정할 수 있나요?"

예상했던 질문이었다. 평가를 없애라고 말하면 늘 나오던 반문이었으니까. 나는 이렇게 대답했다. "아까 평가의 목적이 무엇이냐는 질문에 직원들이 조직 성과 향상에 필요한 역량 계발을 위한 동기를 갖도록 만드는 것이라고 답하지 않으셨나요? 그렇다면 '평가를 없애면 직원들의 역량을 어떻게 계발하나요?'라고 물으셔야 하는 것 아닙니까?"

그는 잠깐 뜸을 들이더니 한숨을 내쉬며 답했다.

"그렇긴 하지만…… 현실적으로는 어쩔 수 없습니다. 성과 차이가 나는 직원들에게 동일한 연봉을 줄 수는 없으니까요. 평가를 해야 성과 차이를 알 수 있고, 성과에 따른 연봉을 결정할 수 있습니다. 승진도 마찬가지고요. 일 잘하는 사람을 승진시켜야 하는데 평가하는 것밖에 다른 방법이 없지 않습니까?"

"네, 어떤 말씀인지 이해가 됩니다. 그런데 평가가 없는 상태에서 직원들의 연봉을 어떻게 결정하고 누구를 승진시킬까 하는 문제와 그 해법은 일단 나중에 논의하기로 하죠('승진' 장에서 자세히 다룬다). 평가를 없애면 연봉과 승진을 결정할 방법이 없어진다, 그게 가장 크게 우려된다는 말씀은 귀사에서 운영되는 평가 제도의 실질적 목적이 '연봉과 승진 결정'이지 '역량 계발'이나 '동기 부여' '성과 향상'은 아니라는 뜻이죠?"

그는 멋쩍게 웃으며 답했다.

"뭐, 그런 목적으로 하는 건 아니지만 결국 그렇게 됐네요."

GE, 넷플릭스, 딜로이트가
평가를 버린 이유

평가라는 말을 들으면 머릿속에 어떤 이미지가 제일 먼저 떠오르는가? 체크리스트를 든 상사가 직원에게 일을 시킨 다음 항목별로 잘하는지 못하는지를 체크하고 점수를 매기는 모습이 그려지지 않는가? 점수가 높으면 칭찬을 하고 점수가 저조하면 야단을 치거나 벌칙을 주는 식의 '테스트'가 많은 사람이 평가에 대해 가지는 공통된 이미지다. 이런 이미지를 가지고 있다는 말은 평가가 연봉 결정과 승진 결정의 수단에 불과하다는 단적인 증거다. 그리고 평가를 "잘했는지 못했는지를 측정하는 시험과 같은 수단"으로 정의한다는 뜻이다.

그렇다면 평가의 올바른 정의는 무엇이 되어야 할까? 이는 "평가를 버린 후의 대안은 무엇인가?"라는 질문과 연결되어 있다. 평가를 버린 여러 회사의 사례를 살펴보면 그 대안의 중심에 공통적으로 '피드백'이 자리 잡고 있음을 알 수 있다.

과거 잭 웰치가 이끌던 GE는 상대 평가를 통해 하위 10퍼센트의 인력을 정리 해고할 만큼 강력한 성과주의를 운영했고 이 회사의 평가 철학은 미국을 넘어 우리나라에까지 '선진 경영 기법'이라는 이름으로 큰 영향을 끼쳤다. 그러나 이 회사는 독창성을 중시하는 젊은 세대들에게 1년에 한 번 평가를 실시하는 방식이 옳지 않다는 점을 깨닫고 2016년부터 새로운 방식의 평가를 도입했다. '평가'라는 말은 버리지 않았지만 속을 들여다보면 '점수를 매기는 식'의 평가가 아니라 '대화'와 '피드백'을 대폭 강화했다는 것을 알 수 있다. 1년에 1회 하던 평가를 연중 상시 평가로 전환하고, 가혹한 상대 평가 대신 개인별로 절대 평가를 실시한다는 것이 새로운 평가의 골자였는데, 구체적인 운영 방식을 살펴보면 상사와 직원 사이의 지속적인 의사소통을 전제로 하고 있다. 목표를 설정하고 정기적으로 점검하면서 개선점을 찾아 다시금 새로운 목표를 수립하고 서면, 면담, 온라인 채팅이란 수단으로 실시간 피드백하는 것이 GE의 새로운 평가 방식이다.

요즘 잘나가는 기업 넷플릭스도 초기에는 전통적인 평가 제도를 운영하다가 의례적으로 이루어지고 여러 폐해를 양산하는 평가를 일찌감치 버렸다.[52] 동료들이 해당 직원의 행동이나 성과 창출 과정을 관찰하다가 그에게 지금 바로 시작해야 할 것Start, 계속 진행해야 할 것Continue, 당장에 그만두어야 할 것Stop을 피드백하는 비공식적인 '360도 평가'를 도입한 것이 넷플릭스의 특징이다. 상사 한 사람에게 의존하던 성과 관리의 권한을 지근거리에서 동료의 성과를 관찰할 수 있는 직원들에게 위임함으로써 수평적 성과 관리를 실현한 것이다.

세계적인 컨설팅 회사 딜로이트Delloite가 2015년부터 기존의 '등급 매기기'식 평가를 없애고 새로운 방식으로 성과 관리 체계를 확립했다는 소식은 나에게 꽤 큰 충격으로 다가왔다.[53] 딜로이트는 그동안 상대 평가와 차등 연봉을 기초로 한 성과 관리를 고객사들에 컨설팅해 오던 기업이 아닌가? 컨설팅사의 핵심 역량은 경영 트렌드를 잘 읽어 내는 데 있다(그래야 고객사로부터 컨설팅 수수료를 잘 받을 수 있다). 그런 딜로이트가 앞장서서 성과주의 평가 제도를 버렸다는 것은, 객관적 평가 지표 도입과 철저한 측정 등을 통해 평가의 문제를 '해결할 수 없음'을 모든 업계가 인정하기 시작했다는 분명한 신호로 볼 수 있다.

딜로이트가 어떻게 평가를 버리고 대안을 찾았는지 살펴보자. 내부 구성원들을 대상으로 설문 조사를 한 결과, 응답한 임원들의 58퍼센트는 성과 평가 시스템이 직원들의 몰입과 성과 향상에 그다지 도움이 안 된다고 대답했다. 그리고 좀 더 참신하고 실시간적이며 개인화된 성과 향상 시스템이 필요하다고 요구했다. 또한 과거 성과를 평가하기보다는 미래 성과 창출에 '불을 붙이는' 방향으로 성과 관리 체계의 개선이 필요하다는 데 모두가 입을 모았다. 이것이 딜로이트가 기존의 성과 평가 제도를 없애기로 한 계기가 되었다.

딜로이트는 기존의 평가를 없애야 하는 첫 번째 이유를 '시간

낭비'에서 찾았다. 6만 5000여 명의 직원은 '컨센서스 미팅Consensus Meeting'이라 불리는 방식을 통해 평가를 받았는데 여기에 소요되는 시간이 만만치 않았다. 거의 모든 직원이 이 미팅에 '카운셀러' 역할로 참여해 평가에 임했는데(일종의 360도 평가 방식), 직원들은 이 미팅을 공정한 평가 방식으로 인정하기는 했다. 하지만 1년에 한 번 목표가 정해지면 그걸 급히 변경해야 할 때 반영하지 못한다는 점, 평가 등급 하나를 결정하기 위해 엄청난 시간이 소요된다는 점이 맹점이었다. 딜로이트가 자체적으로 추산해 보니 평가 등급 결정에 무려 200만 시간이 사용됐다. 컨설턴트의 임금을 아주 보수적으로 잡아 시간당 100달러라고 가정해도 총 2억 달러에 해당하는 기회비용이 오로지 과거 성과 측정에 쓰였던 것이다.

딜로이트가 기존의 평가를 없애야 하는 두 번째 이유로 꼽은 것은 평가자별로 피평가자의 스킬을 제각기 평가한다는 것이었다. 아이오와대학교 경영대학원 교수 마이클 마운트Michael Mount가 실시한 연구에 따르면, 평가 편차 중 62퍼센트가 평가자들 간의 독특한 인식 차이(독특한 평가 경향) 때문에 발생한다.[54] 마운트는 평가 편차의 21퍼센트만이 겨우 실제 성과를 반영될 뿐이라고 결론 내렸다. 데이터를 꼼꼼하게 정리하는 것을 선호하는 평가자는 창의적인 아이디어를 활발하게 개진하더라도 뒷마무리가 서툰 직원에게 '문제 해결력' 스킬을 낮게 평가하기 쉽다. 반면 통통 튀는 발랄함과 창의성을 좋아하는 평가자라면 그와 반대로 평가를 내리기 마련이다. 이런 현상을 '평가자 특이 효과Idiosyncratic Rater Effect'라고 부른다. 딜로이트에서도 이러한 문제가 여지없이 발생했다.

그런데 이 회사는 "평가자들이 직원의 스킬을 일관적으로 평가하지는 못하지만, 피평가자로부터 받는 느낌과 의도(이 직원과 무엇을 하고 싶은가)는 비슷하게 평가한다"라는 결론을 내리고 평가자들의 의견이 거의 일치하는 질문을 찾아내기로 했다. 그 결과가 바로 아래에 나오는 4개의 평가 문항이다. 과거 성과를 측정한다기보다 평가자가 피평가자에 대해 '앞으로 취할 행동'을 묻는 문항들로 도출되었다.

1. (피평가자의 성과를 염두에 두고) 내가 돈이 있다면 이 직원에게 가능한 한 최고의 연봉 인상과 보너스를 주고 싶다. ('매우 동의한다'부터 '매우 동의하지 않는다'까지 5점 척도로 평가)

2. (피평가자의 성과를 염두에 두고) 나는 계속해서 이 직원과 한 팀이 되어 일하고 싶다. (5점 척도 평가)

3. 이 직원은 저성과의 위험에 처해 있다. ('예' 또는 '아니요')

4. 이 직원은 지금 바로 승진시켜도 될 만큼 준비가 되어 있다. ('예' 또는 '아니요')

딜로이트는 직원들의 성과를 관찰하기 위한 새로운 방식의 평가를 '퍼포먼스 스냅숏Performance Snapshot'이라 명명하고 프로젝트가 끝날 때마다(긴 프로젝트는 분기별로 한 번씩) 팀원을 평가하도록 단순화했다. 이 4개의 질문은 평가자들 간의 의견 일치도가 높은 평가 항목이라는 데 의미가 있다(즉 어떤 평가자가 평가해도 비슷한 결과가 나온다. 특정 직원을 놓고 여러 사람이 위의 4개 질문을 던져 보라. 놀랍게도 비슷하게 나올 것이다).

피드백은 지속적, 일상적이어야 한다

"이상하네요. 이것 역시 평가가 아닌가요? 평가를 버렸다고 하는데 버린 게 아니잖습니까?"

강의장 뒤편에서 누군가가 손을 들며 이의를 제기했다. 역시 예상했던 반응에 나는 이렇게 답했다.

"그렇게 볼 수도 있습니다. 하지만 이 4개의 질문에는 해당 피평가자의 성과가 얼마인지, 어떤 역량을 어느 정도로 보유하고 있는지에 관한 측정은 없습니다. 측정을 목적으로 한 체크리스트가 아니죠. 평가자가 피평가자를 어떻게 인식하는지, 피평가자를 향후에 어떻게 조치해야 하는지에 관한 팁을 얻기 위한 질문들입니다.

만약 '최고의 연봉을 주고 싶은가?'라는 질문에 5점이라고 평가한다면, 향후에 이루어질 연봉 협상 과정에서 그에게 최대한 높은 연봉 인상률이 제시되도록 유도할 수 있겠죠. '한 팀이 되어 일하고 싶은가?'란 질문은 인력 재배치와 퇴출(이 질문에 여러 평가자로부터 1점을 받으면 문제가 심각하다고 판단되어 퇴출 대상에 오를 수 있다)에 대한 판단에 도움을 줄 수 있을 것이고요. '저성과의 위험에 빠져 있는가?'에 '예'라고 평가한다면, 사적인 이유 때문이든 프로젝트 자체의 난이도 때문이든 평가자가 피평가자의 개인적 사유를 살펴본다든지 프로젝트의 애로 사항을 감안하는 등의 조치를 취할 수 있을 겁니다. '바로 승진시켜도 될 만큼 준비가 되었는가?'는 위 직급에 필요한 역량을 갖췄는지 판단함으로써 피평가자의 경력 개발 방향을 살피기 위함입니다."

딜로이트가 퍼포먼스 스냅숏에서 멈췄다면 "말로만 평가를 버린 것이지 여전히 평가를 하는군"이라는 비난을 피하지 못했을 것이다. 하지만 이 회사는 성과 창출에 불을 지피려면Fuel 퍼포먼스 스냅숏을 통해 직원의 성과 관찰뿐 아니라 '피드백'이 훨씬 중요하다고 강조한다. 그래서 딜로이트는 모든 팀장에게 모든 팀원과 일주일에 한 번씩 만나 '체크인Check-In'을 해야 한다는 새로운 임무를 부여했다. 체크인이란 주 단위로 업무의 우선순위를 정리하고, 업무 개선 방향을 논의하고, 직원 코칭을 하고, 중요 정보를 공유하고, 차주 계획을 수립하는 일을 가리킨다.

딜로이트는 기존 평가 업무를 경감시켜 주는 대신 체크인이 팀장의 부가 업무가 아니라 주요 업무이자 일상 업무라는 점을 명확히 했다. 피드백은 '자주 하는 게 생명'이라는 이유 때문이었다. 자주 만나 피드백을 주고받지 않으면 팀장과 팀원이 마주 앉아 미래지향적인 내용보다 그저 과거 성과를 이야기할 수밖에 없다(오랜만에 만난 동창생들과 과거 이야기밖에 하지 못하는 이유와 비슷하다). 딜로이트는 자체 연구를 통해 '자주 대화해야 팀원들의 업무 몰입도가 높다'는 사실을 규명했는데, 이는 매주 1회라는 강제성을 띤 체크인이 필수적이라는 데 힘을 실어 주었다. 체크인이 자주 이루어지려면 팀원들이 이니셔티브Initiative를 쥐어야 한다는 것, 즉 수동적으로 팀장이 체크인을 해 주기를 바랄 것이 아니라 팀원들이 먼저 자발적으로 요구해야 한다는 점을 딜로이트는 강조했다.

앞에서 잠깐 언급한 것처럼 평가 버리기에 동참한 여러 기업이 하나같이 대안으로 채택한 것은 '피드백 강화'다. 물론 기존의 평가 제도에 피드백 과정이 없는 것은 아니지만 평가 시점(연말)에 '평가 면담'이라는 이름으로 고작 한 번만 실시된다는 게 문제다. 그것도 아주 요식적으로 진행되는 경우가 대부분이다. 설령 면담이 알차게 이루어진다 한들 그때 가서 피드백해 봤자 무슨 소용이 있을까? 1년 내내 피드백을 통해 성과를 끌어올릴 수 있었던 수많은 기회는 다 날려 버리고서 평가 면담을 진행한다는 것은 소 잃고 외양간 고치기와 다를 바 없다.

딜로이트, GE, 넷플릭스가 초기의 저항에도 불구하고 피드백이 수시로 이루어지도록 '강제화'한 이유는 평가가 단지 잘하는지 못하는지를 측정하는 시험이 아니라 "좋은 성과를 창출하도록 이끌어 가는 과정", 즉 "지속적인 피드백"임을 그제야 깨달았기 때문이다. 이것이 바로 평가의 진정한 정의다. 수시로 확인하고 도움을 주고 성과 향상 방안을 논의하는 '일상적 피드백'이 평가고, 이런 방향의 평가만이 직원들의 역량 계발, 동기 부여, 조직 성과 향상이라는 평가의 본래 목적을 이루어 낼 수 있다.

연말이 되어 평가지에 점수를 적는 행위는 평가 과정에서 아주 작은 단계에 지나지 않는다. 지속적인 피드백이 일어나야 직원(피평가자)들은 '내가 연말에 가면 어느 정도의 평가 점수를 받을까?' 예측할 수 있기 때문에 평가의 납득성과 객관성에 대해 불만을 크게 느끼지 않는다. 연구 결과에서 알 수 있듯, 중간 과정을 알려 주면 똑같은 점수를 받아도 결과만 통보할 때보다 절차의 공정성을 높이 평가한다.[55]

평소 직원들에게 피드백을 잘하지 않는다면 직원들은 '내가 문제없이 일을 잘하고 있나 봐. 그러니 별말이 없지'라고 가정하거나, '내가 피드백을 잘 수용할 거라고 생각하지 않나?' 혹은 '피드백해 봤자 내가 변할 거라고 기대하지 않나 봐'라고 오해하기 쉽다.[56] 이런 오해가 쌓인 상태로 연말에 열린 평가 면담에서 상사가 "자네는 C야. 왜냐하면 이러저러 해서야"라고 알려 주면, 평가 결과가 그렇게 나온 이유를 아무리 설명해도 직원들은(특히 평가 결과가 낮게 나온 직원들은) 평가 결과에 강한 의심을 품을 것이다. 그동안 왜 자신에게 바로잡을 기회를 주지 않았는지 원망하게 된다. 지속적인 피드백을 기반으로 할 때 평가는 공정성과 객관성을 동시에 높일 수 있음을 명심하기 바란다.

팀장들이 피드백을 힘들어하는 이유

평가자 입장에서도 지속적인 피드백은 큰 도움이 된다. 나는 평가자들이 기존의 평가 제도 때문에 받는 스트레스가 피평가자들보다 훨씬 크다는 현장의 목소리를 자주 듣는다. 그런데 지속적인 피드백을 기초로 한 평가는 평가자가 직원들과 성과 창출 과정을 가까이 살피고 소통하기 때문에 어떻게 평가 점수를 줘야 하는지에 관한 고민을 크게 덜어 준다.

물론 딜로이트처럼 팀장이 매주 1회 모든 팀원을 만나 체크인하려면 꽤 많은 시간을 할애해야 한다. 책임지는 팀원 수가 8명이라면 일주일에 1시간씩 만난다 하더라도 하루(8시간)를 꼬박 투자할 수밖에 없다.

"현실적으로 무리가 있네요. 팀장의 업무가 많아서 팀원들과 그렇게 만날 시간이 없습니다."

체크인을 의무화해야 한다는 나의 조언에 늘 따라붙는 반응이다. 그런데 팀장의 업무량이 많은 이유 중 하나는 실무자들 중 경험 많고 일 잘하는 사람을 팀장으로 임명해 놓고 그에게 계속해서 실무를 맡기는 관행 때문이다. 팀원들도 팀장의 실무 능력이 자신들보다 뛰어나니 팀장에게 기대려 한다. 어떤 팀장들은 겉으로는 표시 내지 않지만 직원 관리보다는 실무가 '속 편한 일'이고 익숙한 일이라 일부러 실무를 놓지 않음으로써 자신의 존재감을 유지하려 든다.

이처럼 말이 팀장이지 사실은 '선임 팀원'에 지나지 않는 팀장들에게 지속적인 피드백을 일상 업무로 부과하는 오류를 범하지 않으려면 팀장에게 실무 부담을 경감시킴으로써 피드백할 수 있는 물리적 시간을 확보해 줘야 한다. 팀장이 맡던 실무를 이관해 줄 인력을 추가로 채용하느라 인건비가 늘어난다 하더라도 그렇게 하는 것이 장기적으로 회사의 성과를 향상시키는 방법이다.

"피드백이 꼭 필요하다는 건 알겠는데요. 직원들과 솔직하게 이야기를 나누기가 어려워요. 제가 무슨 말만 하면 기분 나빠 하고 방어적이 되더라고요. 피드백할수록 저를 싫어하는 것 같기도 하고요."

피드백을 힘들어하는 팀장들은 피드백을 티칭Teaching이나 멘토링Mentoring 같은 것으로 생각해 무언가 가치 있는 조언을 해 주는 것이라고 생각하는 듯하다. 해당 업무는 팀원이 더 잘 아니 자신에게는 가르쳐 줄 게 없다며 두려워한다.

그러나 피드백을 어렵게 생각할 필요는 없다. 피드백은 "내가 느끼고 생각하는 바를 근거를 가지고 전달하고, 대화를 통해 상대방으로부터 관련된 정보를 습득하면서 나의 판단을 수정하는 과정"이다. 나의 느낌과 판단이 틀리면 어떤가? 그때그때 직원으로부터 정보를 얻으면서 수정하면 된다. 팀장과 직원의 관계를 선생과 학생과 같은 상하 관계가 아니라 서로 별도의 역할을 가진 수평적 관계라고 인식한다면 피드백을 주고받는 것이 그리 불편하지 않을 것이다.

피드백이 곧 평가다

어떤 팀장들은 피드백 때문에 오히려 직원들과의 갈등이 더 깊어지는 것 같다는 고충을 토로한다. 이는 피드백 스킬에 아직 익숙하지 않아서기도 하지만(이는 충분한 교육과 연습으로 극복해야 한다), 피드백 자체가 양측의 생각을 말하고 각자의 근거를 확인하는 가운데 의견이 충돌할 수 있음을 전제로 하기 때문이다.

그렇다면 리더가 활발하게 피드백할수록 직원들의 업무 몰입도가 높다는 연구 결과가 있다는 것에 안도하기 바란다.[57] 연구 팀은 2만 2719명의 리더를 대상으로 직원들에게 얼마나 솔직하게 피드백하는지 측정한 다음 직원들의 업무 몰입도를 조사했다. 솔직한 피드백을 잘하지 못하는 하위 10퍼센트에 속하는 리더의 경우 직원들의 업무 몰입도는 100점 만점에 25점에 불과했다. 반면 솔직한 피드백을 잘하는 상위 10퍼센트의 상사를 둔 직원들은 77점의 업무 몰입도를 보였다.

이 결과는 리더가 직원에게 솔직한 피드백을 잘하는 것이 결국 직원 개인에게 도움이 된다는 점을 시사한다. 직원들의 마음이 다칠까 봐 두려워 '알아서 살하겠지'라며 피드백하지 않고 '괴묵하게' 지내는 것은 오히려 리더라는 위치를 스스로 위태롭게 만드는 것이다. 부정적 피드백만 하는 것도 분명 문제지만, 피드백 자체를 아예 하지 않는 것은 더 큰 문제다.

리더 본인도 직원들을 향해 '나에게 피드백해 달라'고 과감하게 주문할 필요가 있다. 5만 1896명의 리더를 대상으로 한 연구에서 자신의 상사 혹은 직원에게 적극적으로 피드백을 요구하는 리더일수록 전반적인 '리더십 효과성 점수'가 높게 나타났다.[58] 가장 빈번하게 피드백을 요구하는 상위 10퍼센트의 리더는 100점 만점 중 86점의 리더십 효과성 점수를 받은 반면, 피드백 받기를 가장 꺼리는 하위 10퍼센트의 리더는 고작 15점밖에 받지 못했다.

시어스홀딩스Sears Holdings Corp.의 최고 인사 책임자였다가 2015년에 아웃도어 의류업체 파타고니아로 자리를 옮긴 딘 카터Dean Carter는 아웃도어 업계의 잘나가는 회사에서 고리타분한 전통적 평가 시스템이 운영된다는 사실에 충격을 받았다. 그는 CEO인 로즈 마카리오Rose Marcario에게 일상적인 피드백을 활성화하는 방향으로 평가를 개선해야 한다고 제안했다. 마카리오는 2000명이 넘는 규모의 조직에서 피드백 시스템이 과연 잘 돌아갈 수 있을지 의심했지만 카터는 "만약 실패한다면 저를 해고해도 좋습니다"라고 말하며 자신의 의지를 굽히지 않았다. 그리고 부임한 지 1년 안에 지속적인 피드백 체계와 분기별 체크인 시스템을 구축했다.

어느 타운 홀 미팅의 연단에 선 그는 "지난주에 피드백을 받았던 분들은 손을 들어 보세요"라고 요청했다. 70퍼센트가량 손을 들었다. 그는 다시 물었다. "지난주에 피드백을 받고서 행동을 바꾼 분들은 얼마나 되나요?" 이번에도 70퍼센트 정도가 손을 들었다. 카터는 "정말로 믿기 어려운 일이었죠"라고 말하며 감동의 순간을 회고했다.[59]

이처럼 좋은 성과를 창출하도록 이끌려면 지속적으로 피드백이 이루어져야 하고 그러기 위해서는 평가자와 피평가자 모두에게 노력이 필요하다. 객관적 지표 몇 개를 잘 선정한 다음 연말에 가서 측정만 잘하면 된다는 식의 안일한 관점으로는 성과 창출이 요원할 뿐 아니라 평가의 폐해와 불만이 끊이지 않는다. 기업들은 그런 편리함을 기대하고 고액의 수수료를 컨설팅사에 '갖다 바쳤지만' 아무것도 나아지지 않았다는 것이 그 증거다.

평가는 과정이지 결과가 아니다. 평가는 피드백이고, 피드백이 곧 평가다. 평가 점수 측정 자체는 아무것도 아니다. 아무것도 아닌 것에 너무 많은 노력을 기울이지 마라. 아무것도 아닌 것으로 직원들의 불만을 증폭시키지 말고 리더들의 골머리를 앓게 하지 마라. 어렵더라도 피드백이 평가의 왕도임을 명심하자.

객관적 평가
Objective Evaluation

몇 년 전에 나는 차를 바꿨다. 오래된 주택가라 골목이 좁아 쉽게 운전할 수 있는 작은 차를 중고로 구매했다. 전장이 4미터가 안 되는 차여서 골목 모퉁이를 쏙쏙 빠져나가고 골목 양옆에 불법 주차 차량이 서 있어도 여유 있게 지날 수 있었다. 이 차야말로 주택 생활 환경에 딱 맞는 '괜찮은 차'가 아닌가?

하지만 이 차는 누군가에게는 '안 좋은 차'이기도 하다. 이 차를 구매하러 중고차 전문 매장을 둘러보던 중에 50대 후반으로 보이는 부부가 내 곁으로 오더니 자기들끼리 이 차에 대해 평을 주고받기 시작했다. 부인이 이 차의 귀여운 모습을 마음에 들어 하자 남편이 가볍게 핀잔을 주었다. "당신이 차를 몰라서 그래. 승차감이 정말 나쁜 차야. 엉덩이로 길바닥의 요철이 다 느껴지거든. 다들 예쁜 것만 보고 샀다가 실망하지. 객관적으로 정말 꽝이야."

그는 차를 향해 손가락으로 X자를 그려 가며 질색하는 듯한 표정을 지었다. 어쩌면 나 들으라고 하는 소리 같았다. '이보게, 친구. 자네가 차를 몰라서 그러는 모양인데 이 차를 샀다가는 정말 후회할 거야.'

나도 이 차의 승차감 문제를 모르는 바는 아니었지만 변명할 말이 없는 것도 아니었다. 승차감 저하는 서스펜션이 딱딱하기로 소문난 차의 특징 때문이기도 하지만 우리나라 도로의 문제 때문이기도 하니까 말이다. 어쩜 그렇게 맨홀 뚜껑과 보수 흔적이 많은지. 비가 많이 오면 아스팔트가 패이기도 해서 여간 조심스러운 게 아니다. 이면 도로나 골목길의 상황은 더 심각하다. 평탄 작업을 제대로 하지 않았는지 육안으로 봐도 주름지고 조각보처럼 어지럽게 덧댄 길이 많다. 이런 길 위를 달려야 하니 승차감이 좋을 리가 있나? 이런 도로 환경 탓에 우리나라에서는 쿠션감이 좋아야 승차감이 좋은 차라는 평가를 받는다.

외국 이야기를 해서 미안하지만 매끈하게 깔린 독일과 일본의 도로와 비교하지 않을 수 없다. 독일의 아우토반을 무제한의 속도로 달릴 수 있는 이유는 그만큼 노면이 매끄럽기 때문이다. 그런 도로에서는 내 차가 승차감이 나쁘다고 크게 지탄받지는 않을 것 같다.

서론이 좀 길었는데, 내가 하고 싶은 말은 어떤 환경에 놓였느냐에 따라 평가 결과가 크게 달라진다는 것이다. 똑같은 차가 도로 환경에 따라 '좋은 차'가 되고 '안 좋은 차'가 되듯이 말이다. 차의 특성은 변함이 없지만 울퉁불퉁한 길을 늘 달려야 하는 이에게는 '안 좋은 차'로, 쭉쭉 뻗은 아우토반을 달릴 수 있는 이에게는 '괜찮은 차'로 평가받는 것이다.

객관적 평가의 2가지 조건

이렇듯 각자가 어느 환경 조건에 있는가에 따라 평가가 극과 극으로 갈릴 수 있기 때문에 자신이 경험한(혹은 채집한) 사실을 근거로 "내 평가는 객관적이야"라고 장담하는 것은 곤란하다. 사람을 평가할 때는 그가 어떤 일을 맡고 있는지, 그를 둘러싼 상사와 동료들은 어떤 능력을 지녔는지, 예산은 얼마나 주어졌는지, 제품이나 서비스의 품질은 어떠했는지 등 수많은 환경 요소가 영향을 미친다. 평가를 내리는 상사와 동료들이 해당 직원을 둘러싼 환경의 일부고 그의 '일 못함'에 크고 작은 영향을 끼치는 요인이다. 그렇기 때문에 이곳에서 '일 못하는 직원'을 다른 곳에 데려다 놓으면 '일 잘하는 직원'이 될 수 있다.

무언가에 대한 평가는 반드시 그것을 둘러싼 환경 조건의 영향을 받는다. 어찌 보면 당연한 말이다. 추운 날씨에 아이스 아메리카노를 마시는 것과 뜨거운 여름 한낮에 같은 음료를 마시는 것을 생각해 보면 단번에 알 수 있지 않은가? 환경의 영향을 100퍼센트 없앨 수 없기에 객관적 평가란 존재하지 않는다. 인간의 판단이 환경에 영향받는 한 평가는 언제나 주관적일 수밖에 없다.

평가에서 객관성이란 누가 평가해도 똑같은 평가 결과가 나오도록 '사실'에 입각하여 평가하는 것이 아니다. 여기서 '사실'은 절대적 사실이 아니라 저마다의 입장과 각자가 중요시하는 기준에 의거해 해석된 결과다. 따라서 진정한 객관성이란 "평가 혹은 판단의 기준을 상세하게 공개하는 것"을 의미한다. "나는 그를 이런저런 조건하에서 이런저런 기준에 따라 이렇게 평가한다"라고 말하는 것이 객관적 평가며 동시에 공정한 평가다(평가의 객관성과 공정성은 다른 개념이라는 주장이 있겠지만, 피평가자 입장에서 둘은 결국 같은 개념이라고 나는 생각한다). 그리고 "타인이 나의 평가 기준에 대해 옳은지 그른지를 판단하고 이의를 제기할 수 있도록 기회를 제공하는 것"이 객관적이고 공정한 평가다. 이 두 조건을 만족하지 않으면 절대 평가의 객관성과 공정성을 확보할 수 없을 뿐 아니라 평가에 대한 직원들의 냉소만 쌓일 것이다. 바로 나처럼 말이다.

내가 조직 부적응자라고?

사회 초년병 시절의 이야기다. 평가 시즌이 되자 팀장이 직원들을 개별적으로 불러 면담을 진행했다. 팀장이 내게 읽어 보라고 건넨 평가지에는 점수뿐 아니라 동료 직원들의 코멘트가 함께 적혀 있었다. 회사에서 처음으로 도입한 다면 평가의 결과물이었다. 떨렸지만 애써 담담하게 읽어 가던 중 내 눈에 걸린 단어가 있었다. '조직 부적응자'. 순간 귓불이 뜨거워질 정도로 혈압이 올랐다. 함께 적혀 있던 이유 때문에 더욱 그랬다. "친화력에 문제가 있는 것 같다."

'왜 내가?' 달랑 12글자로 된 문장만 보고는 조직 부적응자로 평가할 근거를 떠올릴 수 없었다. 팀장에게 항의했지만 그는 동료들의 평가라 잘 모르겠다고 말하며 서둘러 면담을 마무리했다.

술 마시러 가자는 제안을 종종 거절해서 그런가? 나는 선천적으로 알코올에 취약한 체질인데 어쩔 수 없잖아. 야근 안 하고 '칼

퇴근'을 자주 해서 그런가? 그래도 매일 해야 할 업무는 정해진 기한에 모두 끝냈고 부족함 없이 성과를 냈는데, 왜? 평가 근거를 피평가자인 내가 상상해야 하다니! 나는 애써 긍정적으로 생각해 봤다. 내가 소식 생리를 받아들이며 직장 생활을 하면 좋겠다는 선의로 동료들이 나를 '조직 부적응자'로 평가했다고 말이다. 하지만 끝내 분한 마음이 가시지 않았다. 그 후 나는 동료들의 기대에 '부응'하여 더욱 '조직 부적응자'처럼 행동했고 1년이 지나 다른 회사로 이직했다.

아마 당시의 경험 덕분에 평가의 객관성은 "구체적인 근거가 제시되어 상대방에게 이의를 제기할 수 있는 기회를 주는 것"이라는 관점이 내게 무의식적으로 남은 게 아닌가 짐작된다. 다시 강조하지만, 직원들이 납득할 만한 객관적이고 공정한 평가를 하려면 평가자 본인이 평가 결과를 말하기 전에 어떤 기준과 근거를 가지고 평가를 내렸는지 '먼저' 제시하고 상세하게 설명하는 것이 필수적이다. 이를 뒷받침하는 연구 결과가 있다.

이런 상황을 머릿속에 그려 보라. 당신은 마이크로맥MicroMac Inc.이라는 가상의 회사에 입사하고자 한다. 그런데 이 회사는 지원자들에게 전반적 지능 테스트, 인성 테스트, 수학 및 계산 스킬 테스트, 언어 구사 능력 테스트, 성취 동기 테스트, 인사 담당자와의 면접 등을 요구한다. 이곳에 입사하길 간절히 원하는 당신은 부담을 감수하고 여러 테스트를 받았다. 테스트를 마치고 일주일이 지나자 마이크로맥은 당신에게 불합격이라는 아쉬운 결과를 통보했다. 하지만 각 테스트에서 어떤 결과가 나왔는지에 대해서는 아무런 설명이 없었다.

그런데 한 달이 지나 이메일을 열어 보니 생뚱맞게 테스트에 대한 상세한 결과가 도착해 있었다. '떨어뜨려 놓고서 이제 와서 이건 뭐지?'라며 혼란스러워하는 당신 앞에 갑자기 펑 소리를 내며 늙은 심리학자가 나타났다. 그는 아무런 말없이 미소를 지으며 당신에게 설문지를 내밀었다. 설문지에는 "이 입사 절차가 얼마나 공정했다고 생각하십니까? 7점 척도로 답해 주세요"라는 문항이 적혀 있다. 당신은 이 질문에 어떻게 답할 것인가?

이 장면은 네덜란드 레이던대학교의 심리학자 케이스 판 덴 보스Kees van den Bos가 164명의 실험 참가자에게 던진 상황이다.[60] 이렇게 먼저 불합격 통보를 받은 후 나중에 테스트 결과를 받은 참가자들은 입사 절차가 대체적으로 공정하지 않았다고 답했다(3.6점). 반면 먼저 테스트 결과를 받고 난 후 불합격을 통보받은 참가자들은 비록 결과는 아쉽지만 입사 절차의 공정성은 상대적으로 높게 평가했다(5.2점).

판 덴 보스는 실험 참가자들이 절차의 공정성을 직접적으로 경험할 수 있는 후속 실험을 진행했다. 참가자들은 모니터에 나타난 180개의 정사각형으로 이루어진 물체를 보고 그중 검은색 정사각형의 수를 어림짐작으로 맞혀야 했다. 이런 테스트를 모두 10회 진행한 다음, 합격/불합격 여부를 알려 주고 합격한 자에게는 상금을 주었다(사실 합격/불합격 여부는 무작위로 결정됐다). 이때 첫 번째 실험과 마찬가지로 결과 통보 순서를 다르게 해 보았다. 합격/불합격 여부를 먼저 통보하고 테스트별 점수를 알려 주는 경우와 테스트별 점수를 일러 준 후 합격/불합격 여부를 통보하는 경우로 나눠서 실험을 진행한 것이다.

절차의 공정성에 대해 질문하니, 불합격한 참가자들은 첫 번째 실험과 마찬가지로 결과를 먼저 통보받을 때 공정성에 대한 의심을 드러냈고(3.8점) 테스트에 대해 낮은 만족도를 보였으며 이의를 제기하고 싶다는 욕구를 상대적으로 더 많이 표출했다. 하지만 불합격했다 하더라도 중간 과정(테스트별 점수)을 먼저 받고 그다음에 결과를 통보받으면 절차가 꽤 공정했다고 평가했다(6.5점).

이 연구에서 보듯 '평가가 객관적이고 공정하다'는 직원들의 인식을 높이려면 평가 결과를 통보하기 전에 중간 과정을 상세하게 피드백해야 한다. 그렇지 않으면 실험에서처럼 평가 결과를 수용하지 않고 이의를 강하게 제기하려 할 것이다.

공정성과 객관성을 높이는 간단한 해법

'내가 어느 정도의 평가를 받겠구나' 하는 예측 가능성을 높이는 것이 평가의 객관성(그리고 공정성)을 높이는 유일한 길이고, 그러기 위해서는 지속적인 피드백을 통해 목표 달성 과정을 점검하는 노력이 필수적이다. 그런 노력이 없으면 객관적 평가는 절대 이루어질 수 없다. 이처럼 평가의 공정성을 높이는 간단한 방법이 있을까? 계량적인 평가 지표를 만드는 것보다 훨씬 쉽지 않은가?

똑같은 결과를 두고 평가자와 피평가자는 서로 다른 것에 초점을 맞춘다. 직원의 업무 성과가 100점 만점에 90점이라면 상사에게는 부족한 10점이 먼저 보이고, 직원은 자신이 달성한 90점을 보려고 한다. 양측의 갈등은 여기에서 비롯된다. 상사는 직원이 부족한 10점을 깨닫기를 바라는 반면, 직원은 본인이 달성한 90점을 상사가 충분히 인정하길 바라기 때문이다. 이런 시각차뿐 아니라 평가자별로 평가 기준이 달라서 냉정하게 평가하는 상사가 있는가 하면, 직원들에게 불평을 듣지 않기 위해 되도록 관대하게 점수를 주는 상사가 있다. 그래서 평가 시즌이 되면 평가 결과의 합의와 조정 이슈가 조직 전체를 흔들어 대고 그 과정에서 평가자와 피평가자 모두 사기가 떨어진다.

이런 상황이 매년 반복된다면 제3자가 개입하여 평가 결과를 조정하는 조치가 필요할 수 있다. 미주리대학교 경영대학원의 윌 드머리Will Demeré 교수 팀은 어느 다국적 기업의 사례를 3년 동안 분석한 결과, '평가 조정 위원회Calibration Committee'가 개입하여 평가 결과를 조정하면 평가자 간의 평가 기준이 상이함에 따라 발생하는 평가의 가혹함과 관대함을 줄일 수 있다는 결론을 얻었다.[61] 또한 누구를 승진시키고 누구에게 성과급을 줘야 하는지 결정하는 데 평가 조정 위원회의 역할이 도움이 됐다. 그리고 평가 조정 위원회에 참여하는 사람들의 직급이 피평가자의 직급과 큰 차이를 보이지 않아야 효과가 좋았다. 이를테면 팀원의 평가 조정은 팀장들이, 팀장의 평가 조정은 임원들이 해야 한다는 의미였다. 평가의 객관성 이슈가 큰 조직이라면 이런 조정 위원회를 도입할 것을 제안한다.

평가 시즌이 임박하면 간혹 나에게 '평가를 객관적으로 진행하기'란 주제로 평가자들을 교육해 달라는 의뢰가 들어오곤 한다. 미안하지만 객관성 이슈를 단 몇 시간의 교육으로 해결하기에는 불가능하고 시기도 너무 늦다. 혹시 현재 이런 상황이라면, 다음해부터라도 평가의 객관성과 공정성을 높이기 위한 일상적인 실천 방법이 무엇인지 고민하기 바란다. 사실 해법은 간단하다. 평가의 기준을 먼저 상세하게 제시하고, 중간 과정에 꾸준히 피드백하고, 어떤 근거로 평가했는지를 납득될 때까지 설명하는 것, 그리고 꼭 필요하면 평가 조정 위원회를 운영하는 것, 이게 전부다.

승진
Promotion
리더의 자격

♦

새로운 포스트에 적합한 사람을
'새로' 채용하는 과정.
일 잘하는 사람에게 보상하는 수단이 아니다.

"평가를 안 하면 어떤 방법으로 승진을 시켜야 하나요?"

어느 외국계 기업의 국내 지사를 대상으로 강의할 때 맨 앞자리에 앉아 있던 대표가 나에게 던진 질문이다. 나는 그의 질문에 질문으로 답했다. "대표님은 어떤 사람을 승진시켜야 한다고 생각하시나요?"

그는 단 1초도 주저하지 않고 이렇게 대답했다. "평가가 좋은 사람을 승진시켜야죠. 일 잘하는 사람이 승진하는 게 당연하지 않나요? 그런데 평가를 없애라고 하시니, 일 잘해 봤자 승진에는 아무런 이득이 없잖아요? 평가를 없애면 누가 열심히 일해서 승진하려고 할까요?"

그는 어서 대답해 보라는 표정으로 나를 올려다보았다.

"옳은 말씀입니다. 그런 보상 없이 일을 열심히 하려는 사람은 별로 없겠죠. 그런데 대표님은 승진을 일 잘한 것에 대한 보상으로 생각하시는 것 같은데요. 맞습니까?"

"네, 그렇습니다. 다들 그렇게 생각하지 않나요?" 그는 뒤에 앉은 팀장들을 둘러보며 자기 생각이 맞는다는 듯 동의를 구했다. 몇몇 팀장이 대표를 향해 고개를 끄덕였다. 나는 그 분위기에 압도당하지 않으려 애쓰며 이렇게 말했다.

"일 잘하는 직원에 대한 보상은 이미 연봉 인상이나 성과급 지급과 같은 제도로 이루어지고 있지 않나요? 거기에 승진까지 보상으로 더해 준다니, 조금 과한 것 아닙니까? 승진하면 연봉이 또 올라가고 성과급으로 지급받는 액수도 더 커지는데 말입니다."

대표는 이번에도 내 말이 끝나기가 무섭게 즉각 대답했다. "일 잘하는 직원이라면 그렇게 줘도 아깝지 않습니다."

나는 이 대답에 바로 반응하기 전 잠시 환기하는 듯한 질문을 청중에게 던졌다.

"질문 하나 던져 볼게요. A는 일 못하는 직원이고 B는 일 잘하는 직원이라고 하면, 여러분은 둘 중 누구를 승진시킬 겁니까? 성과도 높고 역량도 높은 직원인 B를 승진시켜야 할까요?"

내가 답이 뻔한 질문을 너무나 자신 있게 던지니 무언가 함정이 있다고 생각했는지 2~3초간 정적이 흘렀다. 이번에도 대표가 질문을 얼른 낚아챘다. "당연히 B를 승진시켜야죠. 다른 방법이 있나요?"

"네, 그렇겠죠. 그런데 사실 저의 질문 자체가 잘못되었습니다. 승진을 시킬 때는 '둘 중에 누가 잠재력이 더 높은가'라고 질문을 던져야 옳습니다. 현재 상태에서 A와 B의 역량 혹은 성과 차이는 승진에 별로 의미가 없습니다. 그가 윗자리에 올라가서 훌륭히 역할을 수행할 잠재력이 있는지 없는지가 중요합니다."[62]

이렇게 말하며 나는 화면에 미국 드라마 〈슈츠Suits〉의 포스터를 띄웠다. 그리고 이렇게 설명을 이어 갔다.

이 드라마에서 유능한 변호사로 등장하는 주인공 하비 스펙터는 남들이 생각하지 못한 아이디어로 재판마다 승승장구를 거듭하며 회사의 성장과 이미지 제고에 큰 기여를 한다. 그는 업적에 대한 보상으로 파트너 변호사 승진을 눈앞에 두고 있었다. 그런데 최종 단계에서 대표 변호사의 판단으로 승진이 보류되고 만다. 그 이유는 '파트너로서의 자질이 아직 검증되지 않았다'는 것이었다. 스펙터가 '하이 퍼포머High Performer'라는 것은 누구도 부정하지 않지만, 파트너 변호사로서 역할을 충실히 수행할 '하이 포텐셜High Potential'을 갖추지는 못했다고 판단한 셈이다. 그래서 대표 변호사는 늘 혼자 일해 왔던 스펙터에게 파트너가 되려면 변호사를 채용해 '리더'로서 역량을 발휘할 수 있음을 증명하라고 명령한다. 또한 스펙터가 하찮은 일로 무시했던 무료 변호 업무를 맡게 함으로써 로펌이 사회적 책임을 다하는 데 기여하라고 말한다.

이 드라마는 파트너로 승진한다는 건 독자적으로 일하는 스페셜리스트가 아니라 누군가를 이끄는 리더가 된다는 의미고, 그러기 위해서는 구성원들을 훌륭히 이끌 수 있는지 검증받아야 한다는 메시지를 전달한다. 막판에 승진을 보류한 장면은 승진이 절대로 보상이 아니라는 점을 분명히 한 대목이다.

나는 이 드라마를 보며 '승진은 곧 채용'이라는 인사이트를 얻었다(일상을 경영의 시각으로 보면 간혹 훌륭한 통찰을 건지고는 한다). 승진은 "새로운 포스트에 적합한 사람을 '새로' 채용하는 과정"이지, 높은 성과에 대한 보상이 아니다. 팀장에게 요구되는 역할과 책임은 팀원의 그것과는 분명 다르기 때문이다. 팀원이라면 담당 업무를 훌륭히 수행할 책임을 지지만, 팀장이 되면 팀원들을 이끌어 좀 더 차원 높은 성과를 창출하기 위한 리더십을 요구받는다.

우수 직원이 반드시 우수 팀장이 되는 건 아니다

다음은 컨설턴트인 잭 젠거Jack Zenger와 조지프 포크먼Joseph Folkman이 7000여 명의 직장인을 대상으로 한 분석을 통해 일 잘하는 직원이 보이는 행동 특징과 훌륭한 팀장의 행동 특징을 구별해 놓은 것이다. '협력' 정도를 제외하고는 두 카테고리 간에 서로 일치하는 것이 없음을 알 수 있다.[63]

일 잘하는 직원의 행동 특징

- 도전적 목표 설정
- 일관성 유지
- 지식 및 기술적 전문성 습득
- 결과 추구

- 문제 예상 및 문제 해결
- 이니셔티브 보유
- 협력

훌륭한 팀장(관리자)의 행동 특징

- 피드백 및 개인적 변화에 대한 개방적 태도
- 타인의 개발 지원
- 혁신에 개방적인 마인드
- 원활한 의사소통
- 좋은 대인 관계 스킬 보유
- 조직의 변화 지지

팀장 역할을 충실히 수행할 사람, 즉 리더로서 잠재력을 지닌 사람이 팀 내 혹은 사내에 존재한다면 현재 그가 어떤 직급이고 성과를 얼마나 창출해 왔는지는 상관없이 그를 팀장으로 승진시켜야 한다. 만약 사내에 그런 잠재력을 보유한 이가 없다면 그 자리를 외부로부터 채워야 한다.

성과는 잠재력이 아니다. 성과 자체는 잠재력에 대해 아무것도 이야기하지 못한다. 밑의 직급에서 변변치 못한 성과를 낸 직원이 리더의 역할은 누구보다 뛰어나게 수행하는 사례를 우리는 심심치 않게 목격한다. 성과를 제대로 내지 못하는 직원들 중에는 적성에 맞지 않는 업무를 맡았거나, '이상한 상사'를 만났거나, 외부적 요인으로 인해 성과 창출에 애를 먹은 이들이 있음을 감안해야 한다. 그런 직원이 관리자가 되면 훨씬 탁월한 역량을 발휘할 잠재력을 가졌을 수도 있지 않을까?

반면 현 직급에서 높은 성과를 거두는 사람이라 할지라도 위 직급의 임무를 수행할 능력이 부족한 경우도 많다. 패밀리 레스토랑 체인 TGIF 본사의 매니저들이 한국 지사를 방문한 적이 있는데, 그들은 왜 서버(웨이터와 웨이트리스)를 매니저(점장, 부점장)로 승진시키는지 의아해했다.[64] 서버에게 필요한 역량과 매니저에게 요구되는 역량이 엄연히 다르다는 그들의 상식에서는 일을 잘한다고 해서 서버를 매니저로 승진시키는 한국의 관행이 전혀 이해되지 않았던 것이다. 미국 본사에서는 매니저와 서버를 따로 뽑아 일을 맡기는데 말이다. 같은 회사인데 미국 본사는 승진을 '채용'으로 인식하는 반면, 한국은 승진이 '보상'의 연장이었던 것이다.

일 잘하는 직원을 보상 차원에서 승진시키는 관행이 지속되면 오히려 조직의 경쟁력이 약화될 수 있음을 경고하는 연구가 있다. 이탈리아 카타니아대학교의 알레산드로 플루치노Alessandro Pluchino 교수와 동료 교수들은 아래 직급의 역량과 위 직급의 역량은 '서로 독립적이다(즉 상이하다)'는 전제하에 구성원을 승진시키는 몇 가지 기준을 컴퓨터로 시뮬레이션하여 "일 잘하는 직원을 승진시키지 마라"라는, 상식에 반하는 결과를 얻었다.[65]

플루치노는 6단계 직급(우리 식으로 하면 사원, 대리, 과장, 차장, 부장, 임원이라고 간주하면 된다)을 가진 피라미드형 조직에 160명의 가상 직원을 배치하여 각 직원의 역량 수준과 연령을 무작위로 부여했다. 그는 아래 직급의 직원을 공석인 위 직급으로 승진시키는 방식을 3가지 로직으로 다르게 설정했다. '베스트 승진'은 아래 직급에서 가장 높은 역량을 나타내는 직원을 승진시키는 방식이었고, 반대로 '워스트 승진'은 가장 역량이 저조한 직원을 승진시키는 방식이었다. '무작위 승진'은 아래 직급일 때의 역량과 상관없이 무작위로 한 사람을 뽑아 올리는 방식이었다.

짐작과 달리 '베스트 승진'보다 '워스트 승진'이 조직 전체의 역량을 높이는 데 오히려 훨씬 좋았다. '베스트 승진'은 조직 역량을 10퍼센트포인트 까먹은 반면, '워스트 승진'은 12퍼센트포인트 향상시켰던 것이다('무작위 승진'은 1퍼센트포인트 향상 효과를 나타냈다).

플루치노의 시뮬레이션은 현실을 단순화한 모델이지만 위 직급에서 요구되는 역량이 무엇인지 정확히 파악하고 그것에 적합한 사람을 '새로 채용하듯' 승진시켜야 한다는 점과 아래 직급에서 일을 잘했다고 높은 점수를 주거나 우선순위를 주어서는 안 된다는 점을 다시금 일깨운다. 아래 직급에서 우수 인재라고 평가된 직원을 보상하는 차원에서 승진시키는 관행은 장기적으로 조직의 역량을 떨어뜨릴 수도 있음에 주의해야 한다. 물건을 잘 파는 영업 사원을 승진시켜 영업 관리자 역할을 맡긴다면 어떻게 되겠는가? 영업 사원일 때 일을 잘한다고 해서 영업 관리자가 되어서도 역할을 훌륭히 수행하리라 가정해서는 안 된다.[66]

현장 데이터를 분석한 연구가 이를 뒷받침한다. MIT 슬론경영대학원의 앨런 벤슨Alan Benson 등은 214개 기업의 5만 3035명 영업 사원을 대상으로 데이터를 분석했는데, 관리자에게 요구되는 요소들이 많은데도 불구하고 대부분 현재의 업무 성과만을 기초로 승진을 결정하는 관행을 발견했다.[67] 이보다 흥미로운 결과는 아래 직급에 있을 때 업무 성과가 좋았던 사람일수록 관리자로서 능력은 저조하다는 점이었다. 성과가 뛰어난 직원이 팀장이 되면 팀원들의 성과는 예전에 비해 떨어진다는 것이 그 증거였다. 특히 팀원으로 있을 때 협업의 경험이 적었던 팀장일수록 이 부정적 효과는 뚜렷하게 나타났다.

승진을 보상 수단으로 삼지 마라

일 잘하는 스타급 직원을 팀장으로 승진시키면 어떤 문제가 생길지 머릿속으로 일종의 '사고 실험'을 해 보자. 그 직원이 팀원으로 있을 때 높은 성과를 냈다고 해서 팀장으로서 뛰어난 역량을 나타내리란 보장은 없다. 그러면 그는 팀원일 때와 달리 낮은 평가를 받고 이에 실망하여 조직을 떠난다. 지금껏 그를 육성하는 데 든 금전적, 비금전적 노력은 고스란히 회사의 비용으로 남는다. 그를 그냥 팀원으로 두었다면 회사가 축적했을 성과는 기회 손실이 된다. 그리고 그가 떠난 자리를 대신 차지한 새 팀장이 느낄 성과에 대한 부담감도 감수해야 한다. 그의 부담감과 조급함은 팀원들의 역량을 의심하고 불신하는 쪽으로 와전되어 팀워크가 깨지고 만다. 한번 깨진 팀워크를 복구하는 것은 죽은 생명을 되살리는 것만큼이나 어렵다.

앞서 인용한 젠거와 포크먼의 연구에 따르면, 4명 중 1명꼴로 관리자가 되지 말아야 할 사람이 관리자로 승진하는 바람에 결국 개인과 조직 모두 피해를 본다.[68] 인텔의 CEO였던 앤드루 그로브는 사업이 '잘나가던 시기'에 통용되고 효과적이던 스킬과 마인드를 지닌 직원들을 고위직으로 승진시키면 환경 변화에 둔감한 자들에게 기업 경영을 맡기게 될 수 있다는 점, 즉 조직의 경직성 Rigidity을 경고했다.[69] 과거와 현재는 분명히 다른데 과거의 성공 기억을 현재에 적용하려 하기 때문이다.

"이런 이유로 제가 승진은 보상 수단이 되어서는 안 된다고 말씀드린 겁니다. 이제 이해가 되시는지요?"

"네, 잘 알겠습니다."

대표는 고개를 끄덕이며 수긍하면서도 뭔가 마음에 안 드는 표정을 짓더니 이렇게 물었다.

"말씀은 잘 알겠는데요. 일 잘하는 직원들을 승진시켜 주지 않으면 회사를 나갈 텐데 그러면 굉장히 큰 손실 아닙니까?"

"네, 당장은 손실일 겁니다. 그런데 저는 일 잘하는 직원들에게 보상하지 말라고 말하는 게 아닙니다. 그들에게는 연봉이나 성과급 등으로 충분히 보상해야 합니다. 그렇게 말씀하시는 건 회사 내에서 승진만이 실질적 보상 수단이라는 의미가 아닐까요? 그래서는 안 됩니다. 보상과 승진을 분리시켜서 생각하십시오. 승진은 보상이 아니라 '새로운 채용'입니다."

"그래도 직장 생활을 하면서 승진하는 '맛'이라도 있어야 하는 것 아닌가요?" 대표가 질문했다.

"그렇겠죠. 그런데 요즘 직원들 사이에는 승진하기 싫다는 분위기가 확산되고 있습니다. '승진할래, 아니면 돈을 줄까?'라고 물으면 아마 대부분의 젊은 직원이 돈을 선택할걸요? 승진하면 책임만 커져서 싫다고 말하는 직원이 정말 많더라고요."

내가 이렇게 말한 근거는 2017년 12월 콘페리Korn Ferry라는 경영 컨설팅 회사가 실시한 설문 조사에 있다. 850명의 직장인에게 "연봉 인상이 없는 승진을 원하는가, 아니면 승진이 없는 급여 인상을 원하는가?"라는 양자택일형의 질문을 던졌는데 응답자들 중 46퍼센트는 전자를, 56퍼센트는 후자를 선택했다.[70] 차이가 그리 크지는 않지만 나는 젊은 직원일수록, 그리고 승진하더라도 보상 증가가 책임 증가를 따라가지 못할수록 후자를 선택하는 비율이 더 많을 거라고 추측한다.

어떤 사람을 걸러 내야 할까

잠시 침묵이 흘렀다. 그때 지금까지 입을 꾹 닫고 있던 HR 담당 임원이 갑자기 질문을 던졌다. 인사 실무자의 입장에서 내 주장이 상당히 마음에 들지 않은 듯 공격적이었다.

"잠재력 있는 사람을 승진시키라고 하셨는데요. 그 직원에게 잠재력이 있는지 없는지 어떻게 판단할 수 있을까요? 그게 핵심인 것 같습니다. 잠재력 유무를 잘 판단하지 못하니까 기업들이 밑의 직급에서 일을 잘하는지 못하는지를 가지고 승진을 결정할 수밖에 없는 것 아닐까요? 좋은 방법이 있으면 말씀해 주세요."

"좋은 지적입니다. 말씀하신 대로 잠재력보다는 성과를 측정하기가 훨씬 쉽죠. 목표를 주고 얼마나 달성하는지 보면 되니까요. 반면 잠재력 측정은 사실 굉장히 주관적일 수밖에 없습니다. 그 직원을 승진시켜서 일을 맡겨 보지 않는 한 판단하기가 어렵죠.

하지만 방법이 없는 것은 아닙니다. 리더로서 잠재력이 있다는 말은 현재 직급보다 '더 많은 책임'을 부과해도 충분히 감당해 낼 수 있다는 뜻 아니겠습니까? 그렇기 때문에 몇몇 직원에게 더 많은 책임과 기회, 더 큰 권한을 부여한 다음 그런 상황에서 어떻게 대처하고 역량을 발휘하는지 살펴보는 것이 잠재력 판단의 방법입니다. 갑작스럽게 책임이 커졌을 때 다른 직원들과 어떻게 소통하는지, 어떻게 자기 시간을 관리하고 통제하는지, 어떻게 업무를 안정화시키는지 관찰하는 것이죠."

"상당히 어렵네요. 당장 성과를 내야 하는 입장에서 그런 실험을 하기가 쉽지는 않습니다."

"저도 힘들다는 건 이해합니다. 그렇다면 이렇게 해 보세요. 아래 직급일 때의 성과를 가지고 승진을 시키는 기존의 방법을 쓰더라도, 리더의 자리로 승진시켜서는 절대로 안 되는 사람을 걸러 내는 겁니다."

임원은 흥미로운 눈빛으로 물었다. "어떤 사람을 걸러 내야 하나요? 인성이 덜된 사람을요?"

"네, 맞습니다. 더 구체적으로 말하자면 이른바 '사회적 지배 지향성Social Dominance Orientation'이 높은 사람은 절대 리더가 되지 못하게 막아야 합니다."

2016년 7월 "상위 1퍼센트를 제외한 99퍼센트의 민중은 개, 돼지다" "신분 제도를 공고히 해야 한다"는 나향욱 당시 교육부 정책기획관의 발언이 국민적 분노를 불러일으켰다. 그는 술자리에서 벌어진 실언이라고 핑계를 댔지만 나는 오히려 술에 취해 거리낌

없이 본인의 사고방식을 드러낸 것이라고 생각한다. 짐작건대 나향욱은 사회적 지배 지향성이 높은 사람일 것이다.

사회적 지배 지향성이란 사회심리학자들이 집단 간 힘의 차이를 설명하기 위해 사용하는 개념이다. 이것이 높은 사람은 '세상을 승자와 패자가 서로 물고 뜯는 경쟁적이고 약육강식적인 모습으로 바라본다'고 한다. 조직심리학자 셰리 모스Sherry Moss는 그런 사람들은 사회적 서열이나 신분의 차이를 공고히 하는 제도나 직업에 매력을 느끼고 누가 하위 계층인지 아닌지 구별해 내려는 경향이 크다고 말했다.[71] 나향욱의 망언에 '적확하게' 해당되는 설명이 아닐 수 없다. 반면 사회적 지배 지향성이 낮은 사람은 협력, 평등, 인도주의를 더욱 중요시한다.

또한 모스는 사회적 지배 지향성이 큰 사람은 집단 간의 불평등을 조장하려 한다고 지적했다. 그래야 권력, 지위, 부와 같은 자원을 계속 취할 수 있기 때문이다. 나향욱은 고위 공무원으로서 알량한 권력과 지위를 계속 유지하고픈 개인적 욕망을 추하게 드러낸 것이지, 국가와 사회 전체를 위한 혜안을 제시한 것이 절대로 아니다.

사회적 지배 지향성이 높은 사람이 리더의 위치에 있으면 일 못하는 직원뿐 아니라 일 잘하는 직원까지 괴롭히고 못살게 구는 경향이 있다. 일 잘하는 직원을 자신의 지위와 권한을 위협하는 존재로 인식하기 때문이다. 세상을 온통 약육강식의 논리로 바라보는 탓에 일 잘하는 직원으로 인해서 자신이 주변부로 밀려날 수 있다는 두려움에 휩싸여 있는 것이다. 이런 자들이 관리자 지위에 포진해 있다면 좋은 인재들은 괴롭힘을 견디지 못하고 회사를 떠나고 만다. 밑의 직급에 있을 때 일을 잘했다고 해서 사회적 지배 지향성이 높은 자를 관리자로 승진시키면 조직의 경쟁력은 머지않아 흔들리고 말 것이다.

모스가 제시한 아래의 평가표에서 스스로를 승진 대상자로 삼아 자신은 어떠한지 한번 판단해 보라.[72]

나는 사회적 지배 지향성이 높은 사람인가?
(7점 척도로 평가하며 1점은 매우 반대, 7점은 매우 찬성)

- 이상적 사회라면 소수의 집단이 상위에 있어야 하고 나머지는 하위에 위치해야 한다.
- 어떤 집단의 사람들은 다른 집단에 비해 열등하다.
- 특정 집단이 사회를 지배해야 한다.
- 하위 집단에게 상위 집단과 동일한 자격을 주지 말아야 한다.
- 집단 간의 평등이 우리 사회의 중요한 목표가 되어서는 안 된다.
- 여러 집단을 평등하게 대하려는 것은 부당하다.
- 여러 집단 간의 차이를 좁히려고 애쓸 필요는 없다.
- 모든 집단에게 성공의 기회를 동일하게 주어서는 안 된다.

---

* 평균값이 사회적 지배 지향성 점수다. 점수가 5~7점이 나왔다면 상대적으로 높은 사회적 지배 지향성을 가지고 있다고 볼 수 있다.

리더가 되려면
팔로워십부터 갖춰라

사회적 지배 지향성과 함께 잘 살펴야 할 요소는 리더십과 팔로워십Followership에 대한 직원 개인의 정체성이다. 《감성지능 코칭법Emotional Intelligence 2.0》이란 책을 쓴 트레비스 브래드베리Travis Bradberry는 《포브스》에 기고한 〈당신은 리더인가 아니면 팔로워인가?〉라는 글에서 리더와 팔로워의 차이를 이렇게 설명했다. "팔로워는 다른 사람의 재능과 성취를 위협으로 받아들이지만 리더는 그걸 자산으로 바라본다. 팔로워는 변화를 문제로 보지만 리더는 그걸 기회라고 여긴다. 팔로워는 매일의 업무에 묶여 있지만 리더는 미래의 가능성에 집중한다."[73] 그의 말처럼 사람들은 리더와 팔로워를 서로 반대되는 유형으로 이분화하는 경향을 보인다. 그래서 흔히 훌륭한 리더가 되려면 "리더처럼 행동하라. 팔로워처럼 굴지 마라"라고 조언하곤 한다. 팔로워처럼 행동하면 리더십을 갖춘 사람으로 인정받기 어렵고 리더의 자리에 올라도 능력을 발휘하지 못한다는 것이다.

하지만 '리더 대 팔로워' 혹은 '리더십 대 팔로워십'이라는 전통적인 이분법이 과연 옳은 것인지, 스스로를 팔로워가 아닌 리더라고 평가하는 자를 리더의 자리로 올리는 게 좋은 것인지 의문을 제기하는 연구가 퀸즐랜드대학교의 킴 피터스Kim Peters와 알렉스 해슬럼Alex Haslam에 의해 발표되었다.[74] 그들은 영국 해병대의 신병 훈련소에서 관찰한 결과를 통해 "훌륭한 리더가 되려면 먼저 훌륭한 팔로워가 돼라"라는 결론에 이르렀다. 단적으로 말해 "팔로워십이 없으면 리더십도 없다"는 것이다.

피터스와 해슬럼은 218명의 신병에게 설문을 돌려 "나는 천성적으로 리더라고 생각한다"와 같은 질문으로 리더 정체성Leader Identity을, "다른 사람이 좋은 아이디어를 제시하면 나는 그걸 이루기 위해 열심히 일할 준비를 한다"와 같은 문항으로 팔로워 정체성Follower Identity을 평가하도록 했다. 지휘관들에게는 각자가 통솔하는 신병들의 리더십과 팔로워십을 평가해 달라고 요청했고, 신병들에게는 동료들의 리더십을 평가해 달라고 했다. 이런 평가는 신병 훈련이 진행되는 32주 동안 모두 5번 진행됐다.

신병 훈련이 종료되면 신병들과 지휘관들 모두가 참여하는 투표로 '가장 훌륭한 리더십을 발휘한 사람'을 결정하여 특공대 메달Commando Medal을 수여하는데, 피터스와 해슬럼은 스스로를 리더라고 여기는 사람과 자신을 팔로워라고 생각하는 사람 중에서 누가 더 많은 표를 얻게 되는지 궁금했다.

분석해 보니 스스로를 천성적인 리더라고 여기는 신병들(리더 정체성을 높게 평가한 신병들)은 동료들에게 그렇게 느끼도록 하지 못한다는 결과가 나왔다. 본인은 스스로를 리더라고 생각하지만 동료들은 그의 리더십을 높게 평가하지는 않는다는 뜻이었다. 오히려 스스로를 팔로워라고 생각하는 신병들(팔로워 정체성을 높게 평가한 신병들)이 동료들로부터 리더십이 우수하다는 평가를 받았다. 리더가 되기를 원하면 먼저 동료들에게 '봉사하는 팔로워'가 돼야 한다는 것을 시사하는 대목이다.

반면에 지휘관들은 리더 정체성을 높게 평가한 신병들에게 더 높은 리더십 점수를 부여함으로써 동료들의 평가와는 다른 양상을 보였다. 또래 집단과 외부 집단(지휘관들)이 서로 반대로 리더십을 평가한다는 점은 흥미로운 결과가 아닐 수 없다.

이 연구 결과는 2가지 시사점을 제시한다. 첫째, 리더가 되려면 먼저 좋은 팔로워가 되어야 한다. 동료들에게 좋은 팔로워라는 평가를 받아야 리더로 인정받을 수 있고, 리더가 되어서도 리더십을 잘 발휘할 수 있다는 것은 리더로 성장하려는 꿈을 지닌 사람들이 명심해야 할 교훈이다. 동료들 위에 군림하려 하지 않고 동료들을 도우며 어깨를 나란히 하려는 리더가 진정한 카리스마를 발휘할 수 있다. 이런 의미에서 여러 기업에서 행해지는 리더십 교육은 리더가 아니라 팔로워로서의 정체성을 먼저 형성하는 방향으로 설정될 필요가 있다.

두 번째 시사점은 리더로 승진시킬 때 주의해야 할 점을 일러준다. 경영자들은 리더처럼 행동하려는 사람을 리더로 선발하려고 하지만, 직원들은 그런 사람보다는 팔로워로서 좋은 면모를 보이는 사람의 리더십을 높이 평가한다. 이는 경영자가 리더로 선발하는 사람을 직원들은 리더로 인정하지 않을 수도 있다는 뜻이다. 직책자 임명권이 덜 민주적일수록(최고경영자에게 집중될수록) 이런 현상은 더 뚜렷하게 나타나지 않을까?

예로부터 미국육군사관학교West Point Military Academy는 교육의 방향을 언급하면서 "우리는 팔로워가 되라는 가르침부터 시작한다"라고 말한다.[75] 맡은 바 임무를 성실히 수행하고 기꺼이 책임을 지며 집단에 봉사하려는 팔로워가 동료들로부터 리더로 인정받고, 그렇게 해서 실제로 리더가 된 사람이 신뢰를 통해 동료들을 훌륭하게 리드할 수 있다는 것을 그들은 이미 알았던 것이다. 팔로워십은 "리더십보다 열등한 개념이 아니라 리더십의 기초"다. 리더로 승진시키려면 먼저 좋은 팔로워십이 갖춰져 있는지 살피기 바란다.

이제부터 승진 심사를 채용 인터뷰처럼 진행해 보자. 밑의 직급에서 얼마나 일을 잘했는지 기록하여 승진 서열을 정하는 '승진 포인트제' 같은 것은 옆으로 치우고 정말로 제로 베이스에서 모든 '지원자'를 동일 선상에 놓고 살펴보자. 그 위치에서 누가 훌륭하게 역할을 수행할 잠재력을 지녔는지 면밀히 살펴보고, 그런 잠재력을 발휘하는 사람을 평소에 눈여겨보라. 그러기가 어렵다면 "선거란 누굴 뽑기 위한 것이 아니라 누구를 뽑지 않기 위한 것이다"라는 칼럼니스트 프랭클린 P. 애덤스Franklin P. Adams의 말처럼, 절대 그 자리에 올라서는 안 될 사람을 걸러 내자.

승진이 철저히 채용의 관점으로 이루어질 때, 그리고 이를 통해 대다수의 직원이 '나의 윗사람으로 올 만한 사람이 온다'라고 동의할수록 업무에 대한 몰입도가 2배 이상 높고, 리더에 대한 신뢰도가 5배가량 높으며, 시장 평균보다 3배 가까운 성과(주가 기준)를 올리고, 업계 평균의 절반에 불과한 이직률을 나타내며, 혁신과 생산성, 성장 차원에서 경쟁사를 지속적으로 압도한다.[76] 승진은 곧 채용이고, 올바른 채용이 조직 문화와 회사 성과를 좌우한다는 점을 망각하지 말기 바란다.

임원

Executive Officer

몇 년 전에 나는 모 기업으로부터 매년 한 차례씩 진행되는 '임원 역량 향상 과정'의 강의를 의뢰받았다. 내가 요청받은 강의 주제는 '임원의 역할과 책임'이었다. 얼떨결에 요청을 수락하고 나니 걱정이 앞섰다. 임원의 역할과 책임을 암묵적으로는 알고 있지만 3시간 동안 어떻게 명시적으로 표현하고 설명할지 암담했다.

나는 지푸라기라도 잡자는 심정으로 국어사전에서 '임원'을 검색했다. 임원의 정의가 무엇인지 알아야 역할과 책임을 논할 수 있지 않겠는가? 한자로 '맡길 임任'과 '인원 원員'으로 된 단어를 보고 나니 겨우 실마리를 잡을 수 있었다. '맡긴다'는 키워드가 임원의 모든 걸 함축하고 있기 때문이다.

임원이 수행해야 할 4가지 역할

조직 규모가 확대되면 대표CEO가 통제할 수 있는 범위Span of Control를 넘어서게 되는데, 이때 CEO는 몇몇 단위 조직을 묶어 임원을 임명함으로써 본인에게 조직 관리와 의사 결정의 부담이 집중되는 것을 완화하고 동시에 좀 더 높은 차원의 전략과 의사 결정에 힘을 쏟는다. 경영학의 관점으로 정의하면 임원은 "CEO로부터 의사 결정권과 조직 관리를 이양받은 자"로서 CEO가 전사 차원의 전략적 고민에 초점을 맞추도록 조력하는 사람이다. 즉 담당 분야의 전략 방향을 결정하고 그 결과에 대한 책임을 지며 인재 육성, 성과 관리 등 조직 관리를 이끄는 자가 임원이다.

이런 본연의 임무를 완수하기 위해 필요한 보다 구체적인 역할은 무엇일까?《라이징 투 파워Rising To Power》의 저자 론 카루치Ron Carucci는 다음 4가지가 임원의 역할이라고 말한다.[77]

- 회사 전체의 사업을 이해한다.
- 훌륭한 의사 결정자가 된다.
- 산업의 현재와 미래를 이해한다.
- 이해관계자들과 깊은 신뢰 관계를 구축한다.

이 중에서 나는 첫 번째인 '회사 전체의 사업을 이해한다'가 가장 중요하면서도 임원들이 가장 자주 망각하는 역할이라고 생각한다. 이 말은 회사 전체의 가치 창출을 위해 개별 부서들이 어떻게 조화를 이루어야 하는지 잘 알고, 자신이 담당한 조직의 이익을 앞세우지 않으며, 회사 전체가 경쟁력 있는 방향으로 나아가는 방법을 적극적으로 제시하고, 자신의 생각과 달라도 회사가 결정을 내렸으면 마치 자신이 결정한 것처럼 조직을 이끈다는 의미다.

그러나 현실은 어떤가? 많은 임원이 '외부의 바람'을 막아 주는 일을 본인의 역할이라고 착각한다. 자신의 조직만을 대변하고 변호하는 자로 스스로를 포지셔닝하거나(그 밑의 직원들도 그렇게 기대한다) 자신의 안위와 영달에만 관심을 두는 이가 제법 많다.

나는 오래전에 어느 건설 회사를 대상으로 인력 계획에 관한 컨설팅을 진행했다. 나의 카운터파드Counterpart는 인사 담당 임원이었는데 조직 전체에 영향을 미치는 컨설팅이다 보니 다른 부문의 임원들도 '운영 위원회Steering Committee'의 일원으로 참여했다. 중간 기점을 돌아 컨설팅 결과의 윤곽이 어느 정도 드러나기 시작하자 위원회를 개최할 때마다 임원들 간의 힘겨루기가 눈에 띄게 커졌다. 특히 경영 전략 담당 임원은 사사건건 컨설팅 결과물의 사소한 문제를 물고 늘어지며 나를 비롯해 인사 팀 직원들을 괴롭혔다. 급기야 별다른 근거 없이 우리가 진행한 컨설팅이 엉터리라고 공개적으로 비난하기 시작했고 CEO에게 달려가 전혀 사실이 아닌 내용을 보고하기도 했다. 알고 보니 그는 인사 담당 임원과 차기 부사장직을 놓고 다투는 경쟁자였다. 인사 팀이 주도하는 인력 계획의 결과물이 CEO에게 좋은 평가를 받으면 본인의 승진이 물 건너갈 것이라고 우려했던 모양이다.

대표 부재시 대신 회사를 이끌 재목인가

임원은 CEO로부터 의사 결정권과 조직 관리 권한을 이양받은 일종의 '관료'지, 담당 조직의 이익 혹은 본인의 입지를 수호하기 위해 싸우는 '봉건 영주'가 아니다. 단적으로 말해 임원은 CEO를 대신하고 CEO를 대변하는 사람, 즉 '작은 CEO'라고 말할 수 있다.

적절한 비유일지 모르지만 "신이 자신의 손길이 다 미치지 못하는 곳에 어머니를 보냈다"라는 말이 있듯이 CEO가 자신의 손길이 다 미치지 못하는 곳에 임원을 보내는 것이다.

이를 CEO에게 아부하며 사내 정치력을 발휘하라는 말로 곡해하지 않기를 바란다. 본인이 크고 작은 결정을 내릴 때, 그리고 CEO나 다른 임원이 결정을 내릴 때 CEO의 관점(회사 전체의 관점)을 항상 유지해야 한다는 뜻이다. 누군가의 의견이나 결정을 비판할 때는 "그렇게 하면 우리 부문에 피해가 간다"라는 식으로 방어하지 말고 회사 전체의 입장에서 의문을 제기하고 더 나은 대안을 제시해야 한다. 이것이 가장 중요한 임원의 역할이다.

그러니 업적이 뛰어난 직원을 임원으로 승진시키지 마라. CEO는 "이 사람이 내가 부재할 때 나를 대신하여 회사를 이끌 재목이 되는가?"라는 질문을 던지고 또 던지며 승진 결정을 내려야 한다('승진' 장 참조). 임원은 자신이 부재할 때 권한을 대신하는 사람이니 쉽사리 결정할 문제는 결코 아니다.

마지막으로 첨언하자면, 임원은 CEO를 대신하는 사람이기 때문에 임원을 대상으로 한 역량 교육 프로그램이나 역량 평가는 불필요하다. 그러나 어떤가? 많은 기업이 그런 프로그램과 평가를 임원에게 실시하는 이유는 임원을 그저 '직원들 중의 고참' 정도로 인식한다는 뜻 아니겠는가?

성과
Performance

매출을 넘어서

◆

좋은 의도를 가지고 좋은 방법을 통해 축적한
미션 및 비전 달성의 정도.

"성과란 무엇입니까?"

교육생들은 이제껏 이런 질문을 받아 본 적 없다는 표정으로 나를 바라본다. '성과가 그냥 성과지, 정의할 게 뭐가 있어?'란 눈빛이다. 나는 아랑곳하지 않고 재차 묻는다.

"어려운 질문인가요? 여러분은 팀장으로서 성과 관리가 주요 임무 중 하나인데요. 그렇기 때문에 성과의 정의부터 잘 알아야 하지 않을까요? 그렇다면 'Yes or No'로 답할 수 있는 질문을 드리겠습니다. 여러분이 매출액 100억 원을 목표치로 했는데 110억 원을 달성했습니다. 그렇다면 이때 110억 원이란 돈은 성과일까요?"

A 팀장이 대답한다. "네, 당연히 성과입니다."

나는 대답이 끝나자마자 묻는다. "왜 그렇게 생각하시나요?"

그는 '뭐, 이렇게 당연한 걸 묻지?'라는 표정으로 답한다. "목표치를 초과해서 달성했으니까 성과죠."

"아, 그렇다면 목표치에 딱 맞게 달성하거나 그걸 초과하면 성과라고 보시는군요?"

"네, 그렇습니다."

"그렇다면 100억 원의 매출액을 목표치로 했는데 90억 원밖에 하지 못했다면 이때 90억 원은 성과일까요, 아닐까요?"

"글쎄요. 목표를 달성하지 못했으니까 성과라고 말하기는 힘들겠는데요. 90억 원밖에 못했다면 '우리가 성과를 내고 있다'라고 말하기가 곤란할 테니까요."

나는 그의 관점을 이렇게 정리한다. "팀장님은 목표치를 달성하면 성과고, 그렇지 못하면 성과가 아니라 보시는군요? 다시 말해 성과는 '목표치를 초과 달성한 정도'라고 정의할 수 있겠네요."

"뭐, 현실적으로 그렇지 않을까요? 성과급도 목표치를 초과 달성할 때 받을 수 있으니까요." 그는 이렇게 말하며 멋쩍게 웃는다. 이때 다른 팀장(B 팀장)이 갑자기 이의를 제기한다.

"목표 달성 여부를 가지고 '성과다, 아니다'를 판단하면 곤란하다고 생각합니다. 100억 원이라는 매출액 목표치가 과도하게 높게 설정된 것이라면 90억 원을 달성했더라도 분명 성과로 인정해 주어야 합니다."

나는 B 팀장에게 묻는다. "그러면 극단적으로 10억, 20억밖에 못했더라도 성과라고 보시는 건가요?"

그는 잠시 생각하더니 힘주어 답한다. "네, 현실적으로 그런 일은 거의 없겠지만 10억, 20억 원도 노력을 해서 얻은 결과물이니 성과는 성과죠."

처음의 A 팀장이 대화에 끼어든다. "매출액이 0보다 크기만 하면 성과라고요?"

"네, 그렇죠." A 팀장보다 후배인 듯한 B 팀장이 힘없이 답한다. A 팀장은 약간 강한 어조로 반론한다.

"극단적으로 매출액이 1억 원이 아니라 1원이라 해도 성과라고 말할 수 있을까요? 1원뿐인 매출액에 누가 '성과가 있다' 혹은 '성과가 났다'라고 말할 수 있습니까? '목표치를 달성했거나 초과 달성할 때만 성과라고 말할 수 있다'라는 게 부담스럽다면 조금 양보해서 '목표를 80퍼센트 이상 달성할 때가 성과'라고 말할 수 있지 않을까요?"

나는 두 팀장 사이의 짧은 논쟁을 정리한다.

"두 분 말씀이 다 일리가 있습니다. 하지만 두 분 모두 놓치고 있는 요소가 있습니다. 애초에 매출액이라는 지표가 목표로 합당한 것이 아니라면 110억 원을 올렸든 90억 원을 올렸든, 아니면 1원밖에 못했든 성과라고 부를 수 있을까요?"

A 팀장이 나의 말을 막으며 이의를 제기한다. "매출액이라는 지표가 목표로 합당하지 않다고요? 매출액은 모든 기업이 관리하는 지표입니다. 손익 계산서의 계정이기도 하고요. 저는 이해하기가 어렵네요."

"제가 좀 극단적인 예시를 들어서 그렇게 느끼실 수 있겠네요.

기업의 경영 철학에 따라 매출액이란 지표가 목표로 합당하지 않은 경우도 분명 있습니다. 매출액이라는 지표가 목표라는 의미를 지니려면 미션 추구와 비전 달성에 기여해야 합니다."

미션과 비전을 얼마나 달성했는가

아웃도어 의류업체 파타고니아는 매출액이라는 지표를 내부에서 관리하긴 하지만 자신들의 목표로 여기지는 않는다. 그들의 미션은 "우리의 터전, 지구를 되살리기 위해 사업을 한다"이다.[78] 많은 기업이 미친 듯이 세일을 하는 '블랙 프라이데이' 기간에 "제발 이 옷을 사지 마세요!"라고 광고할 정도로 자기네 제품의 판매 자체를 중요하게 생각하지 않는다.[79] 기존의 제품을 수선해서 오래 입어야 환경 파괴를 막을 수 있다는, 창립 때부터 이어져 오는 철학 때문이다.

이 회사의 창립자인 이본 쉬나드Yvon Chouinard는 등산에 사용되는 강철 못 피톤Piton이 바위를 훼손한다는 사실을 깨닫고 스스로를 부끄러워했다. "산을 사랑하는 사람이 자연을 훼손하면서까지 돈을 벌어야 하는가?" 그는 매출액의 절반을 차지하던 피톤의 생산을 중단하는 결단을 내렸다.[80]

당장의 매출과 이익보다는 인간과 자연에 대한 책임감을 가져야 한다는 철학은 창립자로부터 이어져 왔다. 그래서 파타고니아는 엄청난 농약이 사용되는 면이 아닌 100퍼센트 유기농 순면으로 원료를 바꾸고, 버려진 플라스틱 병에서 폴리에스테르를 뽑아내

옷감으로 활용하며, 수십 톤씩 폐기되는 의류에서 다시 실을 뽑아 옷을 만드는 등 환경에 미치는 영향을 최소화하고 환경을 보존하려는 노력을 지속하고 있다. 급기야 자신들의 제품을 사지 말라는 광고를 '돈을 들여서까지' 하면서 환경 보호에 대한 관심을 최우선으로 둔다. 만약 파타고니아가 매출액에 신경 쓰는 부분이 있다면 매년 매출액의 1퍼센트를 '지구에 내는 세금'이라며 환경 보호 기금으로 기부하기 때문일 것이다.

나는 파타고니아의 사례를 교육생들에게 전하면서 이렇게 말한다. "지구를 되살린다는 이 회사의 미션 달성에 매출액은 아무런 관련이 없습니다. 오히려 매출액을 더 올릴수록 파타고니아는 미션을 위배하고 맙니다. 따라서 이 회사에서 매출액은 목표로는 합당하지 않죠. 애초에 미션에 부합하지 않는 목표기 때문에 매출액을 초과 달성하든 미달하든 성과라고 말할 수 없습니다. 성과란 '미션과 비전 달성의 정도'를 뜻하기 때문입니다. 이것이 성과의 첫 번째 조건입니다."

이때 B 팀장이 질문한다. "만약 우리의 비전이 '글로벌 톱 5의 ○○솔루션 제공 업체가 된다'라면 매출액이 목표로 의미가 있고, 매출액은 곧 성과가 아닐까요?"

"네, 그렇다면 매출액은 성과라고 말할 수 있습니다. 그리고 매출액 목표치에 미달했다 하더라도, 즉 100억 원을 목표치로 했는데 90억 원밖에 못했더라도 90억 원을 성과라고 부를 수 있습니다. 매출액이 목표로 합당하다면, 즉 미션과 비전 달성에 기여하는 지표라면 그것의 달성 여부와 상관없이 무조건 성과입니다."

나는 다음 슬라이드를 넘기려다가 무엇이 생각난 듯 멈칫한다.

"아, 잊은 게 하나 있군요. 성과와 밀접하게 관련된 용어가 있는 데요. 바로 '성장Growth'입니다. 이 말을 정의할 수 있겠습니까?"

나는 강연장 전체를 눈으로 한번 훑은 후 말을 이었다. "안심하세요. 이번에는 질문하지 않겠습니다. 그냥 알려 드릴게요. 성장은 '성과가 커진다'는 뜻입니다. 간단하죠? 좀 더 자세히 말하면 성장은 '미션과 비전에 가깝게 다가간다'는 의미입니다. 여러분이 암묵적으로 가지고 있던 성장의 정의와는 다를 겁니다. 제가 만난 어떤 임원은 '기업이라면 반드시 성장해야 한다'고 강하게 말씀하시던데요. 그분이 말씀하시는 성장은 '고객 확대를 통한 매출 증대'를 의미하더라고요. 아마 여러분도 성장을 그렇게 이해하고 있을 겁니다. 물론 매출 증대가 회사의 미션이나 비전이라면 모르겠지만, 그게 아니라면 일반적으로 성장은 '성과가 커진다', 즉 '미션과 비전에 한발 더 가까이 다가간다'라는 뜻으로 이해하시기 바랍니다."

과정이 비윤리적이라면
성과가 아니다

교육생 모두가 이해했다는 표정을 짓자 나는 성과의 두 번째 조건을 이야기하기 시작한다.

"그런데요. 합당한 목표에 해당하는 성과라 해도 그걸 '창출하는 과정'에서 윤리적으로 옳지 않은 방법이 동원된다면 그것은 절대 성과가 아닙니다."

1990년대 초 미국의 대형 유통업체 시어스는 무려 18건이나 되는 집단 소송에 휘말리게 되었다.[81] 시어스는 '시어스오토센터Sears Auto Centers'라는 자동차 정비 체인을 보유하고 있었는데, 정비공들은 필요하지도 않은 부분을 수리하고서 고객에게 과도하게 많은 수수료를 청구했다. 이것이 집단 소송이 발발한 원인이었다. 엔진 오일을 교환하러 가면 브레이크가 이상하니 이것도 바꿔야 한다거나, 스티어링 휠이 뻑뻑해서 정비소를 찾으면 전혀 관련이 없는 부분인데도 함께 고쳐야 한다는 등 고객을 감쪽같이 속여 왔다는 것이다. 이렇게 정비소들이 벌이는 사기 행각은 비단 시어스의 정비 체인뿐 아니라 당시 미국 전역에서 만연해 있었다. 고객의 99퍼센트는 자동차 내부 구조를 잘 알지 못하기 때문에 고객을 속이며 과도한 수리비를 챙기는 일은 그야말로 땅 짚고 헤엄치기였다.

시어스는 결국 소송에서 패배하여 수천만 달러의 보상금을 지불해야 했는데 잘못을 뉘우치기는커녕 사기 행각을 계속 자행했다. 자동차 정비 사업뿐 아니라 신용 카드 사업에서도 비슷한 식으로 속임수를 저지르는 바람에 계속해서 소송에 휘말렸다. 시어스는 결국 15년 동안 무려 20억 달러에 이르는 거액의 합의금을 지불해야 했다.

그렇다면 필요도 없는 수리를 고객에게 종용하고 멀쩡한 부품을 새것으로 갈아 끼워야 한다고 압박하면서 고객의 호주머니에서 '부당하게' 돈을 훔쳐 가는 이유는 무엇일까? 무엇이 그렇게 만드는 걸까? 직원들과 경영진들이 더욱 탐욕스러워졌기 때문일까? 만일 그렇다면 무엇이 그들을 탐욕스럽게 만들었을까?

좋은 성과 대 나쁜 성과

나는 근본적인 이유가 경쟁을 성장의 동력으로 인식하고 타사, 다른 팀, 다른 직원보다 높은 성과를 내는 것이 일종의 '도덕'이나 '직업 윤리'인 양 직원들을 세뇌시키는 '성과주의 경영'에 있다고 생각한다. 외부 경쟁의 치열함을 직원끼리의 내부 경쟁 강화로 이겨 낼 수 있다고 여기는 성과주의 경영으로 인해 직원들은 불필요한 수리비를 청구하는 일과 같이 작은 부정은 본인의 생계를 유지하고 조직에서 생존하기 위한 정당한 방편이라고 합리화하기에 이른 것이다. 말은 성과주의 경영인데, 눈앞에 놓인 단기적 지표 달성을 부채질하느라 진정한 성과의 의미를 담지 못한다는 것은 아이러니가 아닐 수 없다.

시어스의 미션은 "고객이 원할 때 고객이 원하는 곳에서 최고 품질의 제품과 서비스를 제공함으로써 고객과 긍정적이고 지속적인 관계를 구축하고 이를 통해 우리의 사업을 성장시킨다"[82]이다. '좋은 말은 다 포함된' 장황한 문장인데, 시어스의 관심은 고객 만족이나 고객 관계 구축이 아니라 자신들의 '사업 성장to grow our business'에만 있지 않았나 생각된다. 또 그 성장은 매출이나 시장 점유율에 국한된 것이 아니었나 의심이 든다. 그러니 이런저런 사업에서 그런 사기를 자행하며 '나쁜 성과' 창출에 전력을 다했던 것 아닐까? 하지만 시어스가 올린 매출액이 미션에 부합하는 목표라 해도 나쁜 방법으로 이룬 것이기 때문에 절대로 성과라고 불려서는 안 된다.

겉으로는 윤리 경영이라는 탈을 쓰고 있지만 부당한 방법을 써서라도 어떻게 하면 고객의 호주머니에서 돈을 빼낼까 궁리하는 기업을 한두 곳쯤 떠올릴 수 있을 것이다. 유해한 가습기 살균제를 팔아 여러 유아를 죽음으로 몰고 간 옥시와 소프트웨어를 조작해 디젤 엔진을 '클린 엔진'이라 거짓으로 홍보한 폭스바겐이 대표적인 사례다.

'나쁜 성과'를 장려하고 그것은 '나쁜 방법'으로 초과 달성하는 직원들에게 '나쁜 보상'을 한다면 기업의 부정행위는 지속적으로 강화될 수밖에 없다. '나쁜 성과'를 창출하는 직원들만이 조직에서 살아남는다면 '좋은 성과'를 달성하려는 직원들의 '좋은 의도'는 빠르게 도태된다. 미션은 그저 사탕발림 같은 허구로 전락하는 것이다.

정리하면, 성과는 "미션 및 비전의 달성 정도"며 "좋은 의도를 가지고 좋은 방법을 통해 축적한 결과"다. 이 2가지 조건을 모두 만족하지 못하면 아무리 돈을 많이 번다 하더라도 절대 성과가 아니다. "일했으면 성과를 내라"라는 말은 수단과 방법을 가리지 말고 목표로 삼은 지표 자체를 끌어올리라는 뜻이 아니라, 올바른 방법으로 미션과 비전에 한발 다가서야 한다는 의미다. 여러분의 조직은 진정한 성과를 내고 있는가?

성과 관리
Performance Management

동기는 어디서 나오는가

◆

**미션과 비전을 달성하는 과정이자
직원들의 성취감을 끌어올리는 과정.**

앞에서 성과에 대해 이야기를 했으니 이제 성과 관리란 무엇인지 논해 보자. 성과란 "좋은 의도를 가지고 좋은 방법을 통해 축적한, 미션 및 비전 달성의 정도"다. 그러므로 성과 관리는 간단히 말해 성과를 이루기 위한 방법과 절차를 이르는 말이라고 생각할 것이다. "성과 관리란 무엇인가"라는 질문에 대부분은 이런 식으로 대답하는 것만 봐도 그렇다.

"목표를 설정하고, 직원들 코칭을 하고, 객관적으로 평가해서 그에 따라 보상하는 과정을 말합니다."

이런 답변이 틀리지는 않다. 성과 관리의 공식적인 정의가 "사전에 정해진 목표를 얼마나 달성하는지 측정하기 위해 직원과 프로세스 등을 평가하는 것"이라고 나와 있으니까 말이다.[83] 하지만 이런 정의는 성과 관리의 운영 측면만 강조하고 있기 때문에 무엇을 위해, 누구를 위해 성과 관리를 해야 하는지, 성과 관리의 동력으로 어떤 가치를 추구해야 하는지에 대해서는 아무것도 이야기하지 않는다는 문제가 있다.

성과 관리를 정의하기 전에 대기업에 다니는 김 과장과 내가 나눈 대화를 들어 보자.

일에서 보람을 느끼지 못하는 김 과장

"회사 업무에서 아무런 성취감을 못 느끼겠습니다." 상담을 위해 내 사무실을 찾은 김 과장은 자리에 앉자마자 크게 한숨을 쉬며 이렇게 말했다. 굴지의 대기업에서 상당히 높은 연봉을 받고 다양한 근무 경험과 풍부한 복지 혜택을 누리는 그가 왜 회사 업무에서 성취감을 얻지 못하는 걸까? 이유를 물으니 김 과장이 대답했다.

"물론 겉으로 보기엔 우리 회사는 좋은 곳이죠. 하지만 제가 하는 업무가 팀의 목표에 어떻게 기여하는지 잘 모르겠어요. 업무량도 들쭉날쭉하고, 언제 제 일을 마무리해야 할지 갈피를 못 잡겠습니다. 아이디어를 내면 시키는 일이나 잘하라고 핀잔을 받기 일쑤죠. 자율적으로 할 수 있는 것이 거의 없으니까 제 일에서 보람을 느낄 수가 없습니다."

"평가는 잘 받으시나요?"

"네, 다른 회사들처럼 우리 회사도 S-A-B-C-D, 이렇게 5등급으로 평가하는데요. 작년에는 A를 받았지만 금년에는 까딱하면 B도 어려울 것 같다는 생각이 들어요."

"왜 그런가요? 갑자기 성과가 나빠진 이유가 있나요?"

"아마 K프로젝트를 맡게 돼서 그런 것 같아요. 저는 예전과 비슷하게 열심히 일한다고 생각하는데 성과가 잘 나오지 않으니 '멘붕'입니다. 좀 전에 말씀드렸듯이 저는 기계의 부속처럼 시키니까 일한다는 느낌이 들어요. 팀장님도 저를 도와주려고 이런저런 코칭을 하는데요. 성과를 못 낸다고 질책만 하시지, 제가 K프로젝트를 어느 정도까지 진척했는지, 어디까지 끌고 가야 할지에 대해서는 딱 부러지게 말씀을 못하시더라고요. 그냥 열심히 하다 보면 언젠가 완수할 수 있을 거란 말씀만 하시죠. 그걸 보면 팀장님도 우리 팀이 왜 K프로젝트를 해야 하는지 잘 알지 못하는 것 같습니다. 본인도 모르면서 저에게 열심히 해 보라고만 합니다."

나는 잠시 생각한 후에 말했다. "일단 '내가 어디쯤 와 있는지' '내가 어디까지 가야 하는지' 모르겠다는 말씀이군요?"

"네, 그렇습니다."

"그리고 자발적으로 K프로젝트를 맡겠다고 한 게 아니라 팀장 위의 높은 분이 시켜서 수행하시는 건가요?"

"맞아요. 사장님이 직접 지시한 일입니다."

"그렇군요. 팀장님이나 과장님 본인은 K프로젝트를 왜 해야 하는지 사장님으로부터 이유를 들었나요?"

김 과장은 멋쩍게 웃으며 대답했다. "사장님 얼굴은 1년에 한 번 볼까 말까입니다. 게다가 찾아가서 '왜 이 프로젝트를 지시하셨습니까'라고 말씀드리기 쉬운 분이 아닙니다. 좀 권위적이시거든요. 그분이 한번 회의를 하면 여러 사람이 깨지는 바람에 그날은 회사 전체 분위기가 어두워지죠."

"그렇지만 K프로젝트가 그리 중요하다면 좀 두렵더라도 자세하게 사장님의 니즈를 들어 봐야 하지 않나요? 그분이 일을 지시한 이유와 배경, 원하는 추진 방향을 그냥 상상할 수는 없잖아요. 그러다가 완전히 반대 결과가 산출되면 나중에 보고할 때 되돌리기 힘들지 않겠어요?"

"네, 우리도 잘 압니다. 그래서 우리끼리 회의를 하면서 사장님이 어떤 이유로 K프로젝트를 지시했고 어떤 방향을 원하는지 수시로 논의를 하고 있습니다."

나는 빙긋 웃으며 농담처럼 말했다. "직접 한번 찾아가서 물으면 될 것을, 참 어렵게들 일하시네요. 사장님이 그렇게 무섭나요? 그게 나중에 깨지는 것보다 낫지 않을까요?"

그는 쓸쓸히 따라 웃었다. 최고경영자의 의중을 머리 싸매고 상상하는 모습, 비단 이 회사뿐 아니라 많은 기업에서 발견되는 웃지 못할 풍경이다. 물론 이해한다. 설령 용기를 내어 의중을 물어봤자 "난 큰 그림을 제시했으니 나머지는 당신들이 알아서 파악해야지"라며 도리어 화를 내는 CEO가 많으니까. 질문을 자신의 권위에 대한 도전이라 착각하는 경영자도 많으니까. 이런 경영자 밑에서 일하며 성취감을 기대할 바에는 사막에서 오아시스를 찾는 편이 더 나을 것이다.

성취감은 어떻게 향상되는가

성취감. 나는 김 과장이 일할 동기를 갖지 못하겠다면서 앉자마자 내뱉었던 이 말이 성과 관리의 목적을 가리킨다고 생각한다. 물론 성과 관리의 궁극적 목적은 미션과 비전 달성이지만, 달성의 실행 주체인 구성원의 성취감을 유지 혹은 제고하는 것 또한 성과 관리가 추구해야 할 또 하나의 목적이 아닐까? 구성원들이 성취감을 상실하고 나가떨어지거나 번아웃된다면 누가 대신 미션과 비전을 달성할 것인가? 갤럽이 직장인 7500명을 대상으로 한 설문 조사에서 25퍼센트가 번아웃되는 느낌을 자주 경험하고 있고, 63퍼센트는 때때로 경험한다고 대답했음을 우리는 주목해야 한다.[84]

단순히 목표를 설정하고 코칭을 하고 평가해서 보상하는 운영법을 준수한다고 해서 높은 성과가 창출되지는 않는다. 성과 창출의 동력인 구성원들의 성과 몰입을 이루어내려면 그들이 일상의 업무에서 성취감을 경험하도록 해야 한다.

정의는 목적을 함축해야 한다. 그렇기 때문에 나는 성과 관리란 "미션과 비전 달성의 과정이자 직원들의 성취감을 끌어올리는 과정"이라고 정의한다. 흔히 관리자의 역할 중 하나로 중요시되는 동기 부여Motivation는 성과급이나 승진처럼 당근이자 동시에 채찍이 되는 보상 수단을 강조한다든지 혹은 코치가 되어 문제 해결의 조력자를 자처하거나 멘토 역할을 수행하는 것이 아니다. 그보다는 "직원이 성취감을 잃지 않도록 세심하게 관찰하고 피드백하며 일상에서 성취감을 경험하도록 만드는 관리자의 활동"을 뜻한다.

따라서 "협의의 성과 관리는 곧 동기 부여"라고 짧게 정의할 수도 있다. 이런 정의에 따르면 김 과장의 상사와 CEO는 성과 관리 혹은 동기 부여를 제대로 하지 못하고 있는 것이다. 성과 창출을 끊임없이 독려하고 채근한다며 스스로를 좋은 리더라 자화자찬할지는 몰라도 말이다.

그런데 성취감은 어떻게 향상시킬 수 있을까? 나는 상담이 끝난 후에 혼자 사무실에 앉아 커피를 마시면서 김 과장과의 대화를 천천히 음미해 보았다. 그는 자신이 K프로젝트를 하면서 어디에 있는지, 어디까지 가야 하는지 알 수 없다고 말했다. 이 말에서 나는 성취감을 이루는 하나의 변수가 '달성도 인식'임을 찾을 수 있었다. 놀이공원에서 안내 지도를 볼 때 '현 위치'가 찍혀 있지 않으면 오히려 도움이 안 되듯이, 자신이 달성해야 할 목표를 얼마나 달성했는지, 대체 언제 어디에서 일을 마무리할지 알 수 없다면 매일매일 실패감에 젖을 수밖에 없다. 안개 속을 걸어가더라도 이쪽으로 가면 얼마 후에 목적지가 나타난다는 희망이 있으면 지친 다리를 절면서라도 힘을 낼 수 있지 않겠는가? 사장에게 찾아가 묻지 않거나 용기 내 묻더라도 돌아오는 게 질책뿐이라면 그냥 여기저기에 총을 난사하고 보자는 열패감에 빠지고 말 것이다.

이처럼 성취감을 높이기 위해 리더가 해야 할 성과 관리의 구체적 행동 중 첫 번째는 직원에게 현 위치를 알려 주고 어디로 가야 하는지 지속적으로 방향을 제시함으로써 달성도를 인식하게 하는 데 있다. 업무를 지시할 때 우선순위와 함께 시각적인 아웃풋 이미지를 전달하는 것이 중요하다. 비유하자면 "영어 실력을 높여라"라는 말보다 "문법보다는 듣기를 보강하라"라는 피드백이 달성 의지를 더 끌어올리는 것과 같다. 회사 업무면 뭐든지 다 중요하다고 말하거나 우선순위를 자꾸 바꾼다면 말 그대로 직원은 '돌아 버리고' 말 것이다. 또한 광범위하고 모호한 목표를 제시하기보다는 단계별로 세부 목표와 상세 절차를 수립하도록 해야 매일의 업무에서 달성도를 인식할 가능성을 높일 수 있다.

그러나 달성도 인식만으로는 성취감에 도달할 수 없다. 남이 시키는 일을 수동적으로 임하는 경우라면 '이건 내가 할 일이 아닌데 왜 내가 해야 하지?'라며 의심하기 쉽고 매일의 성취가 자신의 것이 아니라고 느끼게 된다. 즉 일의 주체가 되지 못한 채 '자발성 Willingness'을 상실한 상태라면 높은 스트레스 상태가 유지되고 언젠가 모든 힘을 소진할 가능성이 크다.

물론 대부분의 직장인은 '위에서 시키는 업무'를 수행하는 입장이라 본인이 완벽하게 자발적으로 업무를 선택하고 진행할 수는 없다. 그러므로 여기에서 말하는 자발성이란 목표 설정 및 실행 전략 수립 단계에서 직원의 의견을 충분히 반영함으로써 '이것은 이제 나의 일이 되었다'라는 오너십을 갖게 만들고, 업무 수행에 필요한 자원을 가능한 한 충분히 제공함으로써 '조직이 내가 주체적으로 일할 수 있도록 힘을 실어 준다'라는 느낌을 갖게 한다는 의미로 봐야 한다.

자발성을 높이려면 권한 위임 혹은 권한 이양을 통해 직원들을 신뢰한다는 것을 보여 주어야 한다. 보고서를 쓰고 결재를 받는 일에 직원들이 힘을 소모하지 않도록 하자. 시시콜콜 간섭하는 마이크로 매니저와 함께 일하는 직원들은 자발성을 느끼지 못해 결국 성취감을 경험하지 못한다. 직원이 성과 창출을 위해 참신한 아이디어를 제안하면 그걸 목표 설정 과정에서 최대한 반영하는 것 역시 자발성을 제고하는 방법이 된다. 또한 업무가 잘못되어 낭패에 빠졌다고 해서 바로 벌을 주기보다는 일의 주인인 직원이 스스로 실패를 분석하고 학습할 수 있도록 유의해야 한다.

달성도를 인식하고 자발성을 발휘하는 일이라 해도 성취감을 이루는 또 하나의 변수인 '일의 의미'가 빠지면 곤란하다. 김 과장의 말처럼 본인이 맡은 업무가 팀 전체의 목표와 어떤 연관이 있는지, 회사 내 다른 부서의 업무와 어떻게 연관되는지, 고객에게 얼마나 좋은 영향력을 행사하는지, 본인의 경력 개발에는 어떤 도움이 될지, 내가 일하는 궁극적 이유가 무엇인지 등 어디에서도 의미를 구할 수 없다면 성취감은 물 건너간 이야기가 된다. 더욱이 본인이 수행한 일의 결과가 누군가에게 나쁜 영향을 끼친다는 것을 알게 되면 그 죄책감은 성취감이 설 자리를 완전히 없애 버린다. 경제학자 크리스천 크레클Christian Krekel의 조사에 따르면, 직원들은 의미 있는 일을 할 수 있다면 본인 급여의 32퍼센트를 내놓을 용의가 있다고 한다.[85] 《빅 포텐셜Big Potential》을 쓴 긍정심리학자 숀 아처Shawn Achor 역시 비슷한 연구 결과를 내놓았다. 사람들은 평생 벌소득의 23퍼센트를 포기하고서라도 의미 있는 직업을 원한다는 것이다.[86] 이는 그만큼 일의 의미가 성취감에 중요하다는 증거라고 말할 수 있다.

영화 〈모던 타임스〉에서 그저 나사만 돌리던 찰리 채플린을 떠올려 보라. 자신의 일이 어떤 결과물로 이어지는지 분명하게 보여 주는 작은 노력만으로도 일의 의미를 전달할 수 있다. 또한 회사의 주력으로 부상한 밀레니얼 세대 대부분은 "세상을 더 좋은 곳으로 만드는 것이 중요하다(92퍼센트)" "지역 사회 활동과 자선 활동이 중요하다(88퍼센트)"라고 생각하기에,[87] 회사가 판매하는 제품과 서비스가 고객의 삶을 윤택하게 변화시키는 데 어떤 기여를 하는 지 직원들에게 설명해야 한다. 에어비앤비는 "더 많은 사람이 호스트가 된다면 세계는 본질적으로 더 친절하고 배려심 많은 곳이 될 것"이라고 믿으며 이를 직원들에게 강조한다.[88] 적어도 수단과 방법을 가리지 않고 직원들에게 나쁜 성과를 강요하는 일은 없어야 한다.

이처럼 '달성도 인식, 자발성, 일의 의미'는 성취감이라는 함수를 이루는 3개의 변수다.

성취감 = 달성도 인식 × 자발성 × 일의 의미

하버드경영대학원 교수이자 심리학자 테리사 애머빌Teresa M. Amabile은 15년간 직원들이 직장에서 느끼는 행복의 원천을 연구한 후 이렇게 결론지었다. "직원들의 행복을 파괴하는 가장 빠른 방법은 성취감을 용납하지 않는 것이다."[89] 일에서 성취감을 제거한다면 아무리 연봉이나 복지 혜택이 좋고 회사 이름이 번듯하더라도 좀비와 다를 바 없지 않을까? 직원들을 생동감 있는 성과 창출의 주체로 만드는 것, 즉 성과 관리의 핵심은 성취감을 어떻게 끌어올리고 유지시키느냐에 달려 있음을 기억하기 바란다.

동기 부여에서 명심할 3가지

앞에서 좁은 의미의 성과 관리란 곧 동기 부여와 같다고 정의한 바 있다. 그런데 나는 동기 부여라는 말이 잘못 쓰이고 있다고 생각한다. 영어로 '동기를 부여하다'란 뜻을 가진 동사 'Motivate'의 목적어는 "I motivated myself"라는 문장처럼 반드시 주어의 재귀대명사가 되어야 하지, "I motivate you"라고 말할 수 없다. 동기는 누군가가 누군가에게 부여할 수 있는 성질의 것이 아니기 때문이다. 평가를 하고 보상을 결정하는 인사권자라고 해서 돈이나 승진과 같은 수단으로 직원의 동기를 지속적으로 유지시키기는 불가능하다는 증거는 차고 넘친다.

나는 직원들이 기본적으로 일하려는 동기가 충만한 상태에서 조직에 합류했다고 믿는다. 그렇기에 리더가 할 수 있는 최선의 조치는 돈과 같은 외재적 동기 부여 수단을 흔들어 대는 것이 아니라 애초에 직원들이 가진 동기가 떨어지지 않도록 세심한 주의를 기울이는 것이라고 생각한다. 그 방법은 여러 가지가 있지만 이미 많은 책에서 다루므로 여기에서는 동기에 관해 우리가 지닌 상식에 반하는 사실을 3가지만 이야기할까 한다.

첫째, 엄격한 평가를 지양하라. 평가의 '관대화'와 같은 왜곡을 줄이고 객관성을 높이려는 의도는 좋으나 상사의 엄격한 평가 잣대가 직원들의 성과 창출 동기를 꺾어 놓을 수 있음에 주의해야 한다. 평균 3점(5점 만점)인 정규 분포가 되도록 엄격하게 평가한다고 해서 직원들이 그 평가를 공정하다고 여길까?

잭 젠거와 조지프 포크먼이 모 다국적 기업을 대상으로 수집한 데이터를 분석했는데, 엄격한 상사를 둔 직원들의 업무 몰입도Level of Engagement는 평균적으로 47퍼센타일이었지만 관대한 상사를 둔 직원들의 경우에는 60퍼센타일이었다.[90] 이 결과는 관대한 상사가 직원들의 업무 몰입에 긍정적인 영향을 끼친다는 단서를 준다. 또한 직원들은 자신들을 매순간 '매의 눈'으로 바라보는 엄격한 상사로 인해 자신감을 잃고 역량을 끌어올릴 의욕을 상실할 위험이 있음을 시사한다.

그런데 더 큰 문제는 동료 평가를 할 때 발생한다. 엄격한 상사(임원)를 둔 팀장은 동료 팀장들로부터 리더십 스킬을 낮게 평가받기 때문이다. 젠거와 포크먼의 분석에 따르면, 동료들은 관대한 상사를 둔 팀장의 리더십 스킬을 51~56점 정도로 평가한 반면 엄격한 상사를 둔 팀장은 42~45점으로 평가했다. 물론 엄격한 상사 밑에 있는 팀장의 실제 리더십이 취약할 가능성도 있지만, 차세대 리더를 선발한다면 엄격한 상사 밑에 있던 직원보다는 관대한 상사를 뒀던 직원이 상대적으로 유리하다는 점을 짐작할 수 있다. 직원에 대한 엄격함이 오히려 평가의 공정성 혹은 객관성을 저하시키는 요인이 되는 것이다. 엄격한 평가는 직원들의 업무 몰입을 방해하고 동시에 동료로부터 부정적인 평가를 받게 해 장기적으로 일할 동기를 떨어뜨린다는 점을 염두에 두기 바란다.

둘째, 현상 유지 수준보다 약간 높게 목표치Target를 설정하라. 팀장과 직원이 목표를 합의하는 과정에서 가장 큰 고민은 목표치를 어느 정도로 설정하는 것이 효과적인가 하는 점이다. 팀장은 도전적인 목표치를 제시하고 싶지만 직원이 곤란한 표정을 짓거나 노골적으로 반발하는 경우가 생길까 염려한다(요즘 팀장들은 팀원들 눈치를 많이 보는 게 사실이다). 게다가 경기가 좋지 않고 회사가 경쟁사에 비해 경쟁 우위를 상실하는 등 상황이 그리 우호적이지 않다면, 직원들이 겉으로는 도전적 목표치를 받아들이더라도 절대 수용buy-in하지 않으리라 겁을 먹곤 한다. 좋지 않은 상황에서 도전적인 목표치를 할당하는 것은 연말에 낮은 평가 점수를 받을 것이라는 암시를 팀원에게 전달하는 것이나 다름없기 때문이다. 그래서 비우호적 상황에서는 팀장과 직원 모두가 전년도와 동일한 수준의 목표치를 설정하는 것이 목표 합의의 원활함뿐 아니라 직원들의 동기 유지 및 목표 달성의 가능성 차원에서도 적절하다는 결론에 이른다.

그러나 이런 상식이 옳지 않음을 보여 주는 연구 결과가 발표되었다. 스페인 마드리드에 있는 IE경영대학원의 안토니오스 스타마토기아나키스Antonios Stamatogiannakis와 동료 연구자들은 305명의 응답자를 5개의 소그룹으로 나눠서 학점, 저축, 테니스 3가지 영역에 대한 목표치를 현상 유지, 조금 향상Small, 어느 정도 향상Moderate, 많이 향상Large, 매우 많이 향상Very Large 5개 수준으로 제시했다.[91] 그런 다음 목표치가 얼마나 어렵게 느껴지는지 5점 만점으로 판단해 달라고 했다.

연구 팀은 응답자들이 현상 유지 목표치를 가장 쉽게 느끼리라 예상했지만 결과는 예상을 깨뜨렸다. '현상 유지 목표치'를 '조금 향상 목표치'보다 더 어렵게 여긴다는 결과가 나왔으니 말이다. 그리고 응답자들은 '현상 유지 목표치'와 '어느 정도 향상 목표치'를 비슷한 정도로 어렵게 여겼다.

후속 실험에서 스타마토기아나키스는 응답자들을 두 그룹으로 나눠 '어느 정도 향상 목표치'와 '현상 유지 목표치'를 각각 제시한 다음 목표 달성의 난이도를 판단케 하고 그 이유를 물었다. 그랬더니 '어느 정도 향상 목표치'를 받은 응답자들은 현재 수준과의 차이Gap를 지적하고 그 차이가 얼마나 작은지 언급함으로써 목표 달성에 낙관적인 경향을 나타냈다. 반면 '현상 유지 목표치'를 받은 응답자들은 상황에 따라 실패할 수 있다는 이유를 더 많이 제시함으로써 목표 달성에 비관적인 모습을 보였다.

왜 그럴까? 연구 팀은 이렇게 설명했다. 사람들이 '현상 유지 목표치'를 부여받으면 예전 수준과 차이가 없으니 목표를 둘러싼 상황Context에 더 민감해지기 마련이고 그래서 실패할 수 있는 이유를 더 많이 떠올리게 된다는 것이다.

이 결과를 보고 "에이, 내외부 환경이 확실히 좋지 않으면 직원들이 현상 유지 목표치를 더 용이한 것으로 생각할걸요?"라고 의문을 던질지 모른다. 그러나 연구자들은 이어진 실험에서 우호적인 환경과 비우호적인 환경을 각각 설정한 다음 '현상 유지 목표치'와 '어느 정도 향상 목표치'를 제시하고 앞의 실험과 동일하게 목표 달성의 난이도를 판단하게 했다. 그러자 '비우호적인 환경에서 현상 유지 목표치를 받을 때'를 '비우호적적인 환경에서 어느 정도 향상 목표치를 받을 때'보다 오히려 더 어렵게 여긴다는 이상한 결과가 나왔다(3.93 대 3.39). 이것은 여러 가지로 내외부 환경이 비우호적으로 돌아가면, '현상 유지 목표치'를 받을 때 내외부 상황에 신경을 쓰는 경향이 더 증폭된다는 점을 보여 준다.

그런데 지금까지의 실험에서 응답자들은 목표 달성의 어려움을 판단할 때 각 목표치를 비교해 보지 않고 따로따로 판단했다(이를 '분리 평가Isolated Evaluation'라 한다). 만약 '현상 유지 목표치'와 '어느 정도 향상 목표치'를 함께 보면서 평가(이를 '결합 평가Joint Evaluation'라 한다)하면 결과가 달라지지 않을까? 이렇게 결합 평가를 하도록 하니, 응답자들은 앞서의 실험과 달리 '어느 정도 향상 목표치'를 현상 유지 목표치보다 어렵다고 평가했다(3.02 대 2.43).

하지만 이것이 끝이 아니었다. 연구자들이 응답자들에게 "그러면 둘 중 어떤 목표치를 부여받겠는가?"라고 질문하니 예상과 달리 응답자들은 '현상 유지 목표치'보다 '어느 정도 향상 목표치'를 더 많이 선택했다. 비록 어렵긴 하지만 달성했을 때 얻는 만족감이 더 클 것이라 기대한다고 추측할 수 있다.

지금까지의 실험 결과를 요약하면 다음과 같다.

1. 현상 유지 목표치라고 해도 직원들은 쉽다고 생각하지 않는다.

2. 현상 유지 목표치를 약간 향상 목표치보다 더 어렵게 여긴다(환경에 더 많이 신경 쓰게 되기 때문이다).

3. 현상 유지 목표치는 어느 정도 향상 목표치와 비슷한 어려움을 느낀다.

4. 비우호적인 환경에서는 현상 유지 목표치를 어느 정도 향상 목표치보다 더 어렵게 여긴다(환경에 더 많이 신경 쓰게 되기 때문이다).

5. 현상 유지 목표치와 어느 정도 향상 목표치를 함께 제시하면, 상대적으로 후자를 더 많이 선택한다(더 큰 만족을 줄 것이기 때문이다).

기존의 상식을 깨는 이 5가지를 잘 기억해 두었다가 앞으로 목표 수립 세션에 참고하기 바란다. 경기가 안 좋아지니 직원들이 무조건 '현상 유지 목표치'를 선호할 거라는 편견만 버려도 좋지 않을까?

셋째, 유연한 목표가 오히려 목표 달성의 동기를 저하시킬 수 있다는 점을 기억하라. 중국 푸단대학교의 리인 진Liyin Jin 교수 등은 여러 가지 맛의 요구르트를 판매하는 한 가게를 섭외하여 실험을 진행했다.[92] 이 가게에서 가장 잘 팔리는 맛은 사과, 바나나, 오렌지, 망고, 포도, 딸기였다. 연구자들은 실험 참가자들을 둘로 나눠서 한 그룹에게는 6가지 맛을 순서와 상관없이 구매하면 하나를 더 공짜로 준다는 스탬프 카드를 제시했다. 반면 다른 그룹에게는 반드시 정해진 순서를 지켜서 6개의 요구르트를 구매해야 공짜를 하나 더 준다는 '엄격한' 스탬프 카드를 제시했다.

그런데 연구자들은 각 그룹을 다시 두 소그룹으로 나눠 실험 조건을 달리했다. 스탬프 카드를 받으면 다른 날에 다시 가게에 들러야만 그때부터 스탬프 카드를 유효한 것으로 인정(즉 활성화)해 주는 그룹과, 스탬프 카드를 받으면 다음 구매부터 바로 적립할 수 있게 해 주는 그룹으로 나눈 것이다. 이렇게 소그룹으로 나눈 이유는 유연한 목표를 받았을 때와 엄격한 목표를 받았을 때 참가자들이 마일리지 프로그램을 얼마나 수용하는가를 각각 따져 보기 위함이었다.

연구자들은 모두 800장의 스탬프 카드를 배포한 다음 한 달 반에 걸쳐 결과를 살펴보았다. 그랬더니 스탬프 카드에 도장을 다 찍어서 공짜 요구르트를 받은 사람은 총 76명이었다. 유연한 목표를 부여받은 참가자들 중에서는 30퍼센트가, 엄격한 목표를 받은 참가자들 중에서는 12퍼센트가 스탬프 카드를 활성화해 달라고 가게를 방문했다. 스탬프 카드 활성화를 위해 가게를 다시 찾은 날도 차이가 있었다. 유연한 목표를 받은 참가자들이 더 일찍 가게에 찾아온 것이다. 이 결과는 목표를 유연하게 주어야 목표를 잘 수용한다는 점을 시사한다.

하지만 목표를 얼마나 달성했는지 살펴보니 반대의 결과가 나왔다. 유연한 목표를 부여받은 참가자들 중 스탬프를 모두 찍은 비율은 9퍼센트인 반면, 엄격한 목표(반드시 순서를 지켜서 구매해야 하는 것)를 지시받은 참가자들은 16퍼센트가 스탬프 카드를 완성했다. 이러한 결과는 목표를 실제로 달성하는 데는 자율성을 제한하는 목표를 주었을 때가 더 효과적이라는 점을 알려 준다.

목표를 수립할 때 직원들이 목표를 수용하게 하려면 자율성을 주는 것이 좋다. 하지만 목표가 한번 수립되면 그때부터는 변경의 여지를 최소화하는 것이 목표 달성에 유리하다. 또한 목표 달성에 대한 직원들의 의지가 낮거나 달성해야 할 목표가 상당히 도전적이라면 목표 수립에 대한 자율성을 제한하고 '확고한' 목표를 제시하는 것이 좋다. 반면 직원들의 동기가 높은 수준이거나 목표가 상대적으로 용이하다면 목표 수립의 자율성을 높이는 것이 낫다.

간단히 말해 직원들이 목표를 수용하게 만드는 것이 중요하다면 목표 설정에 유연한 접근이 필요하고, 목표를 완수Follow-Through 하는 것이 중요하다면 다소 유연하지 않더라도 '확고하고 구체적인' 목표를 부여해야 한다.

　인터넷을 검색하면 성과 관리를 위한 여러 방법론과 도구가 넘쳐 난다. 그래서 오히려 성과 관리가 본래 무엇을 위해 그리고 누구를 위해 이루어져야 하는지 망각하고 그런 지엽적인 도구들이 전부인 양 성과 관리에 임하게 된다. 성과 관리가 "미션과 비전을 달성하는 과정인 동시에 직원들의 성취감을 제고하는 과정"이라는 분명한 인식과 행동이 있다면 그런 방법론과 도구를 배우는 데는 채 몇 시간이 걸리지 않을 것이다.

　성과 관리는 방법이나 절차가 아니라 일, 성과, 동기를 바라보는 철학이어야 한다. 테리사 애머빌의 말처럼 "의미 있는 일을 수행하면서 매일 전진하는 것이 직장 생활의 동기를 북돋우는 데 가장 중요하다"는 것을 명심하자.[93]

생산성
Productivity

새로운 가치 창출하기

◆

**동일한 인풋으로
얼마나 많은 아웃풋을 내는가이다.
얼마나 적은 인풋으로 동일한 아웃풋을 내는가가 아니다.**

'주 52시간 근무제'가 시행되면서 많은 기업이 '어떻게 적은 시간 동안 일하게 하면서 기존과 동일한 성과를 거둘 수 있을까?'를 고민하고 있다. 예전에는 일이 많으면 야근 시간을 늘려 대처할 수 있었지만 이제 그럴 방법이 원천적으로 막혀 있다. 인력을 추가 채용하는 방법이 있지만 인건비와 기타 비용의 증가라는 재무적 부담을 우려하여 이러지도 저러지도 못한다(정부는 주 52시간 근무제로 고용이 늘어날 것을 기대했겠지만 녹록치 않다).

이 때문인지 기업들이 새로이 관심을 가지는 주제가 바로 '워크 스마트Work Smart'다. 말 그대로 '똑똑하게 일하자'는 것이다. 노동 시간을 '때려 넣으면' 성과가 높아진다는 예전에 유효했던 주먹

구구식 인력 운용 방식에서 탈피하여 줄어든 노동 시간에도 불구하고 원래의 성과를 계속해서 창출하자는 것이 워크 스마트라는 개념을 찾게 된 기업들의 가장 큰 동기가 아닌가 생각된다. 인력을 주 52시간 넘게 운용하기 어려워졌으니 이런 동기가 생긴 것은 지극히 자연스러운 현상이다.

그런데 워크 스마트를 추진하는 여러 기업의 노력을 살펴보면 공통적으로 '중요하지 않고 필요하지 않은 일을 없애고 핵심적인 업무에만 집중하자'는 '워크 다이어트Work Diet'에 쏠려 있음을 발견할 수 있다. KB금융그룹의 윤종규 회장은 한 언론과의 인터뷰에서 "월드 클래스 수준의 우수 인재를 양성하고 디지털화, 회의 문화 개선 등 워크 다이어트와 워크 스마트를 바탕으로 직원들이 효율적으로 근무할 수 있도록 KB만의 근무 문화를 혁신해 나갈 것"이라고 말한 바 있다. 이는 기업들이 워크 스마트와 워크 다이어트를 서로 연결된 개념으로 본다는 것을 대변한다.[94]

워크 다이어트가 의미 없는 활동은 아니지만 전혀 새로울 것도 없다. MIT의 마이클 해머Michael Hammer가 1993년에 제시한 BPRBusiness Process Reengineering(업무 프로세스 재설계)나 '6시그마'와 같은 기법에서 이미 다루고 있는 개념 아닌가(물론 워크 다이어트는 BPR라는 경영 이론 중 작은 일부에 불과하다)? 워크 다이어트는 BPR의 일부고 워크 스마트는 워크 다이어트에 기반하고 있으니 기업들의 뜨거운 관심을 불러일으키는 워크 스마트는 전혀 새로울 것이 없다. 내용은 하나도 바뀌지 않았는데 표지 디자인만 달리해서 내놓은 책을 보는 느낌이다. 사실 워크 스마트 혹은 워크 다이어트라는 말만 붙이지 않았을 뿐 불필요한 군살을 줄이고 업무를 슬림하게 유지하자는 것은 기업들이 과거부터 계속 고민하는 주제고 어찌 보면 영원히 풀어야 할 숙제가 아닌가?

핵심적이고 꼭 필요한 일에만 집중함으로써 주 52시간으로도 기존과 동일한 성과를 내자는 워크 다이어트, 그리고 그런 워크 다이어트를 기반으로 워크 스마트를 달성하자는 생각으로는 생산성을 전혀 높이지 못한다. 사실 이게 진짜 문제다.

생산성과 효율은 다르다

"질문 있습니다. 왜 생산성을 높이지 못하나요? 일하는 시간을 줄이고도 기존과 동일한 성과가 나온다면 그건 생산성이 증가하는 것 아닌가요?" 어떤 팀장이 내 말을 자르고 이렇게 질문했다. 그는 생산 관리 팀장이었다. 나는 그에게 되물었다.

"팀장님은 생산성의 정의를 어떻게 내리시나요?" 나의 반문에 당황했는지 그가 우물쭈물하는 동안 맨 뒤에 앉은 다른 팀장이 대신 답변했다.

"인풋 대비 아웃풋입니다."

나는 그의 답변을 듣고 화이트보드에 아래와 같은 공식을 썼다.

생산성 = 아웃풋 / 인풋

"공식으로 표현하면 이렇게 되는군요. 팀장님도 생산성의 정의를 이렇게 생각하시는 거죠?" 나는 처음에 대답하지 못한 팀장에게 이렇게 물었다.

"네, 저도 그렇게 생각합니다."

"그렇다면 생산성을 높이려면 어떻게 해야 할까요?"

그는 공식을 힐끗 보더니 "아웃풋을 높이거나 인풋을 낮추면 되죠"라고 당연한 듯 말했다.

"네, 그렇군요. 제가 다시 질문을 던져 보겠습니다. 효율의 정의는 무엇인가요?" 표정이 다시 어지럽게 변하더니 그는 끝내 모르겠다고 말했다.

"효율은 주어진 목표를 달성하는 데 필요한 시간, 비용, 인력을 얼마나 적게 투입했는가를 측정하는 지표입니다. 간단히 말해 '아웃풋을 내기 위해 얼마나 인풋을 투입하는가'를 말하죠. 그렇지 않나요?"

생산 관리 팀장은 나에게 동의한다는 의미로 고개를 끄덕였다. 나는 그를 보며 말했다. "그렇다면 효율 역시 이런 공식으로 쓸 수 있겠군요?"

효율 = 아웃풋 / 인풋

나는 생산성 공식 아래에 이런 공식을 나란히 쓰고 나서 청중을 향해 말했다.

"이상하지 않습니까? 생산성과 효율이 같은 공식으로 표현될 수 있다니! 그러면 생산성과 효율은 같은 것이네요? 생산성을 높이는 것과 효율을 높이는 것은 동일한 의미고요. 맞죠?"

"네. 결국 같은 것 아닙니까?" 맨 뒤에 앉은 팀장이 팔짱을 낀 채 무뚝뚝하게 답했다. 아까부터 그는 불만족스러운 표정이었다. 정리해야 할 타이밍이 됐다는 신호다.

"이처럼 여러분은 생산성과 효율을 같은 의미로 혼용하고 있습니다. 인풋 대비 아웃풋이라는 뜻으로 말이죠. 그래서 생산성 혹은 효율을 높이기 위한 방법을 고민해 보자고 말하면, 아웃풋을 늘리거나 인풋을 줄이는 방안을 생각하기 쉽죠. 하지만 이제부터 생산성과 효율을 분리해서 생각해야 합니다. 생산성이란 '동일한 인풋으로 얼마나 많은 아웃풋을 산출하는가'를 측정하는 지표고, 반면에 효율은 '동일한 아웃풋을 얼마나 적은 인풋으로 산출하는가'를 말하는 지표입니다.

생산성을 높이자는 말은 기존과 동일한 인풋을 가지고 더 많은 아웃풋을 내자는 뜻이고, 효율을 높이자는 말은 현재보다 적은 인풋을 가지고 지금과 동일한 아웃풋을 산출하자는 의미입니다. 생산성을 높이려면 아웃풋을 늘려야 하고, 효율을 높이려면 인풋을 줄여야 합니다. 생산성은 '성장'을 의미하고, 효율은 '절약'을 의미합니다. 이 둘의 차이를 아시겠습니까? 비슷한 것 같지만 매우 다른 개념입니다. 생산성을 '인풋 대비 아웃풋'이라는 공식으로 표현하고자 한다면, 인풋은 변수가 아니라 상수가 되어야 합니다.

앞에서 언급했듯이 주 52시간 근무제로 인력을 투입할 수 있는 시간이 과거보다 줄어들었기 때문에 기업들은 워크 다이어트를 통해 인풋(주로 인력)을 줄이고도 기존과 동일한 아웃풋을 내고자 합니다. 이것은 효율을 높이기 위함이지 생산성 증대와는 아무런 상관이 없습니다."

노동 생산성과 적정 인력의 관계

생산성을 측정하는 여러 가지 지표를 말해 보라고 주문하면 많은 교육생이 동일하게 이야기하는 것이 있는데 바로 '노동 생산성Labor Productivity'이다. 투입된 노동력과 대비하여 얼마나 많은 생산량을 산출하는가를 말하는 개념인데, 1인당 매출액 혹은 1인당 생산량, 인건비 대비 매출액 등이 노동 생산성을 구하는 일반적인 지표들이다.

이러한 지표 자체에는 문제가 없다. 하지만 인력이나 인건비를 줄이는 식으로 인풋을 적게 투입해서 동일한 성과를 산출하려는 것은 생산성을 높이는 게 아니라 효율을 높이는 것일 뿐이다. 그리고 조직 전체에 더 많은 성과를 창출하고 나아가 고객에게 더 높은 가치를 제공하려는 것과도 거리가 멀다. 거듭 말하지만 생산성이 높아지려면 생산량(혹은 고객 가치) 자체가 예전보다 더 많아져야 한다. 인풋을 줄이는 방향으로 1인당 매출액과 같은 노동 생산성 지표를 높이려 한다면 그것은 그저 효율을 향상시키려는 것일 뿐이므로 사실 노동 생산성이 아니라 '노동 효율Labor Efficiency'이라는 말로 바꿔 불러야 옳다.

노동 효율에 집중하다 보면 직원들을 하루 8시간 쉬지 않고 일하게 만드는 방법, 즉 인력의 '가동률Utilization'을 100퍼센트 가까이 끌어올리는 방법을 떠올리기 쉽다. 팀원들의 개인별 업무량을 조사해서 1년 동안 각자 몇 시간씩 일하는지 계산한 후 '1년 평균 업무 시간'에 미달하거나 초과하면 그에 따라 인력을 조정(대개는 감축)하는 것이 일반적으로 많이 쓰이는 '적정 인력' 산정 방식이다. 노는 직원들 없이 타이트하게 인력을 운영하는 것, 이를 통해 인건비 투입(인풋)을 줄이고 기존과 동일한 성과(매출, 이익 등)를 내겠다는 것이 적정 인력 산정의 목표다.

적정 인력 산정의 취지로, 인력 운용의 효율을 높이겠다는 말은 옳아도 인력 운용의 생산성을 높이겠다는 말은 틀렸다. 왜냐하면 인력을 타이트하게 운용하면 오히려 생산성이 저하되는 현상이 비일비재하게 발생하기 때문이다.

왜 그럴까? 1년에 직원 한 사람이 일할 수 있는 시간은 휴일과 휴가를 제외하고 대략 2000시간 정도다. 10명의 팀원이 50퍼센트의 시간만 일하고 나머지 50퍼센트의 시간을 빈둥거린다고 가정하면 1년 중 1000시간만 일하는 꼴이므로 다음과 같은 적정 인력이 산출된다.

일해야 하는 시간 = 10명 × 2000시간 = 2만 시간
실제 일하는 시간 = 10명 × 1000시간 = 1만 시간
잉여 인력 = 2만 시간 − 1만 시간 = 1만 시간 = 5명분의 시간

이 계산 결과를 보면 팀 규모를 10명에서 5명으로 줄여도 기존의 과업을 수행하는 데(즉 기존과 동일한 아웃풋을 내는 데) 아무런 문제가 없다고 기대하기 쉽다. 5명분의 인건비를 절약할 수 있기 때문에 노동 효율은 2배로 수직 상승한다.

만약 이 팀이 1년에 평균 1000건의 과업을 처리해야 하고, 1건당 처리 시간이 평균 10시간 걸린다고 가정해 보자. 그러면 1000

건의 과업을 처리하기 위해 1만 시간이 소요되는데, 이것은 팀원 5
명의 가동률을 100퍼센트로 올려 처리하게 하면 전혀 문제될 것이
없어 보인다. 1년에 1000건의 일이 발생한다면 평균 2시간마다 1
건꼴로 과업이 발생한다는 뜻인데, 발생하는 과업을 5명의 팀원이
순차적으로 돌아가며 담당하면 된다.

그러나 과업이 정확하게 2시간마다 1건씩 발생하는 경우가 얼
마나 될까? 대개는 과업이 왕창 몰리는 시기가 있고, 일이 없어서
시계만 쳐다보는 때가 있기 마련이다. 만약 과업이 한꺼번에 10건
이 몰렸다고 해 보자. 공교롭게도 5명의 팀원이 각자 과업을 시작
한 상태라면 새로 도착한 과업은 최소 2시간, 최대 4시간을 대기
해야 하고 다시 2시간이 지나야 처리 완료될 수 있다. 대기 시간
없이 2시간이면 처리될 수 있는 과업이 최대 6시간 만에 완료되는
것이다. 이렇게 몰린 과업을 처리하는 동안 새로운 과업이 들이닥
치면 대기 시간은 또 급격하게 늘어난다. 문전성시를 이루는 맛집
에서 대기 줄 맨 뒤에 서 있는 사람이 언제쯤 식사를 할 수 있을지
상상해 보면 알 수 있을 것이다.

하나의 과업이 완료되는 데 걸리는 평균 시간, 즉 '사이클 타임
Cycle Time'이 급격히 증가한다면 비록 직원들이 쉬지 않고 일한다
해도 주변으로부터 생산성이 높다는 소리를 듣기는 어렵다. 아이
러니한 일이 아닐 수 없다.

10명을 5명으로 줄일 것이 아니라 7명 정도로 조정하면 일이
한꺼번에 몰릴 때 2명의 '버퍼Buffer'가 대응함으로써 사이클 타임
의 급격한 증가를 막을 수 있을 것이다. 적정 인력은 노는 시간이 0

일 때의 인력이 아니라 노는 시간이 어느 정도 보장될 때의 인력을 말한다. 내 경험상 1년에 2000시간을 꼬박 일하게 한다는 기준보다는 1600~1800시간을 기준으로 인력을 산정하는 것이 적정하다.

오히려 노는 시간을 부여함으로써 일정 수준의 버퍼를 설정하면 생산성이 향상된다는 연구가 있다. MIT 객원 과학자인 벤저민 웨이버Benjamin N. Waber 등은 대형 은행의 콜센터에 소속된 2개 팀을 골라 팀원들이 모두 함께 커피 브레이크를 즐길 수 있도록 스케줄을 변경했다.[95] 3개월 후 평균 콜 처리 시간 데이터를 분석하니 8퍼센트 이상 개선되었고 성과가 낮았던 팀의 경우에는 무려 20퍼센트 이상 개선이 이루어졌다. 금액으로 환산하니 160만 달러 상당의 효과였다. 또한 콜센터 직원들의 근무 만족도가 이전과 비교해 10퍼센트 이상 향상됐다.

단지 커피 브레이크 스케줄을 추가했을 뿐인데(이는 커피 브레이크 타임을 운영하기 위한 비용을 추가했다는, 즉 인풋을 증가시켰다는 의미다) 이처럼 놀라운 효과가 나타난 까닭은 잡담을 나누며 기분 전환을 하면 뇌가 창의적인 자극을 받기 때문이다. 또한 잡담을 통해 유대 관계와 동료 의식이 형성돼 업무 협조가 원활하게 일어날 수 있기 때문이다. 이런 것이 진정한 의미의 생산성 향상 아닐까?

어떻게 아웃풋을 높일 것인가

2018년 5월 OECD가 발표한 자료에 따르면, 2017년 기준으로 우리나라의 생산성은 회원국들 가운데 꼴찌 수준이다. 우리나라의 시간당 GDP는 34.3달러로 기록됐는데, 이는 1위를 차지한 아일랜드(88달러)에 비해 38퍼센트 수준에 불과하다.[96] 물론 이 값은 2016년에 비해 1.4달러나 증가했다는 측면에서 칭찬받을 만하지만 그 원인을 따져 보면 반성이 필요한 대목이다. 구조 조정을 통한 노동 투입량의 감소와 부동산 경기 활황이 주된 이유였기 때문이다. 결국 인풋을 줄여서 생산성 수치(시간당 GDP)를 증가시켰다는 것인데, 이는 진정한 의미의 생산성 증가가 아니다. 그저 효율이 좀 좋아졌을 뿐이다. 현재 우리나라의 연평균 노동 시간은 2016년 기준으로 2069시간인데, 과거보다 많이 줄긴 했지만 아직 OECD 평균보다 305시간이 더 많다.

여기에서 독자들이 오해할까 봐 첨언하자면 인풋을 줄이는 것이 생산성 증가가 아니라는 말을, 노동 시간을 줄여서는 안 된다는 뜻으로 곡해하지 않기를 바란다. 워크 다이어트를 통해 불필요한 업무를 없애고 핵심 업무에 집중함으로써 야근 없이 일하는 조직을 만드는 것은 기본적인 노동 조건 중 하나를 이루는 '효율 향상'의 과정이다. 이를 생산성 향상으로 인식해서는 안 된다.

요컨대 생산성을 높인다는 말은 동일한 인풋으로 더 많은 아웃풋을 산출한다는 뜻이다. 더 많은 돈과 더 많은 가치를 내려면 기존의 메커니즘을 제로 베이스에서 다시 설계하고 구축하는 진정한 의미의 BPR가 이루어져야 한다. BPR의 일부분에 지나지 않는 워크 다이어트에 머물지 않고 기술과 제품의 혁신, 목표 고객의 발견, 고객 가치의 재정립, 프로세스의 재구축 등을 통해 새로운 가치를 창출할 지렛대를 발견해야 한다.

에어비앤비의 기업 가치는 35조 원에 달하는데 이는 현대자동차의 기업 가치인 22조 원보다 훨씬 크다.[97] 에어비앤비의 직원 수는 약 3100명(2017년 말)이고,[98] 현대자동차는 6만 9000명(2018년 말)을 넘는다.[99] 1인당 기업 가치를 따져 보면 에어비앤비가 현대자동차보다 35배 크다. 업의 특성이 다르기 때문에 현대자동차의 직원 수(인풋)를 에어비앤비 수준으로 줄일 수는 없다. 개선의 여지는 있으나 인풋을 줄임으로써 효율을 높이기란 그리 쉽지 않음을 현장에서 일하는 사람이라면 실감할 것이다. 나는 자동차 업계를 비롯한 많은 산업에서 효율 향상의 길(인풋을 줄이는 방법)은 이제 한계에 가까워졌다고 생각한다.

그러니 현대자동차가 생산성을 높이는 유일한 길은 현재의 인풋을 유지한 상태에서 더 많은 생산량(혹은 가치)을 산출하는 것이다. 동일한 인력 규모, 동일한 자금력, 동일한 연구 개발 능력을 활용하여 기존의 자동차 개념을 벗어난 새로운 방향의 모빌리티 수단을 창조하고 고객에게 전혀 다른 모빌리티 경험을 선사하는 것이 현대자동차가 택해야 할 생산성 향상의 길일 것이다.

또한 생산성을 저하시키는 원인에 관하여 컨설팅 업체 베인앤드컴퍼니가 연구한 결과를 '역으로' 참조하는 것도 동일한 인풋으로 더 많은 것을 산출하는 일, 즉 생산성 향상에 도움이 될 것이다.[100] 첫째, 직원들은 생산성 있게 일하고자 하지만 조직이 뒷다리를 잡는 경우가 많아 생산성이 20퍼센트 이상 저하되고 만다. 애초의 목적을 잃어버리고 기득권 확보에만 관심을 두는 철옹성 같은 관료주의를 타파함으로써 직원들이 가치 창출에만 오롯이 집중할 수 있도록 해야 한다. 둘째, 매우 뛰어난 직원들을 보유하고도 제대로 역량을 발휘할 수 없는 역할을 맡기는 오류를 자주 범한다. 스타 직원들을 조직의 핵심 업무에 집중적으로 배치하고 활용하는 것이 생산성 향상의 지름길이다. 셋째, 많은 직원이 업무에 몰입하고자 하는 동기를 찾지 못한다. 높은 동기를 지닌 직원들은 그저 만족하는 직원들에 비해 125퍼센트 더 많은 아웃풋을 낼 수 있다(동기가 높은 직원 한 사람이 일반 직원 2.25인분의 일을 해낸다는 뜻이다). 개인의 비전을 조직과 정렬시키고, 자율성을 보장하며, 책임감을 부여하는 등 구성원의 동기를 자극할 수 있는 여러 방법을 모색해야 할 것이다.

생산성을 '아웃풋 / 인풋'으로 표현해도 된다. 생산성 향상의 방법으로 '분자인 아웃풋을 어떻게 하면 늘릴까'만을 고민한다면 말이다. 또한 인풋을 줄였다고 생산성 향상을 이루어 냈다고 착각하지 않는다면 말이다.

효과와 비용 효과

Effectiveness & Cost-effectiveness

"질문 하나 해도 될까요?" 사원급으로 보이는 앳된 직원이 강의가 거의 끝날 때쯤 손을 들었다. "네, 말씀하세요."

"지금까지 생산성과 효율의 차이를 알려 주셨는데요. 그렇다면 효과는 어떻게 정의할 수 있습니까?"

"안 그래도 말씀드리려는 참이었습니다. 간단히 말해 효과는 '목표치 혹은 기대치 대비 실적치'를 말합니다. 달성도와 비슷한 개념입니다. 전략이 됐든 방법론이 됐든 그것을 추진함으로써 기대하는 바 혹은 목표로 하는 바가 있잖아요? 예를 들어 '이 전략을 추진하면 매출을 10퍼센트 향상시킬 수 있을 것이다'라고 말입니다. 만약 그 전략을 실행해서 매출을 10퍼센트 더 올렸다면 그 전략은 '아주 효과적'이라고 말할 수 있겠죠. 반면 매출이 5퍼센트밖에 늘어나지 않았다면 그 전략은 100퍼센트의 효과가 아니라 50퍼센트의 효과를 나타냈다고 표현할 수 있을 겁니다. 그리고 매출이 하나도 늘어나지 않았다거나 오히려 감소했다면 '효과가 0이다' 혹은 '효과가 마이너스다'라고 말하겠죠. 그렇기 때문에 효과는 기대하거나 목표한 수치와 대비하여 실제로 달성한 수치가 얼마나에 따라 결정되는 값입니다." 나는 칠판에 이렇게 적었다.

효과 = 실적치 / 기대치(혹은 목표치)

효과와 효율의 차이

그 사원은 고개를 끄덕이다가 무엇이 생각난 듯 다시 손을 들었다. 다른 직원들이 그에게 눈치를 주었다. 강의 종료 시간이 넘었기 때문이다.

"잘 알겠습니다. 그런데 또 질문이 있네요. 제가 얼마 전에 팀 회의에서 비용 효과적Cost-Effective라는 말을 들었는데요. 이 말은 어떤 뜻인가요? 그때 고참들이 비용이 적게 들면 비용 효과적이라고 말하더라고요. 선생님의 설명대로라면 비용이 적게 드는 경우는 효율이라는 말을 써야 할 것 같은데 왜 '비용 효과적'이라는 말에는 '효과'라는 단어가 끼어 있는 건가요? 좀 헷갈립니다."

나는 빙긋 웃으며 대답했다. "네, 좋은 질문입니다. '비용 효과적'이라는 말은 일상에서 효율과 혼용되는데요. 저는 엄밀하게 구분해서 사용할 필요가 있다고 생각합니다. 비용 효과는 '비용 절감이 목표로 설정될 경우'에 표현할 수 있는 말입니다. 그래서 '아주 비용 효과적이다'라는 말은 비용 절감 목표를 달성했다는 뜻이에요. '비용 효과적이지 못하다'는 말은 비용 절감 목표를 미달했다는 것이고요. 공식으로 표현하면 이렇게 됩니다."

비용 효과 = 비용 절감 실적치 / 비용 절감 목표치

나는 이렇게 칠판에 쓴 다음 그 사원을 보며 말을 이었다. "그런데 어떤 사람들은 '비용 효율적Cost-Efficient'이라는 말을 사용하기도 하는데 이 말은 뭘까요? 이것은 비용만으로 효율을 측정하고자 할 때 쓸 수 있는 말입니다. 즉 동일한 아웃풋을 얼마나 적은 '비용'으로 산출하는가를 측정할 때죠. 이와 비슷하게 '시간 효율적Time-Efficient'이란 말도 가능해요. 동일한 아웃풋을 얼마나 적은 '시간'으로 산출하는가를 따지는 말이니까요."

다른 직원들이 엉덩이를 들썩이며 강의실을 빠져나가려고 하든 말든 나는 다시 칠판에 이렇게 썼다.

비용 효율 = 아웃풋 / 비용
시간 효율 = 아웃풋 / 시간

그리고 사원을 향해 말했다. "좋은 질문 감사합니다. 이제 잘 구분할 수 있겠죠?"

나는 교육 팀에서 수강 태도가 좋거나 참신한 질문을 던진 사람들에게 한 장씩 주라고 부탁한 도서상품권 10장을 그 사원에게 몰아주고 강의실을 떠났다.

주인 의식
Ownership

함부로 말하지 말아야 할 것

◆

동료들과 내가 가깝게 연결되어 있다는 느낌.
소속감과 동일한 말이다.

"직원들이 주인 의식을 가지고 열심히 일하는 조직 분위기를 만드
는 것이 이번 조직 문화 개선 프로젝트의 목적입니다." 몇 년 전 모
기업의 경영 관리 임원이 나에게 프로젝트 목적을 이렇게 설명했
다. 나는 단도직입적으로 물었다. "어떻게 해야 직원들이 주인 의
식을 느끼도록 할 수 있을까요?"

내가 답해야 할 질문을 자신에게 던졌기 때문인지 그는 의외라
는 표정으로 말했다. "그래서 우리가 이렇게 컨설팅을 의뢰하는 것
아니겠습니까?"

"결국 주인 의식 형성이 프로젝트의 목적이군요. 그런데 직원을
회사의 주인으로 만들려면 돈이 좀 들 텐데요?"

"돈이요? 컨설팅 수수료를 말하는 건가요?"

"아뇨. 그 정도 가지고는 어림도 없을 겁니다. 정확히는 모르지만 최소 수억 원이 들겠지요."

"그렇게나 많이요?"

"네, 맞아요. 직원을 회사 주인으로 만들려면 주식을 나눠 줘야 하지 않겠습니까? 회사의 주인은 주주니까요. 주식이 없는데 직원들이 어떻게 주인 의식을 가질 수 있을까요?"

주인 의식을 가지고 머슴처럼 일하라고?

평소 개인적으로 친분이 있었기에 그는 내 말을 농담으로 받아들인 모양이었다. 그는 웃으며 말했다.

"뭐, 말이 그렇다는 거지, 주인 의식 갖게 만들겠다고 어떻게 주식을 나눠 줍니까? 직원들이 수백 명이나 되는데 나눠 줄 주식도 없어요."

나는 농담이 아니었기에 정색하며 말했다.

"주인으로 만들어 주지 않으면서 주인 의식을 가지라니 말이 되나요? 주인은 조직을 대표하는 자입니다. 주식이 한 주라도 있어야 실제적인 소유권을 지닌 주인입니다. 까놓고 이야기해 보죠. 주인 의식을 가지라는 말은 사실 '머슴'처럼 일하라는 소리잖아요. 주식을 소유하지 못한다 하더라도 직원이 회사의 주인이라면 도전적인 목표를 스스로 정하고 그에 따른 평가를 스스로 내리면서 분발을 다짐해야 하는데요. 현재 그렇게 운영됩니까? 이른바 윗사람들이 아랫사람들에게 목표를 톱다운으로 내려 주고 연말에 아랫사람들을 평가하지 않습니까? 또 조금씩이라 할지라도 회사 전체의 성과를 나눠 가져야 하는데 직원들은 성과에 따른 차등 보상이라는 미명하에 연봉을 조금 올려 받는 것에만 만족해야 하지 않습니까?"

그는 내 표정 변화에 다소 놀란 모양이었다. 나는 말을 이었다.

"직원이 회사의 주인이라면 여러 의사 결정에 어떤 식으로든 참여할 수 있어야 합니다. 하지만 현실은 어떤가요? 주요 의사 결정 사안에 대해 직원들의 의견을 청취하는 공청회도 없고, CEO가 직접 의사 결정 결과를 설명하는 세션도 없습니다. 그저 임원 회의에서 모두 결정해 버리고서는 직원들에게 그 결정을 군말 없이 따르라는 식 아닙니까?

직원들이 의사 결정 과정에 참여한다면 비록 본인의 의견과 다른 방향으로 결론이 나와도 마치 자신이 내린 결정처럼, 즉 주인처럼 일할 겁니다. 하지만 의사 결정 과정에서 배제를 당하니까 자신의 의견과 같든 다르든 '남이 시킨 일'이라는 관점으로 업무를 수행하는 거죠. 의사 결정 권한이 있어야 의사 결정에 대한 책임을 질 수 있습니다. 애초에 의사 결정을 내리는 데 동참하지 않았는데 성과가 잘 나오지 않으면 직원들의 역량이 부족하다, 열심히 일하지 않았다고 직원들을 탓하지 않습니까? 마지막으로 직원이 회사의 주인이라면 돈이 얼마나 들어오고 얼마나 나가는지, 회사의 재무 여건과 매출 상황은 어떤지 등을 직원들에게 투명하게 공개해야 합니다. 물론 아주 민감한 것은 공개하지 못하겠지만 최대한 상세하게 재무 현황을 알리고 이해와 협조를 구해야 합니다."

그는 여전히 황당하다는 표정이었다. 나는 테이블 위의 물컵을 들어 몇 모금 마신 후 말을 이었다.

"제가 약간 흥분했군요. 미안합니다. 어쨌든 직원이 회사의 주인이라면 실제적으로 주식을 가지고 있어야 하고, 목표를 자발적으로 설정할 수 있어야 하며, 의사 결정 과정에 참여해야 하고, 회사의 재무 현황을 알 수 있어야 합니다. 이런 게 아니라면 주인 의식을 가지라는 말은 그저 머슴처럼 군말 없이 일하라는 소리밖에는 되지 않습니다."

내가 이렇게 열을 내며 말한 까닭이 있다. 그 임원과 이야기를 나누기 전에 CEO와 잠깐 면담을 했는데, CEO는 회사의 성과 달성도가 부진하다면서 직원들이 너무 편하게 일을 하는 것 같다고 개탄했다. 회사가 너무 편한지 직원들이 이직을 하지 않아 신입 사원을 뽑지 못할 정도라며 고개를 가로젓기도 했다. 그는 성과를 평가하긴 하지만 성과급 비중이 얼마 되지 않고 연봉 인상에 반영되는 정도 역시 미미하다며, 이번 기회에 직원들의 해이해진 기강을 성과 평가 강화와 차등 보상 확대를 통해 바로 세우고 싶다고 말했다.

이상했다. 나에게 의뢰한 컨설팅 주제는 조직 문화 개선인데 정작 CEO는 인사 평가와 보상 제도를 더 강화하는 방향으로 재설계해 달라고 한다? 나는 CEO에게 되묻고 싶었지만 그가 약속이 있어서 나가 봐야 한다고 해서 대화는 그렇게 일방적으로 끝나고 말았다. 임원이 CEO를 대신해 나에게 '주인이 아니라 머슴으로 직원을 대하려 한다'는 비판을 들은 이유는 주인 의식이라는 허울 좋은 이름 속에 직원들에게 가할 '채찍'을 숨기고 그걸 다시 조직 문화 개선이라는 아름다운 포장지로 덮으려 했기 때문이다.

진정한 주인 의식, 소속감

조직이 직원들에게 흔히 강조하는 말 중에 주인 의식(혹은 주인 정신)처럼 오용되는 단어도 없을 것이다. 직원이 스스로를 주인이라 여기면 주인처럼 열심히 일할 것이라는 가정은 대체 어디에서 나온 것일까? 이런 가정은 주인인 경영자는 열심히 일하는데 직원들은 빈둥거린다는 편견에서 비롯된 것이 아닐까? 경영자인 내가 노는 것은 새로운 아이디어를 찾기 위한 에너지 충전이지만 직원들이 노는 것은 나태하거나 목표가 낮아서라고 여기는 걸까? 이는 시쳇말로 '내로남불'과 다를 바 없다.

앞의 대화에서 언급한 것처럼 직원들이 주인 의식을 갖도록 하려면 실제적인 주식을 공여하고, 목표를 스스로 세워 평가하게 만들고, 의사 결정에 적극적으로 참여하게 하고, 경영자 입장에 준하는 수준으로 회사의 재무 현황을 알려야 한다. 그게 현실적으로 어렵다면 주인 의식이라는 단어를 함부로 입에 올려서는 안 된다.

그래도 주인 의식이란 말을 쓰고 싶다는 유혹에서 벗어나기 어렵다면, 주인 의식을 '소속감Sense of Belonging'의 의미로 재정의하고 이를 직원들에게 이해시켜야 한다. 소속감이란 쉽게 말해 "조직에 소속된 일원으로서 느끼는 자부심"을 의미하는데, 더 깊이 들어가면 "동료들과 내가 가깝게 연결되어 있다는 느낌"을 뜻한다. 소속

주인 의식: 함부로 말하지 말아야 할 것

감은 사회적 동물인 인간이 식욕과 성욕 못지않게 가지고 있는 본능적 욕구 중 하나다.

흔히 "나는 소속감을 느끼지 못하겠다"라는 불만은 아무도 자신의 업무에 관심을 기울이지 않을 때, 동료들로부터 물리적으로 멀리 떨어져 있어 소통의 기회가 아주 적을 때, 본인의 성과가 어떻게 다른 동료들에게 영향을 끼치는지 모를 때, 나아가 본인의 일이 회사 전체의 성과에 얼마나 기여하는지 눈에 보이지 않을 때 생겨난다.

소속감이 진정한 의미의 주인 의식인 까닭은 소속감이 높을수록 업무에 깊게 몰입하고 더 많은 성과를 창출하기 때문이다(이것이야말로 조직이 직원들에게 주인 의식을 요구하는 이유 아닌가). 이를 증명하는 연구가 있다. 하버드대학교 경영대학원의 폴 그린Paul Green 등 3명의 연구자는 미국 서부 지역의 토마토 농장에서 일하는 180명의 수확 담당자(이하 농부라고 칭함)를 대상으로 흥미로운 현장 실험을 진행했다.[101] 그린은 농부들을 세 그룹으로 나눈 다음 첫 번째 그룹과 두 번째 그룹의 농부들에게 3번에 걸쳐 짧은 동영상을 시청하도록 했다. 세 번째 그룹의 농부들은 아무런 조치를 취하지 않은 대조군으로 설정했다.

첫 번째 그룹이 시청한 동영상에는 동일한 수확 작업을 수행하는 듯한 농부가 등장하여 '우리we/us'라는 단어를 여러 번 사용하고 "우리는 모두 같은 회사의 일원이다"라는 식의 메시지를 전달함으로써 소속감을 강조했다. 수확 작업이 회사 내 다른 작업자들에게 얼마나 큰 의미를 지닌 업무인지 알리려는 게 목적이었다.

한편 두 번째 그룹에게 제시된 동영상에는 한 농부가 등장하여 "우리 회사는 미국 시장에서 소비되는 토마토의 거의 절반에 해당하는 양을 생산하고 있다"라는 메시지를 전달함으로써 각자의 업무가 고객에게 얼마나 중요한지 강조했다. 또한 이 동영상에는 '수전'이라는 가상의 고객사 대표가 농부의 바통을 이어받아 "토마토 수확 작업이 고객사(토마토 가공 업체)에 얼마나 중요한지" "수확의 질과 안정적인 생산성이 최종 제품의 품질에 얼마나 영향을 미치는지" 등을 설명했다. 이 메시지 역시 농부의 작업이 고객에게 얼마나 큰 의미를 지니는지 알려 주기 위해서였다.

이런 동영상을 여러 차례 시청하게 한 후 농부들의 생산성 데이터(시간당 수확량)를 분석했더니 확연한 차이가 드러났다. 소속감을 강조하는 메시지를 접한 농부들(첫 번째 그룹)이 고객사와의 관계를 강조한 동영상을 본 농부들(두 번째 그룹)보다 수확량이 많았던 것이다. 시간당 1.983톤의 토마토를 수확했는데 대조군에 비해 7퍼센트나 높은 생산성이었다. 반면 두 번째 그룹의 농부들은 대조군에 비해 생산성 향상을 나타내지 못했다.

이 결과는 직원들에게 '일의 의미'를 인식시키고자 할 때 고객에 대한 기여보다는 내부 직원들에 대한 기여와 연결성을 강조하는 메시지가 성과 향상에 큰 효과를 발휘한다는 점을 알려 준다. "내가 하는 이 업무가 최종 고객에게 얼마나 큰 의미를 지니는지"를 인지하는 것이 성과를 높이는 데 생각만큼 효과가 크지 않다는 점은 지금까지의 상식을 깨뜨린다. 아무리 여러 번 강조한들 최종 고객과 '나의 업무' 사이의 연관성은 직원들의 마음에 와 닿지 않는다. "지금 나와 함께 일하는 동료 직원들에게 내 일은 큰 의미가 있다"라는 보다 긴밀한 연관성이 직원들의 태도와 행동을 변화시키는 것이다.

소속감이 생산성에 끼치는 영향

하지만 연구자들은 이 현장 실험만으로는 소속감과 생산성 향상 간의 직접적 관계까지는 밝혀내지 못했다. 그래서 실험실 내에서 후속 연구를 진행했다. 먼저 실험 참가자들에게 연구실 소속 멤버로서 일하는 분위기를 느끼도록 조치한 다음, 첫 번째 그룹에게는 '같은 대학교 박사 과정 학생'이 보낸 감사 편지를 읽도록 했다. 이 실험실에서 수행한 연구가 본인의 연구에 큰 도움이 되었다는 요지의 내용이었다. 두 번째 그룹은 '다른 대학교 박사 과정 학생'이 보낸 감사 편지를 읽었다. 편지의 세부 내용은 달랐지만 주된 차이는 같은 학교 학생의 것이냐 다른 학교 학생의 것이냐였다.

그런은 참가자들에게 "나는 이미 연구 팀의 일원이 된 듯한 기분이 든다" "나는 연구 팀 멤버들과 가깝게 느껴진다"라는 설문으로 소속감의 정도를 답하게 했고, "나는 여러 과제에 노력할 것이다"라는 항목으로 동기 부여의 수준을 측정했다. 그런 다음 소속감 혹은 동기 부여 수준이 생산성에 얼마나 영향을 끼치는지 알아보기 위해 참가자들에게 연구 데이터를 입력하는 과제를 지시했다.

그랬더니 같은 학교 박사 과정 학생이 보낸 편지를 읽은 참가자들의 소속감과 동기 부여 수준이 더 높았고, 데이터 입력 과제의 생산성도 더 높았다. 흥미롭게도 다른 학교 학생의 편지를 읽은 참가자들의 생산성은 대조군(아무런 편지를 읽지 않은 참가자들)과 별다른 차이가 없었다.

이 연구에서 내부 구성원들이 주는 메시지가 고객이 주는 메시지보다 생산성에 더 큰 효과를 발휘한다는 점, 생산성 향상의 비결은 "나는 이 조직의 일원이다"라는 소속감 증진에 있다는 점을 알수 있다. "회사의 주인이 된 듯 고객에게 헌신하며 일하라"라는 공허한 메시지보다 각자의 업무가 옆에 있는 동료들, 그리고 다른 부서의 직원들과 어떻게 연결되어 있는지, 얼마나 중요한지, 얼마나 '감사한' 일인지를 인식시키는 것이 참된 의미의 주인 의식을 심어주는 일이다.

소속감이 높을수록 회사를 떠나려 하지 않고,[102] 전반적으로 행복감과 만족도가 높으며, 자기 업무에 대한 통제력을 높게 인식한다.[103] 또한 다른 사람에게 자기네 회사가 일하기 좋은 직장이라고 더 많이 소개한다.[104] 이 모두가 자기 업무의 주인이어야 가능한 일 아니겠는가? 고로 소속감이야말로 주인 의식의 본질이다.

어떨 때 소속감을 느끼는가

그렇다면 어떻게 해야 소속감(주인 의식)을 높일 수 있을까? 앞에서 언급했던 '동료들과의 업무 연결성'을 인식시키기 위한 보다 구체적인 방법은 없을까? 링크드인이 1만 4000여 명의 전문가를 대상으로 조사한 보고서에 따르면, 직원들은 다음과 같을 때 회사에 소

속되어 있다는 느낌을 얻는다고 한다.[105]

- 내가 이룬 성취를 인정받을 때
- 나의 의견을 자유롭게 표현할 수 있는 기회가 주어질 때
- 팀 회의에서 내가 기여한다고 느낄 때
- 중요한 사안에 대해 나와 투명하게 의사소통할 때
- 팀이 나를 인격체로 존중한다고 느낄 때
- 나의 개인적 성장에 대해 피드백할 때
- 팀의 중요한 업무를 부여받을 때

직원들의 주인 의식이 부족하다고 한탄하는 조직이라면, 그리고 목표를 높게 주고 평가를 철저히 해서 보상을 차등화하는 것이 주인 의식 함양의 특효약이라고 믿는 기업이라면, 경영자와 리더들이 직원들을 위와 같이 대하고 존중해 왔는지 돌아보고 반성할 필요가 있다.

주인 의식은 잊어라. 애초에 주인이 될 수 없는 이들(아니, 될 필요가 없는 이들)에게 주인 의식을 요구하는 오류를 범하지 마라. 그들이 회사에 소속돼 있는 동안 업무에 몰입할 수 있도록 구성원으로서 느낄 수 있는 소속감을 높여라.

열정
Passion

"열정을 좀 가져. 열정을 가지면 안 될 일이 없어." 직원들에게 주인 의식보다 더 일상적으로 강조되는 말로 열정만 한 게 있을까? 어떤 자기계발서를 들춰 보든 항상 열정의 필요성이 등장하는데, 열정을 갖는 것은 마음만 먹으면 얼마든지 가능한 '쉬운' 일이라는 기본 전제가 깔려 있다. 헌데 열정을 갖는 것이 말처럼 쉬울까?

열정이란 뜻으로 사용되는 영어 단어 'Passion'의 어원을 찾아보면 생각지 못한 의미를 만나게 된다. 10세기에 쓰인 라틴어 'Passionem'은 십자가에 매달린 예수의 육체적 고통을 의미했다. 우리가 열정의 뜻으로 흔히 알고 있는 열광이나 환희, 선망과 같은 장밋빛 뉘앙스는 17세기가 되어서야 덧붙여졌을 뿐 'Passion'의 본래 의미는 '육체적인 고통과 괴로움'이었다. 어원으로 봐도 열정을 갖는다는 것은 그 자체로 고통이고, 그렇기 때문에 열정을 갖는다는 것은 결코 쉽지 않은 도전이다.

재미있는 일과 의미 있는 일

그럼에도 열정을 즐거움이나 기쁨, 열광이나 환희라는 장밋빛 의미로 인식하는 사람들은 유명 방송인인 오프라 윈프리가 말한 어느 대학교 졸업식 축사의 한 대목처럼 "당신이 좋아하는 일을 할 때 열정이 피어날 것입니다"라고 충고하길 즐긴다. 흔히 누군가가 직업 선택을 고민할 때 "네가 좋아하는 일(즐거워하는 일)을 충분히 할 수 있는 직업을 택해"라고 조언하지 않는가?

그러나 장밋빛으로 포장된 열정을 직원들에게 주입시키고 일에서 즐거움을 찾아야 한다고 충고한다면 직원들은 금방 회사를 떠나게 될 수 있음에 유의해야 한다. 컬럼비아대학교의 존 자키모비츠Jon Jachimowicz와 동료들은 서로 다른 대학교 졸업식 축사 117개를 수집하여, 직업적 열정Work Passion에 대한 연사들의 논지를 즐거움Enjoyment의 관점과 가치Values의 관점으로 정리하여 설문지를 만들었다.[106] 즉 "즐거운 일을 하라"는 주장과 "의미 있는 일을 하라"는 주장으로 나누어 실험 참가자들에게 각 주장에 얼마나 동의하는지 물었다. 그리고 일에 대한 열정의 수준이 어느 정도인지, 향후에 이직할 의도는 어느 정도인지 질문했다.

분석 결과 일에서 즐거움을 추구하는 사람("재미있는 일을 하자!")일수록 직업적 열정이 상대적으로 낮게 나왔고, 가치를 추구하는 사람("의미 있는 일을 하자!")일수록 그 수준이 높은 것으로 나타났다. 또한 일에 대한 열정이 낮을수록 이직 의향Turnover Intention이 높았는데, 이는 일에서 즐거움을 찾는 사람들이 현재의 일에 만족하지 못해 어딘가로 도피할 가능성이 크다는 의미였다.

그렇다면 이직률의 차이는 실제로 어떨까? 이직을 희망하는 것과 실제로 이직을 감행하는 것은 다를 수 있기 때문에 자키모비츠는 거대 기술 기업에 근무하는 994명의 직원을 대상으로 열정에 관한 2가지 관점을 설문 조사했다. 9개월 후 이 회사를 다시 찾아가니 일에서 즐거움을 추구하는 직원일수록 실제로 퇴사를 더 많이 한 것으로 나타났다.

열정은 재미있고 즐거운 일에서 생겨난다고 믿을수록 직업적 열정이 낮고 이직 의향과 실제 이직률은 높다. 반면 어렵고 고통스럽지만 해야 할 가치가 충분한 일이 열정을 불러일으킨다고 믿을수록 직업적 열정이 높고 이직 의향과 이직률은 상대적으로 낮다.

왜 그럴까? 일의 즐거움은 그리 오래 가지 않는다. 일을 하면서 언제나 꽃길만 걸을 수는 없다. 내외부적으로 여러 난관에 부딪히고 때로는 직간접적인 방해를 받는데 어찌 일이 늘 재미있고 즐거울 수 있을까? 직업적 열정이 일의 재미에서 나온다는 믿는 사람은 재미가 떨어지고 더 이상 즐겁지 않으면 '이 일은 열정을 불러일으키지 않아. 다른 일을 찾아야겠다'라고 생각하기 마련이다. 반면 일의 가치와 사명 추구가 열정의 원천이라고 믿는 사람이라면 어떤 난관이 닥쳐도 쉽게 의지를 꺾지 않으려 한다. 이들에게는 '어느 조직에서 일하는가'보다 '무엇을 위한 일을 하는가'가 더 중요하기 때문이다.

일에 대한 열정은 육체적이고 정신적인 고통 그 자체임을 인정할 때 일의 의미와 가치 추구를 통해 진정한 직업적 열정이 솟아나고 그 열정이 훌륭한 성과로 이어지는 선순환을 가능케 한다.

어떻게 열정을 불러일으킬 것인가

그렇기에 리더가 열정이 부족한 직원에게 해야 할 조치는 '무엇을, 어떻게, 얼마나' 해야 하는지 일러 주는 목표 설정과 성과 관리 방법이 아니다. 일의 의미와 가치를 충분히 설명하고 이해시키는 것이 무엇보다 중요하다. 또한 일에 열정을 갖지 못하는 이유를 세심하게 들여다봐야 한다. 가장 큰 이유는 자신의 업무가 조직 전체의 업무와 어떻게 연결되는지 실감하지 못하기 때문이다. 개별 업무의 아웃풋이 어떻게 타인 업무의 인풋으로 연결되고 어떻게 성과로 창출되는지 구체적인 이미지를 제시해야 한다. 그리고 실제적으로 열정을 발휘하는 것이 무엇인지 구체적인 기대감을 전달해 주어야 한다. '매출 얼마, 고객 만족도 얼마'라는 식으로 목표 달성치를 제시하는 것에서 그치지 말아야 한다. 팀이 문제 해결에 골머리를 썩고 있을 때 어떻게 해야 하는지, 할일이 많아 야근을 하는 동료들을 위해서 무엇을 해야 하는지, 고객 대상의 프레젠테이션을 준비할 때는 무엇을 어떻게 해야 하는지, 여러 상황에서 요구되는 행동을 구체적으로 제시하는 것이 중요하다.

또한 지속적인 피드백을 절대 잊지 말아야 한다. 열정적이지 않은 사람에게는 '무無 열정'이 하나의 관성처럼 자리 잡았기 때문에 껍질을 깨고 나오도록 하려면 상당한 시간이 걸린다. 직원에게 욕먹을 걱정일랑 던져 버리고 끊임없는 피드백으로 천천히 변화를 일으켜야 한다. 마지막으로, 스스로 열정적인 사람으로서 롤 모델이 되어야 한다. 완벽한 롤 모델이 되라는 말은 아니다. 열정을 불러일으키려면 리더가 먼저 노력하라는 말이다.

이런 노력에도 불구하고 열정을 발휘하기를 거부하거나 회피하는 직원이 있다면 그를 열정의 열차에서 내리게 해야 한다. 그에게 리더의 시간과 노력이 블랙홀처럼 빨려 들어가 정작 열정을 가지고 업무에 임하는 직원들에게 신경 쓸 여력이 사라지기 때문이다.

목적의식을 가지고 일하는Purpose-Driven 직원들, 즉 진정한 열정을 가지고 일에 임하는 직원들에게는 그들이 자칫 번아웃될 수 있다는 점에 유의해야 한다. 다시 강조하지만 열정은 고통이기 때문이다. 플래스티서티랩스Plasticity Labs가 연구한 바에 따르면, 열정을 지닌 직원들이 그렇지 않은 직원들에 비해 스트레스를 많이 받고 전반적인 웰빙 수준과 회복 탄력성, 자기 효능감Self-Efficacy이 낮다고 한다.[107] 리더는 이들의 노력을 지속적으로 인정하고 칭찬하며 감사하는 일을 잊지 말아야 한다. 연구자들은 막판에 특별한 성과가 나올 때만 직원에게 감사해서는 안 된다고 조언한다. 또한 의사결정 과정에 그들을 참여시킴으로써 일을 통해 성장할 수 있는 기회를 부여하라고 귀띔한다.

열정은 곧 고통이다. 평가와 보상으로는 절대 열정을 끌어낼 수 없다. 감동적인 스토리나 구호 같은 것에 기대기보다는 직원들에게 열정의 구체적인 행동을 바란다고 솔직하게 말하라. 그런 메시지를 끊임없이 던지고 피드백할 때 '열정 열차'의 무거운 바퀴는 목적지를 향해 움직이기 시작한다.

한 문장으로 정의한 핵심 경영어들

가치 맵
Value Map

우리가 고객에게 전달하는 가치 수준을 경쟁사와 비교하기 위한 도표. 전략 캔버스Strategy Canvas와 같은 말.

개방적 소통
Open Communication

나의 어떤 점이 상대방으로 하여금 입을 닫게 만드는지 지속적으로 파악하고 개선하는 노력 그 자체.

객관적 평가
Objective Evaluation

평가 혹은 판단의 기준을 상세하게 공개함으로써 타인이 나의 평가 기준이 옳은지를 판단하고 이의를 제기할 수 있도록 기회를 제공하는 것.

결과 편향
Outcome Bias

의사 결정의 결과로 의사 결정의 질과 과정을 평가하는 편향.

결근자 리더십
Absentee Leadership

자유방임이 지나쳐 자리에 없는 듯 존재하려는 리더십.

경쟁 우위
Competitive Advantage

경쟁사와 비교하여 우리가 가진 강점 중에서 경쟁에서 승리하는 원동력으로 작용하는 강점.

계획
Plan

어떤 목적을 달성하기 위한 절차를 상세히 제안하는 과정.

고객 가치
Customer Value

구매하고자 하는 강력한 욕구를 일으키는 매우 강력한 이유.

고객 경험
Customer Experience

고객이 어떤 제품, 어떤 기업과 관계 맺음으로써 형성되는 상호 작용의 총체.

권한 위임
Delegation

개별 사안에 대한 의사 결정을 이관하는 것(혼동 방지를 위해 '업무 위임'이란 말로 쓰는 것이 좋음).

권한 이양
Empowerment

특정 분야의 의사 결정권 전부를 이관하는 것.

기업의 목적
Purpose of Business

고객을 창조하고 고객의 행복을 증진시키는 것.

도전
Challenge

의견 대립이나 갈등이 발생하면 상대방이 누구든 간에 맞서 싸우겠다는 의지.

동기 부여
Motivation

직원이 성취감을 잃지 않도록 세심하게 관찰하고 피드백하며 일상에서 성취감을 경험하도록 만드는 것(관리자의 일상 업무 중 하나).

리더 Leader	직원에게 일을 '잘 시키는' 사람.
마케팅 Marketing	고객 가치를 창조하고 고객과 소통하며 고객 가치를 고객에게 전달하는 일련의 활동.
메기 효과 Catfish Effect	강력한 경쟁자의 존재가 조직의 환경 적응력을 키운다는 효과(하지만 과학적으로 근거가 없음).
목표 고객 Target Customer	현재 우리의 '팬'이고 앞으로 우리의 '팬'이 될 수 있는 고객.
목표 시장 Target Market	목표 고객과 같은 말.
문제 Problem	불확실성이나 반대 의견이 해소된 조건에서 해법을 찾아 실행해야 하는 상황.
문제 해결 Problem Solving	해법이 어딘가에 있다고 전제하고 그 해법을 찾아가는 과정.
미션 Mission	구성원에게 영감을 주는 조직의 존재 이유 혹은 존재 목적.
번아웃 Burnout	다음 3가지 중 하나 이상의 상태. 1. 에너지 고갈 또는 피로감 2. 내 일이 아니라는 느낌 혹은 일에 대한 부정적이고 냉소적인 감정 3. 직업 효능감이 저하된 상태
벤치마킹 Benchmarking	동종 혹은 이종 업계에서 앞서 나가는 기업의 핵심 성공 요소와 그 수준을 기준점으로 설정하고 우리가 그에 비해 어느 정도에 도달해 있는지를 냉정하게 측정함으로써 취약점을 발견하는 과정. 즉 선두 기업의 역사를 탐구함으로써 통찰을 얻는 과정.
불확실성 Uncertainty	어떤 변수가 가지는 모든 경우의 확률이 비슷하거나 변수들 간의 인과 관계가 시시각각 변화하여 예측을 할 수 없는 수준.
비용 효과 Cost-Effectiveness	비용 절감 목표치 대비 비용 절감 실적치.
비용 효율 Cost-Efficiency	동일한 아웃풋을 얼마나 적은 비용으로 내는지에 관한 지표.
비전 Vision	중장기적으로 조직이 도달하거나 성취하고자 하는 위상.

한 문장으로 정의한 핵심 경영어들

사이클 타임 Cycle Time	하나의 과업이 완료되는 데 걸리는 평균 시간.
사회적 민감성 Social Sensitivity	상대방의 눈빛, 표정, 목소리, 몸짓 등을 통해 감정을 세심하게 헤아릴 줄 아는 능력.
사회적 지배 지향성 Social Dominance Orientation	세상을 승자와 패자의 물고 뜯는 경쟁적이고 약육강식적인 모습으로 바라보는 정도.
상대적 시장 점유율 Empowerment	가장 큰 경쟁사의 시장 점유율 대비 우리의 시장 점유율.
생산성 Purpose of Business	동일한 인풋으로 얼마나 많은 아웃풋을 내는지에 관한 지표.
성과 Performance	좋은 의도를 가지고 좋은 방법을 통해 축적한, 미션 및 비전 달성의 정도.
성과 관리 Performance Management	미션과 비전 달성의 과정이자 직원들의 성취감을 끌어올리는 활동.
성장 Growth	미션과 비전에 가까이 다가가는 것.
성취감 Sense of Accomplishment	달성도 인식, 자발성, 일의 의미라는 변수로 이루어진 함수.
소속감 Sense of Belonging	조직에 소속된 일원으로서 느끼는 자부심 혹은 동료들과 내가 가깝게 연결되어 있다는 느낌.
솔선수범 Leading by example	핵심 가치를 누구보다 앞장서서 열렬히 실천하고 핵심 가치에 위배되는 행동을 절대 하지 않는 것.
승진 Promotion	새로운 포스트를 채울 사람을 '새로' 채용하는 과정.
시간 효율 Time-Efficiency	동일한 아웃풋을 얼마나 적은 시간으로 내는지에 관한 지표.
시나리오 플래닝 Scenario Planning	불확실성에 따라 여러 시나리오를 미리 구상하고 각 시나리오에 적극적으로 대비하는 과정.
신뢰 Trust	좋은 의도를 가지고 자신의 능력을 일관성 있게(우연에 좌우되지 않고) 실현해 내는 것.

심리적 안전감 Psychological Safety	대인 관계에서 별다른 두려움을 느끼지 않고 타인에게 약한 모습 (실패, 멍청한 대답 등)을 보여도 괜찮다고 여기는 감정.
열정 Passion	육체적이고 정신적인 고통 그 자체.
영감 Inspiration	무엇을 해야 하고 무엇을 하지 말아야 하는지를 바로 깨닫는 것.
예측 Forecast	무엇을 대비해야 하는지 알아내는 과정(무엇이 일어날지 알아내는 과정이 아님).
의사 결정 Decision Making	외부의 불확실성을 충분히 파악한 다음 무엇을 할지 결정하는 것.
이메일 Email	소통의 도구가 아니라 정보 전달 및 정보 공유의 수단.
이슈 Issue	불확실성 때문에 결정을 내리지 못하거나 반대 의견으로 실행에 난항을 겪는 상황.
인사 Human Resources Affairs	직원들이 조직에서 느끼는 좋은 경험을 극대화하는 일련의 활동.
일 Work	빵과 함께 매일의 의미를 추구하는 행위고, 돈과 함께 인정을 얻기 위한 행위며, 무기력함이 아닌 경이로움을 찾는 행위(작가이자 방 송인 스터즈 터클의 정의).
임원 Executive Officer	CEO로부터 의사 결정권과 조직 관리를 이양받은 자.
자발성 Willingness	조직이 내가 주체적으로 일할 수 있도록 힘을 실어 준다는 느낌.
전략 Strategy	적을 이기기 위한 방법.
전략적 사고 Strategic Thinking	적을 이기기 위한 독창적 방법을 항상 염두에 두고 생각을 펼쳐가 는 것.
정신 모델 Mental Model	세상을 이해하고 행동하는 방식에 영향을 미치는 가정, 일반화, 심 상, 이미지 등.
조직 Growth	의사 결정이라는 제품을 생산하는 공장.

조직 문화 Organizational Culture	무엇이 옳고 무엇이 그른지에 대해 구성원들이 가지고 있는 암묵적인 가정들의 총합.
주인 의식 Ownership	소속감과 동의어.
직업 효능감 Professional Efficacy	자신의 능력으로 성공적으로 업무를 수행할 수 있다는 자신감과 기대감.
직원 경험 Employee Experience	직원이 회사와 관계 맺음으로써 형성되는 상호 작용의 총체.
집단 사고 Groupthink	구성원 간에 만장일치에 도달하려고 다른 대안을 억압하는 비합리적인 사고방식.
집단 지성 Collective Intelligence	구성원 개개인의 역량 총합을 초과하는 힘이 발휘되는 현상.
차별화 Differentiation	무조건 경쟁자와 '다른 물에서 놀기 위한' 모든 노력.
창조적 파괴 Creative Destruction	기술 혁신을 통해 기존의 것보다 우월한 것으로 기존 시장을 파괴하는 것.
채용 Recruit	조직의 DNA를 수호하고 강화하기 위한 적극적 행동.
타기팅 Targeting	까탈스러운 고객들을 해고하고 목표 고객에만 집중하는 것.
팀 Team	공동의 목표 달성에 기여하기 위해 각자의 업무 책임을 성실히 수행하며 상호 작용(의사소통)하는 사람들의 집단.
팀워크 Teamwork	'개인으로서'가 아니라 '팀으로서' 일하는 것.
팀 플레이어 Team Player	겸손, 갈망, 영리함을 모두 갖춘 팀원.
파괴 Destruction	기존의 시장을 무너뜨리고 그 자리를 대신 차지하는 것.
파괴적 혁신 Disruptive Innovation	기존의 것보다 저렴하고 열등한 것으로 기존 시장을 파괴해 완전히 새로운 시장을 창조하는 것.

팔로워십 Followership	리더십보다 열등한 개념이 아니라 리더십의 기초.
평가 Appraisal	좋은 성과를 창출하도록 이끌어 가는 과정, 즉 지속적인 피드백.
프로보노 Pro Bono	전문가들이 자신의 전문성을 활용하여 사회적 약자와 소외 계층을 돕는 활동.
피드백 Feedback	내가 느끼고 생각하는 바를 근거를 가지고 전달하고, 대화를 통해 상대방으로부터 관련된 정보를 습득하면서 나의 판단을 수정하는 과정.
학습 Learning	구성원들이 공유하는 정신 모델을 바꾸는 과정이며, 끊임없는 생존 노력.
학습 조직 Learning Organization	미래 창조 능력을 끊임없이 키우고 확장시키는 조직.
해법 Issue	기대하는 바와 현재 상태 사이의 갭을 줄이는 방법.
핵심 가치 Core Value	구성원들이 조직 내부에서 무엇을 어떻게 행동해야 하는지, 외부(고객 등)와 어떻게 관계를 맺어야 하는지에 관한 원칙.
혁신 Innovation	고객이 이제껏 경험한 가치와 만족에 변화를 일으키는 활동.
협력 Cooperation	공동 목표가 아니라 타자의 목표 달성을 돕고 그 기여를 인정받지 않아도 되거나 인정할 필요가 없는 구조의 협조.
협업 Collaboration	다자가 공동 목표를 추구하고 각자의 기여를 인정받는 구조의 협조.
효과 Effect	기대치(혹은 목표치) 대비 실적치.
효율 Efficiency	동일한 아웃풋을 얼마나 적은 인풋으로 내는지에 관한 지표.

주

1부 경영 수업

1. 피터 드러커, 프랜시스 헤셀바인, 조안 스나이더 컬, 유정식 옮김, 《피터 드러커의 최고의 질문》, 다산북스, 2017.

2. 김민수, 〈구글·아마존·MS, 얼굴인식 기술 시민저항에 직면〉, 《노컷뉴스》, 2019년 1월 16일.

3. 피터 드러커, 프랜시스 헤셀바인, 조안 스나이더 컬, 유정식 옮김, 《피터 드러커의 최고의 질문》, 다산북스, 2017.

4. 미국걸스카우트연맹 홈페이지; https://www.girlscouts.org/en/about-girl-scouts/who-we-are/facts.html

5. 킴 스콧, 박세연 옮김, 《실리콘밸리의 팀장들》, 청림출판, 2019.

6. 닐스 플레깅, 박규호 옮김, 《언리더십》, 흐름출판, 2011.

7. 테일러메이드 홈페이지; https://www.taylormadegolf.com/mission-and-values.html.

8. Carmine Gallo, "This Advice From One of Golf's Top CEOs Will Inspire You to Rewrite Your Startup's Mission Statement", inc.com, Jun. 12, 2019; https://www.inc.com/carmine-gallo/this-advice-from-one-of-golfs-top-ceos-will-inspire-you-to-rewrite-your-startups-mission-statement.html.

9. https://www.inc.com/scott-mautz/jeff-bezos-says-this-1-sentence-hidden-in-plain-sight-for-20-years-is-key-to-amazons-success.html.

10. 아마존의 연례 보고서는 여기에서 다운로드 받을 수 있다. http://www.annualreports.

com/HostedData/AnnualReportArchive/a/NASDAQ_AMZN_2016.pdf.

11. Gartenberg, C., Prat, A., Serafeim, G., "Corporate purpose and financial performance", *Orgarganization Science,* 30(1), 1-18, 2019.

12. 볼보그룹 홈페이지; https://www.volvogroup.com/en-en/about-us/our-mission-and-vision.html.

13. "Tesla Changes One Word in Its Mission Statement and It Already Says a Lot", futurism.com, Jul. 15, 2016; https://futurism.com/tesla-changes-one-word-in-its-mission-statement-and-it-already-says-a-lot.

14. Emmett C. Murphy, Mark A. Murphy, "Leading on the Edge of Chaos: The 10 Critical Elements for Success in Volatile Times", *Prentice Hall Press,* 2002.

15. https://www.bmwgroup.com/en/innovation/virtuelle-innovationsagentur.html.

16. Michael Schrage, "What Most Companies Miss About Customer Lifetime Value", HBR.com, Apr. 18, 2017; https://hbr.org/2017/04/what-most-companies-miss-about-customer-lifetime-value.

17. 안정락, 〈美 주요기업 CEO 181명 '사회적 책임' 선언〉,《한국경제》, 2019년 8월 20일.

18. CEO 181명이 서명한 선언서 원문은 여기서 볼 수 있다. https://opportunity.businessroundtable.org/ourcommitment/.

19. 로렌스 프리드먼, 이경식 옮김,《전략의 역사 1~2》, 비즈니스북스, 2014.

20. 한경닷컴 뉴스룸, 〈이마트, 1분기 영업익 51.6% 급감… "오프라인에 발목"〉,《한국경제》, 2019년 5월 15일.

21. Mark Bonchek, Barry Libert, "To Change Your Strategy, First Change How You Think", May 17, 2017; https://hbr.org/2017/05/to-change-your-strategy-first-change-how-you-think.

22. Jerry Hirsch, "Elon Musk: Model S not a car but a 'sophisticated computer on wheels'", *Los Angeles Times,* May 19, 2015; https://www.latimes.com/business/autos/la-fi-hy-musk-computer-on-wheels-20150319-story.html.

23. 마이클 왓킨스, 박상준 옮김,《90일 안에 장악하라》, 동녘사이언스, 2014.

24. 피터 센게, 강혜정 옮김, 유정식 감수,《학습하는 조직》, 에이지21, 2014.

25. Jeanne Ross, "Why Hypotheses Beat Goals", *MIT Sloan Management Review,* Apr. 1, 2019; https://sloanreview.mit.edu/article/why-hypotheses-beat-goals/

26. Haunschild, P. R., Polidoro Jr, F., Chandler, D., "Organizational oscillation between learning and forgetting: the dual role of serious errors", *Organization Science,* 26(6), 1682-1701, 2015.

27. Baba Shiv, Ziv Carmon and Dan Ariely, "Placebo Effects of Marketing Actions: Consumers May Get What They Pay For", *Journal of Marketing Research,* Vol. 42(4),

2005.

28. 개인적으로 타다 서비스에 감동한 나는 영화 평론가 이동진 씨의 〈기생충〉에 관한 한 줄 영화평을 패러디하여 페이스북에 이런 글을 남겼다. "무간섭과 청결함으로 '명징'하게 '직조'해 낸 강력하면서도 정확한 택시 대체재."

29. 뉴발란스의 차별화에 관한 이야기는 이 책을 참조했다. 홍성준, 《차별화의 법칙》, 21세기북스, 2013.

30. 피터 드러커, 이재규 옮김, 《미래사회를 이끌어가는 기업가정신》, 한국경제신문, 2004.

31. 클레이튼 크리스텐슨, 김태훈 옮김, 《파괴적 혁신 4.0》, 세종서적, 2018.

32. Safi Bahcall, "The Innovation Equation", *Harvard Business Review*, March-April 2019 Issue.

33. Safi Bahcall, "Loonshots: How to Nuture the Crazy Ideas That Win Wars", *St. Martin's Press*, 2019; 사피 바콜은 자신의 물리학적 지식을 동원하여 한때 혁신적이었던 기업들이 혁신을 상실하는 과정을, 물이 얼음으로 변하는 '상전이$_{\text{Phase-Transition}}$'로 간주하여 다음과 같은 혁신 방정식을 제시했다.

$$M = (E \times S2 \times F) / G$$

M은 혁신 역량, E는 프로젝트 성과에 따른 공정한 보상, S는 관리 범위$_{\text{Span of Control}}$, F는 프로젝트와 스킬과의 적합도를 'ROP(사내 정치를 통해 얻는 이득)'로 나눈 값, G는 임금 상승률을 말한다. 바콜의 혁신 방정식에 대한 자세한 설명은 다음을 참조하라. Safi Bahcall, "The Innovation Equation", *Harvard Business Review*, March-April 2019 Issue.

34. Akcigit, U., Baslandze, S., Lotti, F., "Connecting to power: political connections, innovation, and firm dynamics", *National Bureau of Economic Research*, No. w25136, 2018.

35. Arnold J. Toynbee, "Catfish Philosophy", *The Rotarian*, Vol. 76, No. 4, pp.64, April, 1950.

36. 이규진, 〈이건희 회장 '메기론' 삼성전자 구했다〉, 《서울경제》, 2007년 10월 15일. 선대 회장인 이병철 회장이 자주 언급했다는 설도 있다.

37. 임현우, 〈[피플 & 뉴스] 강한 경쟁자가 나오면 더 강해진다〉, 《한국경제》, 2017년 9월 4일.

38. Hawlena, D., Pérez-Mellado, V., "Change your diet or die: predator-induced shifts in insectivorous lizard feeding ecology", *Oecologia*, 161(2), 411-419, 2009.

39. Remy Melina, "Dragonflies Are Literally Scared to Death of Fish", *Live Science*, Oct. 28, 2011, https://www.livescience.com/16783-dragonflies-scared-death-fish.html.

40. 서서히 데워지는 물속에서 개구리가 죽는 모습을 보여 주는 유튜브 동영상이 있다. 하지만 이 실험 조건에는 문제가 있다. 개구리들이 탈출을 시도하지만 성공하지 못할 정도로 비커의 깊이가 깊은 것이다. 비커가 깊지 않았다면 개구리는 반드

나의 첫 경영어 수업

시 탈출했을 것이다. 탈출을 시도하는 개구리의 모습을 영상에서도 확인할 수 있다. 다만 영상이 혐오스러울 수 있으니 주의하기 바란다. https://www.youtube.com/watch?v=mLkJNhDBz8Q.

41. Heinzmann, A., "Ueber die Wirkung sehr allmäliger Aenderungen thermischer Reize auf die Empfindungsnerven", *Archiv für die Gesammte Physiologie des Menschen und der Thiere*. 6: 222, 1872.

42. "The Legend of the Boiling Frog Is Just a Legend", *Whit Gibbons, Ecoviews*, Nov. 18, 2002; Anupum Pant, "The Old Tale of a Boiling Frog", http://awesci.com/the-old-tale-of-a-boiling-frog/.

43. "Photograph of a Wolf Pack Explains 'Alpha' Behavior?", *TruthorFiction*, Dec. 23, 2015; https://www.truthorfiction.com/photo-of-a-wolf-pack-explains-wolf-behavior/.

44. Mech, L. D., "Alpha status, dominance, and division of labor in wolf packs", *Canadian Journal of Zoology*, 77(8), 1196-1203, 1999.

45. https://terms.naver.com/entry.nhn?docId=2275470&cid=42251&categoryId=51157.

46. https://www.etymonline.com/search?q=benchmark.

47. 하워드 블룸, 양은주 옮김, 《집단 정신의 진화》, 파스칼북스, 2003.

48. 프란스 드 발, 이충호 옮김, 《내 안의 유인원》, 김영사, 2005.

49. E. H. 카, 김승일 옮김, 《역사란 무엇인가》, 범우사, 1998.

50. 클레이튼 크리스텐슨, 마이클 E. 레이너, 딜로이트컨설팅코리아 옮김, 《성장과 혁신》, 세종서적, 2005.

51. 던컨 와츠, 강수정 옮김, 《Small World》, 세종연구원, 2004.

52. "TD Bank to Acquire Commerce", *The New York Times*, Oct. 3, 2007; https://nyti.ms/2HHFZeP.

53. Bill Taylor, "Beyond Benchmarking: Why Copy the Competition?", HBR.com, Oct. 08, 2007; https://hbr.org/2007/10/beyond-benchmarking-why-copy-t.

54. 김유영, 〈창조적 벤치마킹, 혁신과 성장의 원동력〉, 《DBR》 66호, 2010년 10월.

55. 오구라 마사오, 박대용 옮김, 《야마토 성공법》, 북스힐, 2003. 야마토운수에 관한 나의 칼럼은 《동아비즈니스리뷰》에 게재되었는데 조금 고쳐 여기에 옮겨 쓴다. 유정식, 〈경찰서를 벤치마킹한 日 택배업체〉, 《DBR》 95호, 2011년 12월.

56. 제프리 페퍼, 윤세준 외 옮김, 《휴먼 이퀘이션》, 지샘, 2001.

57. 로버트 브루스 쇼, 박여진 옮김, 《익스트림 팀》, 더퀘스트, 2018.

58. 아툴 가완디, 박산호 옮김, 《체크! 체크리스트》, 21세기북스, 2010.

59. Bruce Eckfeldt, "Why Procrastination Can Be the Best Strategy to Making Better Decisions", inc.com, Jul. 30, 2019; https://www.inc.com/bruce-eckfeldt/why-

procrastination-can-be-best-strategy-to-making-better-decisions.html.

60. 프랭크 파트노이, 강수희 옮김,《속도의 배신》, 추수밭, 2013.

61. Thomas H. Davenport, "When to Stop Deliberating and Just Make a Decision", HBR. com, Jul. 09, 2019; https://hbr.org/2019/07/when-to-stop-deliberating-and-just-make-a-decision.

62. Baron, J., Hershey, J. C., "Outcome bias in decision evaluation", *Journal of personality and social psychology*, 54(4), 569-579, 1988.

63. 대니얼 카너먼, 이진원 옮김,《생각에 관한 생각》, 김영사, 2012.

64. 앤드루 S. 그로브, 유정식 옮김,《하이 아웃풋 매니지먼트》, 청림출판, 2018.

65. Lorinkova, N. M., Pearsall, M. J., Sims Jr, H. P., "Examining the differential longitudinal performance of directive versus empowering leadership in teams", *Academy of Management Journal*, 56(2), 573-596, 2013.

66. Thomas N. Hubbard, "Research: Delegating More Can Increase Your Earnings", HBR.com, Aug. 12, 2016; https://hbr.org/2016/08/research-delegating-more-can-increase-your-earnings.

67. Lou Solomon, "The Top Complaints from Employees About Their Leaders", HBR.com, JUNE 24, 2015; https://hbr.org/2015/06/the-top-complaints-from-employees-about-their-leaders.

68. Skogstad, A., Aasland, M. S., Nielsen, M. B., Hetland, J., Matthiesen, S. B., Einarsen, S., "The relative effects of constructive, laissez-faire, and tyrannical leadership on subordinate job satisfaction", *Zeitschrift für Psychologie*, 2015.

69. Anne Sugar, "How to Tell If You're Delegating Too Much — and What to Do About It", HBR.com, Sep. 14, 2018; https://hbr.org/2018/09/how-to-tell-if-youre-delegating-too-much-and-what-to-do-about-it.

70. https://www.apple.com/newsroom/2008/01/15Apple-Introduces-MacBook-Air-The-Worlds-Thinnest-Notebook/.

71. 피터 드러커, 프랜시스 헤셀바인, 조안 스나이더 컬, 유정식 옮김,《피터 드러커의 최고의 질문》, 다산북스, 2017.

72. 같은 책.

73. Geoffrey James, "These 10 Short Words Contain the Essence of Market Targeting", inc.com, Feb. 6, 2019; https://www.inc.com/geoffrey-james/the-essence-of-market-targeting-in-10-short-words.html.

74. 온라인이슈팀,〈혼다 S660, 8600대 품절… 40대에 폭발적 인기〉,《아시아경제》, 2015년 8월 12일.

75. 목표 고객(목표 시장)을 설정하기 위한 방법과 절차를 개괄하려면 다음을 참조하라.

https://www.inc.com/guides/2010/06/defining-your-target-market.html.

76. 전국 10대 빵집에 관한 나의 글은 여기에서 볼 수 있다. http://infuture.kr/1501.

77. 레이 갤러거, 유정식 옮김,《에어비앤비 스토리》, 다산북스, 2017.

78. 소금병과 후추병 사례는 도널드 노먼의《심플은 정답이 아니다》(교보문고, 2012)를 참
조했다.

79. 개인적인 사례를 예로 들겠다. 어느 모임에서 A라는 사람과 대화를 나누던 중 그 모임
의 VIP 격인 사람이 등장했다. A는 VIP가 반가웠던지 본인도 모르게 나를 밀치고 VIP
에게 다가갔다. 나는 기분이 매우 상했고, A가 다니는 회사의 제품을 멀리하기로 했다.

80. 성소영, 〈테라오 겐 "좋아하는 것을 속이지 않는 삶"〉,《채널예스》, 2019년 3월 13일.

81. Alessandro Di Fiore, "How to Keep Employees Connected to Customers", HBR.com,
Jun. 21, 2019; https://hbr.org/2019/06/how-to-keep-employees-connected-to-
customers.

82. 제품 이미지를 보려면 이 사이트를 참조하라. https://www.arenawaterinstinct.com/en_
global/freestyle-breather.html.

83. Don Peppers, Martha Rogers, *Return On Customer*, Crown Business, 2005.

84. "Why customer experience doesn't just matter to small businesses - it's everything",
B2B Marketing, Aug. 29, 2018; https://www.b2bmarketing.net/en/resources/articles/
why-customer-experience-doesnt-just-matter-small-businesses-its-everything.

85. Peter Kriss, "The Value of Customer Experience, Quantified", HBR.com, Aug. 01, 2014;
https://hbr.org/2014/08/the-value-of-customer-experience-quantified.

86. "A passion for customer experience in driving growth", Mckinsey & Company, Jul,
2019; https://www.mckinsey.com/business-functions/marketing-and-sales/our-
insights/a-passion-for-customer-experience-in-driving-growth.

87. Kille, D. R., Forest, A. L., Wood, J. V., "Tall, dark, and stable: Embodiment motivates
mate selection preferences", *Psychological Science*, 24(1), 112-114, 2013.

88. 이환직, 〈인천공항 입국장에 피겨선수 인물상… 강원도 "김연아 아니야"〉,《한국일보》,
2017년 8월 16일.

89. Sam Walton, *Sam Walton: Made In America*, Bantam, 1993.

90. 이 유튜브 동영상을 참조하라. https://youtu.be/vApoQPISmvs.

91. 안영인, 〈[취재파일] 기상청을 위한 변명 ① - 강수 예보 정확도는?〉,《SBS》, 2019년 2
월 25일.

92. 이 동영상을 보면 500원짜리 동전을 돌렸을 때 '학' 그림 면이 굉장히 많이 나온다는
것을 확인할 수 있다. https://youtu.be/YXYArAdFKx4.

93. 시나리오 플래닝에 관한 자세한 내용은 다음 책을 참조하라. 유정식,《전략가의 시나리
오》, 알에이치코리아, 2014.

94. 나심 니콜라스 탈레브, 차익종 옮김,《블랙 스완》, 동녘사이언스, 2008.

95. 나의 시뮬레이션 실험에 대한 자세한 내용은 〈주식 투자, 차라리 동전을 던질까?〉라는 블로그 글을 참고하라. https://infuture.kr/348.

96. Philip E. Tetlock, *Expert Political Judgment : How Good Is It? How Can We Know?*, Princeton University Press, 2005.

97. 윌리엄 A. 서든, 최은정 옮김,《미래를 알고 싶은 욕망을 파는 사람들》, 스마트비즈니스, 2010.

98. 데이비드 프리드먼, 안종희 옮김,《거짓말을 파는 스페셜리스트》, 지식갤러리, 2011.

99. 시뮬레이션 과정을 알고 싶다면 내 전작《착각하는 CEO》(알에이치코리아, 2013) 502~506페이지를 참조하라.

100. "The Secret Of Successful Scenario Planning", David Niles, Forbes, Aug. 3, 2009; https://www.forbes.com/2009/08/03/scenario-planning-advice-leadership-managing-planning.html.

101. 시나리오 플래닝의 방법론에 관한 자세한 내용은 다음 책을 참조하라. 유정식,《전략가의 시나리오》, 알에이치코리아, 2014.

102. 원문은 이렇다. "The smartest people are constantly revising their understanding, reconsidering a problem they thought they'd already solved. They're open to new points of view, new information, new ideas, contradictions, and challenges to their own way of thinking."; https://www.inc.com/jeff-haden/heres-how-to-tell-within-5-minutes-if-someone-isnt-as-smart-as-they-think.html.

103. https://www.etymonline.com/word/issue#etymonline_v_12277.

104. *Collins Cobuild Advanced Learner's English Dictionary*.

105. 이훈철, 〈인구감소 시기 3년 빨라진다… 올해부터 '인구절벽'〉,《뉴스1》, 2019년 3월 28일.

106. Čavojová, V., Šrol, J., Adamus, M., "My point is valid, yours is not: myside bias in reasoning about abortion", *Journal of Cognitive Psychology*, 30(7), 656-669, 2018.

107. 문제 해결에 관한 자세한 방법과 절차는 다음 책을 참조하라. 유정식,《문제해결사》, 지형, 2011.

108. Mark C. Bolino, Anthony C. Klotz, "Don't Let Lazy Managers Drive Away Your Top Performers", HBR.com, Nov. 21, 2018; https://hbr.org/2018/11/dont-let-lazy-managers-drive-away-your-top-performers.

109. Bernstein, E., Shore, J., Lazer, D., "How intermittent breaks in interaction improve collective intelligence", *Proceedings of the National Academy of Sciences*, 115(35), 8734-8739, 2018.

110. Eisenberger, R., Stinglhamber, F., Vandenberghe, C., Sucharski, I. L., Rhoades, L.,

"Perceived supervisor support: Contributions to perceived organizational support and employee retention", *Journal of Applied Psychology,* 87(3), 565-573, 2002.

2부 조직과 관계 수업

1. 소환욱, 〈"선수들·금메달 명예 지키고 싶다"… 선동열 감독 전격 사퇴〉, 《SBS》, 2018년 11월 15일.

2. 《케임브리지사전Cambridge Dictionary》은 팀을 "a number of people or animals who do something together as a group"이라는 뜻으로 정의하고 있다. https://dictionary. cambridge.org/dictionary/english/team.

3. 톰슨 교수는 팀을 이렇게 정의한다. "team is a group of people who are interdependent with respect to information, resources, and skills and who seek to combine their efforts to achieve a common goal(정보, 자원. 스킬에 있어 상호 의존적이고 공동의 목표를 달성하기 위해 각자의 노력을 결합하려는 사람들의 집단)." 이 정의는 다음 책에 나온다. Thompson, Leigh, *Making the team : a guide for managers* (3rd ed.), Pearson/Prentice Hall, 2008.

4. 원문은 이렇다. "The process of working collaboratively with a group of people in order to achieve a goal."; http://www.businessdictionary.com/definition/teamwork. html.

5. 자칭, 타칭 글로벌 기업이라는 삼성이 이런 공유에 얼마나 적극적인지 생각해 볼 일이다.

6. "Is your team in 'psychological danger'?", World Economic Forum; https://www. weforum.org/agenda/2016/04/team-psychological-danger-work-performance/.

7. 에이미 에드먼슨, 최윤영 옮김, 《두려움 없는 조직》, 다산북스, 2019.

8. Woolley, A. W., Chabris, C. F., Pentland, A., Hashmi, N., Malone, T. W., "Evidence for a collective intelligence factor in the performance of human groups", *Science,* 330(6004), 686-688, 2010; 아리스토텔레스 프로젝트가 어떻게 시작됐고 어떤 결과를 냈는지 개괄하려면 다음 기사를 참조하라. "What Google Learned From Its Quest to Build the Perfect Team", Charles Duhigg, NewYork Times, Feb. 25, 2016; https:// www.nytimes.com/2016/02/28/magazine/what-google-learned-from-its-quest-to-build-the-perfect-team.html.

9. 이 인터뷰 내용은 유튜버 '조가비'가 올린 동영상 〈프레디 머큐리 1984년 뮌헨 인터뷰 "음악적 매춘부"(한글 자막)〉에 나온 한글 자막을 조금 수정하여 올렸다. 동영상은 여기에서 볼 수 있다. https://youtu.be/ieZHZj55ack.

10. 패트릭 렌시오니, 유정식 옮김, 《최고의 팀은 왜 기본에 충실한가》, 흐름출판, 2018.

11. Jack Zenger, Joseph Folkman, "The 3 Elements of Trust", HBR.com, Feb. 05, 2019; https://hbr.org/2019/02/the-3-elements-of-trust.

12. Zak, P. J., Knack, S., "Trust and growth", *The Economic Journal,* 111(470), 295-321,

2001.

13. Ron Ashkenas, "There's a Difference Between Cooperation and Collaboration", HBR.com, Apr. 20, 2015; https://hbr.org/2015/04/theres-a-difference-between-cooperation-and-collaboration.

14. Shore, J., Bernstein, E., Lazer, D., "Facts and figuring: An experimental investigation of network structure and performance in information and solution spaces", *Organization Science,* 26(5), 1432-1446, 2015.

15. John Boitnott, "How to Use Slack Without Losing Critical Business Productivity", inc. com, Jun. 6, 2019; https://www.inc.com/john-boitnott/how-to-use-slack-without-losing-critical-business-productivity20%html.

16. 에이드리언 슬라이워츠키, 칼 웨버, 유정식 옮김,《디맨드》, 다산북스, 2012.

17. "Tech Review: Costly 'Kindle' reader gets a lot of it right", *Christian Science Monitor,* Nov. 28, 2007; https://www.csmonitor.com/2007/1127/p25s01-stct.html.

18. 론 애드너, 김태훈 옮김,《혁신은 천 개의 가닥으로 이어져 있다》, 생각연구소, 2012.

19. 이메일은 1978년 시바 아야두라이Shiva Ayyadurai가 개발하고 저작권을 등록했다. 일상적으로 활발하게 쓰이기 시작한 것은 그 후 20년 정도 흐른 뒤다.

20. Roghanizad, M. M., Bohns, V. K., "Ask in person: You're less persuasive than you think over email", *Journal of Experimental Social Psychology,* 69, 223-226, 2017.

21. 원문은 이렇다. "The values and behaviors that contribute to the unique social and psychological environment of an organization."; http://www.businessdictionary.com/definition/organizational-culture.html.

22. 원문은 이렇다. "A set of shared assumptions that guide what happens in organizations by defining appropriate behavior for various situations."; Ravasi, D., Schultz, M., "Responding to organizational identity threats: Exploring the role of organizational culture", *Academy of Management Journal,* 49 (3): 433–458, 2006.

23. 논문 초록에 나오는 원문은 다음과 같다. "Organizational culture, then, is the pattern of basic assumptions which a given group has invented, discovered, or developed in learning to cope with its problems of external adaptation and internal integration(⋯)."; Schein, E. H., "The role of the founder in creating organizational culture", *Organizational dynamics,* 12(1), 13-28, 1983.

24. 이 사이트를 참조하라. https://www.amazon.jobs/en/principles.

25. Hartnell, C. A., Kinicki, A. J., Lambert, L. S., Fugate, M., Doyle Corner, P., "Do similarities or differences between CEO leadership and organizational culture have a more positive effect on firm performance? A test of competing predictions", *Journal of Applied Psychology,* 101(6), 846, 2016.

26. Boyce, A. S., Nieminen, L. R., Gillespie, M. A., Ryan, A. M., Denison, D. R., "Which

comes first, organizational culture or performance? A longitudinal study of causal priority with automobile dealerships", *Journal of Organizational Behavior*, 36(3), 339-359, 2015.

27. Hudson, N. W., Briley, D. A., Chopik, W. J., Derringer, J., "You have to follow through: Attaining behavioral change goals predicts volitional personality change", *Journal of Personality and Social Psychology*. Advance online publication, 2018.

28. Glassdoor Team, "New Survey: Company Mission & Culture Matter More Than Salary", Jul. 10, 2019; https://www.glassdoor.com/blog/mission-culture-survey/.

29. Megan Reitz, John Higgins, "The Problem with Saying "My Door Is Always Open"", HBR.com, Mar. 09, 2017; https://hbr.org/2017/03/the-problem-with-saying-my-door-is-always-open?autocomplete=true.

30. Megan Reitz, Viktor O. Nilsson, Emma Day, John Higgins, "Speaking Truth to Power at Work", *Hult Research*, Summer 2019; https://www.hult.edu/en/executive-education/insights/new-speaking-truth-to-power/.

31. Kakkar, H., Tangirala, S., Srivastava, N. K., Kamdar, D., "The dispositional antecedents of promotive and prohibitive voice", *Journal of Applied Psychology*, 101(9), 1342, 2016.

32. James R. Detert, Amy C. Edmondson, "Why Employees Are Afraid to Speak", *Harvard Business Review*, May 2007 Issue; https://hbr.org/2007/05/why-employees-are-afraid-to-speak.

33. Hussain, I., Shu, R., Tangirala, S., Ekkirala, S., "The Voice Bystander Effect: How Information Redundancy Inhibits Employee Voice", *Academy of Management Journal*, Vol. 62, No. 3, 14 Jun 2019; https://doi.org/10.5465/amj.2017.0245.

34. 이 책은 우리나라에서는 《즉전력》이란 제목으로 번역됐다. 오마에 겐이치, 박화 옮김, 《즉전력》, 이스트북스, 2007.

35. "Burn-out an 'occupational phenomenon': International Classification of Diseases", World Heath Organization; https://www.who.int/mental_health/evidence/burn-out/en/.

36. 스터즈 터클, 노승영 옮김, 《일》, 이매진, 2007.

37. 잡코리아, 〈10년차 직장인 이직 횟수 '평균 4회'〉, 《잡코리아》, 2019년 5월 29일.

38. "2019 Organizational Wellbeing & Talent Insights 'Change Your Point of View'", Arthur J. Gallagher & Co., Jun. 2019; https://www.ajg.com/us/organizational-wellbeing-talent-insights-report/.

39. Lisa Burrell, "Co-Creating the Employee Experience", HBR.com, Mar. 2018; https://hbr.org/2018/03/the-new-rules-of-talent-management#co-creating-the-employee-experience.

40. Denise Lee Yohn, "Why Every Company Needs a Chief Experience Officer", HBR. com, Jun. 13, 2019; https://hbr.org/2019/06/why-every-company-needs-a-chief-experience-officer.

41. "The Financial Impact of a Positive Employee Experience", Workhuman Analytics & Research Institute and IBM Smarter Workforce Institute, Jun. 2018; https://resources. globoforce.com/research-reports/financial-impact-employee-experience-ibm.

42. "The Global Head Of Employee Experience At Airbnb On Why They Got Rid Of Human Resources", Forbes.com, Feb 1, 2016; https://www.forbes.com/sites/ jacobmorgan/2016/02/01/global-head-employee-experience-airbnb-rid-of-human-resources.

43. "The Future Of Work: Airbnb CHRO Becomes Chief Employee Experience Officer", Forbes.com, Jul 21, 2015; https://www.forbes.com/sites/jeannemeister/2015/07/21/ the-future-of-work-airbnb-chro-becomes-chief-employee-experinece-officer.

44. 그러나 그런 복리 후생이 젊은 직원들에게 먹힌다고 생각하는 기성세대가 의외로 많다. 사내 카페를 만들면 청년들이 지원할 것이라고 한 모 정치인의 말이 대표적이다.

45. "Are You Delivering A Great Employee Experience?", Human Resource Executive, Nov. 15, 2018; http://hrexecutive.com/are-you-delivering-a-great-employee-experience.

46. "Hilton Hotels to upgrade staff spaces to improve the employee experience", *HR Dive*, Apr. 5, 2018; https://www.hrdive.com/news/hilton-hotels-to-upgrade-staff-spaces-to-improve-the-employee-experience/520422/.

47. Eisenberger, R., Stinglhamber, F., Vandenberghe, C., Sucharski, I. L., Rhoades, L., "Perceived supervisor support: Contributions to perceived organizational support and employee retention", *Journal of applied psychology*, 87(3), 565, 2002.

48. "What Makes Employees Head for the Hills?", Addison Group, Feb. 21, 2019; https:// addisongroup.com/blog/what-makes-employees-head-for-the-hills/.

49. Andrew R. McIlvaine, "Bad Managers are Hurting Your Bottom Line", Human Resource Executive, Mar. 6, 2019; http://hrexecutive.com/bad-managers-are-hurting-your-bottom-line.

50. 김진, 〈한샘의 밤샘, 공룡 앞에서 더 강해진다〉, 《조선일보》, 2015년 2월 5일.

51. 평가의 여러 가지 폐해에 대한 내용은 내 책 《착각하는 CEO》(알에이치코리아, 2013) 265~387쪽을 참조하기 바란다.

52. McCord, P., "How netflix reinvented HR", *Harvard Business Review*, 92(1), 71-76, 2014; https://hbr.org/2014/01/how-netflix-reinvented-hr.

53. Buckingham, M., Goodall, A., "Reinventing performance management", *Harvard Business Review*, 93(4), 40-50, 2015; https://hbr.org/2015/04/reinventing-

performance-management.

54. Scullen, S. E., Mount, M. K., Goff, M., "Understanding the latent structure of job performance ratings", *Journal of Applied Psychology*, 85(6), 956, 2000.

55. Van den Bos, K., Vermunt, R., Wilke, H. A., "Procedural and distributive justice: What is fair depends more on what comes first than on what comes next", *Journal of Personality and Social Psychology*, 72(1), 95, 1997.

56. Deborah Grayson Riegel, "The Assumptions Employees Make When They Don't Get Feedback", HBR.com, Jun. 24, 2019; https://hbr.org/2019/06/the-assumptions-employees-make-when-they-dont-get-feedback.

57. Joseph Folkman, "The Best Gift Leaders Can Give: Honest Feedback", Forbes.com, Dec. 19, 2013; https://www.forbes.com/sites/joefolkman/2013/12/19/the-best-gift-leaders-can-give-honest-feedback.

58. Ron Ashkenas, "Stop Pretending That You Can't Give Candid Feedback", HBR.com, Feb. 28, 2014; https://hbr.org/2014/02/stop-pretending-that-you-cant-give-candid-feedback.

59. Julie Cook Ramirez, "The Future of Feedback", Mar. 15, 2018; http://hrexecutive.com/future-of-feedback.

60. Van den Bos, K., Vermunt, R., Wilke, H. A., "Procedural and distributive justice: What is fair depends more on what comes first than on what comes next", *Journal of Personality and Social Psychology*, 72(1), 95, 1997.

61. Demeré, B. W., Sedatole, K. L., Woods, A., "The role of calibration committees in subjective performance evaluation systems", *Management Science*, 2018.

62. 이 대화는 애덤 밀러의 글에서 차용했다. Adam Miller, "The Counterintuitive Reason Why You Need To Stop Promoting High Performers", FastCompany.com, Jul. 28, 2016; https://www.fastcompany.com/3062244/the-counterintuitive-reason-why-you-need-to-stop-promoting-high-performers.

63. Jack Zenger, Joseph Folkman, "Why the Most Productive People Don't Always Make the Best Managers", HBR.com, Apr. 17, 2018; https://hbr.org/2018/04/why-the-most-productive-people-dont-always-make-the-best-managers; "7 Traits of Super-Productive People", Jack Zenger, Joseph Folkman, HBR.com. Apr. 20, 2018; https://hbr.org/2018/04/7-traits-of-super-productive-people.

64. TGIF 한국 지사에 근무했던 지인에게 들은 이야기다.

65. Pluchino, A., Rapisarda, A., Garofalo, C., "The Peter principle revisited: A computational study", *Physica A: Statistical Mechanics and its Applications*, 389(3), 467-472, 2010.

66. 이와 관련하여 다음 기사를 참조하라. Andris A. Zoltners, PK Sinha, Sally E. Lorimer,

"Think Twice Before Promoting Your Best Salesperson", HBR.com, Jul. 06, 2012; https://hbr.org/2012/07/think-twice-before-promoting-your-best.

67. Benson, A., Li, D., Shue, K., "Promotions and the peter principle", *The Quarterly Journal of Economics*, 134(4), 2085-2134, 2019.

68. Jack Zenger, Joseph Folkman, "Why the Most Productive People Don't Always Make the Best Managers", HBR.com, Apr. 17, 2018; https://hbr.org/2018/04/why-the-most-productive-people-dont-always-make-the-best-managers.

69. Andrew S. Grove, *Only the Paranoid Survive: How to Exploit the Crisis Points That Challenge Every Company*, Crown Business, 1999.

70. Jen Colletta, "Weighing Raises, Promotions", Human Resource Executive, Feb. 12, 2018; http://hrexecutive.com/weighing-raises-recognition.

71. Sherry Moss, "Why Some Bosses Bully Their Best Employees", HBR.com, Jun. 07, 2016; https://hbr.org/2016/06/why-some-bosses-bully-their-best-employees.

72. 같은 글.

73. Travis Bradberry, "Are You A Leader Or A Follower?", fobes.com, Aug. 18, 2015; https://www.forbes.com/sites/travisbradberry/2015/08/18/are-you-a-leader-or-a-follower.

74. Peters, K., Haslam, S. A., "I follow, therefore I lead: A longitudinal study of leader and follower identity and leadership in the marines", *British Journal of Psychology*, 109(4), 708-723, 2018; DOI: 10.1111/bjop.12312.

75. Litzinger, W., Schaefer, T., "Leadership through followership", *Business Horizons*, 25(5), 78-81, 1982.

76. Jessica Rohman, Chinwe Onyeagoro, Michael C. Bush, "How You Promote People Can Make or Break Company Culture", HBR.com, Jan. 02, 2018; https://hbr.org/2018/01/how-you-promote-people-can-make-or-break-company-culture.

77. Ron Carucci, "A 10-Year Study Reveals What Great Executives Know and Do", HBR.com, Jan. 19, 2016; https://hbr.org/2016/01/a-10-year-study-reveals-what-great-executives-know-and-do.

78. https://www.patagonia.com/company-info.html.

79. "Don't Buy This Jacket, Black Friday and the New York Times", Patagonia, Nov. 25, 2011; https://www.patagonia.com/blog/2011/11/dont-buy-this-jacket-black-friday-and-the-new-york-times/.

80. https://www.patagonia.com/company-history.html.

81. "Class-Action Lawsuit Accuses Sears Auto Shops of Fraud", AP News, Jun. 30, 1992; https://www.apnews.com/60f2407f72610afefbddf570fe28eecc.

82. https://www.comparably.com/companies/sears-holdings-management-corporation/mission.

83. http://www.businessdictionary.com/definition/performance-management.html.

84. Ben Wigert, Sangeeta Agrawal, "Employee Burnout, Part 1: The 5 Main Causes", Gallup.com, Jul. 12, 2018; https://www.gallup.com/workplace/237059/employee-burnout-part-main-causes.aspx.

85. Krekel, C., Ward, G., De Neve, J. E, "Employee well-being, productivity, and firm performance: Evidence and case studies", *Global Happiness and Well-Being Policy Report*, 2019.

86. Shawn Achor, Andrew Reece, Gabriella Rosen Kellerman, Alexi Robichaux, "9 Out of 10 People Are Willing to Earn Less Money to Do More-Meaningful Work", HBR.com, Nov. 6, 2018; https://hbr.org/2018/11/9-out-of-10-people-are-willing-to-earn-less-money-to-do-more-meaningful-work.

87. Jennifer J. Deal, Alec Levenson, *What Millennials want from work*, McGraw-Hill Education, 2016.

88. 레이 갤러거, 유정식 옮김, 《에어비앤비 스토리》, 다산북스, 2017.

89. Teresa Amabile, Steven Kramer, *The Progress Principle: Using Small Wins to Ignite Joy, Engagement, and Creativity at Work*, Harvard Business Review Press, 2011.

90. Jack Zenger, Joseph Folkman, "If Your Boss Thinks You're Awesome, You Will Become More Awesome", HBR.com, Jan. 27, 2015; https://hbr.org/2015/01/if-your-boss-thinks-youre-awesome-you-will-become-more-awesome.

91. Stamatogiannakis, A., Chattopadhyay, A., Chakravarti, D, "Attainment versus maintenance goals: Perceived difficulty and impact on goal choice", *Organizational Behavior and Human Decision Processes*, 149, 17-34, 2018.

92. Jin, L., Huang, S. C., Zhang, Y., "The unexpected positive impact of fixed structures on goal completion", *Journal of Consumer Research*, 40(4), 711-725, 2013.

93. Amabile, T. M., Kramer, S. J., "The power of small wins", *Harvard Business Review*, 89(5), 70-80, 2011.

94. 송두리, 〈윤종규 KB금융 회장 '리딩금융, 재무적으로 2위와 20~30% 격차 유지해야'〉, 《에너지경제》, 2018년 9월 21일.

95. Benjamin N. Waber, Daniel Olguin Olguin, Taemie Kim, Alex Pentland, "Productivity Through Coffee Breaks: Changing Social Networks by Changing Break Structure", SSRN, Jun. 11, 2010; Alex Pentland, "The New Science of Building Great Teams", *Harvard Business Review*, Vol. 90(4), April 2012.

96. 강국진, 〈한국 노동 생산성 OECD 꼴찌 수준〉, 《서울신문》, 2018년 5월 6일. 자세한 데이터는 OECD 웹페이지를 참고하라. https://data.oecd.org/lprdty/labour-productivity-

· and-utilisation.htm.

97. 류종은, 〈[이슈분석] 플랫폼 경쟁으로 진화하는 자동차 산업… "대세는 MaaS"〉, 《전자신문》, 2019년 1월 27일.

98. https://en.wikipedia.org/wiki/Airbnb.

99. 최수연, 〈현대자동차, 지난해 실적부진에도 고용 증가… 전체 직원 7만 명 육박〉, 《CEO 스코어데일리》, 2019년 4월 10일.

100. Michael Mankins, "Great Companies Obsess Over Productivity, Not Efficiency", HBR.com, Mar. 01, 2017; https://hbr.org/2017/03/great-companies-obsess-over-productivity-not-efficiency

101. Green, P., Gino, F., Staats, B. R., "Seeking to Belong: How the Words of Internal and External Beneficiaries Influence Performance", *Working Paper* 17-073, Harvard Business School, 2017.

102. Waardenburg, L., "The influence of commitment on employees' sense of belongingness, and the consequences on employees' turnover intentions in high-commitment organizations: A study at the Royal Netherlands Navy", *Student Undergraduate Research E-journal!*, Vol.2, 2016.

103. Winter-Collins, A., McDaniel, A. M., "Sense of belonging and new graduate job satisfaction", *Journal for Nurses in Professional Development*, 16(3), 103-111, 2000.

104. "The Value of Belonging at Work", BetterUp, 2019; https://get.betterup.co/rs/600-WTC-654/images/BetterUp_BelongingReport_091019.pdf.

105. Maxwell Huppert, "Employees Share What Gives Them a Sense of Belonging at Work", LinkedIn Talent Blog, Oct. 25, 2017; https://business.linkedin.com/talent-solutions/blog/company-culture/2017/employees-share-what-gives-them-a-sense-of-belonging-at-work.

106. Jachimowicz, J., To, C., Menges, J., Akinola, M., "Igniting Passion from Within: How Lay Beliefs Guide the Pursuit of Work Passion and Influence Turnover", PsyArXiv, July 2, 2018; https://doi.org/10.31234/osf.io/qj6y9.

107. "The Anatomy Of A Purpose-Driven Workforce", Plasticity Labs; https://blog.plasticitylabs.com/the-anatomy-of-a-purpose-driven-workforce.